F. Hoffmann, E. Hüllermeier (Hrsg.)

AF239055

Proceedings 23. Workshop Computational Intelligence

Dortmund, 5. – 6. Dezember 2013

Schriftenreihe des

Instituts für Angewandte Informatik / Automatisierungstechnik
am Karlsruher Institut für Technologie

Band 46

Eine Übersicht über alle bisher in dieser Schriftenreihe erschienenen Bände finden Sie am Ende des Buchs.

PROCEEDINGS **23. WORKSHOP**
COMPUTATIONAL INTELLIGENCE

Dortmund, 5. – 6. Dezember 2013

F. Hoffmann
E. Hüllermeier
(Hrsg.)

Impressum

 Scientific Publishing

Karlsruher Institut für Technologie (KIT)
KIT Scientific Publishing
Straße am Forum 2
D-76131 Karlsruhe

KIT Scientific Publishing is a registered trademark of Karlsruhe
Institute of Technology. Reprint using the book cover is not allowed.

www.ksp.kit.edu

Print on Demand 2013

ISSN 1614-5267
ISBN 978-3-7315-0126-8

Inhaltsverzeichnis

A. Meier, M. Gonter, R. Kruse 1
(Volkswagen AG, Otto-von-Guericke Universität Magdeburg)
Approximationsverfahren für kollisionsbedingte Geschwindigkeitskurven

P. Held, J. Hempel, R. Kruse 21
(Otto-von-Guericke Universität Magdeburg)
Cluster-based Visualization of Dynamic Graphs

Th. Runkler, J. Bedzek 39
(Siemens AG, University of Melbourne)
Fuzzy Relational Approaches to Graph Clustering and Visualization

S. Gering, J. Adamy 57
(TU Darmstadt)
Synthese von Zustands- und Ausgangsrückführungen
für rekurrente Fuzzy-Systeme

Ch. Krimpmann, J. Braun, F. Hoffmann, T. Bertram 75
(TU Dortmund)
Modifikation der Adaptationsstrategie für derandomisierte,
multikriterielle Evolutionsstrategien

St. Klaiber, P. Bretschneider, S. Waczowicz,
R. Mikut, I. Konotop, D. Westermann 93
(Fraunhofer IOSB, Karlsruher Institut für Technologie, TU Ilmenau)
Intelligente Prognoseverfahren für beeinflusstes Verbrauchsverhalten
in Energiesystemen

S. Waczowicz, St. Klaiber, P. Bretschneider,
I. Konotop, D. Westermann, R. Mikut 109
(Fraunhofer IOSB, Karlsruher Institut für Technologie, TU Ilmenau)
Virtuelle Speicher als adaptierbare Verbrauchermodelle
zur Lastprognose und Betriebsführung in Verteilnetzen

S. Zaidi, A. Kroll, H.-J. Sommer 129
(Universität Kassel)
On identifying nonlinear envelop type dynamical
T-S fuzzy models for systems with uncertainties:
method and application to electromechanical throttle

M. Cabrera Cano, D. Neumerkel, M. Geimer 145
(Daimler AG, Karlsruher Institut für Technologie)
Lokale Modellnetze zur Verkürzung der Simulationszeit
desSchaltverhaltens von Automatikgetriebemodellen

A. Benzaouia, F. Mesquine, M. Benhayoun, H. Schulte, S. Georg 165
(University Cadi Ayyad, Marrakesh, HTW Berlin)
Stabilization of positive constrained T-S fuzzy systems
and application to DC-DC buck converter

B. Breiderhoff, Th. Bartz-Beielstein, B. Naujoks, M. Zaefferer,
A. Fischbach, O. Flasch, M. Friese, O. Mersmann, J. Stork 177
(Fachhochschule Köln)
Simulation and Optimization of Cyclone Dust Separators

M. Wagenknecht, J. Hänel, A. Kratzsch 197
(Hochschule Zittau/Görlitz)
Unscharfe Modellierung und Bewertung des Human Factor
bei der Quantifizierung der Zuverlässigkeit technischer Systeme

F. Paschke, Ch. Bayer, M. Bator, U. Mönks,
A. Dicks, O. Enge-Rosenblatt, V. Lohweg 211
(Fraunhofer IIS, Hochschule Ostwestfalen-Lippe)
Sensorlose Zustandsüberwachung an Synchronmotoren

S. Henzgen, E. Hüllermeier 227
(Universität Marburg)
Weighted Rank Correlation Measures Based on Fuzzy Order Relations

R. Busa-Fekete, T. Fober, E. Hüllermeier 237
(Universität Marburg)
Preference-based Evolutionary Optimization
Using Generalized Racing Algorithms

M. R. Tuga, R. Rupp, D. Liebetanz, E. Hübner,
W. Doneit, L. Schmalfuß, R. Mikut, M. Reischl 247
(Karlsruher Institut für Technologie)
Co-Adaptives Lernen: Untersuchungen einer Mensch-Maschine-
Schnittstelle mit anpassungsfähigem Systemverhalten

J. Belz, O. Nelles 265
(Universität Siegen)
Lokale Modellnetze zur Selektion von Einflussgrößen

P. Koch, W. Konen 281
(Fachhochschule Köln)
Subsampling strategies in SVM ensembles

S. Schmidt, D. Fiß, A. Kratzsch 294
(Hochschule Zittau/Görlitz)
Analyse des Potentials von Soft Computing-Methoden für
die Klassifikation von signifikanten Kernzerstörungszuständen
während schwerer Störfälle in Druckwasserreaktoren

B. Stahl, K.J. Diepold 309
(TU München)
Strategische Produktionstechnologieplanung
mit transitionsadaptiver, rekurrenter Fuzzy Logik

T. Aissa, Ch. Arnold, St. Lambeck 319
(Hochschule Fulda)
Ein musterbasiertes und adaptives Verfahren zur Vorhersage
und Modellierung von Zeitreihen in der Abwasserreinigung

U. Mönks, St. Priesterjahn, V. Lohweg 339
(Hochschule Ostwestfalen-Lippe)
Automated Fusion Attribute Generation for Conditioning Monitoring

A. Buschermöhle, J. Hülsmann, W. Brockmann 355
(Universität Osnabrück)
UOSLib – A Library for Analysis of Online-Learning Algorithms

K. J. Diepold, S. J. Pieczona 370
(TU München)
Abschätzung des Einzugsbereiches für T-S Systeme:
Beachtung des Gültigkeitssektors

M. Oeljeklaus, Ch. Rösmann, F. Hoffmann, T. Bertram 385
(TU Dortmund)
Trajektorienplanung mit Timed-Elastic-Bands für die proxemische
Interaktion zwischen Menschen und mobilen Robotern

J. Hülsmann, S. Boge, S. Pütz, W. Brockmann 401
(Universität Osnabrück)
SOFIA: Lernen von robusten, regelbasierten Fuzzy-Klassifikatoren

Approximationsverfahren für kollisionsbedingte Geschwindigkeitskurven

Andreas Meier[1], Mark Gonter, Rudolf Kruse[2]

[1]Volkswagen AG
E-Mail: andreas.meier1@volkswagen.de
[2]Otto-von-Guericke-Universität Magdeburg, Institut für Wissens- und
Sprachverarbeitung
E-Mail: kruse@iws.cs.uni-magdeburg.de

1 Einleitung

Strengere gesetzliche Normen [1, 2, 3], komplexe Verbrauchertests wie
EuroNCAP [4, Seite 309], ambitionierte politische Vorhaben [5, 6] sowie
interne Anforderungen von Automobilherstellern führen stetig zu verbesserten und neuen Sicherheitssystemen. So nutzen moderne Fahrzeuge Air-
bagsteuergeräte und Crashsensoren, um Kollisionen anhand von Beschleunigungen der Fahrzeugstruktur zu erkennen. Dazu werden die erfassten Signale integriert und die resultierenden, kollisionsbedingten Geschwindigkeitskurven mit Hilfe von Mustererkennung verarbeitet [7, Seite 40][8].

Auf Basis dieser Geschwindigkeitskurven können nicht nur Kollisionen
erkannt sondern weitere Informationen gewonnen werden. So lassen sich
technische Unfallschweregrößen bestimmen, welche die Unfallwirkung auf
die Fahrzeugstruktur quantitativ beschreiben. Diese Größen ermöglichen
eine vereinfachte Charakterisierung der Kollision, sodass sie als Eingabe-
größen für neue Fahrzeugsicherheitsfunktionen genutzt werden können.

Für die Entwicklung einer neuen Fahrzeugsicherheitsfunktion sind Approximationen dieser Kurven notwendig. Das Ziel ist, Verfahren zu identifizieren, die mit möglichst wenigen Parametern die Geschwindigkeitskurven
mit einer hohen Güte annähern können. Dabei muss gewährleistet werden, dass die technischen Unfallschweregrößen auch nach der Approximation größtenteils erhalten bleiben, sodass die Charakteristiken der originalen Geschwindigkeitskurven bewahrt werden. Dazu wird neben möglichen Approximationsverfahren auch eine neue Ähnlichkeitsfunktion vorgestellt, die im Gegensatz zu einfachen Distanzmetriken auch makrosko-
pische Eigenschaften der Kurven berücksichtigt. Aufgrund der Beschaffenheit dieser Funktion, die gradientenbasierte Optimierungen verhindert,
werden ein genetischer Algorithmus sowie *Covariance Matrix Adaption
Evolution Strategy* (CMA-ES) zur Approximation der Kurven eingesetzt.

Die Arbeit ist folgendermaßen aufgebaut. Nach der Beschreibung wichtiger Grundlagen und verwandter Arbeiten wird die neue Ähnlichkeitsfunktion beschrieben. Daraufhin werden die betrachteten Approximationsverfahren erläutert. In der anschließenden Evaluierung werden die Resultate eines genetischen Algorithmus und von CMA-ES miteinander verglichen. Dabei werden neben der erzielten, durchschnittlichen Ähnlichkeit über alle Datensätze auch Eigenschaften wie benötigte Rechenzeit und die Erhaltung technischer Unfallschweregrößen betrachtet. Die Arbeit wird mit einer Ergebnisdiskussion und Zusammenfassung abgeschlossen.

2 Grundlagen

Moderne Fahrzeuge nutzen verschiedene Sensoren, um Fahrzeugkollisionen zu erkennen und passive Insassenschutzsysteme wie Airbags oder Gurtstraffer auszulösen [4, Seiten 241ff, 265]. Dazu werden häufig die Signale von fest verbauten Beschleunigungssensoren ausgewertet. Diese Sensoren registrieren lokale Beschleunigungen, die während einer Kollision durch die Geschwindigkeitsänderung des Fahrzeugs und durch auftretende Deformationen der Fahrzeugstruktur verursacht werden. Dabei sind die aufgezeichneten Signale häufig deutlich verrauscht, was sich unter anderem an kurzen Spitzenbeschleunigungen erkennen lässt. Um die Robustheit einer Kollisionserkennung zu erhöhen, werden diese Signale über der Zeit integriert [7, Seite 40][8]. Dadurch ergeben sich, wie in Bild 1 zu sehen ist, kollisionsbedingte Geschwindigkeitskurven, die die Änderung der Fahrzeuggeschwindigkeit an den Sensorstellen beschreiben. Anschließend kann auf Basis von Mustererkennungsalgorithmen ermittelt werden, ob die erfassten Signale wirklich einen Unfall repräsentieren.

2.1 Technische Unfallschweregrößen

Allerdings lassen sich aus den resultierenden Geschwindigkeitskurven verschiedene, *technische Unfallschweregrößen* ableiten, die die Unfallwirkung auf die Fahrzeugstruktur charakterisieren. So können aus den erfassten Beschleunigungssignalen sowohl zeit-, beschleunigungs- als auch geschwindigkeitsbasierte Größen abgeleitet werden. Weiterhin können zudem Wegänderungen ermittelt werden, die nach unserem Kenntnisstand in der Literatur und Praxis aber keine wesentliche Beachtung finden. Wesentlich interessanter sind dagegen noch kombinierte Größen, die mehrere Informationen der Signale zu einer Größe zusammenfassen.

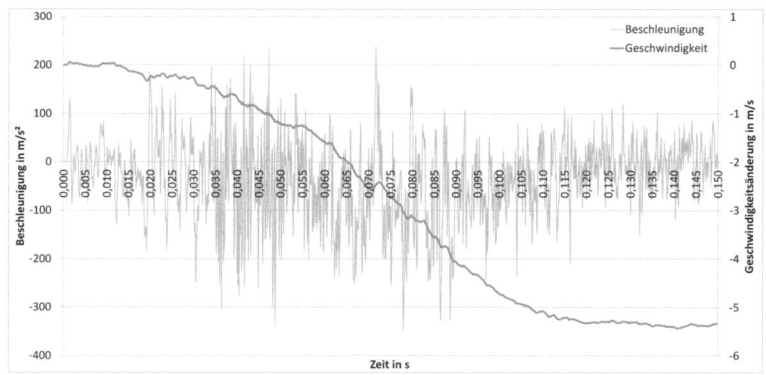

Bild 1: Beschleunigung und kollisionsbedingte Geschwindigkeitskurve eines Fahrzeugs

2.1.1 Zeitbasierte Größen

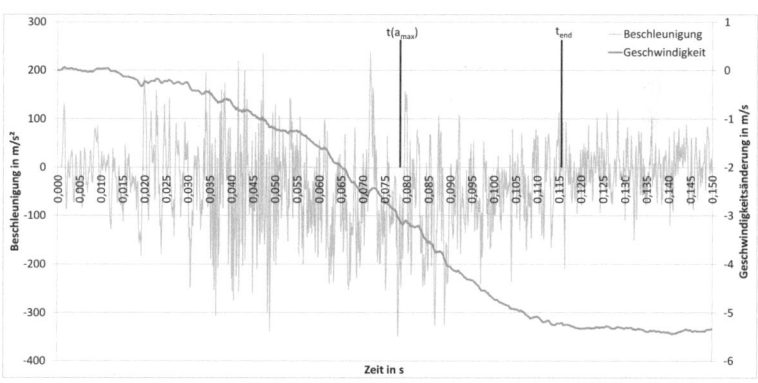

Bild 2: Zeitbasierte Größen eines Beschleunigungs- und Geschwindigkeitssignals

Zeitbasierte Größen geben den Zeitpunkt nach Kollisionsbeginn an, zu denen ein bestimmtes Ereignis eingetreten ist. In Bild 2 sind zwei mögliche Größen dargestellt. Dabei handelt es sich um den Zeitpunkt des maximalen Beschleunigungsbetrags $t(a_{max})$ und die so genannte Kollisionsdauer oder auch Crashdauer t_{end} [9][10, Seiten 6, 61]. Sofern ein Beschleunigungssignal vorhanden ist, lässt sich der Zeitpunkt des maximalen Beschleunigungsbetrags immer ermitteln, der in diesem Beispiel bei 0,078 s liegt. Die Kollisionsdauer beschreibt den Zeitraum zwischen dem Kollisionsbeginn und dem Zeitpunkt, ab dem sich die gesamte elastische Defor-

mation der Fahrzeugstruktur wieder zurückgeformt hat [11, Seiten 330ff].
Allerdings ist die Ermittlung dieses Zeitpunkts aus den Signalen vor allem bei Fahrzeug-Fahrzeug-Kollisionen schwierig. In dieser Arbeit wird
deshalb die Kollisionsdauer über das Unterschreiten bestimmter Schwell-
werte für Geschwindigkeiten sowie Geschwindigkeitsgradienten ermittelt.
Sie beträgt in diesem Beispiel 0,116 s.

2.1.2 Beschleunigungsbasierte Größen

Beschleunigungsbasierte Größen versuchen das Beschleunigungssignal zu
charakterisieren, wobei der Fokus zumeist auf Verzögerungen und somit
negativen Beschleunigungen liegt. Aus dem Signal im Bild 2 wurden drei
mögliche Größen abgeleitet: die maximale Beschleunigung a_{max}, die durchschnittliche Beschleunigung a_{mean} und der maximale, gleitende Durchschnitt der Beschleunigung $a_{mean,36ms}$ [9][10, Seite 14]. Die maximale Beschleunigung beschreibt die größte Beschleunigung oder Verzögerung innerhalb eines Zeitschritts über den gesamten Signalverlauf und beträgt im
Beispiel -347,967 $\frac{m}{s^2}$. Die durchschnittliche Beschleunigung wird entweder über das gesamte Signal oder besser über die Kollisionsdauer gemittelt.
Im Beispiel beträgt sie -45,067 $\frac{m}{s^2}$. Der maximale, gleitende Durchschnitt
der Beschleunigung beschreibt das Maximum der durchschnittlichen Beschleunigung, die über alle Zeitfenster einer definierten Länge ermittelt
werden. Für die Länge des Zeitfenster gibt es keinen generellen Wert, sodass in dieser Arbeit die 36 ms von Kübler et al. genutzt werden [9]. Im
Beispiel beträgt der maximale, gleitende Durchschnitt -81,834 $\frac{m}{s^2}$.

2.1.3 Geschwindigkeitsbasierte Größen

Geschwindigkeitsbasierte Größen betrachten zumeist Änderungen der Geschwindigkeit, wobei insbesondere die Geschwindigkeitsdifferenz Δv eine
Art Standardgröße in der Fahrzeugentwicklung darstellt [4, Seite 19][9][10,
Seiten 2, 9, 14][12]. Aus der kollisionsbedingten Geschwindigkeitskurve
im Bild 3 wurden drei mögliche Größen abgeleitet: die maximale Geschwindigkeitsdifferenz Δv_{max}, die Geschwindigkeitsdifferenz über der
Kollisionsdauer $\Delta v_{t_{end}}$ und die maximale, gleitende Geschwindigkeitsdifferenz Δv_{36ms}. Die maximale Geschwindigkeitsdifferenz beschreibt die
größte, kollisionsbedingte Geschwindigkeitsänderung, die zwischen $v(t =
0)$ und einem beliebigen Zeitpunkt des gesamten Geschwindigkeitssignals
besteht. Sie beträgt für das Beispiel -5,438 $\frac{m}{s}$. Die Geschwindigkeitsdifferenz über der Kollisionsdauer ist ähnlich wie die maximale Geschwin-

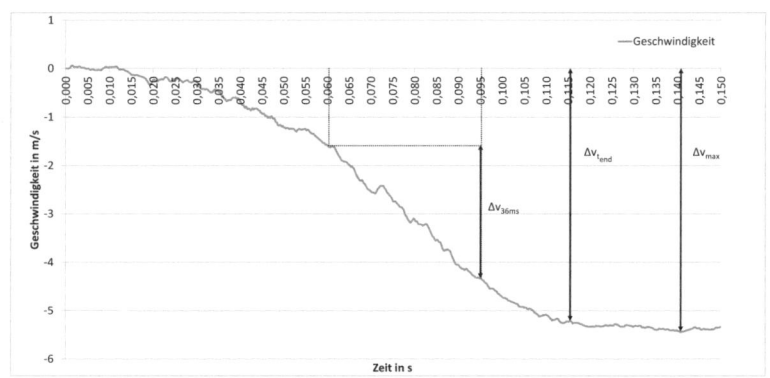

Bild 3: Geschwindigkeitsbasierte Größen einer Geschwindigkeitskurve

digkeitsdifferenz definiert, begrenzt den Suchraum allerdings auf den Si-
gnalabschnitt, der durch die Kollisionsdauer abgedeckt wird. Im Beispiel
beträgt dieser Wert -5,223 $\frac{m}{s}$. Die maximale, gleitende Geschwindigkeitsdifferenz ist wie ihr Äquivalent der beschleunigungsbasierten Größen über
ein Zeitfenster vom 36 ms definiert. Sie beträgt für das Beispiel -2,95 $\frac{m}{s}$.

2.1.4 Kombinierte Größen

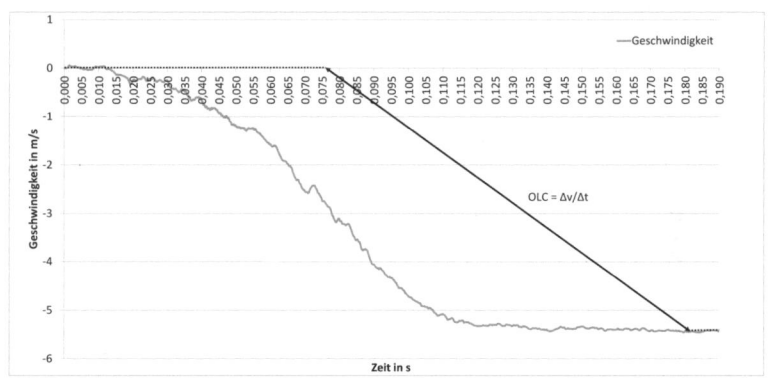

Bild 4: OLC-Berechnung anhand einer Geschwindigkeitskurve

Wie Husted et al. feststellen, sind Größen wie Δv nicht immer ausreichend, um die technische Schwere eines Unfalls vollständig zu beschrei-

ben [12]. So ist für Rückschlüsse auf die Insassenbelastungen nicht nur wesentlich, welche Geschwindigkeitsänderung das Fahrzeug erfährt, sondern auch in welcher Zeit diese erfolgt. Folglich existieren auch technische Unfallschweregrößen, die durch Kombination von mehreren Größen ein aussagekräftigeres Maß ermöglichen sollen. Kramer et. al schlagen deshalb die *spezifische Unfallleistung* (SPUL) vor [4, Seite 19]. Sie errechnet sich aus dem Produkt der Geschwindigkeitsänderung Δv und der durchschnittlichen Beschleunigung a_{mean}. Im Beispiel aus Bild 4 beträgt der SPUL-Wert 256,8 $\frac{m^2}{s^3}$. Eine andere Größe ist der *Occupant Load Criterion* (OLC), welcher von Kübler et al. vorgestellt wurde [9]. Der OLC ist zwar ein technisches Unfallschweremaß, bezieht allerdings auch Aspekte von Insassenbelastungen mit ein. So wird davon ausgegangen, dass sich der Insasse des Fahrzeugs anfangs 65 mm ungebremst nach vorne bewegt und anschließend über einen Standardgurt 235 mm konstant verzögert wird, bis sich seine Geschwindigkeit der des Fahrzeugs angeglichen hat. Die über die 235 mm wirkende Verzögerung in Vielfachen der Erdbeschleunigung g ergibt den OLC. In Bild 4 wird die OLC-Berechnung anhand eines Beispiels verdeutlicht, wobei dieser dort 5,248 g beträgt.

2.2 Verwandte Arbeiten

Die Approximation von kollisionsbedingten Signalen wurde bereits in mehreren Arbeiten betrachtet. Eine wesentliche Grundlagenarbeit wurde von Huang verfasst [13]. In seinem Buch stellt er mehrere Ansätze vor, um das Beschleunigungssignal durch einfache Funktionen wie Dreiecks-, Sinus- oder Haversine-Funktionen zu approximieren. Während für das Beschleunigungssignal aufgrund der hochfrequenten Signalanteile der Originalkurve subjektiv keine hohe Ähnlichkeit zur Approximation besteht, ist diese bei den per Integration bestimmten Geschwindigkeitskurven wesentlich höher [13, Seite 150]. Dabei erreicht insbesondere das *Bi-Slope Approximation* (BSA) Verfahren eine hohe Ähnlichkeit, welches abschnittsweise definierte Funktionen zur Beschreibung des Beschleunigungssignal nutzt [13, Seite 141]. Später stellten Warner et al. das optimierte *Bi-Slope Approximation with N Polynomials* (BSAN) Verfahren vor, dass eine bessere Approximationsgüte als das Originalverfahren oder die einfachen Approximationsfunktionen erreicht [14]. Der wesentliche Vorteil von BSAN ist, dass es physikalisch motiviert ist. Zur Berechnung des Beschleunigungsverlaufs benötigt es sechs physikalische Größen wie zum Beispiel die maximale, dynamische (plastische + elastische) oder die statische (verbleibende plastische) Deformation. Allerdings hat sich bei einer Analyse herausgestellt, dass die genannten Verfahren wie BSAN oder auch die einfachen Funktionen nur für Crashtests gegen eine Wand zuverlässig funktionieren. Die Ursache liegt darin begründet, dass wenn lediglich die originalen Beschleunigungssignale zur Verfügung stehen, die dynamische und die statische Deformation aus dem Wegintegral berechnet werden müssen. Im Fall einer Kollision mit einer Wand ist sichergestellt, dass sämtliche Wegänderungen den Deformationen der Fahrzeugstruktur entsprechen. Für die in dieser Arbeit betrachteten Fahrzeug-Fahrzeug-Kollisionen muss dies aber nicht gelten, sodass sich das Fahrzeug auch nach der Kollision noch weiter vorwärts bewegen kann. Folglich beinhaltet das Wegintegral nicht nur die Deformationen der Fahrzeugstruktur sondern bezieht auch noch die verbleibende Bewegung des Fahrzeugs mit ein.

Crosby et al. stellen ein modifiziertes BSAN-Verfahren vor, das auch für Fahrzeug-Fahrzeug-Kollisionen angewendet werden kann [15]. Allerdings kann dieses Verfahren nur eingesetzt werden, wenn beide beteiligten Fahrzeuge einen zentralen Stoß ohne Versatz und Rotationen durchführen. Da diese Voraussetzungen durch die in dieser Arbeit verwendeten Fahrzeug-Fahrzeug-Kollisionen nicht gegeben sind, kann dieses Verfahren nicht angewendet werden.

Neben den physikalisch motivierten existieren auch mathematische Ansätze. So verwenden Pawlus et al. ein ARMAX-Regressionsmodell zur Annäherung und Prognose eines Beschleunigungssignals. Im dargelegten Beispiel erreicht dieses Modell eine hohe Approximationsgüte [16]. In einer anderen Arbeit verwenden Pawlus et al. ein künstliches, neuronales Netz, das ebenfalls eine hohe Approximationsgüte erreicht [17]. Allerdings erfolgt in beiden Arbeiten keine statistische Betrachtung mehrerer Kollisionen, sodass eine allgemeingültige Aussage über die Leistungsfähigkeit der Modelle nicht getroffen werden kann. Zudem sind die für die Approximation verwendeten Modelle teilweise von vielen Parametern abhängig, sodass sich auch keine kompakte Repräsentation einer originalen Geschwindigkeitskurve ergibt.

3 Ähnlichkeitsfunktion für Geschwindigkeitskurven

Für die Approximation kollisionsbedingter Geschwindigkeitskurven ist die Beurteilung der Ähnlichkeit von Kurven wesentlich. Ein naheliegender Ansatz besteht in der Nutzung einer Distanzmetrik wie zum Beispiel der euklidischen Distanz $d(x, y) = \|x - y\|_2$. Dazu werden für jeden definierten Zeitpunkt t zweier Signale $x(t)$, $y(t)$ die Differenzen in den Funktionswerten potenziert und zu einer Distanz aufsummiert. Die Signale $x(t)$ und $y(t)$ sind sich dabei umso ähnlicher, je kleiner ihre Distanz ist. Über eine Normierung auf den Wertebereich zwischen 0 und 1 kann die Distanzmetrik auch direkt in eine Ähnlichkeitsfunktion überführt werden.

In unseren Versuchen hat sich die euklidische Distanz als ungeeignet erwiesen, da sie nicht den makroskopischen Charakter eines Signals berücksichtigt und somit zum Beispiel leicht phasenverschobenen Signalen eine große Distanz zuordnet. Folglich wurde eine neue Ähnlichkeitsfunktion entwickelt, die mehrere Merkmale eines Signals berücksichtigt. Grundlage dieser Funktion ist die Software *CORrelation and Analysis* (CORA)[3], deren Bewertungsfunktionen mittlerweile auch als ISO-Standard verabschiedet wurden [18, 19]. In der Automobilindustrie wird CORA hauptsächlich zur Validierung von Simulationsmodellen, wie etwa Dummys, eingesetzt [20, 21]. Dazu vergleicht die Software auf Basis einer anwendungsspezifischen Parametrierung ihrer Bewertungsfunktionen ein zeitabhängiges Testsignal mit einem Referenzsignal, welches zum Beispiel aus einem Hardwareversuch gewonnen wurde. Wird dabei eine bestimmte Güte erreicht, gilt das Testsignal als erfolgreich auf dem Referenzsignal validiert. Für die neuartige Bewertung der Ähnlichkeit von kollisionsbedingten Geschwindigkeitskurven wird stattdessen eine Ähnlichkeitsfunktion genutzt, die auf den Standardbewertungsfunktionen von CORA basiert.

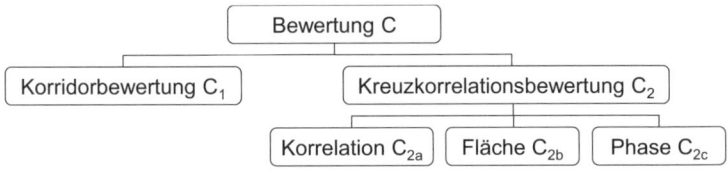

Bild 5: Kombination der Bewertungsfunktionen von CORA, Quelle: [18]

$$C = w_1 * C_1 + w_2 * C_2$$
$$C_2 = w_{2a} * C_{2a} + w_{2b} * C_{2b} + w_{2c} * C_{2c} \quad\quad (1)$$
$$1 = \sum w_i$$

Die Ähnlichkeitsfunktion berechnet die Güte anhand verschiedener Bewertungsfunktionen, die mittels einer Gewichtung kombiniert werden, wie

---

[3]CORA, Partnership for Dummy Technology and Biomechanics, http://www.pdb-org.com/de/information/18-cora-download.html, letzter Zugriff: 02.09.2013

es in Bild 5 und den Gleichungen 1 gezeigt wird. Jede dieser Funktionen besitzt einen Wertebereich zwischen 0 (keine Ähnlichkeit) und 1 (perfekte Ähnlichkeit), sodass durch eine Normierung die Gesamtgüte ebenfalls im Intervall $[0, 1]$ liegt. Für den Vergleich von Geschwindigkeitskurven wird $w_1 = 0,556$ für das Korridorverfahren und $w_2 = 0,444$ für das Kreuzkorrelationsverfahren verwendet. Das Kreuzkorrelationsverfahren besteht aus drei Unterverfahren, wobei als Gewichtung $w_{2a} = 0,333$ für die Korrelations-, $w_{2b} = 0,167$ für die Flächen- und $w_{2c} = 0,5$ für die Phasenbewertung genutzt werden.

Vor der Berechnung der Güte wird im ersten Schritt anhand der Referenzkurve der Evaluierungsintervall bestimmt [22, Seiten 12ff]. Für die Berechnung der Ähnlichkeit von Geschwindigkeitskurven beginnt der Evaluierungsintervall immer bei 0 ms während der Endpunkt sich aus dem ersten Unterschreiten des letzten Kurvenwerts multipliziert mit dem Faktor $0,97$ ergibt. Alle Bewertungsverfahren beschränken sich auf diesen Intervall, sodass vor allem der sehr konstante aber häufig vernachlässigbare Auslauf nicht berücksichtigt wird.

Für das Korridorverfahren wird um die Referenzkurve ein innerer und äußerer Korridor gespannt [22, Seite 20]. Die Breite der Korridore definiert sich aus dem größten, absoluten Funktionswert der Referenzkurve multipliziert mit jeweils einem Parameter für den inneren (0) sowie äußeren Korridor $(0,45)$. Je nachdem in welchem Korridor der Referenzkurve ein Punkt der Testkurve liegt, erhält er eine Bewertung von 0 bis 1. Der Durchschnitt über alle Punkte ergibt die Bewertung C_1 des Korridorverfahrens.

Für das Kreuzkorrelationsverfahren werden drei Bewertungsfunktionen verwendet, die miteinander gewichtet die Bewertung C_2 des Kreuzkorrelationsverfahrens ergeben. Im ersten Schritt wird die Phasenverschiebung ermittelt, da alle drei Unterverfahren die Kurven bei optimaler Verschiebung vergleichen. Dazu wird durch Anwendung einer normierten Kreuzkorrelationsfunktion die Phasenverschiebung ermittelt, für die die Kreuzkorrelation maximal wird [22, Seite 23]. Anschließend wird die Güte der Kreuzkorrelation berechnet [22, Seite 24], was die Bewertung C_{2a} ergibt. Die Bewertung der Fläche basiert auf der Berechnung der Integrale unter der Referenz- und der Testkurve. Aus dem Flächenquotienten wird anschließend die Flächenbewertung C_{2b} berechnet, wobei die größere Fläche immer den Nenner darstellt [22, Seite 25]. Die Bewertung der Phasenverschiebung wird genauso wie beim Korridorverfahren berechnet, indem über Parameter ein innerer $(D_{min} = 0,05)$ und ein äußerer Verschiebungskorridor $(D_{max} = 0,09)$ definiert wird. Je nachdem in welchem Korridor sich die optimale Verschiebung befindet, ergibt sich die Bewertung C_{2c}.

Ein Nachteil dieses Ansatzes ist, dass dieses Verfahren keine gültige Ähnlichkeitsfunktion darstellt. Während der Wertebereich auf den Intervall $[0, 1]$ beschränkt wird und eine Kurve mit sich selbst verglichen immer eine Ähnlichkeit von 1 besitzt, wird die notwendige Symmetrieeigenschaft nicht gewährleistet. Ursache dafür ist, dass durch die Referenzkurve wesentliche Bewertungskriterien definiert werden, wie etwa die Länge des Evaluierungsintervalls oder die Breite von Korridoren. Ein Vertauschen der Referenz- und Testkurve führt daher zu geänderten Kriterien und somit zu anderen Bewertungen. Zur Erhaltung der Symmetrieeigenschaft wird in dieser Arbeit daher als Ähnlichkeitsfunktion $C(x, y) = \frac{C(x,y)+C(y,x)}{2}$ verwendet, wobei x und y die zu vergleichenden Kurven darstellen.

4 Approximationsverfahren für Geschwindigkeitskurven

Das Ziel ist, ein Approximationsverfahren zu finden, das mit möglichst wenigen Parametern reale, kollisionsbedingte Geschwindigkeitskurven beschreiben kann. Dazu werden in dieser Arbeit Polynome verschiedenen Grades, kubische Bézier- sowie kubische B-Spline-Kurven betrachtet. Jedes Approximationsverfahren unterliegt dabei der Bedingung, dass jede Approximation zum Zeitpunkt $t = 0$ mit einem Geschwindigkeitswert von $0 \frac{m}{s}$ beginnen muss.

4.1 Polynom

Polynome stellen aufgrund ihrer Einfachheit generell eine gute Ausgangsbasis dar, da lediglich Koeffizienten bestimmt werden müssen. Je nach Grad n besitzt ein Polynom normalerweise $n + 1$ Koeffizienten. Aufgrund der Bedingung, dass eine Kurve immer im Punkt $(0, 0)$ startet, fällt der konstante Term weg, sodass zum Beispiel ein Polynom vom Grad 4 die allgemeine Form $f(x) = a * x^4 + b * x^3 + c * x^2 + d * x$ besitzt.

In unseren Versuchen hat sich gezeigt, dass nicht der komplette Kurvenverlauf durch ein einfaches Polynom beschreibbar ist, da der häufig zu beobachtende, konstante Geschwindigkeitsauslauf am Ende der Kurve nicht abgebildet werden kann. Da dieser Auslauf häufig nicht durch die Ähnlichkeitsfunktion berücksichtigt wird, unter Umständen aber trotzdem wichtig sein kann, soll dieser auch gut angenähert werden. Die Idee ist deshalb, das Polynom auf den Anfang der Geschwindigkeitskurve zu beschränken und anschließend die Geschwindigkeit konstant auslaufen zu lassen wie es

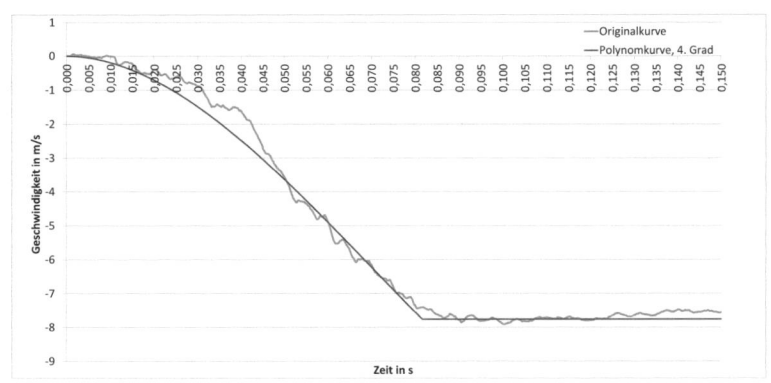

Bild 6: Originale Geschwindigkeitskurve und eine zugehörige Polynomapproximation

in Bild 6 dargestellt ist. Zur Definition des Zeitpunktes, ab wann der konstante Auslauf beginnt, wird ein zusätzlicher Parameter eingeführt, wobei der Übergang nicht stetig sein muss. Somit besitzt das Polynom vom Grad n insgesamt $n + 1$ Parameter.

4.2 Bézierkurve

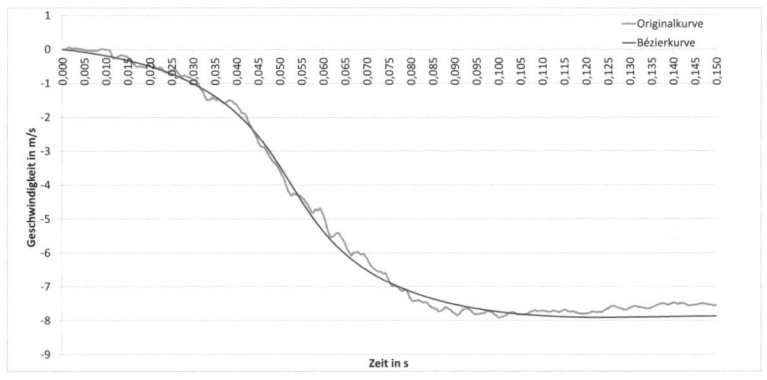

Bild 7: Originale Geschwindigkeitskurve und eine zugehörige Bézierkurve

Eine Bézierkurve ist eine parametrische Kurve, die, wie in Bild 7 gezeigt wird, auch zur Approximation von kollisionsbedingten Geschwindigkeitskurven geeignet ist. Dazu wird eine kubische Bézierkurve verwendet, die durch vier Kontrollpunkte definiert wird. Der erste Kontrollpunkt hat dabei immer die Koordinaten $(0,0)$, sodass die Koordinaten der drei verbleibenden Kontrollpunkte zu sechs Parametern führen. Dabei wird die Bézierkurve durch die Kontrollpunkte beschränkt, sodass sie unter Umständen nicht über den kompletten Zeitbereich der Originalkurve definiert ist. Deshalb wird über die letzten beiden Kontrollpunkte linear bis zum Ende des gewünschten Zeitbereichs extrapoliert, wobei durch die Eigenschaften der Bézierkurve sichergestellt ist, dass der Übergang stetig ist.

Eine Schwierigkeit in der Anwendung der Bézierkurve ist, dass sie nicht auf dem normalen Zeit-Geschwindigkeit-Raum definiert sondern von einem Parameter t abhängig ist. Mit Hilfe des Bernsteinpolynoms $f(t) = (1-t)^3 * p_0 + 3 * t * (1-t)^2 * p_1 + 3 * t^2 * (1-t) * p_2 + t^3 * p_3$ wird unter Einsetzung der Kontrollpunkte p_0 bis p_3 und der Variierung des Parameters t im Intervall $[0,1]$ die Kurve im Zeit-Geschwindigkeit-Raum erzeugt. Um den Geschwindigkeitsverlauf für ein gegebenes Zeitsignal zu ermitteln, hat sich eine 4-fache Überabtastung der Kurve als bester Kompromiss aus Genauigkeit und benötigter Rechenleistung herausgestellt. Dabei wird für ein Zeitsignal, dass zum Beispiel aus 3.000 Werten besteht, die Kurve durch äquidistante Unterteilung von t mit 12.000 Punkten abgetastet und die Punkte ausgewählt, die dem Zeitsignal am ähnlichsten sind.

4.3 B-Spline-Kurve

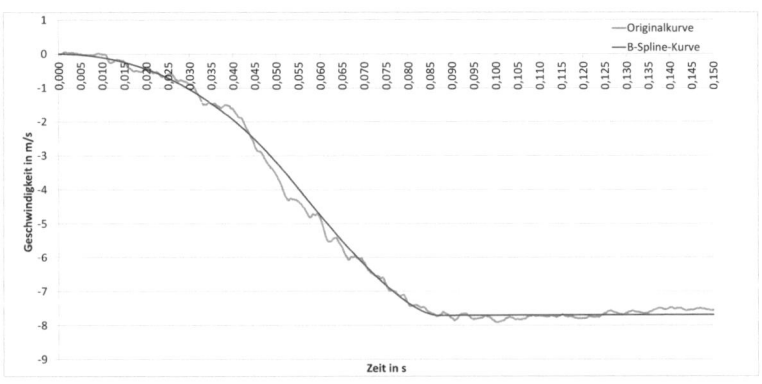

Bild 8: Originale Geschwindigkeitskurve und eine zugehörige B-Spline-Kurve

Die B-Spline-Kurve ist genauso wie die Bézierkurve eine parametrische Kurve. In Bild 8 ist die verwendete kubische B-Spline-Kurve abgebildet, die durch vier Kontrollpunkte definiert wird, wobei der erste Punkt die Koordinaten $(0, 0)$ besitzt. Die grundlegende Berechnung ist, wie in Gleichung 2 dargestellt, der Bézierkurve sehr ähnlich. Der wesentliche Unterschied besteht in der Verwendung des Basispolynoms $N_{i,p,\tau}(t)$ aus Gleichung 3 anstatt des Bernsteinpolynoms.

$$f(t) = \sum_{i=0}^{n-p} p_i * N_{i,p,\tau}(t) \tag{2}$$

$$N_{i,p,\tau}(t) = \frac{t - \tau_i}{\tau_{i+p} - \tau_i} * N_{i,p-1,\tau}(t) + \frac{\tau_{i+p+1} - t}{\tau_{i+p+1} - \tau_{i+1}} * N_{i+1,p-1,\tau}(t)$$

$$N_{i,0,\tau}(t) = \begin{cases} 1, t \in [\tau_i, \tau_{i+1}[\\ 0, \text{sonst} \end{cases} \tag{3}$$

$$\tau = [0; 0; 0; 0, 5; 1; 1; 1]$$

Dabei beschreibt p den Grad der stückweise eingesetzten B-Splines während n der Summe aus p und der Zahl der Kontrollpunkte, die auch *De-Boor-Punkte* genannt werden, entspricht. Der Knotenvektor τ definiert dagegen die Gewichtung der Kontrollpunkte. Der Vorteil der B-Spline-Kurve gegenüber der Bézierkurve ist, dass die Kontrollpunkte den Verlauf der Kurve nur lokal und nicht global beeinflussen, was eine größere Flexibilität ermöglicht. Zur Berechnung der Koordinaten im Zeit-Geschwindigkeit-Raum erfolgt für die B-Spline-Kurve eine 6-fache Überabtastung.

5 Evaluierung

Für die Evaluierung der Approximationsverfahren werden Daten aus *Finite Elemente Methode* (FEM) Simulationen verwendet. In diesen Simulationen wurden jeweils zwei Fahrzeugmodelle miteinander kollidiert, wobei verschiedene Unfallparameter wie zum Beispiel die Geschwindigkeiten variiert wurden. Für jedes Fahrzeug wurde dabei die kollisionsbedingte Geschwindigkeitskurve mit jeweils 3.000 Datenpunkten in Längsrichtung an einer zentralen Stelle der Fahrzeugstruktur erfasst, wodurch sich insgesamt 528 Datensätze ergaben. Zum Vergleich zu den nachfolgend dargelegten Abweichungen sind die Durchschnittswerte der technischen Unfallschweregrößen dieser Datensätze in Tabelle 1 aufgeführt.

Tabelle 1: Durchschnittswerte der technischen Unfallschweregrößen der 528 Datensätze

Unfallschweremaß	Wert
$t(a_{max})$	$0,053\ s$
t_{end}	$0,102\ s$
a_{max}	$-926,8\ \frac{m}{s^2}$
a_{mean}	$-107,5\ \frac{m}{s^2}$
$a_{mean,36ms}$	$-183,6\ \frac{m}{s^2}$
Δv_{max}	$-10,6\ \frac{m}{s}$
$\Delta v_{t_{end}}$	$-10,2\ \frac{m}{s}$
Δv_{36ms}	$-6,56\ \frac{m}{s}$
$SPUL$	$1421\ \frac{m^2}{s^3}$
OLC	$16,4\ g$

5.1 Methodik

Das Ziel der Evaluierung ist, die Güte der vorgestellten Approximations-verfahren zu ermitteln und die Approximationen mit den originalen Geschwindigkeitskurven zu vergleichen. Dazu werden Polynome der Grade 4, 5, 6 und 7 sowie Bézier- und B-Spline-Kurven betrachtet. Für jede Geschwindigkeitskurve wird unter Verwendung jedes Approximationsverfahrens eine Approximation berechnet. Da die vorgestellte Ähnlichkeits-funktion aufgrund der häufigen Verwendung von abschnittsweise definierten Funktionen sowie Betragsfunktionen nicht differenzierbar ist, können gradientenbasierte Optimierer dafür nicht eingesetzt werden. Stattdessen wird ein genetischer Algorithmus (GA) sowie Covariance Matrix Adaption Evolution Strategy (CMA-ES) eingesetzt [23]. Die Konfiguration des genetischen Algorithmus ist in Tabelle 2 gegeben und wurde durch vorherige Testoptimierungen bestimmt. Für CMA-ES wurde die Implementierung in Java von Hansen et. al. mit einer Populationsgröße von 200 und maximal 1.000 Iterationen verwendet.

Für jeden Optimierungslauf wird einer von 15 verschiedenen Seed-Werten verwendet, die über alle Experimente konstant sind und den zentralen Zufallszahlengenerator initialisieren. Anschließend wird aus den jeweils 15 Läufen die beste Approximation ausgewählt und in der Evaluierung berücksichtigt. Die Optimierungen erfolgten auf einer Workstation mit zwei Intel Xeon 5680 mit 3,33 GHz und 96 GB RAM.

Tabelle 2: Konfiguration des genetischen Algorithmus

Parameter	Wert
Populationsgröße	200
Generationen	150
Rekombination	Uniform crossover
Rekombinationsrate	0,75
Mutation	Uniform
Mutationsrate	0,5
Selektion	Tournament selection, Größe=2
Elitismusgröße	1

5.2 Ergebnisse

In Tabelle 3 sind die durchschnittliche Güte sowie die benötigte Rechenzeit der Approximationen dargestellt. Die Angabe in den Klammern gibt den verwendeten Optimierer sowie bei Polynomen den gewählten Polynomgrad an. Für die Güte wird zusätzlich zum Durchschnitt die Standardabweichung angegeben. Die durchschnittliche Rechenzeit beschreibt die für einen Optimierungslauf notwendige Zeit auf einem CPU-Kern. Weiterhin werden in dieser Tabelle und allen folgenden für jede Kategorie (Spalten) die besten Einträge in fettgedruckter Schrift dargestellt.

Tabelle 3: Durchschnittliche Güte und benötigte Rechenzeit der Approximationsverfahren

Verfahren	Parameter	Güte	Rechenzeit $[s]$
Polynom (4, GA)	5	$0,920 \pm 0,061$	283
Polynom (4, CMA-ES)	5	$0,958 \pm 0,015$	**56,9**
Polynom (5, GA)	6	$0,921 \pm 0,060$	307,2
Polynom (5, CMA-ES)	6	$0,959 \pm 0,015$	72,3
Polynom (6, GA)	7	$0,924 \pm 0,054$	332,4
Polynom (6, CMA-ES)	7	$0,960 \pm 0.015$	104,8
Polynom (7, GA)	8	$0,923 \pm 0,059$	356,2
Polynom (7, CMA-ES)	8	$0,961 \pm 0,015$	121,5
Bézier (GA)	6	$0,962 \pm 0,011$	254,3
Bézier (CMA-ES)	6	$0,970 \pm 0,021$	150,8
B-Spline (GA)	6	$0,961 \pm 0,014$	386,8
B-Spline (CMA-ES)	6	$\mathbf{0,976 \pm 0.008}$	223

In Tabelle 4 sind die durchschnittlichen Abweichungen der Approximationen zu den realen Kurven für die zeit- und beschleunigungsbasierten Unfallschweregrößen angegeben. Aufgrund von Platzmangel werden nur die Durchschnitte ohne die Angabe der Standardabweichungen dargestellt.

Tabelle 4: Durchschnittliche Abweichungen der zeit- und beschleunigungsbasierten technischen Unfallschweregrößen

Verfahren	$t(a_{max})[s]$	$t_{end}[s]$	$a_{max}[\frac{m}{s^2}]$	$a_{mean}[\frac{m}{s^2}]$	$a_{mean,36ms}[\frac{m}{s^2}]$
Polynom (4, GA)	0,050	0,021	2.077	20,7	17,6
Polynom (4, CMA-ES)	0,044	0,018	2.099	18,1	13,2
Polynom (5, GA)	0,050	0,021	2.075	20,6	17,7
Polynom (5, CMA-ES)	0,043	0,017	2.102	16,9	14,5
Polynom (6, GA)	0,051	0,020	2.079	20,5	16,9
Polynom (6, CMA-ES)	0,042	0,017	2.104	16,2	15,4
Polynom (7, GA)	0,049	0,021	2.073	21,2	17,2
Polynom (7, CMA-ES)	0,042	0,017	2.106	15,7	15,7
Bézier (GA)	0,035	0,011	**2.069**	9,54	11,8
Bézier (CMA-ES)	**0,034**	0,009	2.505	6,80	**10,7**
B-Spline (GA)	0,035	0,011	2.038	10,3	12,5
B-Spline (CMA-ES)	**0,034**	**0,008**	2.073	**5,96**	**10,7**

In Tabelle 5 sind die durchschnittlichen Abweichungen der Approximationen zu den realen Kurven für die geschwindigkeitsbasierten und kombinierten Unfallschweregrößen angegeben. Wie auch in Tabelle 4 sind die Standardabweichungen aufgrund von Platzmangel nicht angegeben.

Tabelle 5: Durchschnittliche Abweichungen der geschwindigkeitsbasierten und kombinierten Unfallschweregrößen

Verfahren	$\Delta v_{max}[\frac{m}{s}]$	$\Delta v_{t_{end}}[\frac{m}{s}]$	$\Delta v_{36ms}[\frac{m}{s}]$	$SPUL[\frac{m^2}{s^3}]$	$OLC[g]$
Polynom (4, GA)	0,507	0,331	0,506	223,3	0,898
Polynom (4, CMA-ES)	0,444	0,262	0,337	202,8	0,552
Polynom (5, GA)	0,519	0,351	0,501	221,3	0,888
Polynom (5, CMA-ES)	0,420	0,259	0,382	193,5	0,558
Polynom (6, GA)	0,505	0,341	0,480	220,3	0,877
Polynom (6, CMA-ES)	0,417	0,267	0,415	185,2	0,565
Polynom (7, GA)	0,523	0,344	0,504	225,6	0,821
Polynom (7, CMA-ES)	0,400	0,254	0,424	179,6	0,585
Bézier (GA)	0,108	0,153	0,280	133,1	0,613
Bézier (CMA-ES)	0,118	0,137	0,243	100,9	0,307
B-Spline (GA)	0,130	0,186	0,300	141,4	0,533
B-Spline (CMA-ES)	**0,097**	**0,132**	**0,233**	**85,7**	**0,199**

6 Diskussion

Wird nur die Approximationsgüte aus Tabelle 3 betrachtet, so zeigt sich, dass die parametrischen Kurven im Durchschnitt bessere Approximationen als die Polynome sind. Insbesondere die B-Spline-Kurve erreicht die mit Abstand beste Güte, benötigt dazu aber lediglich sechs Parameter.

Allen Approximationsverfahren gemein ist, dass CMA-ES im Durchschnitt immer zu besseren Approximationen führt als der genetische Algorithmus. Veränderungen der Konfiguration des genetischen Algorithmus, wie die Modifikation der Rekombinations- und Mutationsrate oder die Erhöhung der Generationenzahl, führten nicht zu besseren Ergebnissen. Aufgrund dieser Erkenntnisse und dem teilweise langsamen Konvergieren vermuten wir, dass der durch die möglichen Parameter und die Ähnlichkeitsfunktion aufgespannte Lösungsraum viele lokale Optima aufweist. Demzufolge scheint CMA-ES wesentlich besser aus lokalen Optima entfliehen zu können als der genetische Algorithmus. Zudem benötigt CMA-ES eine deutlich geringere Rechenzeit für die Approximation, sodass unabhängig vom gewählten Approximationsverfahren CMA-ES für diese Problemstellung der bevorzugte Optimierer ist. Hervorzuheben ist, dass die Bézierkurve nicht ganz die Güte der B-Spline-Kurve erreicht, dafür aber auch schneller zu berechnen war, sodass die Bézierkurve eine sinnvolle Alternative zur B-Spline-Kurve darstellen kann.

Werden die Durchschnittswerte der Originalkurve aus Tabelle 1 mit den durchschnittlichen Abweichungen der technischen Unfallschweregrößen aus Tabelle 4 verglichen, ergeben sich wichtige Erkenntnisse. Unfallschweregrößen, die in Relation zu Beschleunigungen stehen, weisen bei allen Verfahren große Abweichungen auf. Insbesondere $t(a_{max})$ und a_{max}, die auf der maximalen Beschleunigung basieren, können aus der Approximation nicht gewonnen werden. Ursache dafür ist, dass die Approximationsverfahren wie eine Art Tiefpassfilter arbeiten und somit hochfrequente Anteile des Beschleunigungssignals, wie etwa kurze Spitzenbeschleunigungen, filtern. Allerdings ist die Aussagekraft dieser Unfallschweregrößen aufgrund ihrer Rauschanfälligkeit gering, weshalb in der Praxis vornehmlich die geschwindigkeitsbasierten Unfallschweregrößen wie etwa Δv genutzt werden. Die durchschnittlichen Beschleunigungen können dagegen zuverlässiger bestimmt werden, da sie im Falle der B-Spline-Kurve durchschnittlich um maximal 5,8% abweichen. Die Crashdauer weicht beim selben Approximationsverfahren um 7,8% ab, was ebenfalls ein guter Wert ist.

Die geringsten Abweichungen ergeben sich bei den geschwindigkeitsbasierten und kombinierten Unfallschweregrößen. Auch hier stellt die B-Spline-Kurve das beste Approximationsverfahren dar, wie in Tabelle 5 zu sehen ist. Im Vergleich zu den Durchschnittswerten der Originalkurven aus Tabelle 1 liegt die Abweichung von Δv_{max} bei 0,9%, für $\Delta v_{t_{end}}$ bei 1,3% und für Δv_{36ms} bei 3,6%. Die Abweichung bei $SPUL$ beträgt dagegen 6,0%, was damit zu begründen ist, dass für die Berechnung dieses Maßes a_{mean} verwendet wird. Der OLC weicht um 1,2% ab, was wiederum für eine sehr gute Approximationsfähigkeit spricht. Auch hier zeigt sich, dass die per CMA-ES bestimmten Approximationen nahezu immer geringere Abweichungen aufweisen als die mit genetischem Algorithmus bestimmten Approximationen.

Zusammengefasst eignet sich die B-Spline-Kurve unter Verwendung von CMA-ES als sehr gutes Approximationsverfahren kollisionsbedingter Geschwindigkeitskurven. Sie erhält vor allem geschwindigkeitsbasierte Unfallschweregrößen sehr gut. Gleichzeitig bestätigt sich dadurch die Eignung der vorgestellten Ähnlichkeitsfunktion, da eine hohe Ähnlichkeit auf eine geringe Abweichung vieler Unfallschweregrößen deutet.

7   Zusammenfassung

Kollisionsbedingte Geschwindigkeitskurven eignen sich, um Fahrzeugkollisionen zu charakterisieren. Für die Entwicklung von neuen Sicherheitsfunktionen sind dagegen Approximationen dieser Kurven nützlich, die mit wenigen Parametern die Kurvenverläufe annähern können. In dieser Arbeit wurden verschiedene Approximationsverfahren sowie eine neue Ähnlichkeitsfunktion zum Vergleich von kollisionsbedingten Geschwindigkeitskurven vorgestellt. In der Evaluierung an über 500 kollisionsbedingten Geschwindigkeitskurven zeigt sich, dass insbesondere durch Bézier- und B-Spline-Kurven die Originalkurven mit Hilfe von CMA-ES sehr gut approximiert werden können. So erreicht die B-Spline-Kurve bereits mit sechs Parametern eine durchschnittliche Ähnlichkeit von 0,976. Weiterhin erhält dieses Approximationsverfahren die wesentlichen Eigenschaften der Originalkurven, sodass abgeleitete, technische Unfallschweregrößen kaum verfälscht werden. Dieses Verfahren ist somit sehr gut für die Entwicklung der neuen Fahrzeugsicherheitsfunktionen geeignet.

Literatur

[1] Wirtschaftskommission der Vereinten Nationen für Europa (UN/ECE): Einheitliche Bedingungen für die Genehmigung der Kraftfahrzeuge hinsichtlich des Schutzes der Insassen bei einem Frontalaufprall. 2012.

[2] Wirtschaftskommission der Vereinten Nationen für Europa (UN/ECE): Einheitliche Bedingungen für die Genehmigung der Kraftfahrzeuge sichtlich des Schutzes der Insassen bei einem Seitenaufprall. 2007.

[3] U.S. Department of Transportation - National Highway Traffic Safety Administration: TP208-13: Laboratory Test Procedure For FMVSS 208, Occupant Crash Protection; FMVSS 212, Windshield Mounting; FMVSS 219, Windshield Zone Intrusion; FMVSS 301F, Fuel System Integrity - Frontal. 2005.

[4] Kramer, F.; Franz, U.; Göring, T.; Lorenz, B.; Steffan, H.; Schöneburg, R.: *Passive Sicherheit von Kraftfahrzeugen: Biomechanik - Simulation - Sicherheit im Entwicklungsprozess.* Vieweg+Teubner Verlag, 3. Aufl. 2009.

[5] Organisation for Economic Co-operation and Development (OECD): *Towards Zero: Ambitious Road Safety Targets and the Safe System Approach.* Organisation for Economic Co-operation and Development (OECD). 2008.

[6] Tingvall, C.; Haworth, N.: Vision Zero: an Ethical Approach to Safety and Mobility. In: *6th ITE International Conference Road Safety & Traffic Enforcement: Beyond 2000*, S. 6–7. 1999.

[7] Schindler, V.; Kühn, M.; Siegler, H.: Intelligente Rückhaltesysteme. *Berichte der Bundesanstalt für Straßenwesen: Fahrzeugtechnik* Heft F52 (2004) 52.

[8] Cho, K.; Choi, S. B.; Shin, K.; Yun, Y.: A Pre-Crash Discrimination System for an Airbag Deployment Algorithm. In: *American Control Conference (ACC), 2010*, S. 6949–6954. IEEE. 2010.

[9] Kübler, L.; Gargallo, S.; Elsäßer, K.: Characterization and Evaluation of Frontal Crash Pulses with Respect to Occupant Safety. In: *Airbag 2008. 9th International Symposium and Exhibition on Sophisticated Car Occupant Safety Systems.* ICT. 2008.

[10] Marsh IV, J. C.; Campbell, K. L.; Shah, U.: A Review and Investigation of Better Crash Severity Measures: An Annotated Bibliography. Techn. Ber., Highway Safety Research Institute, The University of Michigan. 1977.

[11] Burg, H.; Moser, A.: *Handbuch Verkehrsunfallrekonstruktion - Unfallaufnahme, Fahrdynamik, Simulations.* Nr. 2. Vieweg+Teubner. 2009.

[12] Husted, D. C.; Biss, D. J.; Heverly, D. E.: The Appropriate Use of "Delta-V" in Describing Accident Severity. Techn. Ber., SAE International. 1999.

[13] Huang, M.: *Vehicle Crash Mechanics*. CRC Press LLC. 2002.

[14] Warner, C. Y.; Warner, M. H.; Crosby, C.; Armstrong, M.: Pulse Shape and Duration in Frontal Crashes. SAE Technical Paper 2007-01-0724, Society of Automotive Engineers. 2007.

[15] Crosby, C. L.; Warner, C. Y.; Warner, M. H.; Galati, R.: Derivation of Vehicle-to-Vehicle Frontal Crash Pulse Estimates from Barrier Crash Data. Techn. Ber., SAE International. 2008.

[16] Pawlus, W.; Karimi, H. R.; Robbersmyr, K. G.: Ahead Prediction of Kinematics of Vehicles Under Various Collision Circumstances by Application of ARMAX Autoregressive Model. *WSEAS Transactions on Applied and Theoretical Mechanics* 6 (2011), S. 80–89.

[17] Pawlus, W.; Robbersmyr, K. G.; Karimi, H. R.: Performance Evaluation of Feedforward Neural Networks for Modeling a Vehicle to Pole Central Collision. In: *Proceedings of the 4th WSEAS International Conference on Energy and Development - Environment - Biomedicine*, GEMESED'11, S. 467–472. World Scientific and Engineering Academy and Society (WSEAS). 2011.

[18] Gehre, C.; Gades, H.; Wernicke, P.: Objective Rating of Signals Using Test and Simulation Responses. In: *21st International Technical Conference on the Enhanced Safety of Vehicles Conference (ESV)*. 2009.

[19] International Organization for Standardization: Road Vehicles — Objective Rating Metrics for Dynamic Systems. Standard. ISO/TR 16250:2013. 2013.

[20] Untaroiu, C.; Shin, J.; Lu, Y.-C.: Assessment of a Dummy Model in Crash Simulations Using Rating Methods. *International Journal of Automotive Technology* 14 (2013) 3, S. 395–405.

[21] Gehre, C.; Stahlschmidt, S.: Assessment of Dummy Models by Using Objective Rating Methods. In: *22nd International Technical Conference on the Enhanced Safety of Vehicles Conference (ESV)*. 2011.

[22] Thunert, C.: *CORA 3.6 User's Manual*. GNS mbH. 2012.

[23] Hansen, N.; Ostermeier, A.: Adapting Arbitrary Normal Mutation Distributions in Evolution Strategies: The Covariance Matrix Adaptation. In: *Evolutionary Computation, 1996., Proceedings of IEEE International Conference on*, S. 312–317. IEEE. 1996.

Cluster-based Visualization of Dynamic Graphs

Pascal Held, Julia Hempel, Rudolf Kruse

Otto-von-Guericke University of Magdeburg
Faculty of Computer Science
Department of Knowledge Processing and Language Engineering
Universitätsplatz 2, D-39106 Magdeburg
Tel.: +49 391 67 52700
Fax: +49 391 67 12018
E-Mail: {pheld,kruse}@iws.cs.uni-magdeburg.de,
julia.hempel@st.ovgu.de

Abstract

Graph visualizations are applied for describing relations between objects in many application fields, e.g., in social network analysis and software visualization. Several clustering strategies can be used to identify groups of objects automatically. On the one hand, visualizing these clusters is useful to analyse and evaluate clustering algorithms. On the other hand, cluster visualization allows a fast estimation of similarity between objects and provides orientation in the graph. Because objects, relations and clusters might change over time, dynamic graph drawing received significant interest in the last decades. Several algorithms have been proposed enhancing well-known static layout algorithms. However the dynamic drawing of clusters in graphs is less considered. In this work, we propose three layout algorithms for dynamic clustered graphs. While two approaches are based on enhancing a force-directed layout, the third one uses a divide-and-conquer approach. The approaches are evaluated and compared based on different metrics. The results suggest that the divide-and-conquer approach is best suited for the dynamic drawing of clustered graphs since it separates the clusters well and stabilizes the layout.

1 Introduction

Graphs are important data structures for describing relations between objects. In order to visualize those relationships, graph drawing is applied in many application fields, e.g. in social network analysis and software visualization. Therefor, objects are visualized as nodes and relations as edges between nodes. Moreover, the affiliation of objects to a category or cluster can be visualised using graphs. This can be done e.g., by grouping nodes together or drawing a bounding box around nodes of a cluster. Drawing a clustered graph requires laying out nodes and edges while taking into account the cluster affiliation as well as aesthetic criteria. Especially for a large number of nodes, finding a pleasing layout is time consuming and error-prone [1]. Because of that, automatic layout algorithms were extensively studied [2]. Since relationships might change rapidly over time, e.g., in social networks or computer networks, dynamic graph drawing received significant interest in the last two decades. Several algorithms [3, 4, 5] and specialized visualization techniques [6, 7] have been proposed for dynamic graph drawing. Moreover, empirical studies have been conducted to investigate the issue of dynamic graph comprehension [6, 8, 9].

However, algorithms for drawing clustered graphs were less taken into consideration. In this paper, we present three algorithms which aim to group cluster nodes together and evaluate their success for dynamic graphs. In order to provide a frame of reference, we will first discuss requirements on graph layouts and common algorithms. After that, we describe our layout algorithms in detail. Finally, the results of the evaluation are presented and discussed.

2 Layout Requirements

Dynamic graph drawings aim to visualize the evolution of relationships between objects over time. Therefore, both the static layout at a certain time and the evolution of the layout need to support the users' comprehension of the graph. Consequently, the challenge is to compute a new layout that is both aesthetically pleasing and fits well into the sequence of drawings of the evolving graph [5]. Below, quality metrics for static layouts and for dynamic layouts are discussed.

2.1 Static Layout

The problem of static graph drawing has been studied extensively [2]. Different conventions exist which are well known for different domains. For example, straight-line drawings are widely used in social network visualization, while orthogonal drawings are common in circuit schematics and software engineering (see Fig. 1).

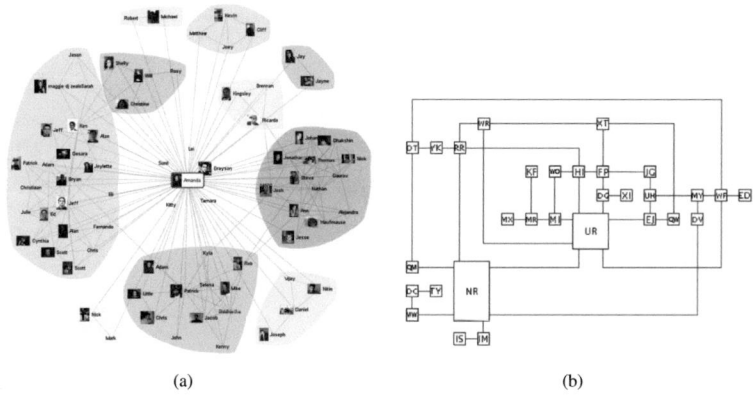

(a)   (b)

Figure 1: Straight-line drawing (a) [10] and orthogonal drawing (b) [11]

To support users in reading and understanding graph drawings, several aesthetic criteria developed over time. The following criteria are listed by Battista et al.[2].

Crossings: Minimization of the total number of crossings between edges

Area: Minimization of the area of the drawing and the aspect-ratio. Ideally, we would like to obtain small area for any aspect-ratio in order to fit drawings in arbitrarily shaped windows.

Edge Length: Minimization of the sum of the edges, the maximum length of an edge and the variance of the length of the edges

Bends: Minimization of the sum of bends, the maximum number of bends on an edge and the variance of the number of bends on an edge (only for orthogonal drawings)

Angular Resolution: Maximization of the smallest angle between two edges incident on the same vertex

Moreover, the classification of vertices into clusters is desirable in some application fields e.g. to visualize circles of friends in a social network. Therefore, vertices are divided into a set of clusters, as presented in Figure 1 (a). Concerning the visualization of clustered graphs, additional aesthetic criteria are named by Frishman et al. [5]:

- The size of each cluster should be proportional to the number of vertices it contains.

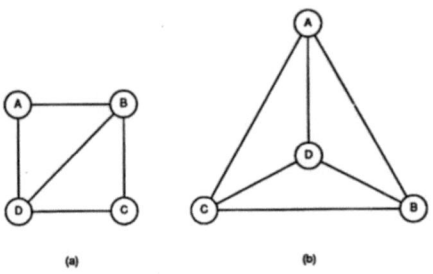

Figure 2: Adding an edge destroys the mental map [13]

- The drawing of each cluster should be compact.

- The overlapping between cluster boundaries should be minimal.

2.2 Dynamic Layout

In interactive applications, several types of modifications, e.g. adding or removing vertices, edges or clusters, change a graph over time. Moreover, the underlying data of a graph might change. Therefore, the graph layout needs to be updated. However, most of the static graph drawing algorithms are not incrementally stable. A small change in the input set may yield unpredictable, instable changes between successive layouts as presented in Figure 2. This might be confusing and annoying for users since they have to spend a lot of time relearning the new graph. To overcome this problem, the users' mental map should be preserved while updating the layout [12, 13, 14]. Commonly, preservation of the mental map is defined as moving as few nodes as possible as little as possible [14, 13]. This shall help users to read and memorize evolving graphs. Moreover, graphical updates should reflect actual changes in the data [14]. That means, adding one edge should result in moving only vertices that are involved in the change.

Additional requirements are named by Frishman et al. [5] for clustered graphs:

- The movement of clusters between successive layouts should be small. Especially, clusters that are not modified should remain in their previous position if possible.

- The change in the size of clusters between successive layouts should be minimal, when the number of vertices in the cluster is similar.

- The movement of vertices inside a cluster should be minimized.

In the following, we will present algorithms for dynamic graph drawing and discuss their strengths and shortcomings based on the presented requirements.

3 Algorithms

Table 1: Overview of widely used dynamic graph drawing algorithms

Author	Offline vs. Online	Graph Type	Static Algorithm	Mental map metric
North et al. [14]	online	directed acyclic graph drawn in a hierarchical manner	Sugiyama's heuristic [15]	node position and order
Brandes et al. [16]	online	undirected graph	generic	node positions
Diehl et al. [17, 18]	offline	undirected graph	generic	node posistions
Erten et al. [4]	offline	weighted graphs (nodes and edges weighted)	force-directed algorithm by Kamada and Kaiwa [19]	node positions
Frishman et al. [5]	online	directed, clustered graph	force-directed algorithm Neato [20]	cluster and node position

In the last section, criteria for dynamic graph layouts were discussed. Commonly, algorithms for dynamic graph layouts are based on static graph drawing algorithms. These static algorithms were augmented in order to preserve the users' mental map. In order to provide a frame of reference for our work, we present static and dynamic layout algorithms especially for clustered graphs.

3.1 Static Layout Algorithms

For the static setting, algorithms are in general well studied. Most common algorithms are force-directed layout algorithms. They are used to create straight-line drawings of undirected graphs by simulating a system of forces and finding a local minimum energy configuration [2]. The force-directed algorithm by Fruchterman and Reingold [21] and the spring-embedder algorithm by Kamada and Kaiwa [19] are widely used for static graph drawing. However, work on clustered graph drawing is less wide spread. An algorithm for straight-line drawing of clustered graphs has been presented in [22]. However, it only applies to planar clustered graphs where every cluster induces a connected planar subgraph. Wang and Miyamoto [1] present a more general algorithm using a divide-and-conquer approach. They first partition the graph into subgraphs. After that, they layout the subgraph using a force-directed layout algorithm and finally they compose the subgraphs together. In [23], an algorithm for drawing clustering hierarchies of a graph using a hierarchical graph drawing algorithm is presented. For a discussion of clustered graph drawing refer to [24].

3.2 Dynamic Layout Algorithms

In Section 2, we discussed requirements for static and dynamic layouts. Unfortunately, these criteria are often contradictory [25]. On the one hand, node and cluster positions might change radically from time-slice to time-slice when optimizing aesthetic criteria. On the other hand, the individual layout might become difficult to understand, when positions are fixed to preserve the mental map. Because of that, finding a suitable trade off is a crucial and also very challenging task in the design of dynamic graph layout algorithms. In general, dynamic algorithms can be grouped in two categories: offline and online algorithms. In the offline scenario, the entire input sequence is known in advance, whereas in the online scenario the sequence is given one graph at a time [9]. An overview of commonly used approaches is presented in Table 1. Below, some of these approaches are discussed in detail.

An early approach for online graph drawing is proposed by North et al. [14]. They developed DynaDAG, a dynamic layout algorithm for hierarchical directed graphs. Their approach is based on the static layout algorithm by Sugiyama [15]. To preserve the users' mental map, they take geometric and topological stability into account. That means, the position and the order of nodes shall be stable between successive layouts. For this purpose, a heuristic is used to move nodes between adjacent ranks, based on median sort.

Brandes et al. [16] introduced a more general approach for graphs. Different static layout algorithms can be used as a baseline for the algorithm, e.g., Eades' spring-embedder [12]. Their approach is based on random field models and Bayesian conditional probabilities. The layouts, which are produced by the static layout algorithm for the respective graph, are updated based on a stochastic estimator. This estimator is composed of the static layout model and an additional stability model. The underlying metric for the stability model (e.g., node movement, relative node movement) is adaptable. Moreover, the trade-off between readability (static quality) and mental map preservation can be changed by adapting the weight of both models.

Erten et al. [4] developed GraphAEL, which is a package to create 2D and 3D graph animations. Their implementation is based on the force-directed algorithm by Kamada and Kaiwa [19]. However, they enhanced the algorithm in order to support both node weights and edge weights. As a result, GraphAEL tries to place heavy nodes well away from each other and to place vertices connected by heavy edges, closer to each other. To preserve the mental map, the algorithm aims to minimize the movement of vertices in the evolving graph. Therefore, the different time-slices are combined to a single graph as shown in Figure 3(a). Between vertices with the same label in adjacent time-slices, edges are created. Because of these edges, attractive forces exist between vertices in different time-slices. Each vertex is attracted towards the vertices associated with it in the adjacent time-slices and consequently, its freedom of movement is limited. As in Brandes' approach [16], the impact of mental map preservation can be easily configured by changing the weight of the inter-time-slice edges. However, no other mental map criteria can be used in GraphAEL since the metric is built into the heuristic for minimizing forces [3].

Frishman et al. [5] developed a dynamic layout algorithm for clustered graphs. Their approach is based on the force-directed layout component Neato which is available in the GraphVis package [20]. In order to compute a new graph layout, Frishman et al. compute the force-directed layout of this graph using the previous layout as initial layout. Concerning mental map preservation, they ranked cluster stability to be more important than vertex stability and vertex stability to be more important than edge stability. To implement these criteria, they added a dummy node to each cluster and connected it to all vertices in the cluster as presented in Figure 3(b). The position of the dummy node is fixed in order to minimize cluster movements. Moreover, spacer nodes are added to the cluster as placeholders for new nodes. If a node is added to the cluster, the closest spacer is

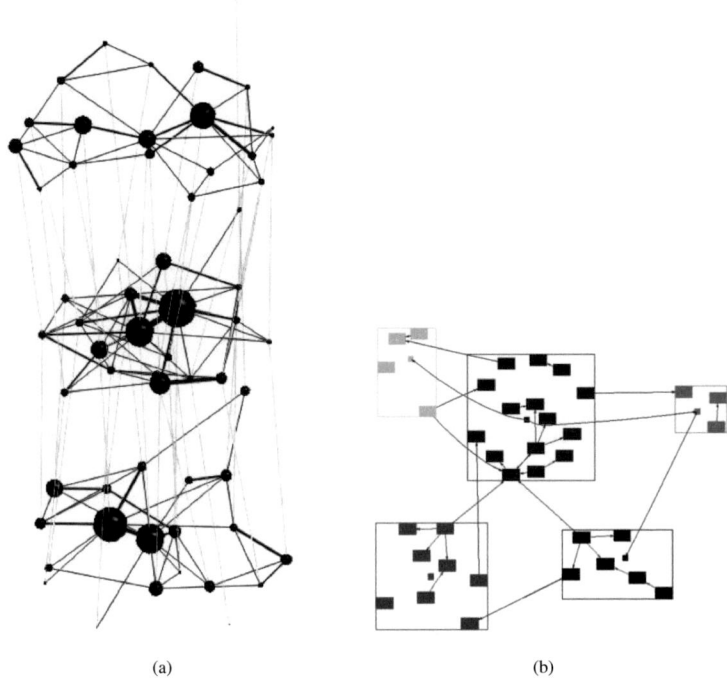

(a)   (b)

Figure 3: Mental map preservation by attractive forces between (a) nodes in adjacent time-slices [4] and (b) cluster nodes and the cluster center [5]

replaced by this node. Hence, the size of a cluster is maintained with the cost of extra screen space needed for the invisible spacers.

4 Implementation

In the previous section, we presented several algorithms for graph drawing. However, only the algorithm by Frishman et al. [5] considers the visualization of dynamic clustered graphs (to the best of our knowledge). In order to provide a broader comparison and discussion, we implemented three cluster-based graph drawing algorithms. Therefore, we used the open-source framework GraphStream[1]. Moreover, the SpringBox layout was used as a starting point for our implementation. The SpringBox is a force-

---

[1]http://graphstream-project.org

directed layout which is available in the GraphStream project. It is based on the algorithm by Fruchterman and Reingold [21]. However, it is modified on the attraction. In order to stabilize the evolving layout, the degree of nodes is taken into account. Below, our algorithms are described in detail.

4.1 Force-directed Clustered Layout

Based on the SpringBox layout, this layout algorithms aims to visually separate clusters from each other. Therefore, we manipulate the length of edges using the edge weights. Edges between two nodes within a cluster get a higher edge weight, while edges between two nodes of different clusters get lower weights. Hence, clusters are visually separated since the edges between inter-cluster nodes are longer. This approach potentially provides an easy way to enhance a force-directed layout in order to support clustered graphs. Moreover, the cohesion of the clusters can be easily adapted.

4.2 ClusterNode Layout

The second approach is based on the algorithm by Frishman et al. [5]. For each cluster in the graph, one invisible dummy node is added to the graph. All nodes which belong to the cluster are connected to the dummy node through an edge. After that, the graph layout is computed using the SpringBox algorithm. Based on the dummy node, the nodes of a cluster are arranged closer together because of the additional attractive forces between them. The cohesion of the cluster can be configured using the weight of the edges connecting the dummy node. In contrast to [5], we do not fix the position of the dummy node in order to allow a higher flexibility.

4.3 Divide-and-Conquer

The third algorithm is based on the divide-and-conquer principle. It was proposed by [1] for drawing clustered graphs. In our algorithm, we combined this principle with a force-directed layout. Therefore, we divided the graph in subgraphs. Every subgraph contains the nodes of one cluster. We calculate a force-directed layout for each subgraph using the SpringBox. These layouts are combined using a meta-graph. This graph consists of the clusters in the graph as nodes and the number of nodes within the cluster as node weights. By calculating the layout for this meta-graph, the position of the cluster's centre was determined. Based on this position, the nodes of the subgraphs were placed using their relative position.

5 Evaluation

In order to evaluate and compare the layout algorithms, which we presented in the previous section, we analysed the resulting layouts. The goal of the analysis was to asses both static and dynamic quality criteria.

5.1 Criteria

To assess the quality of the cluster representation, we used the following measures:

Overlap describes the area used by two clusters at the same time. Therefor, the area of a cluster is defined as the convex hull of all nodes. If the same area is used by more than two clusters, the number of overlaps is incremented pairwise. This measure is used to asses how well the clusters are separated.

Minimum Cluster Distance is the minimal distance between pairwise two clusters for the whole graph. If two clusters overlap, this value is 0.

Average Cluster Distance is similar to the Minimum Cluster Distance, but it is the average of all cluster distances. Both Cluster Distance values indicate how good clusters are separated.

Area used by Clusters describes the accumulated area of all clusters. A high value means that the available drawing area is well exploited, while a small value means that the clusters are to compact.

Cluster Crossing Edges describes the number of edges which cross other clusters. Edge crossing should be avoided because they lead to an unclear layout.

Moreover, we analysed the node movements to assess whether the algorithms are well suited for dynamic graph drawings. Therefore, the displacement of each node between adjacent time-slices is calculated and accumulated.

5.2 Graph Generation

We simulated six different graphs, which vary in their number of nodes, connectivity, number of clusters, and number of cluster change events. An overview of the test setting is presented in Table 2. To create a dynamic

Table 2: Overview of the test cases

Test Case	#Nodes	#Cluster	#Noise-Nodes	Intra-Cluster-Connectivity	Inter-Cluster-Connectivity
small	100	3	10	0.2 ... 0.5	0.01 ... 0.03
medium	260	5	10	0.2 ... 0.5	0.01 ... 0.05
huge	1010	10	10	0.05 ... 0.3	0.001 ... 0.05
many edges	260	5	10	0.3 ... 0.6	0.01 ... 0.05
less edges	260	5	10	0.075 ... 0.2	0.0025 ... 0.01
more dynamic	260	5	10	0.2 ... 0.5	0.01 ... 0.05

graph, we simulated 1000 time steps for each graph. In the steps from 1 to 100, the graph is growing due to the creation of nodes and edges. Moreover, the initial cluster assignments are done in this time range. After that, we simulated cluster change events. This means, that groups of nodes are assigned to another cluster. For each of these events, we set the time range, the number of changing nodes, source, and destination of the movement. The exact time step of the reassignment is chosen randomly. During the whole time, edges are inserted and removed randomly to get the expected connectivity. This generation procedure yields in high dynamic graphs.

At http://goo.gl/KFkOW2 you can download all the test cases as DGS files.

5.3 Results

In the following, we present the results of the different test cases and layout algorithms. In the tables, we present the mean value of the selected measures for the whole time range. The best values is marked **bold** and the worst one *italic*.

5.3.1 Some Impressions

In Figure 4 we showed the same graph with the four different layouts. Some steps before this layout a huge change event has been happen. In

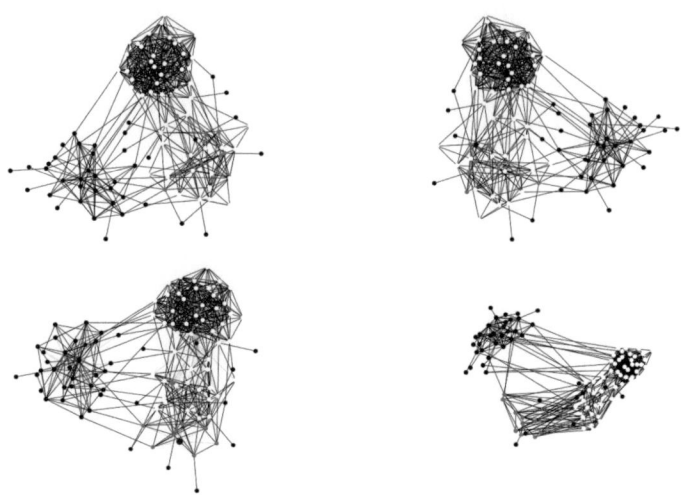

Figure 4: Sample Layouts, top left: SpringBox, top right: Force-directed Clustered Layout, bottom left: ClusterNode Layout, bottom right: Divide-and-Conquer Algorithm

the SpringBox Layout the nodes from the two clusters are totally mixed, the same for the Force-directive Clustered Layout. With the ClusterNode Layout a lot of the nodes are already on the way to the other cluster. In the divide-and-conquer-approach the changing nodes are seperated and next to the target cluster.

5.3.2 Overview Measures

In the following we present the measures for the different test cases and layout algorithms. In the tables we show the mean value of the selected measures for the whole time range. The best values is marked **bold** and the worst one *italic*.

In Table 3, the average node movements are shown. For most test cases, the Divide-and-Conquer algorithm performs best. Only the high connectivity example is a problem for this algorithm. Especially in small or less connected graphs the standard SpringBox algorithm performs worst.

For the measure Overlap, see Table 4, the Divide-and-Conquer algorithm outperforms all other algorithms. Since the algorithm is designed to layout the graph in a way, that every cluster has its own subspace, this result

Table 3: Node Movement

Test Case	SpringBox	Force-directed	ClusterNode	Divide and Conquer
small	*1.512*	1.427	1.451	**0.871**
medium	*6.611*	3.944	3.617	**1.596**
huge	13.858	13.038	*29.908*	**11.890**
many edges	**7.065**	7.544	7.649	*8.588*
less edges	*6.083*	5.895	5.398	**2.418**
more dynamic	*5.475*	5.176	4.744	**2.025**

Table 4: Overlap

Test Case	SpringBox	Force-directed	ClusterNode	Divide and Conquer
small	0.097	*0.098*	0.001	**0.000**
medium	*0.328*	0.190	0.051	**0.000**
huge	1.752	*1.860*	0.393	**0.000**
many edges	*0.946*	0.917	0.281	**0.001**
less edges	*0.359*	0.350	0.017	**0.000**
more dynamic	*0.856*	0.843	0.200	**0.000**

is not surprising. However, the Clustered Node algorithm performs well, too. The SpringBox-based algorithms have a higher number of cluster overlappings, because the cluster has less influence on the node positions.

Table 5: Area used by Clusters

Test Case	SpringBox	Force-directed	ClusterNode	Divide and Conquer
small	**0.568**	0.547	0.331	*0.275*
medium	**0.647**	0.525	0.525	*0.206*
huge	1.231	**1.277**	0.683	*0.162*
many edges	**1.319**	1.300	0.889	*0.278*
less edges	**0.732**	0.722	0.405	*0.147*
more dynamic	**1.131**	1.108	0.700	*0.195*

The area used by the cluster, Table 5, describes how good the drawing space is used. Concerning this measure, the SpringBox algorithms performed best. Most of the space is used by multiple clusters at the same time, so the clusters seems to be mixed. The divide-and-Conquer approach uses less of the available space. The clusters are more compact compared to the other algorithms.

The Minimal Cluster Distance, see Table 6, and the Average Cluster Distance, see Table 7, are measures which show how optical separable the clusters are. In this category, the Divide-and-Conquer approach outperform the other ones. It is by definition able to perfectly separate the clusters. Also the ClusterNode Approach is able to separate the clusters well.

Table 6: Minimum Cluster Distance

Test Case	SpringBox	Force-directed	ClusterNode	Divide and Conquer
small	*0.013*	*0.013*	0.068	**0.120**
medium	*0.000*	*0.000*	0.002	**0.102**
huge	*0.000*	*0.000*	0.003	**0.058**
many edges	*0.000*	*0.000*	0.003	**0.088**
less edges	*0.000*	*0.000*	0.009	**0.089**
more dynamic	*0.000*	*0.000*	0.002	**0.111**

Table 7: Average Cluster Distance

Test Case	SpringBox	Force-directed	ClusterNode	Divide and Conquer
small	0.065	*0.062*	0.145	**0.221**
medium	*0.007*	0.010	0.106	**0.289**
huge	0.011	*0.010*	0.070	**0.349**
many edges	0.013	*0.011*	0.052	**0.231**
less edges	*0.006*	*0.006*	0.094	**0.279**
more dynamic	0.016	*0.015*	0.069	**0.298**

The SpringBox approaches produce layouts with a high number of over-lapping clusters.

Table 8: Cluster Crossing Edges

Test Case	SpringBox	Force-directed	ClusterNode	Divide and Conquer
small	59.8	*60.0*	2.8	**0.8**
medium	*3435.5*	2661.1	584.5	**160.3**
huge	*39587.0*	39307.4	16893.4	**1758.8**
many edges	15367.0	*15517.5*	8066.9	**969.9**
less edges	953.7	*957.5*	61.0	**20.0**
more dynamic	*2776.5*	2718.1	1025.7	**114.1**

In Table 8, we show the average crossing edges. A crossing edge is an edge which crosses other clusters then the clusters of the corresponding nodes. Such crossing are confusing for the reader. The smaller cluster areas from the ClusterNode and divide-and-conquer approach are an advantage for this measure. The smaller the area is, the smaller the probability of an crossing edge. The divide-and-conquer algorithm outperforms all the other ones but also the ClusterNode approch produces good results.

6 Discussion

Overall, the results of the evaluation suggest that the divide-and-conquer approach is best suited for drawing dynamic clustered graphs. The clusters are well separated since the layout algorithm guaranties that clusters do not overlap. Moreover, the divide-and-conquer approach supports layout stability. Because the layouts of the subgraphs are computed independently from each other, the resulting node movements are locally restricted. This characteristic might help readers' to preserve their mental map of the graph. However, the good partitioning of the graph comes with the cost of inefficiently used screen space. If the available screen space is a critical issue, the ClusterNode algorithm might provide a good trade off. It separates the clusters better than the SpringBox or the enhanced SpringBox. However, since it allows overlaps, it requires less space.

7 Conclusion and Future Work

In this paper, we investigate algorithms for drawing clusters in dynamic graphs. Based on an extensive literature review. we present three different approaches. We implemented these approaches based on a force-directed layout and evaluated their success using several measures.

In a nutshell, the results suggest that a divide-and-conquer approach is best suited for the dynamic drawing of clustered graphs since it 1) well separates the clusters and 2) stabilizes the layout. Future work involves further evaluation of the algorithm with real world data as well as a user study in order to test the readability of the resulting layouts. Moreover, the performance needs to be improved to allow the usage in interactive applications.

References

[1] Wang, X.; Miyamoto, I.: Generating customized layouts. In: *Graph Drawing*, S. 504–515. Springer. 1996.

[2] Battista, G. D.; Eades, P.; Tamassia, R.; Tollis, I. G.: *Graph drawing: algorithms for the visualization of graphs*. Prentice Hall PTR. 1998.

[3] Görg, C.; Birke, P.; Pohl, M.; Diehl, S.: Dynamic graph drawing of sequences of orthogonal and hierarchical graphs. In: *Graph Drawing*, S. 228–238. Springer. 2005.

[4] Erten, C.; Harding, P. J.; Kobourov, S. G.; Wampler, K.; Yee, G.: GraphAEL: Graph animations with evolving layouts. In: *Graph Drawing*, S. 98–110. Springer. 2004.

[5] Frishman, Y.; Tal, A.: Dynamic drawing of clustered graphs. In: *Information Visualization, 2004. INFOVIS 2004. IEEE Symposium on*, S. 191–198. IEEE. 2004.

[6] Archambault, D.; Purchase, H.; Pinaud, B.: Animation, small multiples, and the effect of mental map preservation in dynamic graphs. *IEEE Transactions on Visualization and Computer Graphics* 17 (2011) 4, S. 539–552.

[7] Federico, P.; Aigner, W.; Miksch, S.; Windhager, F.; Zenk, L.: A visual analytics approach to dynamic social networks. In: *Proceedings of the 11th International Conference on Knowledge Management and Knowledge Technologies*, S. 47. ACM. 2011.

[8] Purchase, H. C.; Samra, A.: Extremes are better: Investigating mental map preservation in dynamic graphs. In: *Diagrammatic Representation and Inference*, S. 60–73. Springer. 2008.

[9] Brandes, U.; Mader, M.: A quantitative comparison of stress-minimization approaches for offline dynamic graph drawing. In: *Graph Drawing*, S. 99–110. Springer. 2012.

[10] Heer, J.; Boyd, D.: Vizster: Visualizing online social networks. In: *Information Visualization, 2005. INFOVIS 2005. IEEE Symposium on*, S. 32–39. IEEE. 2005.

[11] Bridgeman, S. S.; Tamassia, R.: A user study in similarity measures for graph drawing. *J. Graph Algorithms Appl.* 6 (2002) 3, S. 225–254.

[12] Eades, P.; Lai, W.; Misue, K.; Sugiyama, K.: *Preserving the mental map of a diagram*. International Institute for Advanced Study of Social Information Science, Fujitsu Limited. 1991.

[13] Misue, K.; Eades, P.; Lai, W.; Sugiyama, K.: Layout adjustment and the mental map. *Journal of visual languages and computing* 6 (1995) 2, S. 183–210.

[14] North, S. C.: Incremental layout in DynaDAG. In: *Graph Drawing*, S. 409–418. Springer. 1996.

[15] Sugiyama, K.; Tagawa, S.; Toda, M.: Methods for visual understanding of hierarchical system structures. *Systems, Man and Cybernetics, IEEE Transactions on* 11 (1981) 2, S. 109–125.

[16] Brandes, U.; Wagner, D.: A Bayesian paradigm for dynamic graph layout. In: *Graph Drawing*, S. 236–247. Springer. 1997.

[17] Diehl, S.; Görg, C.; Kerren, A.: Preserving the mental map using foresighted layout. In: *Proceedings of the 3rd Joint Eurographics-IEEE TCVG conference on Visualization*, S. 175–184. Eurographics Association. 2001.

[18] Diehl, S.; Görg, C.: Graphs, they are changing. In: *Graph Drawing*, S. 23–31. Springer. 2002.

[19] Kamada, T.; Kawai, S.: An algorithm for drawing general undirected graphs. *Information processing letters* 31 (1989) 1, S. 7–15.

[20] Ellson, J.; Gansner, E.; Koutsofios, L.; North, S. C.; Woodhull, G.: Graphviz open source graph drawing tools. In: *Graph Drawing*, S. 483–484. Springer. 2002.

[21] Fruchterman, T. M.; Reingold, E. M.: Graph drawing by force-directed placement. *Software: Practice and experience* 21 (1991) 11, S. 1129–1164.

[22] Feng, Q.-W.; Cohen, R. F.; Eades, P.: How to draw a planar clustered graph. In: *Computing and Combinatorics*, S. 21–30. Springer. 1995.

[23] Eades, P.; Feng, Q.-W.; Lin, X.: Straight-line drawing algorithms for hierarchical graphs and clustered graphs. In: *Graph drawing*, S. 113–128. Springer. 1997.

[24] Brockenauer, R.; Cornelsen, S.: Drawing clusters and hierarchies. In: *Drawing graphs*, S. 193–227. Springer. 2001.

[25] Purchase, H. C.; Hoggan, E.; Görg, C.: How important is the mental map? – an empirical investigation of a dynamic graph layout algorithm. In: *Graph drawing*, S. 184–195. Springer. 2007.

Fuzzy Relational Approaches to Graph Clustering and Visualization

Thomas A. Runkler

Siemens AG
Corporate Technology
Otto–Hahn–Ring 6
81739 München
Thomas.Runkler@siemens.com

James C. Bezdek

University of Melbourne
Department of Electrical
and Electronic Engineering
Melbourne, Victoria, 3053, Australia
jcbezdek@gmail.com

Abstract

Finding clusters in graphs is a rapidly emerging scientific area with applications in various fields like social network analysis, identification of protein interaction structures in bioinformatics, task allocation in parallel computing, or optimization of information and communication networks. In many applications the clusters are not crisp (graph nodes may be partially associated with several clusters), leading to fuzzy clusters in graphs. In this paper we focus on finding fuzzy clusters in undirected and unweighted graphs from their adjacency matrices. Several approaches for finding fuzzy clusters in graphs have been proposed in the literature, for example gradient based (and hence slow) minimization of a modified fuzzy c–means functional, mapping the nodes to a Euclidean space followed by conventional fuzzy c–means clustering, or optimizing a fuzzy generalization of the Newman–Girvan modularity function. In this paper we transform adjacency data to relational data and then apply relational fuzzy clustering, more specifically NERF c–means, to the relational data. This algorithm produces fuzzy partition matrices that specify the (fuzzy) memberships of each node in each cluster, and that can be plotted as sets of membership functions. Furthermore, we offer two alternatives to visualize the fuzzy clusters in the graph structure: (i) we transform the fuzzy partition matrix to a relational data matrix and then apply Sammon mapping to generate Euclidean representations of the nodes; and (ii) we image the relation of the partition with the VAT algorithm. As an illustrative example we apply our methods to Zachary's karate club benchmark data.

1 Introduction

This paper deals with the problem of finding and visualizing clusters in graphs [1], which has a wide range of applications, for example in social network analysis [2, 3], identification of protein interaction structures in bioinformatics [4], task allocation in parallel computing [5], or optimization of information and communication networks [6]. Here, we specifically focus on finding and visualizing *fuzzy* clusters in graphs. Nepusz *et al.* proposed finding such clusters with a modified fuzzy c–means functional [7] to be minimized by gradient-based optimization, which is relatively slow. Zhang *et al.* suggested mapping the nodes to a Euclidean space and then using conventional fuzzy c–means clustering [8]. Havens *et al.* recently proposed a fuzzy generalization of the Newman–Girvan [9] modularity function to find fuzzy clusters in graphs [10].

In this paper we propose a different approach based on relational clustering and multidimensional scaling that not only covers clustering but also visualization and that is composed of several steps:

1. The adjacency matrix A of a nonempty irreflexive unweighted undirected graph is transformed to a dissimilarity matrix D.

2. A Euclidean dissimilarity matrix $\tilde{D}$ is generated by applying the beta–spread transform to D.

3. A cluster partition U is found by relational fuzzy clustering, more specifically (NE)RF c–means [11] is applied to $\tilde{D}$.

4. A (second) dissimilarity matrix $R(U)$ is generated by a transformation of the the the cluster partition U.

5. This dissimilarity matrix $R(U)$ is visualized using the VAT method [12].

6. A numerical representation $X(R(U))$ of the graph nodes is generated using multidimensional scaling, more specifically by applying Sammon mapping [13] to $R(U)$.

7. The node maps, membership values, and node edges are summarized in one plot.

In this paper we present these individual steps in detail and illustrate their application using Zachary's well–known karate club benchmark data set [14].

This paper is structured as follows: Section 2 briefly summarizes the different types of relation matrices and the relational fuzzy c–means (RFCM) model that we use here to produce fuzzy partitions. Section 3 shows how a graph adjacency matrix can be transformed to a dissimilarity matrix, and further to a Euclidean dissimilarity matrix, and how dissimilarity matrices can be visualized using VAT. Section 4 briefly reviews multidimensional scaling, in particular Sammon's method. Section 5 presents a method to transform a partition matrix to a dissimilarity matrix. At the end of Section 5 we show how to combine the visual and numerical information provided by all these methods that yield a visualization of the fuzzy graph cluster structure. Section 6 summarizes the conclusions.

2 Relational Clustering

Clustering is unsupervised learning [15]. Given a set $O = \{o_1, \ldots, o_n\}$ of objects, clustering partitions O into $c \in \{1, \ldots, n-1\}$ non–empty and pairwise disjoint subsets $C_1, \ldots, C_c$, so $C_i \neq \{\}$, $C_i \cap C_j = \{\}$ for all $i, j = 1, \ldots$, and $C_1 \cup \ldots \cup C_c = O$. Fuzzy clustering [16, 17] finds c *fuzzy* sets $\tilde{C}_i$, so membership of object o_k, $k = 1, \ldots, n$, in (fuzzy) cluster i, $i = 1, \ldots, c$, is quantified as $u_{ik} \in [0, 1]$, where

$$\sum_{k=1}^{n} u_{ik} > 0 \quad \text{for all } i = 1, \ldots, c \tag{1}$$

$$\sum_{i=1}^{c} u_{ik} = 1 \quad \text{for all } k = 1, \ldots, n \tag{2}$$

We array u_{ik} in a $c \times n$ matrix U, which we call a *partition matrix*.

Clustering is often guided by relations between pairs of objects, specified by a relation matrix R with the element r_{jk} quantifying the relation between objects o_j and o_k, $j, k = 1, \ldots, n$. We call R *positive* if

$$r_{jk} \geq 0 \quad \text{for all } j, k = 1, \ldots, n \tag{3}$$

and *symmetric* if

$$r_{jk} = r_{kj} \quad \text{for all } j, k = 1, \ldots, n \tag{4}$$

We call R a *similarity* matrix if R is positive, symmetric, and

$$r_{jk} \leq r_{jj} = 1 \quad \text{for all } j, k = 1, \ldots, n \tag{5}$$

We call R a *dissimilarity* matrix if R is positive, symmetric, and

$$r_{jk} = 0 \Leftrightarrow j = k \quad \text{for all } j, k = 1, \ldots, n \tag{6}$$

We call R *metric* if the triangle inequality holds

$$r_{ik} \leq r_{ij} + r_{jk} \quad \text{for all } i, j, k = 1, \ldots, n \tag{7}$$

We call R a *Euclidean* dissimilarity matrix if there exists a set of feature vectors

$$X = \{x_1, \ldots, x_n\} \subset \mathbb{R}^p \qquad (8)$$

$p \in \{1, \ldots, n - 1\}$, so that

$$r_{jk} = \|x_j - x_k\| \qquad (9)$$

in the Euclidean norm. X is called a *realization* of R. Notice that the triangle inequality holds for the Euclidean norm, so any Euclidean distance matrix is metric. Conversely, any dissimilarity matrix that does not satisfy (7) cannot be Euclidean. In this paper we will consider Euclidean and non–Euclidean dissimilarity matrices.

A popular model family for finding clusters in relational data is *relational c–means* [18]. Our focus here is finding *fuzzy* clusters, so we illustrate *relational fuzzy c–means (RFCM)* here. For a Euclidean dissimilarity matrix R, RFCM is defined by minimization of the objective function

$$J_{\mathrm{RFCM}}(U; R) = \sum_{i=1}^{c} \frac{\sum_{j=1}^{n} \sum_{k=1}^{n} u_{ij}^m u_{ik}^m r_{jk}^2}{\sum_{j=1}^{n} u_{ij}^m} \qquad (10)$$

under the constraints (1) and (2). This minimization can be attempted by making an initial guess for U, and then iteratively updating U using the necessary conditions for extrema of J_{RFCM}.

$$u_{ik} = 1 \left/ \sum_{j=1}^{n} \frac{\sum_{s=1}^{n} \frac{u_{is}^m r_{sk}}{\sum_{r=1}^{n} u_{ir}^m} - \sum_{s=1}^{n} \sum_{t=1}^{n} \frac{u_{is}^m u_{it}^m r_{st}}{2\left(\sum_{r=1}^{n} u_{ir}^m\right)^2}}{\sum_{s=1}^{n} \frac{u_{js}^m r_{sk}}{\sum_{r=1}^{n} u_{jr}^m} - \sum_{s=1}^{n} \sum_{t=1}^{n} \frac{u_{js}^m u_{jt}^m r_{st}}{2\left(\sum_{r=1}^{n} u_{jr}^m\right)^2}} \right. \qquad (11)$$

$i = 1, \ldots, c$, $k = 1, \ldots, n$, until all differences between successive estimates of u_{ik} are below a given threshold. The usual way of terminating the iteration is to compare successive estimates of U, and stop when the overall error falls below a specified termination threshold. When the input matrix R in (10) is non–Euclidean, it is possible that RFCM can fail. Instead of using the "self-healing" form of RFCM (NERFCM, [11]), we will transform R to Euclidean form using the beta–spread method in [11] before safely clustering it with RFCM.

3 Graph Clustering

A graph is an ordered pair $G = (V, E)$ of nodes V and edges E. A graph with n nodes may be represented by an $n \times n$ adjacency matrix A, where a_{jk} represents the edge from node j to node k, $j, k = 1, \ldots, n$. $a_{jk} = 0$ indicates that there is no edge from node j to node k. If A is zero,

$$a_{jk} = 0 \quad \text{for all } j, k = 1, \ldots, n \tag{12}$$

then we call G an *empty* graph, which has no edges, otherwise we call G *nonempty*. If A is binary,

$$a_{jk} \in \{0, 1\} \quad \text{for all } j, k = 1, \ldots, n \tag{13}$$

then we call G an *unweighted* graph, where $a_{jk} = 1$ indicates that there is an edge from node j to node k. If A is real–valued,

$$a_{jk} \in \mathbb{R} \quad \text{for all } j, k = 1, \ldots, n \tag{14}$$

then we call G a *weighted* graph, where a_{jk} is the weight of the edge from node j to node k. Notice that weighted graphs are sometimes represented using a different notation with binary adjacency matrices and real–valued weight matrices. Here, for simplicity we use the notation that stores the weights in the adjacency matrix. If A is positive,

$$a_{jk} > 0 \quad \text{for all } j, k = 1, \ldots, n \tag{15}$$

then we call G a *positive weighted* graph. The set of empty graphs is a subset of the set of unweighted graphs, the set of unweighted graphs is a subset of the set of positive weighted graphs, and the set of positive weighted graphs is a subset of the set of weighted graphs. If A is symmetric,

$$a_{jk} = a_{kj} \quad \text{for all } j, k = 1, \ldots, n \tag{16}$$

the we call G an *undirected* graph, where each undirected edge (say between nodes j and k) is represented by a pair of (directed) edges (from node j to node k and from node k to node j). If A has a zero main diagonal

$$a_{jj} = 0 \quad \text{for all } j = 1, \ldots, n \tag{17}$$

the we call G an *irreflexive* graph, where none of the nodes is connected with itself, otherwise we call G a *reflexive* graph. In this paper we consider nonempty irreflexive unweighted undirected graphs.

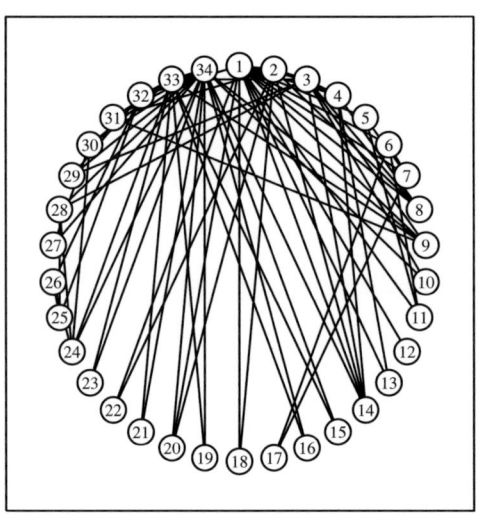

Figure 1: A visualization of the karate club graph with a circular node layout.

In graph clustering we associate the nodes V with objects O, and the adjacency matrix A with a relation matrix R. Often adjacency is semantically interpreted as similarity, so an edge between two nodes means that the corresponding objects have something in common, and no edge between them means they don't. Consider for example Zachary's karate club graph representing a social network of friendships between 34 members of a karate club at a US university in the 1970s [14]. In this graph, each node represents a member of the karate club, and each edge represents a tie (or connection) between two club members. The (nonempty irreflexive unweighted undirected) graph has 34 nodes and 78 edges. There are many ways to visualize graphs. The nodes are commonly plotted as small circles, and the edges as (straight) lines connecting pairs of circles. A popular graph visualization method uses a circular layout, where all the nodes are equidistantly placed on a circle. The nodes may be reordered to minimize edge intersections and to more clearly exhibit the graph structure. Fig. 1 shows a visualization of Zachary's karate club graph with circular layout, with the nodes in original order, clockwise from top. Nodes 1, 2, 3, 33, and 34 have many edges, and the other nodes have between 1 and 6 edges, mostly 2. For this example it seems reasonable to interpret adjacency as similarity. If two edges are connected, then the corresponding karate club members are friends. The goal of graph clustering for this data set is to find clusters of friends.

The first task in our approach to graph clustering is to transform the adjacency matrix A into a suitable relation matrix R. Our goal here is to transform the adjacency matrix of an nonempty, irreflexive, unweighted, and undirected graph such as the karate club network to a similarity matrix R. Let us assume first that we use $R = A$. The graph is undirected (16), so R is positive (3). The graph is unweighted (13), so R is symmetric (4). The graph is nonempty (not (12)) and irreflexive (17), so A has a zero main diagonal and at least one non–zero off–diagonal element, so R is *not* a similarity matrix (not (5)). In the karate club network, for example, we have $a_{11} = 0$ and $a_{12} = 1$, which violates (5). In order to fix this problem, we can turn the graph into a reflexive graph by adding ones to the main diagonal.

$$r_{jk} = \begin{cases} a_{jk} & \text{if } j \neq k \\ 1 & \text{otherwise} \end{cases} \tag{18}$$

The resulting matrix R is positive (3), symmetric (4), and is a similarity matrix according to (5), since no off–diagonal element of R is larger than the values on the diagonal. So, the transformation (18) is suitable to transform the adjacency matrix A of an nonempty, irreflexive, unweighted, and undirected graph to a similarity matrix R. Notice that in (18) instead of 1 we could add any constant $\alpha \geq 1$ to the main diagonal to satisfy (5), but we choose $\alpha = 1$ to avoid unnecessarily large elements in R.

Many algorithms for relational data (such as RFCM as described at the end of the previous section) use *dissimilarities* R, not similarities. To transform the adjacency matrix A of an nonempty, irreflexive, unweighted, and undirected graph to a *dissimilarity* matrix R, we can use the transformation

$$r_{jk} = \begin{cases} 1 - a_{jk} & \text{if } j \neq k \\ 0 & \text{otherwise} \end{cases} \tag{19}$$

which is the one–complement of (18). This transformation does not produce a dissimilarity matrix in the strict sense but may violate (6), so we may have pairs of objects with zero dissimilarity, $r_{jk} = 0$ with $j \neq k$. Fig. 2 is an image of the dissimilarity matrix R for the karate club data set built by (19). Here each dissimilarity r_{jk} is either zero (black) or one (white). The small black boxes in Fig. 2 represent the elements $r_{jk} = 0$. There are necessarily black boxes on the main diagonal because of constraint (6),

Figure 2: Karate club dissimilarity matrix R.

and, as pointed out above, we have additional black boxes off the main diagonal that represent pairs of objects with zero dissimilarities, so R is not a strict dissimilarity matrix. All other elements in this view are $r_{jk} = 1$ (small white boxes). The whole pattern is symmetric with respect to the main diagonal because the relation matrix is symmetric, but the distribution of the black boxes does not exhibit any further obvious structure. The idea of *visual assessment of tendency (VAT)* [12] is to reorder the objects O and thus to reorder the rows and columns in R, so that pairs of objects (rows, columns) with lower dissimilarities are placed closer to each other than pairs objects (rows, columns) with higher dissimilarites. This reordering is done using a variant of Prim's algorithm for finding the minimum spanning tree of a weighted graph [19]. For more details about VAT and its algorithmic implementation see [12]. The VAT image of the karate club dissimilarity matrix R is shown in Fig. 3, which is equivalent to Fig. 2, except that the order of rows and columns is changed according to VAT (notice the change in the axis labels). We still see black boxes representing $r_{jj} = 0$ on the main diagonal. However, it is hard to see any larger square agglomerations in the VAT image that would indicate a cluster structure. In section 5 we will see an example where the VAT image exhibits the cluster structure in the karate club data more clearly than the image in Fig. 3.

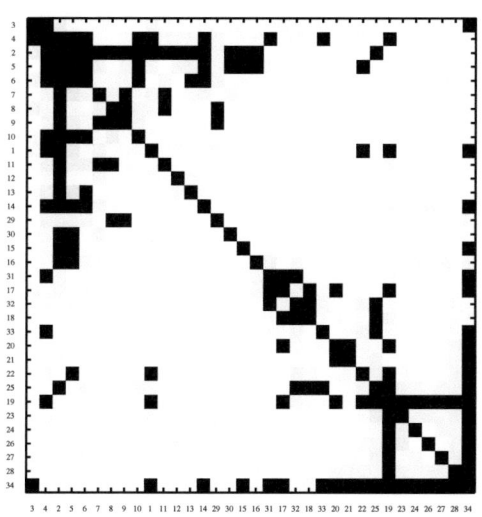

Figure 3: VAT image for the karate club dissimilarity matrix R.

Notice that also with (19) R may be not Euclidean. For the karate club network, for example, we have $a_{29} = 0$ but $a_{23} = 1$ and $a_{39} = 1$, which yields $r_{29} = 1$ but $r_{23} = 0$ and $r_{39} = 0$, which violates the triangle inequality (7), so the karate club dissimilarity matrix R built by (19) is not metric, and hence not Euclidean. There are many ways to transform a dissimilarity matrix R to a Euclidean dissimilarity matrix $\tilde{R}$. For an overview please refer to [20]. Here, we apply the so-called *beta–spread* transform that has been used in [11] to apply RFCM to non–Euclidean dissimilarity matrices, the so-called *non–Euclidean relational fuzzy c–means (NERFCM)*. We define the beta–spread transform as

$$\tilde{r}_{jk} = \begin{cases} r_{jk} - \beta & \text{if } j \neq k \\ r_{jk} & \text{otherwise} \end{cases} \qquad (20)$$

where β is the minimum eigenvalue of $-\frac{1}{2}P(R \circ R)P$, where $\circ$ is the Hadamard product, $(R \circ R)_{jk} = (R)_{jk} \cdot (R)_{jk}$, and

$$p_{jk} = \begin{cases} \frac{1}{n} & \text{if } j \neq k \\ 1 - \frac{1}{n} & \text{otherwise} \end{cases} \qquad (21)$$

$j, k = 1, \ldots, n$, We use a slightly different notation here than in [11] and subtract the minimum (possibly negative) eigenvalue instead of adding the

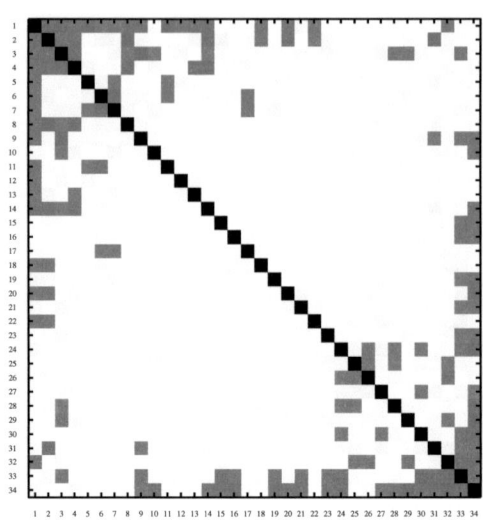

Figure 4: Beta–spread transformed karate club dissimilarity matrix $\tilde{R}$.

largest positive eigenvalue of a different but equivalent matrix that is discussed in [11]. If $\beta = 0$, then R is already Euclidean, so the beta–spread transform yields $\tilde{R} = R$. Any smaller value than β subtracted from all off–diagonal elements of R will also yield a Euclidean $\tilde{R}$, so the above definition yields $\tilde{R}$ that is as close as possible to R.

Let us now consider again the karate club data. From the adjacency matrix A we compute the non–Euclidean dissimilarity matrix R using (19). We compute P using (21) and obtain the $n = 34$ eigenvalues of $-\frac{1}{2}P(R \circ R)P$. Nine of these eigenvalues are negative, the minimum eigenvalue is about -1.3423. Hence, we set $\beta = -1.3423$ and obtain a Euclidean dissimilarity matrix $\tilde{R}$ using the beta–spread transform (20). Figs. 4 and 5 show the dissimilarity matrix $\tilde{R}$ and its VAT image. Figs. 4 and 5 correspond to the same data as depicted by Figs. 2 and 3, except that the off–diagonal boxes appear grey instead of black because we subtracted β.

Now we run RFCM on $\tilde{R}$ with the number of clusters set at $c = 2$, corresponding the known fact that the 34 members of the karate club eventually split into two subgroups. For this choice of c, we obtain the partition matrix U represented by the graphs plotted in Fig. 6. The two curves (black and grey) display the two rows of U: the memberships of the 34 subjects in the two clusters. Notice that the sum of values for each horizontal coordinate is

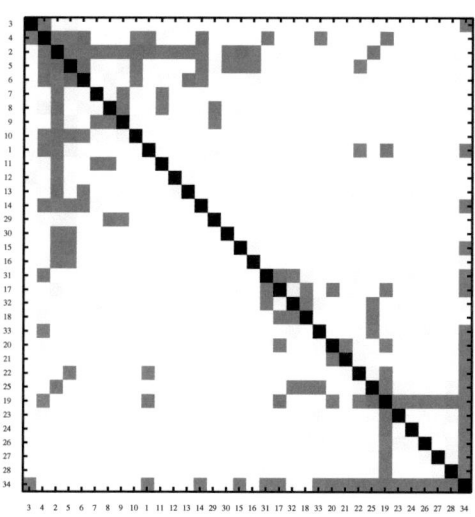

Figure 5: VAT image for the beta–spread transformed karate club dissimilarity matrix $\tilde{R}$.

1, which corresponds to (2). Apparently, one cluster (black curve) is dominated by subject 1, and the other one (grey curve) by subject 34, which nicely coincides the accepted view that the group split into two subsets after the president and instructor had an irreconcilable disagreement about the club. However, this visualization does not show the network structure between the subjects. In the remainder of this paper we will develop a way to map the subjects to the two–dimensional plane according to the cluster structure found above, based on multidimensional scaling.

4   Multidimensional Scaling

Given a dissimilarity matrix R, the dimensionality p, $1 \leq p \leq n$, and a norm $\|.\|$ on $\mathbb{R}^p$, *multidimensional scaling (MDS)* [21] finds a numerical representation $X = \{x_1, \ldots, x_n\} \subset \mathbb{R}^p$, so that for all $j, k = 1, \ldots, n$ and the Euclidean norm

$$r_{jk} \approx \|x_j - x_k\| \tag{22}$$

Linear MDS can be done by principal component analysis. For an overview of *nonlinear* MDS refer to [22, 23]. In this paper, we use Sammon's

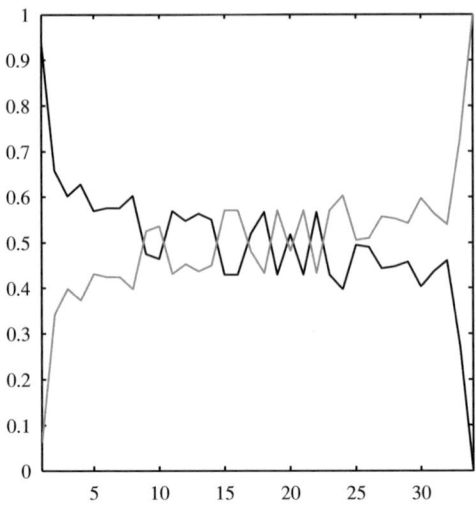

Figure 6: NERFCM memberships U for the karate club dissimilarity matrix.

method [13] for MDS. Sammon's model is based on minimization of the objective function

$$J(X; R) = \frac{1}{\sum\limits_{j=1}^{n} \sum\limits_{k=1}^{n} r_{jk}} \sum\limits_{j=1}^{n} \sum\limits_{k=1}^{n} \frac{(r_{jk} - \|x_j - x_k\|)^2}{r_{jk}} \tag{23}$$

We randomly initialize X and then use Newton's method for minimizing J.

5 Visualization of Graph Clusters

Our goal here is to visualize the network structure embedded in the partition obtained in Section 3. In Fig. 6 we displayed the memberships of the 34 subjects of the karate data in the two clusters. Now we want to arrange the 34 subjects in a two–dimensional plane, so that subjects belonging to the same cluster are represented by feature vectors that are closer to each other than to vectors associated with subjects belonging to different clusters. Our idea is to use the partition matrix U to generate a dissimilarity matrix R, and then produce a two–dimensional mapping X from R using MDS. So, first we want to construct a dissimilarity matrix R from U, where pairs of objects in different clusters have higher dissimilarities than pairs of points belonging to the same cluster.

If objects o_j and o_k both completely belong to cluster i, then we have $u_{ij} = 1$ and $u_{ik} = 1$, so we write the similarity of objects o_j and o_k concerning cluster i as $u_{ij} \wedge u_{ik}$, and, using the product t–norm, as $u_{ij} \cdot u_{ik}$. Adding up the cluster–specific similarities for all clusters $i = 1, \ldots, c$ yields $\sum_{i=1}^{c} u_{ij} \cdot u_{ik}$. We convert the similarity to a dissimilarity by taking the one–complement, require the dissimilarities between each object and itself to be zero, and obtain

$$r_{jk} = \begin{cases} 1 - \sum_{i=1}^{c} u_{ij} \cdot u_{ik} & \text{if } i \neq j \\ 0 & \text{otherwise} \end{cases} \tag{24}$$

Specifically, for $c = 2$ we have $u_{2k} = 1 - u_{1k}$, hence

$$1 - u_{1j} \cdot u_{1k} - u_{2j} \cdot u_{2k} \tag{25}$$
$$= 1 - u_{1j} \cdot u_{1k} - (1 - u_{1j}) \cdot (1 - u_{1k}) \tag{26}$$
$$= u_{1j} + u_{1k} - 2 \cdot u_{1j} \cdot u_{1k} \tag{27}$$

and so we obtain

$$r_{jk} = \begin{cases} u_{1j} + u_{1k} - 2 \cdot u_{1j} \cdot u_{1k} & \text{if } i \neq j \\ 0 & \text{otherwise} \end{cases} \tag{28}$$

See [24] for this approach using a normalized form of (24).

Fig. 7 shows the relation matrix $R(U)$ computed using (28) for the partition U obtained in Section 3 for the karate club data. Compared with Figs. 2–5, we have a much larger variety of grey values here. Again, each box represents one element r_{jk} of the matrix R. Dark boxes indicate low dissimilarities (as on the main diagonal), and light boxes indicate high dissimilarities (for example between subjects 1 and 34, bottom left and top right). The corresponding VAT image (Fig. 8) shows a structure of four blocks: two dark blocks on the top left and bottom right, and two light blocks on the bottom left and top right. The two dark diagonal blocks indicate that the data contain two clusters, and the elements of these two clusters are the objects associated with the (reordered) rows and columns of the two blocks. This finding visually corroborates the choice $c = 2$ that we used when we generated the partition matrix U using RFCM.

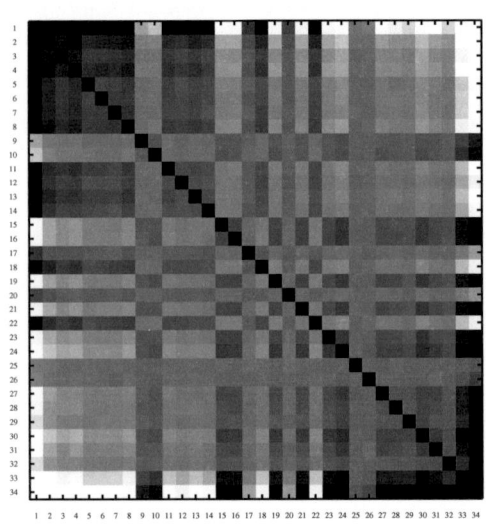

Figure 7: Karate club NERF dissimilarity matrix $R(U)$.

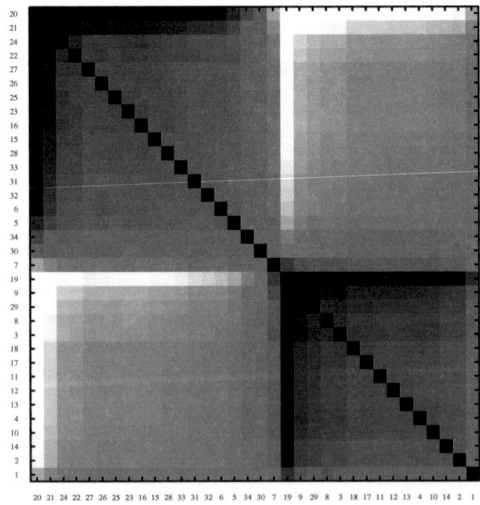

Figure 8: VAT image for the karate club NERF dissimilarity matrix $R(U)$.

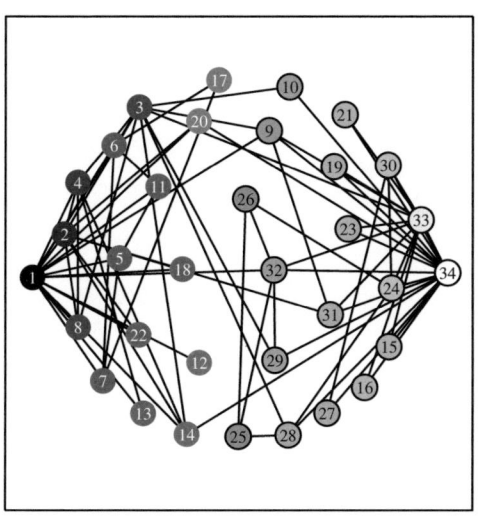

Figure 9: Network of feature vectors derived from the karate club NERF cluster structure $R(U)$.

Next, we apply Sammon's algorithm to R. Note that R in (23) is any input dissimilarity relation. We have both R and $R(U)$ in this article. Here, we apply Sammon's algorithm to $R(U)$ as described in the previous section, $p = 2$, and obtain the set $X(R(U))$, a two–dimensional numerical representation $x_k \in \mathbb{R}^2$ for each of the 34 subjects. We generate a plot where we place a circle at each of these locations x_k, write the index number k in the circle, assign it the grey value u_{1k} (the darker the intensity the higher the membership in cluster 1). Finally, we add the edges from the karate club partition matrix A and obtain Fig. 9. Subjects 1 and 34 appear at opposite ends, and all other subjects are arranged between the two extremes. Darker circles representing subjects with higher membership in cluster 1 are on the left, and lighter circles (cluster 2) on the right. Nodes with many edges are closer to the left or right, and nodes with only few edges are in the middle.

6 Conclusions

This paper has three main contributions. First, we have shown how an adjacency matrix of a nonempty irreflexive unweighted undirected graph can be converted to a (possibly non–Euclidean and possibly not strict) dissimilarity matrix. This dissimilarity matrix can be analyzed by relational clustering. The resulting partition matrix can be converted to a (second) dissimilarity matrix where pairs of points in the same cluster have lower dissimilarities than pairs of points in different clusters. This dissimilarity matrix can then be used to create an image of the (reordered) dissimilarities induced by the fuzzy partition U, or find p–dimensional numerical representations of the objects using multidimensional scaling. Second, we have shown how to combine these different approaches for graph clustering and the visualization of the graph clusters. And third, we have shown how all of these approaches can be used to visualize the social network structure in Zachery's karate club data set, that matches well with some findings published in the literature.

Notice that our approach is not restricted to graph data but can be used to visualize any type of cluster partition. Our sequence of methods for graph clustering and visualization is ready to be immediately applied to any kind of graph data, but our work still leaves many questions open for future research, for example:

- What other methods can be used to convert adjacency matrices to relation matrices?

- How does this work for reflexive or weighted or directed graphs?

- How does this approach perform for other relational clustering algorithms such as medoids [25] or possibilistic clustering [26]?

- What other methods can be used to convert partition matrices to relation matrices?

- How do principal components analysis or other nonlinear MDS algorithms perform on partition–based relations?

- How does the visualization perform for cluster partitions that are not generated from graph data?

References

[1] Fortunato, S.: Community detection in graphs. *Physics Reports* 486 (2010) 3, S. 75–174.

[2] Scott, J.: *Social network analysis*. SAGE Publications Limited. 2012.

[3] Wasserman, S.; Faust, K.: *Social network analysis: Methods and applications*, Bd. 8. Cambridge University Press. 1994.

[4] Chen, J.; Yuan, B.: Detecting functional modules in the yeast protein–protein interaction network. *Bioinformatics* 22 (2006) 18, S. 2283–2290.

[5] Hendrickson, B.; Kolda, T. G.: Graph partitioning models for parallel computing. *Parallel computing* 26 (2000) 12, S. 1519–1534.

[6] Krishnamurthy, B.; Wang, J.: On network–aware clustering of web clients. In: *ACM SIGCOMM Computer Communication Review*, Bd. 30, S. 97–110. 2000.

[7] Nepusz, T.; Petróczi, A.; Négyessy, L.; Bazsó, F.: Fuzzy communities and the concept of bridgeness in complex networks. *Physical Review E* 77 (2008) 1, S. 016107.

[8] Zhang, S.; Wang, R. S.; Zhang, X. S.: Identification of overlapping community structure in complex networks using fuzzy c–means clustering. *Physica A: Statistical Mechanics and its Applications* 374 (2007) 1, S. 483–490.

[9] Newman, M. E. J.; Girvan, M.: Finding and evaluating community structure in networks. *Physical review E* 69 (2004) 2, S. 026113.

[10] Havens, T. C.; Bezdek, J. C.; Leckie, C.; Chan, J.; Liu, W.; Bailey, J.; Ramamohanarao, K.; Palaniswami, M.: Clustering and Visualization of Fuzzy Communities In Social Networks. In: *IEEE International Conference on Fuzzy Systems*. Hyderabad, India. 2013.

[11] Hathaway, R. J.; Bezdek, J. C.: NERF c–Means: Non–Euclidean Relational Fuzzy Clustering. *Pattern Recognition* 27 (1994), S. 429–437.

[12] Bezdek, J. C.; Hathaway, R. J.: VAT: A tool for visual assessment of (cluster) tendency. In: *IEEE Conference on Neural Networks*, S. 2225–2230. 2002.

[13] Sammon, J. W.: A nonlinear mapping for data structure analysis. *IEEE Transactions on Computers* C-18 (1969) 5, S. 401–409.

[14] Zachary, W. W.: An Information Flow Model for Conflict and Fission in Small Groups. *Journal of Anthropological Research* 33 (1977) 4, S. 452–473.

[15] Runkler, T. A.: *Data Analytics: Models and Algorithms for Intelligent Data Analysis*. Vieweg Springer. 2012.

[16] Bezdek, J. C.: *Pattern Recognition with Fuzzy Objective Function Algorithms*. New York: Plenum Press. 1981.

[17] Höppner, F.; Klawonn, F.; Kruse, R.; Runkler, T. A.: *Fuzzy Cluster Analysis — Methods for Image Recognition, Classification, and Data Analysis*. Wiley. 1999.

[18] Hathaway, R. J.; Davenport, J. W.; Bezdek, J. C.: Relational Duals of the c–Means Algorithms. *Pattern Recognition* 22 (1989), S. 205–212.

[19] Prim, R.: Shortest connection networks and some generalisations. *Bell System Technical Journal* 36 (1957), S. 1389–1401.

[20] Bénasséni, J.; Dosse, M. B.; Joly, S.: On a General Transformation Making a Dissimilarity Matrix Euclidean. *Journal of Classification* 24 (2007), S. 33–51.

[21] Torgerson, W. S.: Multidimensional Scaling: I. Theory and Method. *Psychometrika* 17 (1952) 4, S. 401–419.

[22] Cox, T. F.; Cox, M. A. A.: *Multidimensional Scaling*. Chapman and Hall. 2001.

[23] Davison, M. L.: *Multidimensional Scaling*. John Wiley and Sons. 1983.

[24] Huband, J. M.; Bezdek, J. C.: VCV2 — Visual cluster validity. In: *Computational Intelligence: Research Frontiers* (Zurada, J. M.; Yen, G.; Wang, J., Hg.), S. 293–308. Berlin: Springer. 2008.

[25] Krishnapuram, R.; Joshi, A.; Nasraoui, O.; Yi, L.: Low–Complexity Fuzzy Relational Clustering Algorithms for Web Mining. *IEEE Transactions on Fuzzy Systems* 9 (2001) 4, S. 595–607.

[26] Runkler, T. A.: Kernelized Non–Euclidean Relational Possibilistic c–Means Clustering. In: *IEEE Three Rivers Workshop on Soft Computing in Industrial Applications*. Passau. 2007.

Synthese von Zustands- und Ausgangsrückführungen für rekurrente Fuzzy-Systeme

Stefan Gering und Jürgen Adamy

FG Regelungstheorie und Robotik, TU Darmstadt
Landgraf-Georg-Str. 4, 64283 Darmstadt
Tel.: (06151) 16 76 056, Fax: (06151) 16 2507
E-Mail: {sgering,adamy}@rtr.tu-darmstadt.de

Kurzfassung:

Rekurrente Fuzzy-Systeme ermöglichen die Modellierung eines dynamischen Prozesses basierend auf Expertenwissen oder Messdaten, wobei sich die Regelbasis durch ihre Transparenz auszeichnet. In diesem Artikel werden Verfahren zur Synthese von Zustands- und Ausgangsrückführungen zur Stabilisierung bekannter Ruhelagen diskutiert. Dabei kann der resultierende Regler strukturell als Fuzzy-Regler interpretiert werden und auf allgemeinere Gain-Scheduling-Regler erweitert werden. Hinsichtlich der Synthese von Ausgangsrückführung wird gezeigt, dass bekannte Ansätze aus der linearen Systemtheorie übertragen werden können.

1 Einleitung

Zur Modellbildung dynamischer Systeme basierend auf Fuzzy-Logik sind zahlreiche Konzepte bekannt, welche versuchen, Expertenwissen und Messdaten zur Generierung einer approximativen Beschreibung der Systemdynamik zu verwenden. Hierbei lassen sich im wesentlichen zwei grundsätzlich verschiedene Ansätze verfolgen: Zum einen kann versucht werden, messdatengestützte Verfahren zur möglichst exakten Approximation des Systemverhaltens zu verwenden, was z.B. bei Neuro-Fuzzy-Systemen [1, 2] zu einem kleinen Modellierungsfehler führen kann. Häufig führen solche datengetriebenen Ansätze jedoch zu einer mangelnden Transparenz, was zunächst im Widerspruch zum Bestreben der Fuzzy-Logik steht, eine Verbindung zwischen mathematischer Systembeschreibung und sprachlicher Interpretierbarkeit herzustellen. Somit ist bei den zahlreichen Konzepten für dynamische Fuzzy-Systeme stets ein Kompromiss zwischen Exaktheit und Transparenz zu beobachten. So ist bei den prominenten Takagi-Sugeno-Systemen [3] zwar die Prämisse linguistisch interpretierbar, die

Konklusion besteht jedoch zumeist aus linearen oder affinen Subsystemen. Anders verhält es sich bei rekurrenten Fuzzy-Systemen (RFS) [4], welche im Folgenden betrachtet werden: Durch Einschränkung der Konklusion auf Konstanten zur Beschreibung der Zustandsänderung wird das Systemverhalten i.a. weniger gut abgebildet als bei Takagi-Sugeno-Systemen, führt jedoch zu einer unmittelbaren linguistischen Interpretierbarkeit. Im Folgenden wird nun der Frage nachgegangen, wie für diese Klasse dynamischer Fuzzy-Systeme Zustands- und Ausgangsrückführungen zur Stabilisierung bekannter Ruhelagen entworfen werden können, wobei das RFS als gegeben angenommen wird (zur Modellbildung mittels RFS sei auf [5] verwiesen). Dazu wird ein Ansatz aus [6] weiterentwickelt, in dem die Synthese von Zustandsrückführungen anhand der Regelbasis diskutiert wird. Zur Auslegung von Ausgangsrückführungen für RFS können dabei analoge Strategien wie bei solchen für lineare Systeme verwendet werden. Hierzu zählen die Approximation von Zustandsrückführungen sowie die direkte Berücksichtigung struktureller Beschränkungen

Im Folgenden werden in Abschnitt 2 zunächst die Grundlagen von RFS erläutert und in Abschnitt 3 ein Algorithmus zur Synthese von Zustandsrückführungen für diese Systeme diskutiert. Dieser wird dann in Abschnitt 4 zur Synthese von Ausgangsrückführungen erweitert. Anhand eines akademischen Beispiels werden die diskutierten Methoden in Abschnitt 5 verglichen. Abschließende Bemerkungen werden in Abschnitt 6 gegeben.

2 Rekurrente Fuzzy-Systeme

Rekurrente Fuzzy-Systeme [7] sind im Eingangs-Zustandsraum $\mathcal{X} \times \mathcal{U} \in \mathbb{R}^{n+m}$ definiert, wobei $\mathcal{X} = \{\mathbf{x} \mid \mathbf{x}_{\min} \leq \mathbf{x} \leq \mathbf{x}_{\max}\}$ und $\mathcal{U} = \{\mathbf{u} \mid \mathbf{u}_{\min} \leq \mathbf{u} \leq \mathbf{u}_{\max}\}$. Mit '$\leq$' werden dabei komponentenweise Ungleichungen ausgedrückt. Die Zustandsänderung des Systems ist anhand einer linguistischen Regelbasis definiert, welche linguistische Werte $L_{j_i}^{x_i}$ und $L_{q_i}^{u_i}$ zur qualitativen Beschreibung der Zustände und Eingänge enthält, z.B. *niedrig* oder *hoch*. In gleicher Weise werden Zustandsänderungen selbst qualitativ anhand linguistischer Werte $L_{w_i}^{\dot{x}_i}$ beschrieben. Ein crisper Wert $s_{j_i}^{x_i}$, welcher mit einem linguistischen Wert $L_{j_i}^{x_i}$ assoziiert ist, wird als *Kernposition* bezeichnet. Ebenso werden Komponenten von *Kernpositionsgradienten* mit $s_{w_i}^{\dot{x}_i}$ bezeichnet, welche mit $L_{w_i}^{\dot{x}_i}$ assoziiert sind. Durch kompakte Vektornation $\mathbf{L}_{\mathbf{j}}^{\mathbf{x}} = \left[L_{j_1}^{x_1}, \ldots, L_{j_n}^{x_n} \right]^T$ kann jede linguistische Regel der Regelbasis als

$$\text{Wenn } \mathbf{x}(t) = \mathbf{L}_\mathbf{j}^\mathbf{x} \text{ und } \mathbf{u}(t) = \mathbf{L}_\mathbf{q}^\mathbf{u},$$
$$\text{dann } \dot{\mathbf{x}}(t) = \mathbf{L}_{\mathbf{w}(\mathbf{j},\mathbf{q})}^{\dot{\mathbf{x}}} \tag{1}$$

notiert werden. Durch Verwendung des Indexvektors $\mathbf{j}$ für Kernpositionen im Zustandsraum, $\mathbf{q}$ im Eingangsraum und $\mathbf{w}$ as Index von Kernpositions-gradienten kann jede Regel ebenfalls als Abbildung $(\mathbf{j}, \mathbf{q}) \mapsto \mathbf{w}$ dargestellt werden. Offensichtlich gilt $\dot{\mathbf{x}} = \mathbf{s}_{\mathbf{w}(\mathbf{j},\mathbf{q})}^{\dot{\mathbf{x}}}$, falls ein Zustand $(\mathbf{x}, \mathbf{u})$ identisch zu einer Kernposition $(\mathbf{s}_\mathbf{j}^\mathbf{x}, \mathbf{s}_\mathbf{q}^\mathbf{u})$ ist. Mit Hilfe von *Zugehörigkeitsfunktionen* $\mu_{j_i}^{x_i}(x_i)$ bzw. $\mu_{q_i}^{u_i}(u_i)$ kann ausgedrückt werden, wie stark ein Zustand bzw. Eingang zu einer Kernposition gehört. Zur vereinfachten Betrachtung werden im Folgenden dreieckförmige Zugehörigkeitsfunktionen und Rampen

$$\mu_{j_i}^{x_i}(x_i) = \begin{cases} \frac{x_i - s_{j_{i-1}}^{x_i}}{s_{j_i}^{x_i} - s_{j_{i-1}}^{x_i}}, & x_{\mathrm{i,min}} \leq s_{j_{i-1}}^{x_i} \leq x_i < s_{j_i}^{x_i} \leq x_{\mathrm{i,max}}, \\ \frac{s_{j_{i+1}}^{x_i} - x_i}{s_{j_{i+1}}^{x_i} - s_{j_i}^{x_i}}, & x_{\mathrm{i,min}} \leq s_{j_i}^{x_i} \leq x_i < s_{j_{i+1}}^{x_i} \leq x_{\mathrm{i,max}}, \\ 1, & x_{\mathrm{i,min}} \geq x_i \vee x_i \geq x_{\mathrm{i,max}}, \\ 0, & \text{sonst}, \end{cases} \tag{2}$$

verwendet, welche auch in Bild 1a dargestellt sind. Neben der einfachen Darstellung bieten dreieckförmige Zugehörigkeitsfunktionen den Vorteil, dass kompliziertere Funktionen, wie z.B. Trapeze, aus ihnen zusammen gesetzt werden können. Falls $\mu_{j_i}^{x_i} \neq 0$, dann werden x_i und $s_{j_i}^{x_i}$ als *verbunden* bezeichnet. Somit gilt für Zustände und Eingänge $(\mathbf{x}, \mathbf{u})$, die nicht identisch mit einer Kernposition sind, dass die Konklusion an dieser Stelle eine lineare Interpolation zwischen Regeln an benachbarten Kernpositionen ist. Die Interpolation zwischen benachbarten Kernposition ist auch in Bild 1b verdeutlicht. Aus dieser Abbildung wird ebenfalls ersichtlich, dass bei vollständiger Regelbasis die Kernpositionen eine Gitterstruktur im Eingangs-Zustandsraum bilden. Die darin befindlichen Regionen, welche durch die konvexe Hüllen um Kernpositionen begrenzt sind, werden als *Hyperquader* bezeichnet und mit H_1 abgekürzt. Hyperquader, welche nur im Zustandsraum oder nur im Eingangsraum betrachtet werden, werden mit $H_1^\mathbf{x}$ und $H_1^\mathbf{u}$ bezeichnet, sodass $H_1 = H_1^\mathbf{x} \cup H_1^\mathbf{u}$ gilt.

Werden nach der Fuzzifizierung der linguistischen Werte das algebraische Produkt zur Aggregation und Implikation, die einfache Summation zur Akkumulation sowie die Center-of-singletons-Methode zur Defuzzifizierung verwendet, so ergibt sich

$$\dot{\mathbf{x}} = \mathbf{f}(\mathbf{x}(t), \mathbf{u}(t)) = \sum_{\mathbf{j},\mathbf{q}} \mathbf{s}_{\mathbf{w}(\mathbf{j},\mathbf{q})}^{\dot{\mathbf{x}}} \cdot \prod_{i=1}^{n} \mu_{j_i}^{x_i}(x_i) \cdot \prod_{p=1}^{m} \mu_{q_p}^{u_p}(u_p) \tag{3}$$

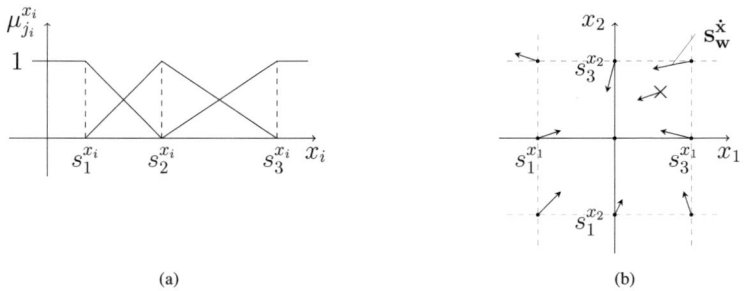

(a)   (b)

Bild 1: (a) Zugehörigkeitsfunktionen in einer Dimension und (b) Kernpositionsableitungen im Zustandsraum

für die Zustandsänderung, wie in [4] beschrieben. Somit ist $\dot{x}$ durch ein statisches Fuzzy-System $f(x, u)$ mit Fuzzifizierung, Inferenz und Defuzzifizierung beschrieben.

Der Ausgang $y \in \mathbb{R}^r$ des RFS wird durch eine Ausgangsfunktion $g(x)$ beschrieben, welche nicht als von der Stellgröße u abhängig angenommen wird. Darüber hinaus wird angenommen, dass die zu stabilisierende Ruhelage $x^* = s^{x^*} = 0$ sich im Ursprung befindet und mit einer Kernposition s_j^x identisch ist. Ein Blockschaltbild des gesamten RFS einschließlich Zustandsregler zeigt Bild 2, in welchem auch die inhärente Sättigung explizit berücksichtigt wurde.

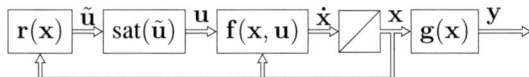

Bild 2: Regelkreis mit Zustandsregler, Sättigung und RFS

Im Weiteren wird zudem angenommen, dass das RFS beobachtbar und steuerbar ist. Zu Details dieser Systemeigenschaften sei auf [8] und [9] verwiesen.

3   Synthese von Zustandsrückführungen

3.1   Fuzzy-Regler

Bevor der Frage nach Ausgangsrückführungen für RFS nachgegangen wird, soll zunächst die Frage nach Zustandsrückführungen $u = r(x)$ geklärt werden, welche die Ruhelage $\mathbf{x}^* = 0$ asymptotisch stabilisieren. Wie in (3) gezeigt, ist die Dynamik des RFS durch Kernpositionsgradienten $\mathbf{s}_{\mathbf{w}(j,q)}^{\dot{\mathbf{x}}}$ an Kernpositionen $\mathbf{s}_j^{\mathbf{x}}$ definiert und für $\mathbf{x} \neq \mathbf{s}_j^{\mathbf{x}}$ durch eine Interpolation zwischen Kernpositionsgradienten benachbarter Kernpositionen gegeben. Dies legt den Ansatz nahe, eine konstante Kernpositionsstellgröße $\mathbf{r}(\mathbf{s}_j^{\mathbf{x}}) = \mathbf{s}_j^{\mathbf{r}}$ für die Kernposition $\mathbf{s}_j^{\mathbf{x}}$ zu definieren. Der Gradient $\tilde{\mathbf{s}}_j^{\dot{\mathbf{x}}}(\mathbf{u})$ in diesem Punkt $\mathbf{s}_j^{\mathbf{x}}$ ergibt sich dann zu

$$
\begin{aligned}
\tilde{\mathbf{s}}_j^{\dot{\mathbf{x}}}(\mathbf{u}) &= \sum_j \sum_q \mathbf{s}_{\mathbf{w}(j,q)}^{\dot{\mathbf{x}}} \cdot \prod_{i=1}^{n} \mu_{j_i}^{x_i}(s_{j_i}^{x_i}) \cdot \prod_{p=1}^{m} \mu_{q_p}^{u_p}(u_p) \\
&= \sum_q \mathbf{s}_{\mathbf{w}(j,q)}^{\dot{\mathbf{x}}} \cdot \prod_{p=1}^{m} \mu_{q_p}^{u_p}(u_p).
\end{aligned}
\tag{4}
$$

Bei Verwendung von Zugehörigkeitsfunktionen (2) ergibt sich (4) zu [6]

$$
\begin{aligned}
\tilde{\mathbf{s}}_j^{\dot{\mathbf{x}}}(\mathbf{u}) = \sum_q \Bigg(&\mathbf{a}_{0(q)} + \sum_{u_i} \mathbf{a}_{u_i}(q) \cdot u_i + \sum_{u_i} \sum_{u_j \neq u_i} \mathbf{a}_{u_i u_j}(q) \cdot u_i u_j \\
&+ \cdots + \mathbf{a}_{u_1 \ldots u_m}(q) \cdot u_1 \ldots u_m \Bigg).
\end{aligned}
\tag{5}
$$

Darin hängen Vektoren $\mathbf{a}_{i(q)}$ nichtlinear von q ab. Im Fall, dass $\mathbf{u}$ lediglich Werte in einem Hyperquader $H_{\mathbf{q}}^{\mathbf{u}} \subseteq \mathcal{U}$ annimmt, ergibt sich die Dynamikfunktion des geregelten Systems strukturell zu einem Polynom mit konstanten Koeffizienten und multiaffiner Abhängigkeit von den u_i:

$$
\tilde{\mathbf{s}}_j^{\dot{\mathbf{x}}}(\mathbf{u}) = \mathbf{a}_0 + \sum_{u_i} \mathbf{a}_{u_i} \cdot u_i + \sum_{u_i} \sum_{u_j \neq u_i} \mathbf{a}_{u_i u_j} \cdot u_i u_j + \mathbf{a}_{u_1 \ldots u_m} \cdot u_1 \ldots u_m.
\tag{6}
$$

Durch Annahme einer gemeinsamen Ljapunowfunktion $V(\mathbf{x}) = \frac{1}{2}\mathbf{x}^T\mathbf{x}$ erhält man ferner

$$
\dot{V}(\mathbf{s}_j^{\mathbf{x}}) = \left(\mathbf{s}_j^{\mathbf{x}}\right)^T \cdot \tilde{\mathbf{s}}_j^{\dot{\mathbf{x}}}(\mathbf{u})
\tag{7}
$$

für alle Kernpositionen. Global asymptotische Stabilität der Ruhelage ist dann gesichert, wenn $\dot{V}(\mathbf{x}) < 0$ für alle $\mathbf{x} \in \mathcal{X}\backslash\{\mathbf{x}^*\}$, gilt. Dies führt auf das Lösbarkeitsproblem

$$
\begin{gathered}
\text{Für jedes } \mathbf{s}_j^{\mathbf{x}}, \text{ finde } q \text{ und } \mathbf{u} = \mathbf{s}_j^{\mathbf{r}} \in H_{\mathbf{q}}^{\mathbf{u}} \subseteq \mathcal{U}, \text{ so dass} \\
\left(\mathbf{s}_j^{\mathbf{x}}\right)^T \cdot \tilde{\mathbf{s}}_j^{\dot{\mathbf{x}}}(\mathbf{s}_j^{\mathbf{r}}) < 0.
\end{gathered}
\tag{8}
$$

Implizit werden Stellgrößenbeschränkungen berücksichtigt, da $\mathbf{s}_j^{\mathbf{r}} \in \mathcal{U}$.

Das Lösbarkeitsproblem (8) kann zudem auf ein Optimierungsproblem erweitert werden, mit dem eine untere Grenze für die Abklingrate des geregelten Systems maximiert wird. Da $V(\mathbf{x})$ gegeben ist, sichert die Bedingung $\dot{V}(\mathbf{x}) \leq -2\alpha V(\mathbf{x})$, dass $V(\mathbf{x}) \leq V(\mathbf{x}_0)e^{-2\alpha t}$ [10]. Somit wird für jedes $\mathbf{s}_j^x$ eine untere Grenze α_j maximiert durch

$$\max_{\mathbf{q},\mathbf{s}_j^r} \alpha_j, \text{ s.t.}$$

$$\left(\mathbf{s}_j^x\right)^T \cdot \tilde{\mathbf{s}}_j^{\dot{x}}(\mathbf{s}_j^r) + \alpha_j \cdot \left(\mathbf{s}_j^x\right)^T \mathbf{s}_j^x < 0 \qquad (9)$$

$$\mathbf{u}_{\min,\mathbf{q}} \leq \mathbf{s}_j^r \leq \mathbf{u}_{\max,\mathbf{q}}.$$

Gl. 9 sichert, dass Trajektorien, die in einer Kernposition $\mathbf{s}_j^x$ starten, maximal schnell in Richtung der Ruhelage laufen, wobei zunächst keine Aussage über die Konvergenz im Interpolationsbereich $\mathbf{x} \neq \mathbf{s}_j^x$ über die Konvergenzrate möglich ist. (9) stellt ein gemischt-ganzzahliges Optimierungsproblem dar, das in einem zweistufigen Verfahren gelöst werden kann: Zunächst wird für jede Kernposition $\mathbf{s}_j^x$ ein Hyperquader $H_{\mathbf{q}}^{\mathbf{u}} \in \mathcal{U}$ durch eine diskrete Suche bestimmt, in welchem die Stelleingänge u_i variieren dürfen. Im zweiten Schritt, wird die gefundene Zuordnung $\mathbf{j} \mapsto \mathbf{q}$ dann festgehalten, sodass (9) zu einem beschränkten kontinuierlichen Optimierungsproblem wird, welches multiaffin in u_i und affin in α_j ist. Diese kann dann z.B. durch sequentielle quadratische Programmierung [11] gelöst werden.

Die Berechnung kann dabei parallel für alle $\mathbf{s}_j^x$ durchgeführt werden, da die Wahl einer Konstanten $\mathbf{u} = \mathbf{r}(\mathbf{s}_j^x) = \mathbf{s}_j^r$ unabhängig für jede Kernposition ist. Ist für jede Kernposition $\mathbf{s}_j^x$ eine Kernpositionsstellgröße $\mathbf{s}_j^r$ gefunden, ergibt sich ähnlich einem Gain-Scheduling-Regler die resultierende Rückführung durch Interpolation zwischen Kernpositionsstellgrößen:

$$\mathbf{u} = \mathbf{r}(\mathbf{x}) = \sum_{\mathbf{j}} \mathbf{s}_j^r \cdot \prod_{i=1}^{n} \mu_{j_i}^{x_i}(x_i). \qquad (10)$$

Hierbei sind die Zugehörigkeitsfunktionen $\mu_{j_i}^{x_i}(x_i)$ erneut als Dreiecks- und Rampenfunktionen angenommen. Für die Dynamik des geregelten Systems gilt dann

$$\dot{\mathbf{x}} = \sum_{\mathbf{j},\mathbf{q}} \mathbf{s}_{\mathbf{w}(\mathbf{j},\mathbf{q})}^{\dot{x}} \cdot \prod_{i=1}^{n} \mu_{j_i}^{x_i}(x_i) \cdot \prod_{p=1}^{m} \mu_{q_p}^{u_p} \left(\sum_{\mathbf{j}} s_{\mathbf{j},p}^{r_p} \prod_{i=1}^{n} \mu_{j_i}^{x_i}(x_i) \right). \qquad (11)$$

Der Nachteil dieses Gain-scheduling-ähnlichen Ansatzes liegt im Fehlen eines expliziten Stabilitätsnachweises. Insbesondere ist nicht ausgeschlossen, dass durch Interpolation zwischen den verschiedenen Kernpositionsstellgrößen s_j^r zusätzliche Ruhelagen entstehen. Daher ist analog zum Entwurf von Gain-scheduling-Reglern eine numerische Verifikation nach der Synthese erforderlich.

Auf der anderen Seite liegt der wesentliche Vorteil dieses Ansatzes in der Tatsache, dass das resultierende Regelgesetz (10) wieder ein (statisches) Fuzzy-System ist und daher linguistisch interpretierbar ist in der Form

$$\text{Wenn } \mathbf{x} = \mathbf{L}_j^x, \text{ dann } \mathbf{u} = \mathbf{L}_j^r, \tag{12}$$

wobei linguistische Werte $\mathbf{L}_j^r$ mit Kernpositionen s_j^r korrespondieren. Wie in Abschnitt 4 gezeigt wird, liegt ein weiterer Vorteil in der Möglichkeit, Syntheseverfahren für Ausgangsrückführungen aus der linearen Systemtheorie zu übertragen.

3.2 Erweiterung auf allgemeine Gain-Scheduling Regler

Die vorangegangene Methode kann auf allgemeinere Gain-Scheduling-Regler erweitert werden, indem Stellgrößen nicht ausschließlich für Kernpositionen im Zustandsraum bestimmt werden, sondern die Systemdynamik auch innerhalb des Interpolationsgebiets betrachtet wird, d.h. für beliebige $\mathbf{x}_\varrho \in \mathcal{X}$. Bild 3 veranschaulicht, dass bei diesem erweiterten Ansatz beliebige Arbeitspunkte betrachtet werden, welche im allgemeinen nicht mit einer Ruhelage übereinstimmen müssen [12]. Somit wird eine erhöhte Anzahl an Kernpositionsstellgrößen für das interpolierende Regelgesetz und damit eine feinere Abdeckung des Zustandsraums erreicht.

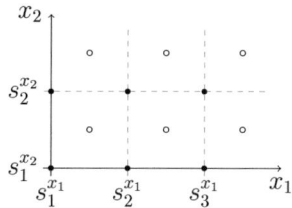

Bild 3: Arbeitspunkte des Gain-scheduling-Reglers: Kernpositionen (•) und Zustände im Inneren von Hyperquadern (○)

Die Linearisierung der Systemdynamik des RFS um einen Arbeitspunkt $(\mathbf{x}_\varrho, \mathbf{u}_\varrho)$ lautet

$$
\begin{aligned}
\dot{\mathbf{x}} \approx &\sum_{j,q} \mathbf{s}^{\dot{\mathbf{x}}}_{\mathbf{w}(j,q)} \prod_{i=1}^{n} \mu_{j_i}^{x_i}(x_{i,\varrho}) \prod_{p=1}^{m} \mu_{q_p}^{u_p}(u_{p,\varrho}) \\
&+ \sum_{j,q} \mathbf{s}^{\dot{\mathbf{x}}}_{\mathbf{w}(j,q)} \frac{\partial}{\partial \mathbf{x}} \left(\prod_{i=1}^{n} \mu_{j_i}^{x_i}(x_i) \right) \prod_{p=1}^{m} \mu_{q_p}^{u_p}(u_{p,\varrho}) \Bigg|_{\mathbf{x}=\mathbf{x}_\varrho} \cdot \Delta\mathbf{x} \qquad (13) \\
&+ \sum_{j,q} \mathbf{s}^{\dot{\mathbf{x}}}_{\mathbf{w}(j,q)} \prod_{i=1}^{n} \mu_{j_i}^{x_i}(x_{i,\varrho}) \frac{\partial}{\partial \mathbf{u}} \left(\prod_{p=1}^{m} \mu_{q_p}^{u_p}(u_p) \right) \Bigg|_{\mathbf{u}=\mathbf{u}_\varrho} \cdot \Delta\mathbf{u},
\end{aligned}
$$

mit $\Delta\mathbf{x} = \mathbf{x} - \mathbf{x}_\varrho$ und $\Delta\mathbf{u} = \mathbf{u} - \mathbf{u}_\varrho$. Aufgrund der Wahl von nicht stetig differenzierbaren Dreiecks- und Rampenfunktionen ist auch (13) nicht kontinuierlich. Wie Bild 4 zeigt, wird daher der Gradient an den Unstetigkeitsstellen zu null definiert.

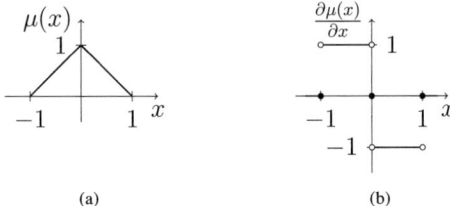

(a)   (b)

Bild 4: (a) Dreieckförmige Zugehörigkeitsfunktion und (b) Ableitung

Ist ein Arbeitspunkt $\mathbf{x}_\varrho$ identisch mit einer Kernposition $\mathbf{s}^x_j$, so wird für diese eine konstante Eingangsgröße $\mathbf{u} = \mathbf{r}_\varrho(\mathbf{x}) = \mathbf{s}^r_j$ anhand von (9) bestimmt. Im anderen Fall $\mathbf{x}_\varrho \neq \mathbf{s}^r_j$, wird zunächst ein Arbeitspunkt $\mathbf{u}_\varrho \in \mathcal{U}$ durch

$$
\begin{aligned}
&\max_{q} \alpha_\varrho, \text{ so dass} \\
&\mathbf{x}_\varrho^T \cdot \dot{\mathbf{x}}(\mathbf{x}_\varrho, \mathbf{u}_\varrho) + \alpha_\varrho \mathbf{x}_\varrho^T \mathbf{x}_\varrho < 0, \qquad (14) \\
&\mathbf{u}_\varrho = \frac{\mathbf{u}_{\min,q} + \mathbf{u}_{\max,q}}{2}.
\end{aligned}
$$

bestimmt. Für $\mathbf{u}_\varrho$ werden dabei lediglich Zentren von Hyperquadern $H^{\mathbf{u}}_{\mathbf{q}}$ zugelassen, sodass Stellgrößen bei Abweichung von $\mathbf{u}_\varrho$ weiterhin in $H^{\mathbf{u}}_{\mathbf{q}}$ liegen.

Im nächsten Schritt wird dann ein lineares Regelgesetz für das um $(\mathbf{x}_\varrho, \mathbf{u}_\varrho)$

linearisierte System

$$\Delta\dot{\mathbf{x}} = \left.\frac{\partial f(\mathbf{x}, \mathbf{u}_\varrho)}{\partial \mathbf{x}}\right|_{\mathbf{x}=\mathbf{x}_\varrho} \cdot \Delta\mathbf{x} + \left.\frac{\partial f(\mathbf{x}_\varrho, \mathbf{u})}{\partial \mathbf{u}}\right|_{\mathbf{u}=\mathbf{u}_\varrho} \cdot \Delta\mathbf{u} \tag{15}$$
$$= \mathbf{A}_\varrho \cdot \Delta\mathbf{x} + \mathbf{B}_\varrho \cdot \Delta\mathbf{u}$$

bestimmt, wobei $\Delta\mathbf{x} = \mathbf{x} - \mathbf{x}_\varrho$. Da das Ziel die Stabilisierung der Ruhelage $\mathbf{x} = \mathbf{0}$ ist und nicht des Arbeitspunkts $\mathbf{x} = \mathbf{x}_\varrho$, wird (15) zu

$$\frac{d}{dt}(\Delta\mathbf{x} + \mathbf{x}_\varrho) = \Delta\dot{\mathbf{x}} = \mathbf{A}_\varrho \cdot (\Delta\mathbf{x} + \mathbf{x}_\rho) + \mathbf{B}_\varrho \cdot \Delta\mathbf{u} \tag{16}$$
$$= \mathbf{A}_\varrho \cdot \mathbf{x} + \mathbf{B}_\varrho \cdot \Delta\mathbf{u}.$$

transformiert.

Eine Lösung für das lineare Regelgesetz $\Delta\mathbf{u} = -\mathbf{K}\mathbf{x}$ für (16) kann durch Lösen der Linearen Matrix Ungleichungen (LMIs)

$$\mathbf{R} \succ 0, \tag{17a}$$
$$\mathbf{A}_\varrho\mathbf{R} + \mathbf{R}\mathbf{A}_\varrho^T - \mathbf{B}_\varrho\mathbf{Y} - \mathbf{Y}^T\mathbf{B}_\varrho^T \prec 0, \tag{17b}$$

bestimmt werden wobei die Substitution $\mathbf{Y} = \mathbf{K}\mathbf{R}$ zur Vermeidung bilinearer Terme vorgenommen wurde. Da die Linearisierung nur für kleine Auslenkungen aus dem Arbeitspunkt $(\mathbf{x}_\varrho, \mathbf{u}_\varrho)$ gültig ist, muss $\Delta\mathbf{u}$ geeignet beschränkt werden. Zudem muss $\mathbf{u} \in H_{\mathbf{q}}^{\mathbf{u}}$ bleiben, da andernfalls die Dynamik eines anderen Hyperquaders aktiv ist. Da die Zuordnung $\mathbf{x}_\varrho \to H_{\mathbf{q}}^{\mathbf{u}}$ schon in (14) vorgenommen wurde, ist somit eine Beschränkung $(\mathbf{u}_\varrho + \Delta\mathbf{u}) \in H_{\mathbf{q}}^{\mathbf{u}}$ sinnvoll, wenn $\mathbf{x} \in H_{\mathbf{l}}^{\mathbf{x}}$ mit $\mathbf{x}_\varrho \in H_{\mathbf{l}}^{\mathbf{x}}$. Nach [10] können derartige Stellgrößenbeschränkungen anhand der zusätzlichen LMI-Bedingungen

$$\begin{bmatrix} \mathbf{W} & \mathbf{Y} \\ \mathbf{Y}^T & \mathbf{Q} \end{bmatrix} \succeq 0, \quad W_{ii} \le u_{\max,q_i}, \tag{18a}$$

$$\begin{bmatrix} \mathbf{R} & \mathbf{s}_{\mathbf{j}}^{\mathbf{x}} \\ \mathbf{s}_{\mathbf{j}}^{\mathbf{x}T} & 1 \end{bmatrix} \succeq 0, \quad \mathbf{s}_{\mathbf{j}}^{\mathbf{x}} \in H_{\mathbf{l}}^{\mathbf{x}} \tag{18b}$$

berücksichtigt werden, sodass zusammen mit (17) gesichert ist, dass $\Delta\mathbf{u} \le (\mathbf{u}_{\max,q} - \mathbf{u}_{\min,q})/2$ für alle $\mathbf{x} \in H_{\mathbf{l}}^{\mathbf{x}}$. Das Ergebnis ist dann ein Regler $\mathbf{r}_\varrho(\mathbf{x}) = \mathbf{u}_\varrho + \Delta\mathbf{u}$ für jeden Arbeitspunkt $\mathbf{x}_\varrho \ne \mathbf{s}_{\mathbf{j}}^{\mathbf{x}}$.

Das gesamte Regelgesetz ergibt sich dann durch Interpolation zwischen den Teilreglern für die verschiedenen Arbeitspunkte

$$\mathbf{u} = \mathbf{r}(\mathbf{x}) = \frac{\sum_\varrho \mathbf{r}_\varrho(\mathbf{x}) \cdot \prod_{i=1}^n \mu_\varrho^{x_i}(x_i)}{\sum_\varrho \prod_{i=1}^n \mu_\varrho^{x_i}(x_i)}. \tag{19}$$

Der Nachweis der Stabilität des geschlossenen Regelkreises muss in einem letzten Schritt numerisch erfolgen, da die Teilregler des Systems lediglich in ihrem jeweiligen Arbeitspunkt gültig sind, eine globale Stabilitätsaussage hiermit aber nicht gegeben ist.

Aufgrund der höheren Zahl an Arbeitspunkten werden diese allgemeineren Gain-scheduling-Regler gegenüber den Fuzzy-Reglern in Abschnitt 3.1 eine bessere Regelgüte erzielen. Auf der anderen Seite verliert das Regelgesetz somit seine Anschaulichkeit, da zum einen Arbeitspunkte verwendet werden, welche nicht mit Kernpositionen und somit nicht mit Regelprämissen des RFS korrespondieren. Zum anderen sind die Regler im Interpolationsbereich lineare Zustandsrückführungen, deren linguistische Interpretierbarkeit per se schwierig ist.

4 Synthese von Ausgangsrückführungen

Sind nicht alle Zustände messbar, so müssen diese entweder anhand (nichtlinearer) Beobachter rekonstruiert werden, oder es können zur Stabilisierung ausschließlich messbare Zustände zurückgeführt werden. Für den letztgenannten Ansatz existieren nach [13] zwei Strategien: Zum einen kann eine Ausgangsrückführung derart ausgelegt werden, dass sie eine Zustandsrückführung möglichst gut approximiert. Zum anderen kann die Synthesestrategie für Zustandsrückführungen derart erweitert werden, dass lediglich messbare Größen zur Regelung berücksichtigt werden. Wie im Folgenden gezeigt wird, können beide Ansätze auch für Ausgangsrückführungen für RFS angewandt werden.

In beiden Fällen hat die Ausgangsfunktion die Gestalt

$$\mathbf{g}(\mathbf{x}) = \sum_{j} \mathbf{s}_j^y \prod_{i=1}^{n} \mu_{j_i}^{x_i}(x_i), \tag{20}$$

welche ebenfalls ein (statisches) Fuzzy-System ist. Wie zuvor werden auch hier dreieckförmige Zugehörigkeitsfunktionen $\mu_{j_i}^{x_i}(x_i)$ in (20) angenommen.

Zudem wird angenommen, dass die Menge der Kernpositionen $\{\mathbf{s}_j^x\}$ in $\mathbf{g}(\mathbf{x})$ identisch mit jener in $\mathbf{f}(\mathbf{x}, \mathbf{u})$ ist, was die weitere Darstellung vereinfacht. Ein Blockschaltbild des geschlossenen Regelkreises zeigt Bild 5, in dem $\mathbf{k}(\mathbf{y})$ die Ausgangsrückführung bezeichnet.

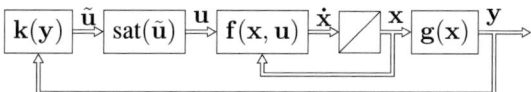

Bild 5: Regelkreis mit Ausgangsrückführung, Stellgrößenbeschränkung und RFS

4.1 Ausgangsrückführung durch Approximation einer Zustandsrückführung

Zur approximativen Bestimmung von Ausgangsrückführungen wird angenommen, dass zunächst eine vollständige Zustandsrückführung $\mathbf{u} = \mathbf{r}(\mathbf{x})$ in Form eines Fuzzy-Reglers nach Abschnitt 3.1 ausgelegt wurde. Das Ziel ist es dann, eine Ausgangsrückführung $\mathbf{k}(\mathbf{y})$ derart zu bestimmen, so dass

$$\mathbf{r}(\mathbf{x}) = \sum_j \mathbf{s}_j^r \cdot \Xi_j(\mathbf{x}) \approx \mathbf{k}(\mathbf{y}) = \sum_l \mathbf{s}_l^k \cdot \Xi_l(\mathbf{y}), \qquad (21)$$

wobei die Prämisse $\Xi_j(\mathbf{x}) = \prod_{i=1}^n \mu_{j_i}^{x_i}(x_i)$ abgekürzt wurde. Für die Ausgangsrückführung $\mathbf{k}(\mathbf{y})$ mit Unbekannten $\mathbf{s}_l^k$ folgt

$$\begin{aligned}
\mathbf{k}(\mathbf{y}) &= \sum_l \mathbf{s}_l^k \cdot \Xi_l(\mathbf{y}) = \sum_l \mathbf{s}_l^k \cdot \Xi_l(\mathbf{g}(\mathbf{x})) \\
&= \sum_l \mathbf{s}_l^k \cdot \Xi_l \left(\sum_j \mathbf{s}_j^y \cdot \Xi_j(\mathbf{x}) \right).
\end{aligned} \qquad (22)$$

Darin sind $\Xi_l(\mathbf{x})$ genau dann konstant, wenn $\mathbf{x}$ konstant ist. Da $\mathbf{r}(\mathbf{x})$ für Kernpositionen $\mathbf{s}_j^x$ im Zustandsraum ausgelegt wurde, ist es sinnvoll, die Zustandsrückführung an diesen Stellen zu approximieren:

$$\mathbf{k}(\mathbf{s}_j^x) \approx \mathbf{r}(\mathbf{s}_j^x), \quad \forall\, \mathbf{s}_j^x \in \mathcal{X}. \qquad (23)$$

Zusammen mit den N_k Unbekannten $\mathbf{S}_k = \left[\mathbf{s}_1^{k\,T}, \ldots, \mathbf{s}_{N_k}^{k\,T} \right]^T$ der Ausgangsrückführung ergeben sich aus (23) für $\mathbf{r}(\mathbf{s}_j^x)$ Gleichungen der Form

$$\Xi^T(\mathbf{s}_j^x) \cdot \mathbf{S}_k = \mathbf{r}(\mathbf{s}_j^x). \qquad (24)$$

Darin bezeichnet

$$\Xi^T(\mathbf{s}_j^x) = \left[\Xi_1(\mathbf{s}_j^x), \ldots, \Xi_{N_k}(\mathbf{s}_j^x) \right] \otimes \mathbf{I}_n \qquad (25)$$

eine $n \times N_k$-Matrix, welche alle Prämissen der N_k Kernpositionen s_l^k der Zustandsrückführung enthält. Mit $\otimes$ wird das *Kronecker-Produkt* bezeichnet und $\mathbf{I}_n$ ist eine Einheitsmatrix der Dimension n.

Da $\Xi^T(\mathrm{s}_j^x)$ ausschließlich Prämissen an Kernpositionen enthält, sind ihre Elemente entweder 0 oder 1. Durch Aggregation aller $N_r = N_x$ Kernpositionen der Zustandsrückführung s_j^r in einem Vektor $\mathbf{S}_r = \left[\mathrm{s}_1^{r\,T}, \dots, \mathrm{s}_{N_r}^{r\,T} \right]^T$ kann (24) in kompakter Form als lineares Gleichungssystem

$$\Upsilon \cdot \mathbf{S}_k = \mathbf{S}_r \qquad (26)$$

notiert werden, mit $\Upsilon \in \{0,1\}^{(n \cdot N_r) \times N_k}$ und

$$\Upsilon = \left[\Xi(\mathrm{s}_1^x) \ \dots \ \Xi(\mathrm{s}_{N_x}^x) \right]^T. \qquad (27)$$

Da $N_k < n \cdot N_r$ gilt, ist (26) im allgemeinen überbestimmt. Eine Lösung ist z.b. mit Least-squares-Verfahren möglich. Dann ist

$$\mathbf{S}_k = \Upsilon^+ \mathbf{S}_r = \left(\Upsilon^T \Upsilon \right)^{-1} \Upsilon^T \mathbf{S}_r \qquad (28)$$

eine Lösung für die gesuchten Kernpositionsstellgrößen s_l^k der Ausgangsrückführung, wobei Υ^+ die Moore-Penrose-Pseudoinverse bezeichnet. Die Lösung minimiert dabei den quadratischen Fehler der Summe der Residuen:

$$\min_{\mathrm{s}_l^k} \| \Upsilon^T \cdot \mathbf{S}_k - \mathbf{S}_x \|_2^2. \qquad (29)$$

Für Konditionszahlen cond $\left(\Upsilon^T \Upsilon \right)$, welche nicht deutlich größer als 1 sind, ist die Lösung $\mathbf{S}_k$ robust gegenüber numerischen Problemen. Ansonsten empfehlen sich eher numerische Verfahren basierend auf der QR-Zerlegung, wie z.B. die Householder-Transformation.

Abschließend muss in jedem Fall die Stabilität des mit der Ausgangsrückführung stabilisierten Systems gesondert untersucht werden.

4.2 Direkte Synthese

In einem zweiten Ansatz wird eine Ausgangsrückführung durch explizite Berücksichtigung der strukturellen Beschränkung in Folge der Ausgangsfunktion (20) entworfen.

Im Fall der Zustandsrückführung in Abschnitt 3.1 wurde eine spezifische Kernpositionsstellgröße $\mathbf{u} = \mathrm{s}_j^r$ für jede Kernposition s_j^x bestimmt. Es wurde dann angenommen, dass $\mathbf{u} = \mathrm{s}_j^r$ nur dann aktiv ist, wenn $\mathbf{x} = \mathrm{s}_j^x$. Im

Fall einer allgemeinen Ausgangsfunktion $g : \mathcal{X} \rightarrow \mathcal{Y}$ ist diese Abhängigkeit nicht länger möglich. Daher ist nun das Ziel, konstante Stellgrößen s_l^k für jede Kernposition s_l^y der Ausgangsfunktion zu bestimmen, so dass weiterhin die Gradientenbedingung (7) gleichzeitig für alle s_j^x erfüllt ist, welche auf s_l^y abbilden.

Bezeichne $g^{-1}(y)$ die Inverse von $g(x)$. Da $g(x)$ nicht injektiv ist, ist $g^{-1}(y)$ im allgemeinen eine mehrwertige Funktion und daher nicht wohldefiniert. Wird sie lediglich an Kernpositionen $s_l^y \in \mathcal{Y}$ ausgewertet, bildet $g^{-1}(s_l^y)$ auf eine endliche Menge an Kernpositionen $s_j^x \in \mathcal{X}$ ab. Im Folgenden wird diese Menge mit

$$g^{-1}(s_l^y) = \mathcal{S}_x(s_l^y) = \left\{ s_j^x \,\middle|\, g(s_j^x) = s_l^y \right\} \qquad (30)$$

bezeichnet. Für die Ausgangsrückführung $k : \mathcal{Y} \rightarrow \mathcal{U}$, wird ein statisches Fuzzy-System gesucht, dessen Kernpositionen s_l^y identisch zu denen der Ausgangsfunktion $g(x)$ sind. Die freien Parameter s_l^k der Rückführung können dann anhand des folgenden Optimierungsproblems bestimmt werden:

$$\max_{q, s_l^k} \alpha_l, \text{ s.t.}$$
$$\left(s_j^x\right)^T \tilde{s}_j^{\dot{x}}(s_l^k) + \alpha_l \cdot \left(s_j^x\right)^T s_j^x < 0, \quad \forall\, s_j^x \in \mathcal{S}_x(s_l^y), \qquad (31)$$
$$u_{min,q} \leq s_l^k \leq u_{max,q}.$$

Durch Lösen von (31) wird so eine Kernpositionsstellgröße s_l^k berechnet, die für alle x aktiv ist, welche mit $s_j^x \in \mathcal{S}(s_l^y)$ verbunden sind. Anzumerken ist, dass in (31) ein einziges α_l für alle $\mathcal{S}_x(s_l^y)$ gewählt wurde. Wie bei den vorherigen Rückführungen ist auch bei diesem Ansatz eine abschließende Verifikation der Stabilität des geschlossenen Regelkreises notwendig.

5 Numerisches Beispiel

Im Folgenden werden die diskutierten Syntheseansätze für Zustands- und Ausgangsrückführungen beispielhaft an einem RFS mit zwei Zuständen und einem Eingang angewandt.

Für den Fall der Zustandsrückführung werden Fuzzy-Regler wie in Abschnitt 3.1 betrachtet, welche zwischen konstanten Eingangsgrößen interpolieren, um einen Vergleich mit den Ausgangsrückführungen zu ermöglichen. Alle Simulationen wurden in MATLAB/SIMULINK durchgeführt.

Zusätzlich wurde zur Lösung der Optimierungsprobleme (9) das Framework YALMIP [14] verwendet.

Die Kernpositionen des betrachteten RFS befinden sich für $\mathcal{X}$ bei $\{s_{j_1}^{x_1}\} = \{s_{j_2}^{x_2}\} = \{-2, -1, 0, 1, 2\}$, welche mit den linguistischen Werten $\{L_{j_1}^{x_1}\} = \{L_{j_2}^{x_2}\} = \{$negativ groß, negativ klein, null, positiv klein, positiv groß$\}$ korrespondieren.

Kernpositionen in $\mathcal{U}$ befinden befinden sich bei $\{s_q^u\} = \{-10, 0, 10\}$, welche mit linguistischen Werten $\{L_q^u\} = \{$negativ, null, positiv$\}$ korrespondieren. Die Systemdynamik ist über Kernpositionsgradienten definiert, welche für das freie System ($u = $ null) in Tabelle 1 wiedergegeben ist. Die linguistischen Werte der Kernpositionsgradienten $\{L_{j_1}^{\dot{x}_1}\}, \{L_{j_2}^{\dot{x}_2}\}$ sind dabei mit crispen Werten

$$\{s_{j_1}^{\dot{x}_1}\} = \{-12, -4, -1, 0, 1, 4, 12\}$$

$$\text{und} \quad \{s_{j_2}^{\dot{x}_2}\} = \{-10, -3, -1, 0, 1, 3, 10\}$$

assoziiert. Ein Phasenportrait des ungeregelten Systems zeigt Bild 6a, aus dem hervorgeht, dass die Ruhelage bei $\mathbf{x}^* = 0$ instabil ist.

Tabelle 1: Regelbasis des ungeregelten Systems

$\mathbf{L_j^{\dot{x}}}$		$L_{j_2}^{x_2}$				
		ng	nk	z	pk	pg
$L_{j_1}^{x_1}$	ng	pg/pm	pm/ps	pk/z	pm/nm	pg/nm
	nk	pm/nm	pk/nk	pk/z	pk/pk	pm/pk
	z	z/nm	z/nm	z/z	z/pk	z/pm
	pk	nm/nm	nk/nk	nk/z	nk/pk	nm/pk
	pg	ng/pm	nm/pk	nk/z	nm/nm	ng/nm

Für die Ausgangsfunktion wird angenommen, dass nur x_2 messbar ist. Seine Regelbasis ist in Tabelle 1 angegeben, wobei die linguistischen Werte $\{L_l^y\}$ mit Kernpositionen $\{s_l^y\} = \{-4, -2, 0, 2, 4\}$ verbunden sind. Somit bildet $g(\mathbf{x})$ die lineare Funktion $y = 2x_2$ nach.

Tabelle 2: Regelbasis der Ausgangsfunktion

	$L_{j_2}^{x_2}$				
	ng	nk	z	pk	pg
L_l^y	ng	nk	z	pk	pg

Zur Stabilisierung der Ruhelage wird zunächst eine Zustandsrückführung wie in Abschnitt 3.1 beschrieben ausgelegt. Die sich ergebenden konstan-

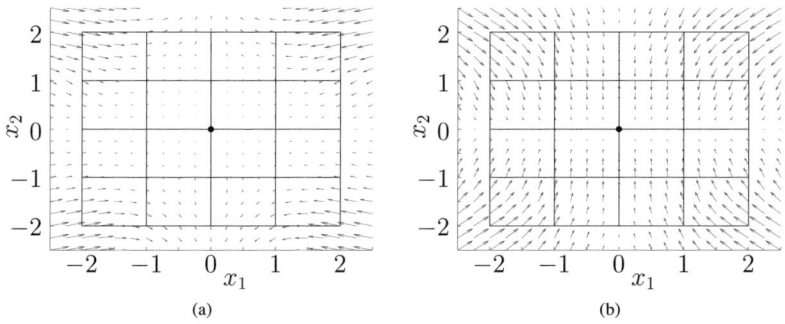

(a)   (b)

Bild 6: Ruhelage und Gradienten des (a) offenen und (b) mit Zustandsrückführung geregelten Systems

ten Stellgrößen $u = s_j^r$ für jede Kernposition s_j^x sind in Tabelle 3 angegeben. Bild 6b zeigt zudem die Gradienten des geregelten RSF im Zustandsraum sowie die global asymptotisch stabile Ruhelage.

Tabelle 3: Kernpositionsstellgrößen der Zustandsrückführung

$u = s_j^r$		$L_{j_2}^{x_2}$				
		nb	ns	z	ps	pb
$L_{j_1}^{x_1}$	nb	10	10	10	10	10
	ns	10	10	10	10	10
	z	-0.139	-1.11	0	-1.11	-0.139
	ps	-10	-10	-10	-10	-10
	pb	-10	-10	-10	-10	-10

Für das gleiche System wird eine Ausgangsrückführung durch Approximation der Zustandsrückführung sowie eine Ausgangsrückführung mittels
direkter Synthese entworfen. Eine Simulation des Ausgangs y für den Anfangswert $\mathbf{x}_0 = [3, 2.5]^T$ ist in Bild 7 gezeigt, in der die Ergebnisse bei
Verwendung der Zustands- und Ausgangsrückführung verglichen werden.
Wie zu erkennen ist, stabilisiert die Zustandsrückführung die Ruhelage
asymptotisch. Das gleiche gilt für die Ausgangsrückführung, welche mittels direkter Synthese entworfen wurde.

Im Fall der Ausgangsrückführung, welche durch Approximation einer Zustandsrückführung gewonnen wurde, wird lediglich Stabilität im Sinne von
Ljapunow erreicht. Bild 7 zeigt den Verlauf von u, welcher im Fall der Ausgangsrückführung durch Approximation nicht gegen Null konvergiert. Für

alle Rückführungen gilt jedoch, dass die Stellgrößenbegrenzungen nicht verletzt werden und das Regelgesetz trotz des hybriden Systemcharakters stetig ist, sodass keine Rattereffekte auftreten.

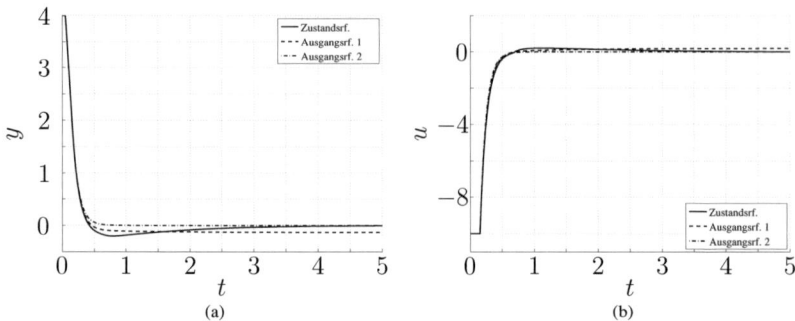

Bild 7: (a) Ausgang y und (b) Stellgröße u für Anfangsauslenkung $x_0 = [3, 2.5]^T$ im Fall einer vollständigen Zustandsrückführung sowie Ausgangsrückführungen

6 Zusammenfassung

Es wurde ein praktischer Ansatz zur Synthese von Zustands- und Ausgangsrückführungen präsentiert. Dieser basiert auf dem Ansatz, jeder Kernposition des Zustandsraums je eine konstante Stellgröße zuzuordnen, zwischen denen dann interpoliert wird. Der Vorteil des sich so ergebenden Fuzzy-Reglers liegt sicherlich in seiner einfachen Implementierbarkeit sowie der Möglichkeit der linguistischen Interpretierbarkeit. Diese kann dabei mit der gleichen Terminologie wie jene des RFS erfolgen. Bei Erweiterung des Konzepts auf allgemeinere Gain-Scheduling-Regler kann zudem eine bessere Regelgüte erreicht werden. Dies senkt jedoch die linguistische Interpretierbarkeit und erhöht den Implementierungsaufwand.

Die Methode zur Zustandsrückführung wurde zudem auf Ausgangsrückführungen erweitert. Hierbei zeigte sich, dass Methoden zur Synthese von Ausgangsrückführungen, welche aus der linearen Systemtheorie bekannt sind, auch auf RFS übertragbar sind.

In der Anwendung der Verfahren an einem akademischen Beispiel ergaben sich bei allen Verfahren eine Stabilisierung des Systems. Ist zudem eine stationäre Genauigkeit erforderlich, so eignet sich bei der Auslegung der Ausgangsrückführung insbesondere die direkte Berücksichtigung der strukturellen Beschränkung bei der Synthese, auch wenn hierbei der Entwurfsaufwand höher ist als bei einer einfachen Approximation von Zustandsrückführungen.

Bislang unberücksichtigt geblieben sind die Auswirkungen von Modellierungsfehlern auf die erreichbare Regelgüte, sodass Gegenstand weiterer Arbeiten der Fokus auf möglichst robusten Rückführungen liegen soll. Zudem wurden in dieser Arbeit lediglich die Stabilisierung einzelner Ruhelagen betrachtet, wobei sich die Frage der Erweiterbarkeit auf Folgeregelungen stellt. Schließlich wurde das RFS als gegeben angenommen, welches stets eine vollständige Regelbasis aufweist. Hier stellt sich die Frage der Erweiterbarkeit des präsentierten Ansatzes auf unvollständig spezifizierte RFS sowie RFS mit allgemeineren Partitionierungen des Eingangs-Zustandsraums.

Literatur

[1] Juang, C.-F.; Lin, C.-T.: A recurrent self-organizing neural fuzzy inference network. *IEEE Transactions on Neural Networks* 10 (1999) 4, S. 828 –845.

[2] Zhang, J.; Morris, A.: Recurrent neuro-fuzzy networks for nonlinear process modeling. *IEEE Transactions on Neural Networks* 10 (1999) 2, S. 313 –326.

[3] Takagi, T.; Sugeno, M.: Fuzzy identification of systems and its applications to modeling and control. *IEEE Transactions On Systems, Man And Cybernetics* 15 (1985) 1, S. 116–132.

[4] Kempf, R.; Adamy, J.: Equilibria of recurrent fuzzy systems. *Fuzzy Sets and Systems* 140 (2003) 2, S. 231–257.

[5] Adamy, J.; Schwung, A.: Modellierung dynamischer Systeme mit zeitkontinuierlichen rekurrenten Fuzzy-Systemen. *at - Automatisierungstechnik* 3 (2009), S. 129–137.

[6] Gering, S.; Adamy, J.: Synthesis of Local State Feedback for Continuous-Time Recurrent Fuzzy Systems. In: *Proc. of the IEEE International Confrence on Fuzzy Systems (FUZZ-IEEE)*. 2013.

[7] Adamy, J.; Flemming, A.: Equilibria of continuous-time recurrent fuzzy systems. *Fuzzy Sets and Systems* 157 (2006) 22, S. 2913–2933.

[8] Kempf, R.: *Rekurrente Fuzzy-Systeme*. Dissertation, Technische Universität Darmstadt. 2004.

[9] Flemming, A.: *Zeitkontinuierliche rekurrente Fuzzy-Systeme*. Dissertation, Technische Universität Darmstadt. 2008.

[10] Boyd, S.; Ghaoui, L. E.; Feron, E.; Balakrishnan, V.: *Linear Matrix Inequalities in System and Control Theory*. Society for Industrial and Applied Mathematics Philadelphia. 1994.

[11] Nocedal, J.; Wright, S.: *Numerical Optimization*. Springer. 2006.

[12] Leith, D. J.; Leithead, W. E.: Survey of gain-scheduling analysis and design. *International Journal of Control* 73 (2000) 11, S. 1001–1025.

[13] Föllinger, O.: *Regelungstechnik*. Hüthig. 1990.

[14] Löfberg, J.: YALMIP : A Toolbox for Modeling and Optimization in MATLAB. In: *Proceedings of the CACSD Conference*. 2004.

Modifikation der Adaptionsstrategie für derandomisierte, multikriterielle Evolutionsstrategien

Christoph Krimpmann, Jan Braun, Frank Hoffmann und Torsten Bertram

Lehrstuhl für Regelungssystemtechnik, Technische Universität Dortmund
Otto-Hahn-Str. 4, 44221 Dortmund
Tel.: (0231) 755-2745
Fax: (0231) 755-2752
E-Mail: christoph.krimpmann@tu-dortmund.de

1 Einleitung

Evolutionsstrategien (ES) gehören zu den leistungsfähigsten Heuristiken für die globale Optimierung komplexer reellwertiger Probleme. Eine detaillierte Übersicht über Evolutionsstrategien ist Beyer und Schwefel [1] zu entnehmen. Betrachtet man die Entwicklung der Evolutionsstrategien über die letzten Jahre, so ist festzustellen, dass die derandomisierten Evolutionsstrategien, im Speziellen die Kovarianzmatrixanpassung (*covariance matrix adaptation*, CMA), bzw. ihre Derivate sich als die effizientesten Algorithmen für die Optimierung skalarer Probleme $f : \mathbb{R}^n \to \mathbb{R}$ gezeigt haben. Allerdings gibt es in der Klasse der multi-kriteriellen Optimierungsprobleme $f : \mathbb{R}^n \to \mathbb{R}^m$ mit mehreren konfliktären Kriterien noch Potenzial für die Entwicklung von Strategien die auf einer Kovarianzmatrixanpassung beruhen. Die Hardware-in-the-Loop (HiL) Optimierung von technischen Systemen ist eine von vielen praktischen Anwendungen der multikriteriellen Optimierung (*multi-objective optimization*, MOO), bei denen elektrische oder mechanische Komponenten und Regler mithilfe von evolutionären Algorithmen optimiert werden. Das Konzept der automatisierten Entwicklung von Komponenten wurde bereits für den Entwurf elektrischer Schaltungen, das Design von Robotern oder zur Optimierung von Antennen [2] genutzt. Ein weiteres Beispiel für die HiL-Optimierung ist die Optimierung von Hydraulikventilen, bei denen die Parameter eines Lagereglers hinsichtlich einer Folge von Sprungantworten des geschlossenen Regelkreises optimiert werden [3]. Verglichen mit rein numerischen Optimierungsproblemen (z.B. die ZDT-Testprobleme von Zietzler et al. [4]), ist eine HiL-Optimierung wesentlich zeitaufwändiger und die beschränkte Anzahl durchführbarer Fitness-Tests ist der limitierende Faktor für die

Qualität der gefundenen Lösungsmenge. Das Finden einer bestmöglichen Approximation der Paretomenge bei einer begrenzten Anzahl an Fitness-Tests stellt den Schwerpunkt dieses Beitrags dar. Es wird ein Ansatz vorgestellt, der auf einer modifizierten, multi-kriteriellen CMA-ES basiert, der weiterhin mit den wohlbekannten Algorithmen $\lambda_{MO} \times (1 + \lambda)$-MO-CMA-ES von Igel et al. [5] und Non-Dominated Sorting Genetic Algorithm II (NSGA-II) von Deb et al. [6] verglichen wird. Da der Fokus des Beitrags auf der Optimierung unter begrenztem Kostenbudget liegt, wird die Anzahl an Fitness-Test auf ein Zehntel der Tests reduziert, die in vergleichbaren Arbeiten genutzt wird [5, 7].

Im folgenden Abschnitt werden zwei CMA-Strategien für skalare Optimierungsprobleme vorgestellt, da sie die Basis der in Abschnitt 3 vorgestellten, neu entwickelten Evolutionsstrategie bilden. Abschnitt 3 beschreibt ebenfalls die Anpassung von skalaren Optimierungsstrategien an multikriterielle Probleme. Das Vorgehen zur Bewertung der Leistungsfähigkeit der unterschiedlichen Algorithmen wird in Abschnitt 4 präsentiert und in Abschnitt 5 erfolgt die Auswertung und Diskussion der Ergebnisse.

2 Derandomisierte Evolutionsstrategien

Dieser Abschnitt beschreibt die bekannte CMA-Evolutionsstrategie $(1 + \lambda)$-CMA-ES von Hansen und Ostermeier [8], sowie deren Erweiterung, die active-CMA-ES, von Jastrebski et al. [9].

Beide Strategien beruhen auf einer einheitlichen Repräsentation von Lösungen a in Form eines 5-Tupels $a = [\mathbf{x}, \mathbf{C}, \sigma, \mathbf{p}_c, \overline{p}_{succ}]$, wobei $\mathbf{x} \in \mathbb{R}^n$ den potenziellen Lösungsvektor darstellt, $\mathbf{C} \in \mathbb{R}^{n \times n}$ die Kovarianzmatrix, $\sigma \in \mathbb{R}$ die Mutationsschrittweite, $\mathbf{p}_c \in \mathbb{R}^n$ den Evolutionspfad und $\overline{p}_{succ} \in \mathbb{R}^n$ die durchschnittliche Erfolgsrate repräsentieren. Weiterhin wird folgende Notation verwendet.
$f : \mathbb{R}^n \to \mathbb{R}$, $\mathbf{x} \to f(\mathbf{x})$ ist die zu minimierende Gütefunktion.
$\lambda_{succ} = |\{i = 1, 2, \ldots, \lambda|\ f(\mathbf{x}_i) \leq f(\mathbf{x}_{parent})\}|$ ist die Anzahl der erfolgreichen Nachkommen. $\mathbf{C} = \mathbf{BD}(\mathbf{BD})^{\mathrm{T}}$ ist die Eigenwertzerlegung der Kovarianzmatrix, bei der $\mathbf{B} \in \mathbb{R}^{n \times n}$ die Matrix der normalisierten Eigenvektoren und $\mathbf{D} \in \mathbb{R}^{n \times n}$ die Diagonalmatrix mit den Quadratwurzeln der Eigenwerte ist. $\mathbf{z} \sim \mathcal{N}(\mathbf{0}, \mathbf{I})$ ist der aus der multivariaten Normalverteilung $\mathcal{N}$ gezogene Mutationsvektor. Der Mittelwert der Verteilung ist $\mathbf{0} \in \mathbb{R}^n$ und die Kovarianz ist als Einheitsmatrix gewählt. Die genannten Parameter werden vom jeweiligen Algorithmus in jeder Generation adaptiert.

2.1 Die $(1 + \lambda)$-CMA-ES

Der in diesem Abschnitt präsentierte Algorithmus von Igel et al. [5] ist eine Variante der $(1 + \lambda)$-CMA-ES. Sie dient später als Grundlage für den in Abschnitt 3.2 gezeigten Algorithmus. Jede Generation g der Evolutionsstrategie besteht aus fünf Schritten.

1. Berechnung der Eigenwertzerlegung von C, Ziehen der Mutationsvektoren z_i mit $i \in [1, 2, \ldots, \lambda]$ und die Erzeugung der Nachkommen.

$$a_i^{g+1} \leftarrow a_{parent}^g$$

$$\mathbf{x}_i^{g+1} = \mathbf{x}_{parent}^g + \sigma^2 \mathbf{BD} \mathbf{z}_i \qquad (1)$$

2. Bestimmung des skalaren Gütemaß $f(\mathbf{x}_i)$ und Aktualisierung der durchschnittlichen Erfolgsrate, basierend auf den Verbesserungen der einzelnen Lösungen.

$$\bar{p}_{succ} \leftarrow (1 - c_p)\bar{p}_{succ} + c_p \frac{\lambda_{succ}}{\lambda} \qquad (2)$$

mit $c_p = \frac{p_{succ}^{target}\lambda}{2+p_{succ}^{target}\lambda}$

3. Aktualisierung der Mutationsschrittweite entsprechend

$$\sigma \leftarrow \sigma \exp\left(\frac{1}{d} \frac{\bar{p}_{succ} - p_{succ}^{target}}{1 - p_{succ}^{target}}\right) \qquad (3)$$

mit $d = 1 + \frac{n}{2\lambda}$ und $p_{succ}^{target} = \frac{1}{5+\sqrt{\lambda}/2}$.

4. Basierend auf der durchschnittlichen Erfolgsrate $\bar{p}_{succ}$ werden der Evolutionspfad $\mathbf{p}_c$ und die Kovarianzmatrix C neu berechnet. Falls die Bedingung $\bar{p}_{succ} < p_{thresh}$ erfüllt ist, erfolgt die Anpassung anhand von

$$\mathbf{p}_c \leftarrow (1 - c_c)\,\mathbf{p}_c + \sqrt{c_c\,(2 - c_c)}\,\mathbf{x}_{step}, \qquad (4)$$

$$C \leftarrow (1 - c_{cov})\,C + c_{cov}\mathbf{p}_c\mathbf{p}_c^{\mathsf{T}} \qquad (5)$$

mit

$$\mathbf{x}_{step} = \frac{\mathbf{x}_{parent}^{g+1} - \mathbf{x}_{parent}^g}{\sigma_{parent}^g}.$$

Anderenfalls wird eine modifizierte Berechnung genutzt.

$$\mathbf{p}_c \leftarrow (1 - c_c)\,\mathbf{p}_c, \qquad (6)$$

$$\mathbf{C} \leftarrow (1 - c_{cov}) \mathbf{C} + c_{cov} \left(\mathbf{p}_c \mathbf{p}_c^{\mathsf{T}} + c_c (2 - c_c) \mathbf{C} \right) \qquad (7)$$

mit $c_c = 2/(n+2)$, $\qquad c_{cov} = 2/\left(n^2 + 6 \right)$

und $p_{thresh} = 0{,}44$.

2.2 active-CMA-ES

Seit den ersten Veröffentlichungen über die CMA-ES im Jahre 1996 verzeichnet die Literatur bis zum heutigen Tage eine Vielzahl an Variationen des ursprünglichen Ansatzes. Eine umfassende Übersicht über einige der Varianten und ein Vergleich ihrer Leistungsfähigkeit präsentiert Bäck et al. [10]. Die Analysen ergeben eine eindeutige Überlegenheit der von Jastrebski and Arnold [9] präsentierten active-CMA-ES in der Mehrzahl etablierter Benchmark-Probleme. Eine Iteration des Algorithmus besteht aus sieben Schritten:

1. Berechnung der normalisierten Eigenvektoren $\mathbf{B}$ und der Diagonalmatrix $\mathbf{D}$.

2. Erzeugen der λ Nachkommen.

$$\mathbf{x}_i = \mathbf{x}_{parent} + \sigma \mathbf{B} \mathbf{D} \mathbf{z}_i \qquad (8)$$

3. Bestimmen des Gütemaß $f(\mathbf{x}_i)$ und anschließendes Sortieren der Individuen in absteigender Güte. Der Index $k \in [1, 2, \ldots, \lambda]$ verweist somit für $k = 3$ auf das drittbeste Individuum. Anschließend erfolgt die Berechnung des durchschnittlichen Mutationsvektors

$$\mathbf{z}^{avg} = \frac{1}{\mu} \sum_{k=1}^{\mu} \mathbf{z}_k \qquad (9)$$

der μ besten Individuen.

4. Die Aktualisierung des Elter-Lösungsvektors $\mathbf{x}_{parent}$ erfolgt anhand von $\mathbf{z}^{avg}$.

$$\mathbf{x}_{parent} \leftarrow \mathbf{x}_{parent} + \sigma \mathbf{B} \mathbf{D} \mathbf{z}^{avg}. \qquad (10)$$

5. Im Gegensatz zur $(1 + \lambda)$-CMA-ES nutzt die active-CMA-ES die zwei unterschiedlichen Evolutionspfade $\mathbf{p}_c$ und $\mathbf{p}_\sigma$,

$$\mathbf{p}_c \leftarrow (1 - c_c) \mathbf{p}_c + \sqrt{\mu c_c (2 - c_c)} \, \mathbf{B} \mathbf{D} \mathbf{z}^{avg}, \qquad (11)$$

$$\mathbf{p}_\sigma \leftarrow (1 - c_\sigma) \mathbf{p}_\sigma + \sqrt{\mu c_\sigma (2 - c_\sigma)} \, \mathbf{B} \mathbf{z}^{avg}, \qquad (12)$$

wobei die Parameter $c_c = c_\sigma = 4/(n+4)$ gewählt sind.

6. Bei der Anpassung der Kovarianzmatrix werden nicht wie beim vorherigen Algorithmus ausschließlich die erfolgreichen Mutationen betrachtet, sondern explizit Mutationen eingeschlossen, die zu schlechteren Gütemaßen als die des Elternindividuums führen. Richtungen, die mit erfolglosen Mutationen verknüpft sind, werden auf diese Art und Weise für zukünftige Mutationen weniger wahrscheinlich.

$$\mathbf{C} \leftarrow (1 - c_{cov})\, \mathbf{C} + c_{cov}\mathbf{p}_c\mathbf{p}_c^{\mathrm{T}} + \beta\mathbf{Z} \tag{13}$$

mit $c_{cov} = 2/\left(n + \sqrt{2}\right)^2$,

$$\beta = \frac{4\mu - 2}{(n + 12)^2 + 4\mu} \quad \text{und}$$

$$\mathbf{Z} = \mathbf{BD}\left(\frac{1}{\mu}\sum_{k=1}^{\mu} \mathbf{z}_k\mathbf{z}_k^{\mathrm{T}} - \frac{1}{\mu}\sum_{k=\lambda-\mu+1}^{\lambda} \mathbf{z}_k\mathbf{z}_k^{\mathrm{T}}\right)(\mathbf{BD})^{\mathrm{T}}.$$

7. Das Update der Mutationsschrittweite erfolgt mit

$$\sigma \leftarrow \sigma \exp\left(\frac{\|\mathbf{p}_\sigma\| - \mathcal{X}_n}{d_\sigma\mathcal{X}_n}\right), \tag{14}$$

mit $\mathcal{X}_n \approx E\left(\|\mathcal{N}(\mathbf{0}, \mathbf{I})\|\right)$ [11] und $d = 1 + 1/c_\sigma$.

Die hier gezeigten Algorithmen bilden das Grundgerüst für die im Abschnitt 3.2 vorgestellte active-$(\mu + \lambda)$-MO-CMA-ES. Für detaillierte Leistungsanalysen der skalaren CMA-ES wird an dieser Stelle auf [9] und [10] verwiesen.

3 Multi-kriterielle CMA-ES

Basierend auf den für skalare Probleme entwickelten $(1+\lambda)$-CMA-ES und active-CMA-ES präsentieren wir einen neuartigen Ansatz für eine multi-kriterielle CMA-ES. Zunächst wird die multi-kriterielle Optimierung betrachtet, um darauf aufbauend die active-$(\mu + \lambda)$-MO-CMA-ES zu erklären.

Im Folgenden betrachten wir ein zu minimierendes Optimierungsproblem mit m Kriterien $\mathbf{f}(\mathbf{x}) = [f_1(\mathbf{x}),\ f_2(\mathbf{x}), \ldots, f_m(\mathbf{x})]$. Eine Menge an möglichen Lösungen $\mathbf{X}$ dieses Problems lässt sich anhand ihrer Lage im Lösungsraum sortieren, indem man das Prinzip der Pareto-Dominanz nutzt.

Ein Individuum dieser Menge, $x_1 \in X$, dominiert ein anderes Individuum $x_2 \in X$, wenn die Bedingungen $\forall i \in \{1, 2, \ldots, m\} : f_i(x_1) \leq f_i(x_2)$ und $\exists i \in \{1, 2, \ldots, m\} : f_i(x_1) < f_i(x_2)$ erfüllt sind. Weiterhin wird dieser Zusammenhang mit $x_1 \prec x_2$ abgekürzt. Die nicht dominierten Lösungen bilden die Pareto-Front. Ohne weiteres Wissen oder bestimmte Präferenzen ist es nicht möglich, eine weitere Unterscheidung zwischen den Lösungen der Pareto-Front zu treffen. Ziel der multi-kriteriellen Optimierung ist es, eine möglichst akkurate Approximation der realen Pareto-Front durch eine diskrete Menge an diversen Lösungen mit gleichmäßiger Verteilung entlang der Front zu erzielen. Im Rahmen dieser Arbeit wird das Non-Dominated Sorting Verfahren [12] genutzt, um die Lösungen entsprechend ihrer Dominanzrelation zu sortieren. Um eine Aussage über Individuen gleichen Ranges zu treffen, bedarf es eines sekundären Selektionskriteriums. Hierzu bieten sich die Crowding Distance Selektion des NSGA-II Algorithmus [6], oder auch die $\mathcal{S}$-Metrik Selektion (oft auch *contributing hypervolume selection*) von Zitzler und Thiele [13] an. Die Crowding Distance Selektion misst den Beitrag eines einzelnen Individuums zur Diversität der Menge an Individuen mit gleichem Rang. Die $\mathcal{S}$-Metrik misst hingegen den Beitrag eines Individuums, den es zum durch alle Individuen gleichen Rangs überdeckten Hypervolumens beiträgt. In beiden Fällen ist ein höherer Beitrag einem niedrigeren Beitrag vorzuziehen.

3.1 $\lambda_{MO} \times (1 + \lambda)$-MO-CMA-ES

Die in Abschnitt 2.1 vorgestellte $(1 + \lambda)$-CMA-ES lässt sich durch wenige Modifikationen auch auf multi-kriterielle Probleme anwenden und resultiert somit in der $\lambda_{MO} \times (1 + \lambda)$-MO-CMA-ES [5]. Dazu sind lediglich folgende Anpassungen durchzuführen:

- In jeder Generation g bilden die λ_{MO} Eltern und $\lambda \times \lambda_{MO}$ Nachkommen die Menge

$$Q^g = \{a_i^g, a_{parent,k}^g | 1 \leq i \leq \lambda \text{ und } 1 \leq k \leq \lambda_{MO}\}$$

- Die Anzahl der nicht durch ihren Elter dominierten Nachkommen ergibt die Erfolgsrate λ_{succ}.

$$\lambda_{succ} = |\{ i = 1, 2, \ldots, \lambda | f(x_{i,k}) \prec f(x_{parent,k})\}|$$

- Die Auswahl der λ_{MO} Eltern der nachfolgenden Generation erfolgt durch die Auswahl der nicht dominierten Individuen der gegenwärtigen Generation.

$$a_{parent}^{g+1} \leftarrow Q_{\prec 1:\lambda_{MO}}^g, \tag{15}$$

wobei $Q^g_{\prec 1:\lambda_{MO}}$ die λ_{MO} besten Individuen indiziert.

3.2 active-$(\mu + \lambda)$-MO-CMA-ES

Die active-$(\mu+\lambda)$-MO-CMA-ES basiert auf der $\lambda_{MO} \times (1+\lambda)$-MO-CMA-ES und kombiniert deren einfache Implementierung mit den Vorteilen der active-CMA-ES. Um die volle Leistungsfähigkeit der $\lambda_{MO} \times (1 + \lambda)$-MO-CMA-ES auszuschöpfen, sollte die Anzahl der Nachkommen signifikant die Anzahl der Elternindividuen überschreiten. Dies garantiert eine ausreichende Anzahl an Lösungen, die den Eltern überlegen sind, aber auch genügend unterlegene Lösungen. Die unterlegenen Lösungen werden genutzt, um die Varianz der Kovarianzmatrix entlang der Richtungen erfolgloser Mutationen zu verringern. Im Gegenzug wird so eine Beschleunigung der Evolution entlang der erfolgreichen Mutationen erzielt und die Approximation der Pareto-optimalen Lösungsmenge beschleunigt. Diese Tatsache ist besonders ausschlaggebend für Optimierungen mit einer begrenzten Anzahl an Fitness-Auswertungen und verleiht dem neuen Algorithmus einen Vorteil im Vergleich zu den bisherigen MO-CMA-ES.

Die neue Evolutionsstrategie besteht aus folgenden Schritten:

1. Berechnung der Eigenwertzerlegung der μ elterlichen Kovarianzmatrizen $\mathbf{C}$ und Erzeugung von λ Nachkommen durch Ziehen von Stichproben aus der elterlichen Normalverteilung, gegeben durch $\mathbf{C}$, so dass jeder Elter λ/μ Nachkommen erzeugt.

$$\mathbf{x}_i \leftarrow \mathbf{x}_{parent} + \sigma\mathbf{B}\mathbf{D}\mathbf{z}_i,$$

2. Die Kriterien $\mathbf{f}(\mathbf{x}_i)$ der Nachkommen werden ermittelt und anschließend jede Subpopulation bestehend aus dem Elter $\mathbf{x}_{parent}$ und den λ/μ Nachkommen entsprechend ihrer Dominanz sortiert, sodass sich $k \in [1, 2, \ldots, \lambda/\mu + 1]$ auf das k beste Individuum bezieht. Anschließend erfolgt die Bestimmung des durchschnittlichen Mutationsvektors.

$$\mathbf{z}^{avg} = \frac{1}{\nu}\sum_{k=1}^{\nu}\mathbf{z}_k \qquad (16)$$

mit $\nu = \lambda/(2\mu)$.

3. Der Evolutionspfad $\mathbf{p}_c$ wird per Gleichung 11 aktualisiert.

4. Die Kovarianzmatrizen der Eltern werden unter Verwendung der Gleichung 13 und Berücksichtigung der nachstehenden Modifikation aktualisiert,

$$\mathbf{Z} = \mathbf{BD} \left(\frac{1}{\gamma} \sum_{k=1}^{\gamma} \mathbf{z}_k \mathbf{z}_k^{\mathrm{T}} - \frac{1}{\gamma} \sum_{k=2\nu-\gamma+1}^{2\nu} \mathbf{z}_k \mathbf{z}_k^{\mathrm{T}} \right) (\mathbf{BD})^{\mathrm{T}}, \qquad (17)$$

wobei γ die Anzahl der besten, respektive der schlechtesten Nachkommen eines Elters ist.

5. Die Schrittweitenanpassung wird von der $\lambda_{MO} \times (1+\lambda)$-MO-CMA-ES übernommen. Empirische Tests zeigen, dass die gewählte Schrittweitenanpassung zu einer beschleunigten Konvergenz im Vergleich zu dem in Abschnitt 2.2 gezeigten Verfahren führt. Weitere Tests zeigen ebenfalls eine Beschleunigung der Konvergenz für zwei- und dreidimensionale Optimierungsprobleme durch Berücksichtigung der Anzahl der Kriterienwerte.

$$p_{succ}^{target} = \frac{\sqrt{m}}{5 + \sqrt{2\nu}/2} \qquad (18)$$

4 Experimentelle Untersuchung der MO-CMA-ES

Dieser Abschnitt bietet eine vergleichende Analyse aller präsentierten MO-CMA-ES im Hinblick auf eine Sammlung etablierter multi-kriterieller Optimierungsprobleme. Zunächst werden die Testprobleme näher betrachtet und daraufhin die active-$(\mu + \lambda)$-MO-CMA-ES sowie die $\lambda_{MO} \times (1 + \lambda)$-MO-CMA-ES mit dem NSGA-II verglichen.

4.1 Bewertung der Effizienz multi-kriterieller Algorithmen

Die Effizienz multi-kriterieller evolutionärer Algorithmen wird anhand einer Menge von Testproblemen untersucht, die in der Literatur üblicherweise genutzt werden, um die Leistungsfähigkeit multi-kriterieller Optimierer zu bestimmen. Alle Probleme haben $m = 2$ Gütefunktionen $f_i(\mathbf{x})$ und eine variierende Anzahl n an Parametern x_i. Die Gruppe besteht aus dem Testproblem FON ($n = 7$), präsentiert von Fonserca and Fleming [14], dem von Kursawe [15] formulierten Problem KUR ($n = 6$) und den ZDT Problemen von Zitzler et al. [4]. Die ZDT1, ZDT2 und ZDT3 Probleme haben $m = 30$ Parameter, ZDT4 und ZDT6 haben $n = 10$ Parameter. Die

Definition der Gütemaße ist der Tabelle 1 zu entnehmen. Das Hauptaugenmerk dieser Arbeit besteht darin, innerhalb einer limitierten Anzahl von Fitnessauswertungen eine bestmögliche Approximation der Pareto-Front zu erzielen, anstatt die finale Konvergenz nach einer großen Anzahl an Güteauswertungen zu untersuchen. Um die bestmögliche Approximation zu finden, werden alle nicht dominierten Lösungen während des Evolutionsprozesses gesammelt. Sie bilden die so genannte Elite Population. Um weiterhin die Auswirkungen zufälliger Effekte zu minimieren, wird jedes Testproblem von jedem Algorithmus fünfmal mit verschiedenen Randomisierungen optimiert. Für den Leistungsvergleich zwischen den Evolutionsstrategien werden jeweils die nicht dominierten Lösungen aus der vereinigten Menge der Elite-Individuen aus den fünffach wiederholten Optimierungen herangezogen. Der Hypervolumen-Indikator $\mathcal{I}_S$ wird als skalare Metrik zur Bewertung der Algorithmen genutzt. $\mathcal{I}_S$ misst das Hypervolumen zwischen der normalisierten optimalen Pareto-Front $\mathcal{A}_{ref}$ und der Lösungsmenge $\mathcal{A}$. Je geringer $\mathcal{I}_S$ ist, desto besser ist die Approximation der optimalen Pareto-Front. Das hier genutzte Vorgehen ist vergleichbar mit der Arbeit von Igel et al. [7].

$$\mathcal{I}_S = \mathcal{S}_{a_{ref}} (\mathcal{A}_{ref}) - \mathcal{S}_{a_{ref}} (\mathcal{A})$$

Um einen Vergleich der Approximation von Pareto-Mengen aus unterschiedlichen Testproblemen zu ermöglichen, muss eine Normalisierung verwendet werden. Hierzu werden die Kriterienwerte der Vereinigung der Pareto-optimalen Menge $\mathcal{A}_{ref}$ und der Lösungsmenge $\mathcal{A}$ in das Intervall $[1, 2]^m$ skaliert. Der Referenzpunkt a_{ref} wird mit 2.1 für jedes Kriterium gewählt.

Tabelle 1: Zu minimierende multi-kriterielle Optimierungsprobleme.

Name	n	Gütefunktion
FON	7	$f_1(\mathbf{x}) = 1 - \exp\left(-\sum_{i=1}^{n}\left(x_i - \frac{1}{\sqrt{n}}\right)^2\right)$ $f_2(\mathbf{x}) = 1 - \exp\left(-\sum_{i=1}^{n}\left(x_i + \frac{1}{\sqrt{n}}\right)^2\right)$
KUR	6	$f_1(\mathbf{x}) = \sum_{i=1}^{n-1}\left(-10\exp\left(-0{,}2\sqrt{x_i^2 - x_{i+1}^2}\right)\right)$ $f_2(\mathbf{x}) = \sum_{i=1}^{n}\left(|x_i|^{0{,}8} + 5\sin x_i^3\right)$
ZDT1	30	$f_1(\mathbf{x}) = x_1$ $f_2(\mathbf{x}) = g(\mathbf{x})\left[1 - \sqrt{\frac{x_1}{g(\mathbf{x})}}\right]$ $g(\mathbf{x}) = 1 - \frac{9}{n-1}\sum_{i=2}^{n} x_i$
ZDT2	30	$f_1(\mathbf{x}) = x_1$ $f_2(\mathbf{x}) = g(\mathbf{x})\left[1 - \left(\frac{x_1}{g(\mathbf{x})}\right)^2\right]$ $g(\mathbf{x}) = 1 - \frac{9}{n-1}\sum_{i=2}^{n} x_i$
ZDT3	30	$f_1(\mathbf{x}) = x_1$ $f_2 = g(\mathbf{x})\left[1 - \sqrt{\frac{x_1}{g(\mathbf{x})}} - \frac{x_1}{g(\mathbf{x})}\sin(10\pi x_1)\right]$ $g(\mathbf{x}) = 1 - \frac{9}{n-1}\sum_{i=2}^{n} x_i$
ZDT4	10	$f_1(\mathbf{x}) = x_1$ $f_2(\mathbf{x}) = g(\mathbf{x})\left[1 - \sqrt{\frac{x_1}{g(\mathbf{x})}}\right]$ $g(\mathbf{x}) = 1 + 10(n-1) + \sum_{i=2}^{n}\left[x_i^2 - 10\cos(4\pi x_i)\right]$
ZDT6	10	$f_1(\mathbf{x}) = 1 - \exp(-4x_1)\sin^6(6\pi x_1)$ $f_2(\mathbf{x}) = g(\mathbf{x})\left[1 - (f_1(\mathbf{x})/g(\mathbf{x}))^2\right]$ $g(\mathbf{x}) = 1 + 9\left[\left(\sum_{i=2}^{n} x_i\right)/(n-1)\right]^{0{,}25}$

4.2 Wahl der Strategieparameter

Um eine Vergleichbarkeit der Leistung der getesteten Algorithmen mit denen aus der Literatur, wie z.b. [5] oder [7] zu ermöglichen, werden ebenfalls Nachkommen-Populationen mit 100 Individuen verwendet. Basierend auf dieser Festlegung ergeben sich die Strategieparameter $\lambda_{MO} = 100$ und $\lambda = 1$ für die $\lambda_{MO} \times (1 + \lambda)$-MO-CMA-ES. Die Kovarianzmatrizen werden mit $\mathbf{C} = \mathbf{I}$ initialisiert und die Mutationsschrittweite σ wird derart gewählt, dass das gesuchte Optimum von der Normalverteilung $\mathcal{N}(\bar{\mathbf{x}}, \sigma\mathbf{C})$ eingeschlossen ist. Daraus ergibt sich $\sigma = (x_{1,max} - x_{1,min})/6$. Eine sich aus dieser Festlegung ergebende Einschränkung besteht darin, dass diese Wahl von σ nur für Probleme mit einer einheitlichen Skalierung des Suchraums möglich ist. In der Praxis ist dies allerdings nicht immer gegeben. Die active-$(\mu + \lambda)$-MO-CMA-ES nutzt ebenfalls $\lambda = 100$ Nachkommen, allerdings ist die Anzahl der Eltern auf $\mu = 25$ limitiert. Das Verhältnis von $\lambda/\mu = 4$ führt zu einer Konfiguration, bei der $\gamma = \nu = 2$ ist. Somit werden alle Nachkommen eines Elter für die Aktualisierung der Kovarianzmatrix genutzt, entweder die zwei besten Individuen zu Steigerung der Varianz in Richtung erfolgreicher Mutationen, oder die zwei schlechtesten Individuen zur Reduktion der Varianz in erfolglose Richtungen. Um in ungleich skalierten Suchräumen agieren zu können, erfolgt die Initialisierung auf modifizierte Weise. Die Mutationsschrittweite wird mit $\sigma = 1$ gewählt und die Kovarianzmatrizen somit Suchraum-abhängig initialisiert.

$$\mathbf{C} = \text{diag}\left(\frac{x_{i,max} - x_{i,min}}{6}\right) \qquad (19)$$

Dies befähigt den Algorithmus, das Optimum des Testproblems zu überdecken, auch wenn der Suchraum in verschiedenen Dimensionen ungleiche Grenzen hat. Beide Algorithmen werden sowohl mit Crowding Distance Selektion, gekennzeichnet mit c-...-ES, und mit der $\mathcal{S}$-Metrik Selektion, gekennzeichnet mit s-...-ES, getestet.

Die Algorithmen werden mit dem weit verbreiteten NSGA-II verglichen, der auf einer aleatorischen Suchstrategie basiert und jeweils 100 Individuen für Eltern- und Nachkommenpopulation nutzt. Wie bereits in Abschnitt 1 beschrieben, betrachtet diese Arbeit die Optimierung unter einem limitierten Kostenbudget. Hierzu werden die Algorithmen nach 5000 Fitness-Auswertungen gestoppt und die bis dato erzielte Approximation der Pareto-Front betrachtet. Es ist zu beachten, dass in dieser frühen Evolutionsphase zum Teil noch keine vollständige Approximation der Pareto-Front vorliegt.

5 Diskussion der Ergebnisse

Die sich ergebenden Leistungsindikatoren $\mathcal{I}_S$ sind in Tabelle 2 dargestellt. Jede Spalte der Tabelle beinhaltet die Hypervolumen Indikatoren eines Testproblems. Die fett gedruckten Indikatoren zeigen den besten Wert, die schlechteste Leistung ist in kursiv dargestellt. Für das Testproblem ZDT4 ist keine Markierung vorgenommen, da kein Algorithmus in der Lage ist, eine ausreichende Approximation der Pareto-Front innerhalb von 5000 Fitness-Auswertungen zu finden. Wie in Abbildung 1 links zu sehen ist, sind die Lösungsmengen der CMA-ES weit entfernt von der Pareto-optimalen Lösungsmenge. Somit ergeben sich hohe $\mathcal{I}_S$-Werte für die CMA-ES. Der NSGA-II Algorithmus erreicht einen vergleichbar guten Wert mit $\mathcal{I}_S = 0{,}18278$. Jedoch ist zu erkennen, dass der NSGA-II nicht in der Lage ist, eine breite Verteilung der Lösungen zu erzielen.

Tabelle 2: Hypervolumen-Indikator Werte $\mathcal{I}_S$ nach 5 Läufen à 5000 Fitness-Auswertungen.

	FON	KUR	ZDT1	ZDT2
$c - 100 \times (1+1)$-ES	*0,2051*	*0,1227*	*0,4794*	0,6613
$s - 100 \times (1+1)$-ES	0,1619	0,1084	0,4552	*0,7199*
$c - a - (25+100)$-ES	0,0123	0,0170	0,2340	**0,2676**
$s - a - (25+100)$-ES	**0,0066**	**0,0143**	0,1881	0,3739
NSGA-II	0,0085	0,0175	**0,0071**	0,4282

	ZDT3	ZDT4	ZDT6
$c - 100 \times (1+1)$-ES	0,3995	0,8269	0,4546
$s - 100 \times (1+1)$-ES	*0,4077*	0,8262	0,2259
$c - a - (25+100)$-ES	0,2566	0,9727	**0,0008**
$s - a - (25+100)$-ES	0,1615	0,8399	0,0030
NSGA-II	**0,0054**	0,1828	*0,4969*

Trotz der mangelhaften Ergebnisse für das ZDT4 Problem zeigt sich für die restlichen Optimierungsprobleme, dass mindestens ein Algorithmus eine gute Approximation der Pareto-Front erzielt. Die beispielhafte Betrachtung von FON zeigt, dass die Leistungsunterschiede der s-active-$(\mu + \lambda)$-MO-CMA-ES und der $\lambda_{MO} \times (1 + \lambda)$-MO-CMA-ES erheblich sind (siehe Abbildung 1 rechts). Der Einfachheit halber sind weder die optimale Pareto-Front noch die Lösungsmengen der c-active-$(\mu + \lambda)$-MO-CMA-ES, bzw. des NSGA-II dargestellt, da sie annähernd deckungsgleich mit der Lösungsmenge der s-active-$(\mu + \lambda)$-MO-CMA-ES sind. Die durch den

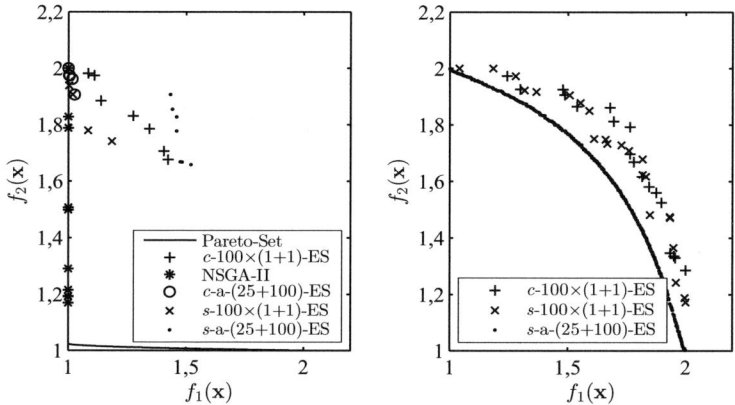

Bild 1: Pareto-Mengen nach 5 Läufen à 5000 Fitness-Auswertungen. Links: ZDT4-Optimierungsproblem, rechts: FON-Optimierungsproblem.

Algorithmus gefundene Lösungsmenge überdeckt vollständig die Pareto-optimale Menge. Im Vergleich hierzu sind die $\lambda_{MO} \times (1+\lambda)$-MO-CMA-ES nicht in der Lage, eine gute Approximation der Pareto-optimalen Menge innerhalb der limitierten Anzahl an Fitness-Auswertungen zu erzielen. Die mangelnde Approximation schlägt sich in großen Indikatorwerten $\mathcal{I}_S$ nieder. Der NSGA-II zeigt ebenfalls eine gute Leistung und erreicht einen guten Wert von $\mathcal{I}_S = 0{,}0085$, der fast dem Wert entspricht, der von der s-active-$(\mu + \lambda)$-MO-CMA-ES erzielt wird.

Vergleicht man die Online-Leistungen der CMA-ES für FON, so zeigt sich in Abbildung 2, dass die s-active-$(\mu + \lambda)$-MO-CMA-ES eine überlegene Konvergenz aufweist. Die Abbildung zeigt einen modifizierten Hypervolumenindikator $\tilde{\mathcal{I}}_S$ mit

$$\tilde{\mathcal{I}}_S = \text{mean}\left(\mathcal{S}_{a_{ref}}\left(\mathcal{A}_{ref}\right) - \mathcal{S}_{a_{ref}}\left(\mathcal{E}_g\right)\right),$$

bei dem $\mathcal{E}_g$ der Elite-Population in der g-ten Generation entspricht. Das modifizierte Maß ist der Mittelwert der normalisierten Hypervolumen zwischen der Pareto-optimalen Menge $\mathcal{A}_{ref}$ und den gegenwärtigen Elite-Populationen über alle Wiederholungen. Diese Modifikation ist notwendig, da der ursprüngliche Indikator $\mathcal{I}_S$ nicht während des Evolutionsprozesses berechnet werden kann. Die schnelle Reduktion von $\tilde{\mathcal{I}}_S$ resultiert aus einer guten Konvergenz der Elite-Population gegen die Pareto-optimale Menge. Der neue Algorithmus ist in der Lage, die Approximationsgüte der $\lambda_{MO} \times (1 + \lambda)$-MO-CMA-ES in weniger als der Hälfte der Generationen zu erreichen. Er benötigt etwa 20 Generationen für das Niveau der

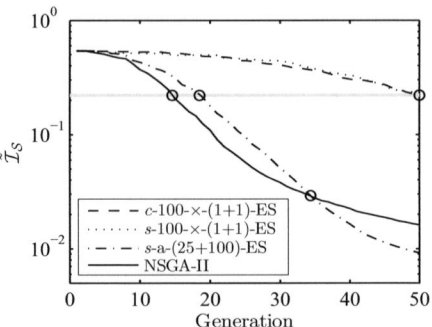

Bild 2: Entwicklung des Hypervolumen-Indikators $\tilde{\mathcal{I}}_S$ über die Generationen an FON. Die Ausführung erfolgt für 5000 Fitness-Auswertungen.

λ_{MO}-...-ES. Betrachtet man die Ergebnisse des NSGA-II, so ist zu erkennen, dass er in den ersten Generationen die beste Approximation bietet, jedoch wird die Leistung nach etwa 35 Generationen von der s-active-$(\mu + \lambda)$-MO-CMA-ES übertroffen.

Die drei Algorithmen c-$\lambda_{MO} \times (1 + \lambda)$-MO-CMA-ES, c-active-$(\mu + \lambda)$-MO-CMA-ES und NSGA-II basieren auf dem gleichen Selektionsschema. Diese Tatsache ermöglicht einen fairen Vergleich zwischen ihren Leistungen. Im Vergleich hierzu zielen die s-...-CMA-ES unmittelbar auf die Optimierung des überdeckten Hypervolumens, das augenscheinlich einen unlauteren Vorteil im Vergleich zum NSGA-II darstellt. Vergleicht man jedoch die Ergebnisse in Tabelle 2, so wird ersichtlich, dass sich kein klarer Vorteil zugunsten der S-Metrik Selektion einstellt. Die s-active-$(\mu + \lambda)$-MO-CMA-ES schlägt die anderen Algorithmen lediglich bei den FON und KUR Optimierungsproblemen. Bei den ZDT2 und ZDT6 Problemen wird die beste Approximation durch Algorithmen mit Crowding-Distance-Selektion erreicht, da die c-active-$(\mu + \lambda)$-MO-CMA-ES die geringsten Indikatorwerte erzielt. Trotz der herausragenden Leistungen der active-$(\mu + \lambda)$-MO-CMA-ES zeigt der NSGA-II die besten Leistungen für die ZDT1 und ZDT3 Optimierungsprobleme. Die Anpassung der initialen Kovarianzmatrix an die Topologie des Optimierungsproblems benötigt eine nennenswerte Anzahl an Fitness-Auswertungen und korreliert mit der Anzahl an Parmetern n. Die unterlagerte Adaption der Strategieparameter führt zu einer unterlegenen Leistung in frühen Stadien der Evolution. Der Graph in Abbildung 2 zeigt, dass kaum eine Verbesserung von $\tilde{\mathcal{I}}_S$ in den ersten Generationen statt findet. Der weniger komplexe NSGA-II optimiert hier bereits in Richtung der Pareto-Front während die CMA-ES stagnieren.

Sind jedoch die Strategieparameter erfolgreich geschätzt, konvergiert die CMA-ES wesentlich effizienter.

Um die Langzeit-Leistungsfähigkeit der active-$(\mu + \lambda)$-MO-CMA-ES zu untersuchen und die Implementierung der $\lambda_{MO} \times (1 + \lambda)$-MO-CMA-ES zu validieren, werden die Algorithmen zusätzlich für 50000 Fitness-Auswertungen am Optimierungsproblem FON getestet. Die Entwicklungen der Approximation der Pareto-optimalen Menge ist in Abbildung 3 dargestellt. Wie zu erkennen ist, sind alle Algorithmen in der Lage, die Pareto-Front mit annähernd gleicher Qualität zu approximieren. Die s-active-$(\mu + \lambda)$-MO-CMA-ES erreicht das beste Ergebnis mit $\mathcal{I}_S = 0{,}00409$, gefolgt vom NSGA-II mit $\mathcal{I}_S = 0{,}00421$. Die $\lambda_{MO} \times (1 + \lambda)$-MO-CMA-ES erreicht leicht bessere Werte, als die Implementierung von Igel et al. [5]. Unter Anwendung der $\mathcal{S}$-Metrik Selektion erreicht die CMA-ES einen Wert von $\mathcal{I}_S = 0{,}00448$, bzw. $\mathcal{I}_S = 0{,}00522$ mit Crowding-Distance Selektion. Durch Erreichen der Leistungen, die Igel et al. präsentiert hat, wird außerdem gezeigt, dass die active-$(\mu + \lambda)$-MO-CMA-ES auch bei langen Optimierungen überlegene Ergebnisse liefert.

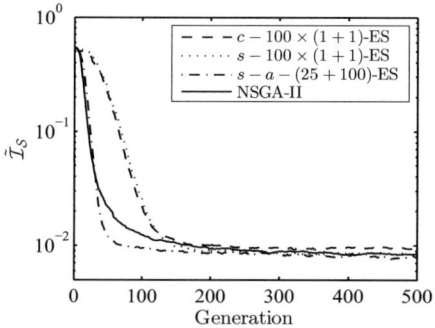

Bild 3: Entwicklung des Hypervolumen Indikators $\tilde{\mathcal{I}}_S$ über die Generationen an FON. Die Ausführung erfolgt für 50000 Fitness-Auswertungen.

Wie die obigen Ergebnisse zeigen, ist die neu entwickelte active-$(\mu + \lambda)$-MO-CMA-ES in der Lage, die speziellen Anforderungen für Optimierungen mit einer geringen Anzahl an Fitness-Auswertungen zu erfüllen. Sie zeigt eine überlegene Konvergenzgeschwindigkeit, verglichen mit der $\lambda_{MO} \times (1+\lambda)$-MO-CMA-ES, da sie zusätzlich auch erfolglose Mutationen in die Aktualisierung der Kovarianzmatrix mit einbezieht. Die Ergebnisse für FON zeigen des Weiteren, dass der NSGA-II den CMA-ES für sehr kurze Optimierungen überlegen ist, da bei ihm gänzlich auf eine Anpassung der Strategieparameter verzichtet werden kann. Für Optimierungen mit sehr vielen Güteauswertungen ist kein klarer Gewinner erkennbar, da alle Algorithmen in etwa die gleiche Leistung erzielen. In dieser Phase der Konvergenz verbessern sich die globalen Gütemaße eher durch eine gleichmäßigere Verteilung der Lösungen entlang der Pareto-Front als durch eine weitere Verbesserung der Kriterien orthogonal zur Front.

6 Zusammenfassung

Dieser Beitrag präsentiert eine Modifikation der multi-kriteriellen CMA-ES. Die skalare $(1 + \lambda)$-CMA-ES und die active-CMA-ES werden grundlegend erklärt, da sie die Grundlage für die $\lambda_{MO} \times (1 + \lambda)$-MO-CMA-ES und die neuartige multi-kriterielle active-$(\mu + \lambda)$-CMA-ES bilden. Die Zielsetzung dieser Arbeit ist es, eine auf der Kovarianzmatrixadaption basierende Evolutionsstrategie zu schaffen, die eine bessere Leistungsfähigkeit für kurzzeitige Optimierungen bietet, als bekannte Algorithmen. Um die Leistungsfähigkeit der multi-kriteriellen Algorithmen zu vergleichen, werden sie auf eine Gruppe an bekannten Optimierungsproblemen angewandt. Weiterhin wird der bekannte NSGA-II als Vergleichsalgorithmus verwendet. Die Analyse der Optimierungsergebnisse zeigt, dass die active-$(\mu+\lambda)$-MO-CMA-ES in allen Tests klar die Leistungen der $\lambda_{MO} \times (1 + \lambda)$-MO-CMA-ES um mindestens den Faktor zwei schlägt. Trotz der guten Leistungen des neuen Algorithmus zeigt der NSGA-II in zwei von sechs Fällen die beste Leistung. Weiterhin lassen sich keine markanten Unterschiede in den Leistungen der CMA-ES in Abhängigkeit der Selektionsschemata feststellen. Sowohl die S-Metrik Selektion wie auch die Crowding-Distance Selektion zeigen ähnlich gute Resultate.

Literatur

[1] H. G. Beyer and H. P. Schwefel. "Evolution strategies - A comprehensive introduction." *Natural Computing,* vol. 1, pp. 3-52, 2002

[2] J. D. Lohn and G. S. Hornby. "Evolvable hardware: using evolutionary computation to design and optimize hardware systems." *IEEE Computational Intelligence Magazine,* vol. 1, pp. 19-27, 2006

[3] C. Krimpmann, J. Braun, J. Krettek, F. Hoffmann and T. Bertram. "Optimierung komplexer Systeme durch Identifikation inhärenter Teilprobleme und Fusion ihrer Lösungen'." *22. Workshop Computational Intelligence,* pp. 307-324, 2012

[4] E. Zitzler, K. Deb and L. Thiele. "Comparison of multiobjective evolutionary algorithms: Empirical results." *Evolutionary Computation,* pp. 173-195, 2000

[5] C. Igel, N. Hansen and S. Roth. "Covariance matrix adaptation for multi-objective optimization." *Evolutionary Computation,* vol. 15, no. 1, pp. 1-28, 2007

[6] K. Deb, A. Pratap and S. Agarwal, T. Meyarivan. "A fast and elitist multiobjective genetic algorithm: NSGA-II." *IEEE Transactions on Evolutionary Computation,* vol. 6, no. 2, pp. 182-197, 2002

[7] C. Igel, T. Suttorp and N. Hansen. "Steady-State Selection and Efficient Covariance Matrix Update in the Multi-objective CMA-ES." *Evolutionary Multi-Criterion Optimization,* pp. 171-185, 2007

[8] N. Hansen and A. Ostermeier. "Adapting arbitrary normal mutation distributions in evolution strategies: the covariance matrix adaptation." *Proceedings of IEEE International Conference on Evolutionary Computations,* 1996, pp. 312-317

[9] G.A. Jastrebski and D.V. Arnold. "Improving Evolution Strategies through Active Covariance Matrix Adaptation." *IEEE Congress on Evolutionary Computation CEC,* 2006, pp. 2814-2821

[10] T. Bäck, C. Fousette and P. Krause. "Eine Übersicht moderner Evolutionsstrategien und empirische Analyse ihrer Effizienz." *Proceedings. 22. Workshop Computational Intelligence,* 2012, vol. 45, pp. 273-305

[11] S. Kern, S.D. Müller, N. Hansen, D. Büche, J. Ocenasek and P. Koumoutsakos. "Learning probability distributions in continuous evolutionary algorithms - a comparative review." *Natural Computing,* vol. 3, no. 1, pp. 77-112, 2004

[12] K. Deb. *Multi-Objective Optimization using Evolutionary Algorithms.* Chichester: Wiley-interscience series in systems and optimization, 2001

[13] E. Zitzler and L. Thiele. "Multiobjective optimization using evolutionary algorithms - A comparative case study." *Parallel Problem Solving from Nature - PPSN V,* pp. 292-301, 1998

[14] C.M. Fonserca and P.J. Fleming. "Multiobjective genetic algorithms made easy: selection sharing and mating restriction." *First Internatio-*

nal Conference on Genetic Algorithms in Engineering Systems: Innovations and Applications, GALESIA, pp. 45-52, 1995

[15] F. Kursawe. "A variant of evolution strategies for vector optimization." *Parallel Problem Solving from Nature,* pp. 193-197, 1991

Intelligente Prognoseverfahren für beeinflusstes Verbrauchsverhalten in Energiesystemen

Stefan Klaiber[1], Peter Bretschneider[1], Simon Waczowicz[2], Ralf Mikut[2], Irina Konotop[3], Dirk Westermann[3]

[1] Fraunhofer IOSB, Institutsteil Angewandte Systemtechnik (AST)
E-Mail: {stefan.klaiber}{peter.bretschneider}@iosb-ast.fraunhofer.de
[2] Karlsruher Institut für Technologie, Institut für Angewandte Informatik
E-Mail: {simon.waczowicz}{ralf.mikut}@kit.edu
[3] Technische Universität Ilmenau, FG Elektrische Energieversorgung
E-Mail: {irina.konotop}{dirk.westermann}@tu-ilmenau.de

1 Einführung

Mit dem steigenden Anteil fluktuierender Einspeisung elektrischer Energie aus dezentralen Erzeugungsanlagen wie Wind und Photovoltaik wachsen auch die technischen Herausforderungen für das elektrische Energieversorgungssystem, insbesondere für die Einhaltung des permanenten Gleichgewichts von Erzeugung und Verbrauch.

Für die künftige Gewährleistung der Versorgungssicherheit wird die Erschließung zusätzlicher Flexibilitäten notwendig sein. Es gibt prinzipiell zwei Möglichkeiten für den Ausgleich zwischen Erzeugung und Verbrauch: Einerseits die Anpassung der Erzeugung an den Verbrauch und andererseits die Anpassung des Verbrauchs an die Erzeugung. Letzteres ist Gegenstand der weiteren Betrachtungen.

Die verbrauchsseitige Anpassung erfolgt durch die Ausnutzung verbrauchseitiger Lastverschiebepotentiale, technisch realisiert über das Demand Side Management. Mit der Bereitstellung dieser Flexibilitätspotentiale ist neben dem Vorteil auch gleichzeitig der Nachteil verbunden, dass die bisher unbeeinflussten typischen Verbrauchsmuster durch markt- und/oder erzeugungssituationsabhängige Anreizsignale verändert werden. Dies führt wiederum zur Erhöhung der Unsicherheit bei der Verbrauchsprognose und insbesondere bei autoregressiven Vorhersagemodellen zu einer Systemrückkopplung.

Für eine ökonomisch und ökologisch optimale Fahrweise des elektrischen Energiesystems muss auch ein derart beeinflusstes Verbrauchsverhalten in hinreichend guter Qualität prognostizierbar sein. Herkömmliche Prognosemethoden für Standard- und Sonderkunden können diesen Beitrag durch die geänderten Anforderungen nicht leisten.

Von daher sollen ggf. neue mathematische Verfahren und Modellansätze für Prognosemethoden unter Berücksichtigung von verbrauchersteuernden und -beeinflussenden Anreizsignalen entwickelt werden. Dabei sind die Auswirkungen beispielsweise von Preisanreizen auf das Verbrauchsverhalten in einem System zu berücksichtigen. Weiterhin sollen neben den Modellansätzen zur Prognose beeinflusster Verbraucher auch Modelle konzipiert und entworfen werden, mit denen auf Grundlage historischer Daten beeinflusster Verbraucher oder Verbrauchergruppen auf das unbeeinflusste Verbrauchsverhalten geschlossen werden kann. Prognosen mittels dieser Modellansätze können den Bedarf zur Lastverschiebung für einen bestimmten Zeithorizont aufgrund von ökonomischen Gesichtspunkten (aus Sicht eines Stromhändlers) oder Netzrestriktionen (aus Sicht eines Netzbetreibers) ermitteln und somit zur Entscheidungsfindung zur Lastbeeinflussung beitragen.

In diesem Beitrag erfolgt eine systemtechnische Betrachtung der Problemstellung. Die Zusammenhänge zwischen der Planung für die Beeinflussung der Verbraucherseite, den resultierenden beeinflussten Lasten und den Zusammenhängen der Einflussgrößen und möglichen Systemrückkopplungen sollen aufgezeigt werden. Auf Basis dieser grundlegenden Zusammenhänge soll ein Vorgehensmodell für die Identifikation von Ansätzen für Datenanalysen und Prognosemethoden entwickelt werden, mit dessen Hilfe beeinflusstes und unbeeinflusstes Verbrauchsverhalten prognostiziert werden kann. Die Datenbasis für die Prognose der beeinflussten und unbeeinflussten Verbraucherlasten ergibt sich neben möglichen exogenen Größen nur aus historischen Werten für beeinflusstes Verbrauchsverhalten.

2 Anwendungsfälle und Problembeschreibung

2.1 Definition

Alle Maßnahmen zur Beeinflussung der Last auf der Verbraucherseite werden als Demand Side Management (DSM) bezeichnet [9].

Unter direktem DSM versteht man eine Laststeuerung mit gezielter Schaltung von Verbraucherlasten.

Als indirektes DSM wird die Einflussnahme auf die Verbraucherlast über ein zeitlich änderndes Anreizsignal (Preissignal) verstanden – auch als Demand Response bezeichnet. Demand Response umfasst dabei jede vorsätzliche Änderung des Verbrauchsmusters, die dazu bestimmt ist, den Zeitpunkt, das Niveau der momentanen Nachfrage oder den gesamten Verbrauch zu ändern [7, 8].

2.2 Maßnahmen zur Beeinflussung der Last

DSM-Programme können unterschiedliche Zielstellungen haben. Bei der ereignisbasierten Lastbeeinflussung ist das Ziel, den Leistungsbedarf so zu beeinflussen, dass entweder Spitzen- (Peak Clipping) oder Niedriglasten (Valley Filling) vermieden werden. Eine weitere Maßnahme ist die Lastverschiebung (Load Shifting), bei der Lasten von Spitzen- zu Niedriglastzeiten verschoben werden. Dabei bleibt der Energiebedarf unverändert. Lediglich der Zeitpunkt der Leistungsaufnahme wird verändert [9]. Es ist allerdings zu beachten, dass Verbraucher unter Umständen aus einem energieoptimalen Arbeitspunkt gefahren werden, oder Technik zum Einsatz kommt um das Load Shifting auszuführen, was zu einem Anstieg des Energiebedarfs führen würde.

2.3 Kategorisierung

Die bisher beispielsweise in den USA eingesetzten DSM-Programme sind in einer Vielzahl von Programmtypen untergliedert und lassen sich grob in die zwei Kategorien Incentive-based und Price-based einteilen.

Bei Incentive-based Programmen erhalten Kunden Kompensationszahlungen für die Durchführung oder Erlaubnis einer Lastverschiebung bei ihren Verbrauchsanlagen mit der Auslösung über eine direkte Kommunikation. Die Varianten bei Incentive-based Programmen reichen von unterbrechbaren Stromtarifen, Auktionsverfahren und Systemdienstleistungen bis hin zu direkter Lastkontrolle.

Price-based Programme wirken sich indirekt aus. Kunden werden dazu durch zeitabhängige Tarife animiert, ihre Stromverbräuche in andere Zeitabschnitte zu verlagern. Eine genaue Auflistung der Programmtypen von Incentive-based und Price-based DSM wird in [1] aufgeführt.

Im Fall eines festen Tarifsystems mit bspw. zwei oder drei Stufen können Prognoseaufgaben mit marktüblichen Prognosemethoden bewältigt werden, da nach einer Einführungsphase typische Muster zu erwarten sind. Werden Anreiz- bzw. Steuersignale mit dynamischen Anteilen generiert, dann stoßen konventionelle Prognosemethoden an ihre Grenzen.

2.4 Zielstellung

Es lassen sich drei grundlegende Ziele für das DSM abgrenzen [8]:

- Ökonomisch-/ marktgeführt: Ziel ist die Reduzierung der allgemeinen Kosten der Energieversorgung, die Erhöhung der Reserveleistung und/oder die Dämpfung der Preisvolatilität.
- Umweltgeführt: Ziel ist die Verringerung des Energieverbrauchs aus ökologischen und/ oder sozialen Gründen. Dabei soll der Einsatz von nicht umweltfreundlichen Erzeugungseinheiten kontrolliert werden, was

zur Steigerung der Energieeffizienz und somit zur Reduzierung der Emission von Treibhausgasen führt.

- Netzgeführt: Ziel ist Erhaltung der Systemstabilität durch eine Reduzierung der Nachfrage in kurzen Zeitabschnitten (Spitzenlastzeiten). Dadurch kann eine zusätzliche Erzeugung verhindert und die Übertragungskapazität gesteigert werden.

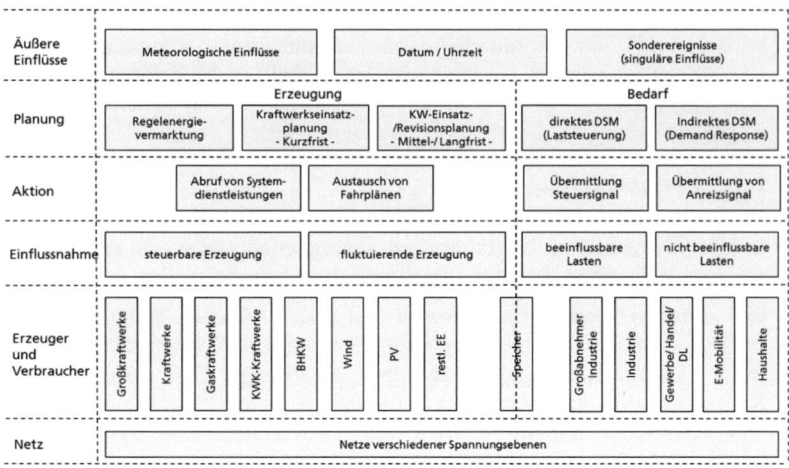

Abbildung 1: Einordnung von DSM in ein Elektrizitätssystem

Die Abbildung 1 zeigt die Einordnung von DSM in ein Elektrizitätssystem. Für den Ausgleich zwischen Erzeugung und Verbrauch können, ausgehend von der fluktuierenden Erzeugung, steuerbare Erzeugungsanlagen das Angebot an die Nachfrage anpassen. Mit der Hilfe von DSM-Programmen ist es auch möglich, eine Anpassung des Verbrauchs an die Erzeugung vorzunehmen. Vor dem Hintergrund des steigenden Anteils Erneuerbaren Energien wird dabei der Bedarf so verändert, dass dieser an die gegebene Einspeisung aus fluktuierender Erzeugung angeglichen wird. Es ist aber zu bedenken, dass der beeinflussbare Anteil der Lasten nur einen Bruchteil der Verbraucherseite ausmacht. Durch die verschiedenen Zielstellungen, Kategorisierungen und Maßnahmen des DSM kann ein Anreizsignal von zahlreichen Akteuren wie Spot-Markt, Intraday-Markt, Netzbetreiber, Regelenergiemarkt oder Stromtarifen gebildet werden. Steuersignale können automatisch oder manuell vom Netzbetreiber ausgehen. Dabei kann das Anreiz- oder Steuersignal von verschiedenen Zielstellungen und Restriktionen beeinflusst werden. Ausgehend davon, dass Anreize durch Preissignale gesetzt werden, wurden zahlreiche Mechanismen für die

Preissignal- und Tarifbildung in der Literatur untersucht. Beispiele dafür finden sich in [2, 3]. Bei einer Planung, bei der das Preissignal dynamisch gebildet wird, können die modifizierten Verbraucherlasten dabei wiederum Einfluss auf den zu bildenden Preis haben, was wiederum zu einer Systemrückkopplung führen würde [5, 6]. Äußere Einflüsse können ebenfalls Auswirkungen auf die Planung und somit Anreiz- oder Steuersignale haben. Weiterhin können DSM-Programme für unterschiedliche Zeithorizonte umgesetzt werden, um bspw. den Zeitpunkt der Leistungsaufnahme (kurzfristige Zeithorizonte) oder den Energiebedarf zu beeinflussen (mittelfristige Zeithorizonte) [8].

2.5 Problembeschreibung

Für eine systemtechnische Betrachtung ergeben sich sehr komplexe Zusammenhänge. Auf dem beeinflussbaren Teil der Verbraucherseite können verschiedene unbekannte Interessen, Akteure und Einflüsse einwirken. Es sind auch gegenläufig wirkende Einflussnahmen verschiedener Akteure wie Netzbetreiber und Stromhändler aufgrund gegenläufiger Verpflichtungen oder Interessen wie ökonomische oder netzgeführte Zielstellungen denkbar. Für die zu entwickelnden Prognosemethoden und die zugrundeliegenden Datenanalyseverfahren müssen komplexe Zusammenhänge zwischen einer Vielzahl von Einflussfaktoren unter Beachtung von künftig beeinflussten und unbeeinflussten Verbrauchsverhalten modelliert werden. Die Prognose kann dabei nur auf beeinflusste Verbraucherlasten aus der Vergangenheit gestützt werden, da der unbeeinflusste Anteil nicht separat messbar ist. Weiterhin ist zu beachten, dass die Verbraucher nicht unmittelbar auf die Anreizsignale reagieren und Reaktionen auch zeitversetzt a priori oder a posteriori zu erwarten sind.

3 Systemtechnische Betrachtung

In der Literatur stehen für die Beschreibung von Signalen umfangreiche Verfahren zur Verfügung. Einen klassischen und allgemeingültigen Ansatz für die Beschreibung von Signalen bietet das Komponentenmodell, bei dem angenommen wird, dass ein Signal aus folgenden Komponenten zusammengesetzt werden kann [4]:

- $y_T(k)$ durch Polynomansatz beschreibbarer Signalanteil,
- $y_P(k)$ durch periodischen Ansatz beschreibbarer Signalanteil,
- $y_S(k)$ durch stochastisches Signalmodell beschreibbarer Signalanteil.

Mit einer möglichen Erweiterung des Komponentenmodells um eine Musterkomponente $y_M(k)$ zur Erfassung typischer wiederkehrender

Signalabschnitte [4] können charakteristische Signale aus der Energiewirtschaft wie z.B. Lastsignale beschrieben werden. In der Literatur finden sich zahlreiche Ansätze für die Prognose dieser typischen Signalverläufe.

Für die Beschreibung von beeinflussten Signalen wird das Komponentenmodell um ein weiteres Signalelement erweitert. Der beeinflussbare Signalanteil $y_B(k)$ beschreibt den Anteil des Signals, der direkt oder indirekt durch Anreiz- oder Steuersignale verändert werden kann und die Abweichung vom normalen Verbrauchsverhalten erklärt. Das unbeeinflusste Signal $y(k)$ und das beeinflusste Signal $y(k)^*$ können nun folgendermaßen dargestellt werden.

$$y(k) = f(y_T(k), y_P(k), y_S(k), y_M(k)) \qquad (1)$$

$$y(k)^* = f(y_T(k), y_P(k), y_S(k), y_M(k), y_B(k)) \qquad (2)$$

mit:

$y_T(k)$ - durch Polynomansatz beschreibbarer Signalanteil

$y_P(t)$ - durch periodischen Ansatz beschreibbarer Signalanteil

$y_S(t)$ - durch stochastisches Signalmodell beschreibbarer Signalanteil

$y_M(t)$ - musterbasierter Signalanteil

$y_B(t)$ - beeinflussbarer Signalanteil

Als Grundlage für die Entwicklung von Prognosemethoden wird der zugrundeliegende beeinflusste Prozess genauer untersucht. Die Abbildung 2 zeigt den Prozess und die Beeinflussung.

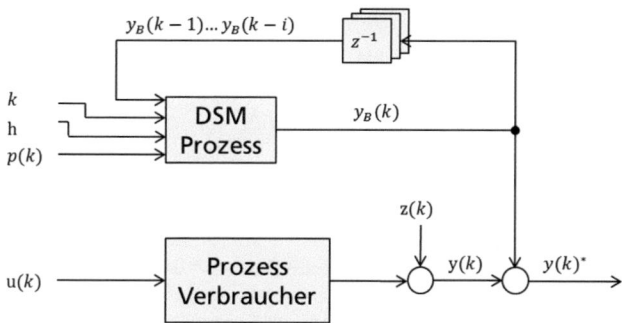

Abbildung 2: Verbrauchsprozess mit DSM-Beeinflussung mit $u(k)$ – Eingangsvektor; $z(k)$ – Störgröße; $y_B(k)$ - beeinflusster Signalanteil; $y(k)$ - Ausgangsvektor (unbeeinflusst); $y(k)^*$ - Ausgangsvektor; $p(k)$ – Anreiz- bzw. Steuersignal; h – Horizont; $y_B(k-1),...,y_B(k-i)$ - Vergangenheitswerte von $y_B(k)$; z^{-1} - Verschieboperator $y_B(k-1) = z^{-1}y_B(k)$

Der Verbraucherprozess ist abhängig von den Eingangsgrößen $u(k)$, welche neben meteorologischen Größen wie Temperatur und Globalstrahlung, tageszeitabhängigen und saisonalen Faktoren wie Tagestyp und Uhrzeit auch singuläre Faktoren wie Sonderereignisse (z.B. Sportereignisse) umfassen können. Die beeinflusste Ausgangsgröße des Prozesses $y(k)^*$ ergibt sich aus der unbeeinflussten Ausgangsgröße $y(k)$ und dem beeinflussten Signalanteil $y_B(k)$.

$$y(k)^* = f\big(y(k), y_B(k)\big) \qquad (3)$$

Der beeinflusste Signalanteil ergibt sich aus dem DSM-Prozess in Abhängigkeit der Eingangsgrößen.

$$y_B(k) = f\big(p(k), y_B(k-1),..., y_B(k-i), h, k\big) \qquad (4)$$

Der beeinflusste Signalanteil stellt die Abweichung vom normalen Verhalten als Reaktion auf ein sich zeitlich veränderndes Anreiz- oder Steuersignal $p(k)$ dar. Ist Anreiz- oder Steuersignal über einen längeren Zeitraum konstant, dann sind das beeinflusste und das unbeeinflusste Signal $y(k)^*$ und $y(t)$ für diesen Zeitabschnitt gleich, da keine Veranlassung für eine Lastveränderung besteht. Der beeinflusste Signalanteil beträgt Null ($y_B(k) = 0$).

Wird ein Anreizsignal über einen begrenzten Zeitabschnitt verändert, dann beschreibt der beeinflusste Signalanteil $y_B(k)$ die Reaktion der Verbraucherlast in Abhängigkeit des Anreiz- bzw. Steuersignals $p(k)$. Der beeinflusste Signalanteil ist in diesem Fall noch von weiteren Einflussfaktoren abhängig. Ob und in welcher Größenordnung Stromverbraucher auf Anreizsignale reagieren hängt dann u.a. vom Zeitpunkt k ab. Je nach Zeitpunkt kann das Beeinflussungspotential einer Verbraucherlast aufgrund individuellem, uhrzeitabhängigem oder saisonalem Verbrauchsverhalten der Haushalte und der Industrie variieren. Der Tag kann ebenfalls Auswirkungen haben, da das Beeinflussungspotential zu verschiedenen Typtagen (z.B. Werktage, Feiertage, Wochenende, usw.) unterschiedlich ausfallen kann. Weiterhin ist die Vorlaufzeit der Übermittlung der Preisinformationen und somit dem Zeitabschnitt bis zur Erfüllungszeit (Horizont h) entscheidend für die Verbraucherreaktion. Bei einem Anreiz mit längerer Vorlaufzeit ergibt sich eine bessere Planbarkeit der Verbraucher als mit einer kurzen Vorlaufzeit. Somit ist davon auszugehen, dass das Beeinflussungspotential und die Verbraucherreaktion in Abhängigkeit der Vorlaufzeit entsprechend variieren. Außerdem ist die eigene Signalvergangenheit $y_B(k-1)$ bis $y_B(k-i)$ bedeutsam, da daraus abgeleitet werden kann, wie viel Beeinflussungspotential bereits ausgenutzt wurde und somit momentan nicht bereitsteht. Die eigene Signalvergangenheit wird durch gewichtete Anteile der letzten $k-1$ bis $k-i$ Zeitschritte des Signals beschrieben.

Ziel ist die Entwicklung von Modellansätzen zur Prognose für beeinflusstes und unbeeinflusstes Verbrauchsverhalten $\hat{y}(k+h)^*$ und $\hat{y}(k+h)$. Die Abbildung 3 zeigt den beeinflussten Prozess sowie das Modell und die Zusammenhänge.

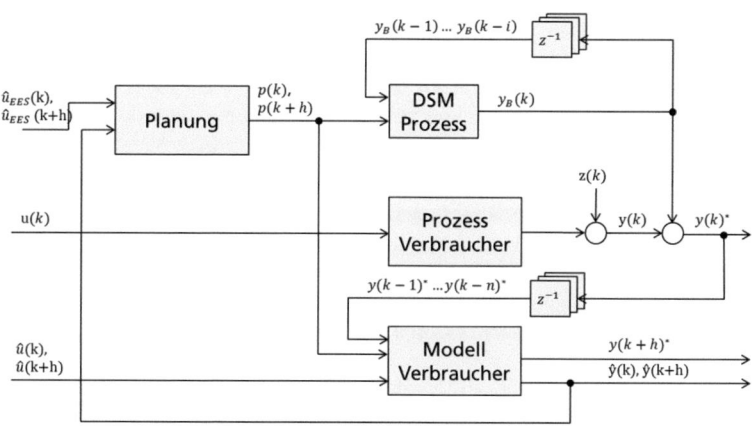

Abbildung 3: Beeinflusster Verbrauchsprozess mit Verbrauchermodell und Planung mit $u(k)$ – Eingangsvektor; $u_{EES}(k)$ – Eingangsvektor des elektrischen Energiesystems; $z(k)$ – Störgröße; $y_B(k)$ - beeinflusster Signalanteil; $y(k)$ - Ausgangsvektor (unbeeinflusst); $y(k)^*$ - Ausgangsvektor; $p(k)$ – Anreiz- bzw. Steuersignal; h – Horizont; $y_B(k-1),...,y_B(k-i)$ - Vergangenheitswerte von $y_B(k)$; $y(k-1)^*,...,y(k-i)^*$ - Vergangenheitswerte von $y(k)^*$; z^{-1} - Verschiebeoperator $y_B(k-1) = z^{-1}y_B(k)$; $\hat{y}(k+h)$ - Prognosevektor (unbeeinflusst); $\hat{y}(k+h)^*$ - Prognosevektor;

Das Verbrauchermodell wird in das Prozessbild eingefügt und soll das beeinflusste und unbeeinflusste Verbrauchsverhalten $\hat{y}(k+h)^*$ und $\hat{y}(k+h)$ auf Basis der Prognosen von exogenen Größen $\hat{u}(k+h)$, der Anreiz- bzw. Steuersignale $p(k+h)$ und der Signalvergangenheit des beeinflussten Verbrauchsverhaltens $y(k-1)^*$ bis $y(k-n)^*$ vorhersagen. Das Anreiz- bzw. Steuersignal zum Zeitpunkt k wird durch die Planung generiert und hängt von den Prognosen exogener Einflussgrößen des elektrischen Energiesystems $\hat{u}_{EES}(k)$ ab, die zu einem früheren Zeitpunkt verfügbar waren. Weiterhin wird die Entscheidung zur Lastbeeinflussung und somit zur Preisbildung der Prognose des unbeeinflussten Lastverhaltens getroffen. Erfüllt die Prognose der unbeeinflussten Verbraucherlast die Ansprüche der planenden Akteure, dann muss keine Verbrauchsbeeinflussung durchgeführt werden.

$$p(k) = f(\hat{y}(k), \hat{u}_{EES}(k)) \qquad (5)$$

Für die Generierung eines Anreizsignals für einen zukünftigen Zeitpunkt $k+h$ sind die momentan verfügbaren Prognosen für diesen Zeitpunkt relevant. Die Eingangsgrößen für die Planung und die Eingangsgrößen für den Verbrauchsprozess können dabei völlig unterschiedlich sein (siehe Kapitel 2.5). Für das Prognosemodell sind die Eingangsgrößen der Planung unbekannt.

Mit der systemtechnischen Betrachtung sind generell neben Prognose-methoden auch alternative Herangehensweisen für die Nachbildung des Verbrauchsverhaltens in Abhängigkeit von Anreizsignalen möglich. So beschreibt [10] beispielsweise das Verbrauchsverhalten unter potentieller Nutzung einzelner Haushalte durch ein Gray-Box-Modell.

4 Ansatz für Datenanalyse und Vorhersage

Ziel ist die Erarbeitung eines Vorgehensmodells für die Identifikation von Ansätzen für Datenanalysen und Prognosemethoden. Das Modell soll das Ein- Ausgangs-Verhalten von beeinflussten Verbraucherprozessen mit z.B. Regressions- oder Fuzzymodellen oder Künstlichen Neuronalen Netzen wiedergeben und neben dem beeinflussten Verbrauchsverhalten auch das unbeeinflusste Verbrauchsverhalten beschreiben. Beeinflusste Verbraucher-prozesse sollen bei hinreichend genauer Beschreibung der Dynamik dieser Prozesse approximiert werden. Weiterhin soll das Modell die Umstände für regelmäßige oder unregelmäßige Änderungen des Verhaltens erklären und zeitvariantes Verhalten soll adaptierbar sein.

Für die Prognose von für den Energiemarkt spezifischen Signalverläufen existieren zahlreiche marktübliche Prognosemethoden. Im Fall der beeinflussten Signale ergeben sich jedoch Reserven bei der Signalbe-schreibung. Infolgedessen wird das Komponentenmodell um den beein-flussbaren Signalanteil erweitert. Es besteht die Forderung nach einem objektiven Analyse- und Entwurfsalgorithmus für Prognosemethoden für beeinflusstes Verbrauchsverhalten. Es soll ein Gesamtkonzept für den Entwurf und die Vorhersage beeinflusster Signale erarbeitet werden, die neben den bereits bekannten Signalkomponenten auch den beeinflussten Signalanteil im Rahmen der Modellierung berücksichtigt.

Die Abbildung 4 zeigt das Grobkonzept zur Analyse und Entwurf von Prognosemodellen laut [4].

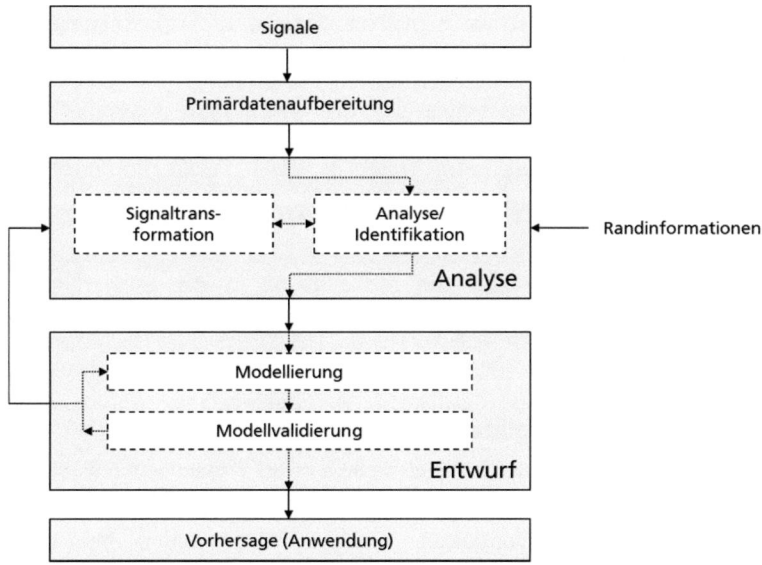

Abbildung 4: Vorgehensmodell für Analyse und Entwurf von Prognosemodellen

Grundlage für die Analyse und den Entwurf ist eine ausreichende Datengrundlage. Benötigt werden historische Daten beeinflusster Lasten, die zugehörigen Anreiz- bzw. Steuersignale und eventuelle Daten für exogene Einflussgrößen.

Die Primärdatenaufbereitung dient zur Beseitigung von Messfehlern und Ausreißern und dient zur Plausibilisierung des Datenmaterials.

Im Anschluss erfolgt die Analyse unter Einbeziehung prozessspezifischer Randinformationen und bildet die Grundlage der nachfolgenden Entwurfsphase. [4] beschreibt detailliert Analyseverfahren und das Vorgehen für die Modellierung unbeeinflusster musterbasierte Signale. In diesem Beitrag liegt das Hauptaugenmerk daher auf dem beeinflussten Anteil von Signalen. Ziel der Analysephase ist die Bestimmung charakteristischer Signaleigenschaften und die Auswirkungen zusätzlicher Einflussfaktoren. Zusätzliche Einflussfaktoren können neben der Beeinflussung durch Anreiz- und Steuersignale auch typische Rhythmen, exogene Einflüsse oder Kalenderabhängigkeiten sein. Mit der Analyse sollen eine Identifikation und Klassifikation charakteristischer Signalanteile auf Grundlage historischer Daten als Basis für die Modellierung von Signalen erfolgen. Durch das Hinzufügen des beeinflussten Signalanteils müssen die Zusammenhänge und

Verknüpfungen der einzelnen Signalkomponenten als Weiterführung zur rein musterbasierten Vorhersage neu untersucht und bewertet werden. Neben statistischen Eigenschaften, der Ermittlung statischer und dynamischer Signaleigenschaften und der Überprüfung musterbasierter Eigenschaften sollen im Rahmen des Vorhabens geeignete Analyseverfahren identifiziert werden. Bei nicht permanenter Beeinflussung können die Eingangssignale anhand der Anreiz- und Steuersignale nach Zeitabschnitten mit beeinflusstem und unbeeinflusstem Signalverhalten separiert werden. Die zeitlich separierten Signalabschnitte können dann gesondert für die Modellierung in der Entwurfsphase verwendet werden. Im Idealfall resultieren zwei Modelle jeweils für beeinflusste und unbeeinflusste Abschnitte. Bei permanenter Beeinflussung ist dieses Vorgehen nicht möglich. Die zu konzipierenden Prognosemodelle sollen den beeinflussten Signalanteil als Funktion vom Anreiz- bzw. Steuersignal, dem Zeitpunkt und den Randinformationen abbilden.

Randinformationen können beispielsweise a priori Wissen oder Kennwerte sein. Folgende Randinformationen sollen berücksichtigt werden:

- Gleichbleibender Energiewert: Beispielsweise werden bei Load Shifting-Maßnahmen Lasten von Spitzen- zu Niedriglastzeiten verschoben, ohne dass der Energiewert in einem Zeitintervall verändert wird (siehe Abschnitt 2.2).
- Beeinflussungspotential: Für bestimmte Verbraucher oder Verbraucher-gruppen können mit vorab durchgeführten Studien die Lastver-schiebe- oder Beeinflussungspotentiale bestimmt werden.
- Tendenz der Beeinflussung: Anhand des Anreiz- bzw. Steuersignals ist die Tendenz der Beeinflussung pro Abtastzeitpunkt im Untersuchungsin-tervall bekannt.
- Zusatzinformationen für Anreiz- bzw. Steuersignale: Bei der Betrachtung des Untersuchungsintervalls können Zusatzinformationen wie die maximale Änderung des Anreiz- bzw. Steuersignals Aufschluss über die Intensität der Lastantwort geben. Weiterhin können Kennwerte (z.B. Tarifinformationen oder maximales und minimales Steuersignal) über die gesamte technische oder ökonomisch mögliche Bandbreite des Anreiz- bzw. Steuersignals Rückschlüsse auf Lastantworten zulassen.

In der Entwurfsphase sollen Modelle erstellt werden, die die mathematischen Zusammenhänge zwischen den Ein- und Ausgangsgrößen abbilden. Ziel ist die Modellierung von Signalen unter Berücksichtigung von beeinflussten Signalanteilen als Erweiterung des Komponentenmodells. Dazu sollen Modelle entstehen, die bekannte Vorhersageverfahren für den unbeeinflussten Signalanteil und neue Vorhersagestrategien für den beeinflussten Signalanteil kombinieren. Die

Abbildung 5 zeigt die Struktur des Vorhersagesystems für beeinflusstes Verbrauchsverhalten.

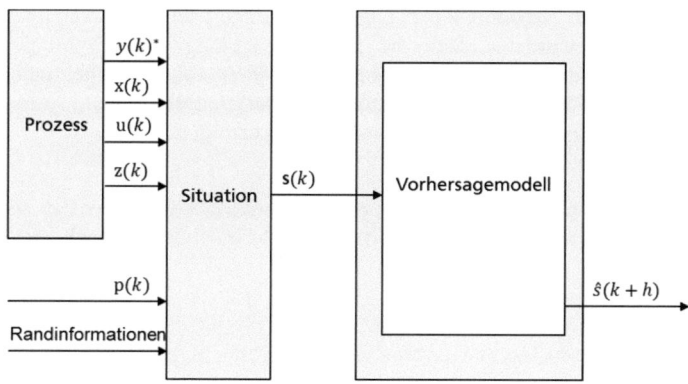

Abbildung 5: Vorgehensmodell für Analyse und Entwurf von Prognosemodellen

Der Situationsvektor $s(k)$, der die Eingangsmatrix für das Vorhersagesystem darstellt, fasst die aktuellen Prozess- und Randinformationen sowie die Anreiz- bzw. Steuersignale zusammen. Prozessinformationen können Eingangs-, Ausgangs-, Zustands-, und Störgrößen sein, die teilweise vorherzusagen sind. Der Situationsvektor wird über das Vorhersagemodell zur Berechnung des Prognosevektors $\hat{s}(k+h)$ verarbeitet. Die detaillierte Konzeption der zu entwerfenden Vorhersagemodelle ist Aufgabe der nächsten Projektphase.

5 Zusammenfassung und Ausblick

In dieser noch frühen Projektphase wurde die Problemstellung für beeinflusstes Verbrauchsverhalten mit Hilfe einer systemtechnischen Betrachtung dargestellt. Durch verschiedene Akteure, unterschiedliche Zielstellungen und vielfältige Einflüsse ergeben sich komplexe Zusammenhänge. Ziel sind Ansätze für Prognosemethoden, die durch Anreiz- oder Steuersignale beeinflusstes Verbrauchsverhalten vorhersagen können. Auf Grundlage von historischen beeinflussten Daten soll neben dem beeinflussten auch das unbeeinflusste Verbrauchsverhalten prognostiziert werden können. Dafür wurde ein Vorgehensmodell vorgestellt, welches die Analyse und den Modellentwurf beinhaltet. Das klassische Komponentenmodell für die Beschreibung von Signalen wird dabei um einen beeinflussten Signalanteil erweitert. Bei der Modellierung müssen neben diversen Randinformationen auch a priori und a posteriori wirkenden Effekte von Anreizen berücksichtigt werden.

In weiterführenden Arbeiten sollen Algorithmen und Methoden konzipiert und spezifiziert werden. Dazu ist die Entwicklung von Prototypen notwendig, die in eine softwarebasierte Testumgebung eingebunden werden sollen. Die Validierung der Modelle soll anhand einer experimentellen Erprobung in der Testumgebung erfolgen.

Die Autoren danken der Deutschen Forschungsgesellschaft für die Ermöglichung dieses Beitrages im Rahmen eines Forschungsprojektes (BR 4241/2-1).

6 Literatur

[1]   R. Hinterberger, S. Polak: *Lastverschiebung in Industrie und Gewerbe in Österreich Chancen und Potentiale in zukünftigen Smart Grids*, 7. Internationale Energiewirtschaftstagung an der TU Wien, 2011

[2]   M. Unterländer: *Dynamische Stromtarife aus Kundensicht - Akzeptanzstudie auf Basis einer Conjointanalyse*, Master Thesis, Fraunhofer ISI, 2010

[3]   M. Fiedeldey, C. Albrecht, E. Meyer, S. Krengel, *Anwendung statischer und dynamischer Strompreis-Anreizmodelle im Virtual Power System Allgäu*, Internationaler ETG-Kongress, Würzburg, 2011

[4]   Bretschneider, P.: *Ein Beitrag zur Vorhersage musterbasierter nichtlinearer stochastischer Signale.* Dissertation, Verlag ISLE, Ilmenau 2002

[5]   A. Roscoe and G. Ault: *Supporting high penetrations of renewable generation via implementation of real-time electricity pricing and demand response*, IET Renew. Power Gen., Vol. 4, Iss. 4, pp. 369–382, Jul. 2010.

[6]   Corradi, O., Ochsenfeld, H. ; Madsen, H. ; Pinson, P.: *Controlling Electricity Consumption by Forecasting its Response to Varying Prices*, IEEE Transactions on Power Systems (Vol. 28 , Iss. 1), 2013

[7]   M.H. Albadi, E.F. El-Saadany: *A summary of demand response in electricity markets*, Electric Power Systems Research, 2008

[8] J. Aghaei, M.-I. Alizadeh: *Demand response in smart electricity grids equipped with renewable energy sources: A review*, Renewable and Sustainable Energy Reviews Vol. 18, February 2013, Pages 64–72, 2013

[9] M. Sonnenschein, B. Rapp, J. Bremer: *Demand Side Management und Demand Response*, Handbuch Energiemanagement 2010

[10] S. Waczowicz, R. Mikut, S. Klaiber, P. Bretschneider, I. Konotop, D. Westermann: *Virtuelle Speicher als adaptierbare Verbrauchermodelle zur Lastprognose und Betriebsführung in Verteilnetzen*, 23. Workshop Computational Intelligence, Dortmund, Dezember 2013

Virtuelle Speicher als adaptierbare Verbrauchermodelle zur Lastprognose und Betriebsführung in Verteilnetzen

Simon Waczowicz[1], Stefan Klaiber[2], Peter Bretschneider[2],
Irina Konotop[3], Dirk Westermann[3], Ralf Mikut[1]

[1]Karlsruher Institut für Technologie, Institut für Angewandte Informatik
E-Mail: {simon.waczowicz}{ralf.mikut}@kit.edu
[2]Fraunhofer IOSB, Institutsteil Angewandte Systemtechnik (AST)
E-Mail: {stefan.klaiber}{peter.bretschneider}@iosb-ast.fraunhofer.de
[3]Technische Universität Ilmenau, FG Elektrische Energieversorgung
E-Mail: {irina.konotop}{dirk.westermann}@tu-ilmenau.de

Zusammenfassung: Der Beitrag stellt ein neues Konzept zur Modellierung des Verbrauchsverhaltens von Haushaltsstromkunden als Reaktion auf verschiedene monetäre Anreizsignale vor. Der beeinflussbare Leistungsanteil eines Haushaltes wird dabei mithilfe eines parametrierbaren Modells des sogenannten virtuellen Speichers beschrieben. Die einzelnen Abschnitte geben schrittweise Auskunft über die Beschaffenheit des virtuellen Speichers, über den eingesetzten Datensatz und über die durchgeführte Parameterstudie.

1 Einführung

Die in Deutschland vereinbarte Energiewende macht umfangreiche und weitreichende Veränderungen im deutschen Energieversorgungssystem notwendig [1]. Die zentrale Rolle nimmt dabei die Integration großer Strommengen aus erneuerbaren Energiequellen („Windstrom", „Solarstrom") ein. Eine charakteristische Eigenschaft jener Energiequellen ist deren fluktuierende Einspeisung in das Stromnetz, was den Auf- und Ausbau von Stromspeichern (Pumpspeicherkraftwerke, Druckluftspeicherkraftwerke, usw.) und von Stromnetzen auf verschiedenen Spannungsebenen nach sich zieht. Außerdem eignet sich der verbraucherseitig beeinflussbare Leistungsanteil der Nieder- und Mittelspannungsebene, um eine bessere Kopplung zwischen Stromerzeugung und -verbrauch zu realisieren [2]. Die dafür notwendige Verbrauchsbeeinflussung mittels Steuer- (Demand Side Management, DSM) und Preissignalen (Demand Response, DR) erfordert die mathematische Modellierung des Verbrauchsverhaltens als Reaktion auf

Anreizsignale. Das große wirtschaftliche Potenzial von DSM- und DR-Programmen macht eine umfangreiche und detaillierte Untersuchung des Systemverhaltens unumgänglich.

Zur Klärung der Fragestellung wird eine Modell-Bibliothek mit systemtheoretisch motivierten, parametrierbaren nichtlinearen Differenzengleichungsmodellen aufgebaut, in welcher sich auch aus der Literatur bekannte Verbrauchermodelle (siehe Corradi [3], Dorini [4] oder Holtschneider [5]) wiederfinden. In einem neuen Modellierungsansatz wird der beeinflussbare Leistungsanteil der Verbraucher als virtueller Speicher aufgefasst. Anhand eines ausgewählten Datensatzes (*Olympic Peninsula Project* [6]) werden die Verbrauchermodelle der Modell-Bibliothek strukturell optimiert, parametriert und auf ihre Wirksamkeit getestet. Als Entwicklungs- und Simulationsumgebung dient die MATLAB Toolbox *Gait-CAD* [7] und das MATLAB Package MATPOWER [8].

Im folgenden Abschnitt soll das neue Konzept des virtuellen Speichers vorgestellt werden (Abschnitt 2). Die Wirksamkeit und Qualität des Demand Response Modells virtueller Speicher wird anhand eines ausgewählten Datensatzes beurteilt. Die Beschaffenheit der Daten aus dem *Olympic Peninsula Project* und entscheidende Datenvorverarbeitungsschritte werden in Abschnitt 3 diskutiert. Erste Validierungsergebnisse des Modellkonzeptes liefert Abschnitt 4. Dieses Konzeptpaper schließt mit einer Zusammenfassung (Abschnitt 5).

2 Virtueller Speicher

2.1 Motivation für die Entwicklung eines neuen Verbrauchermodells

In zahlreichen Fallstudien und Pilotversuchen konnte die Wirksamkeit von zeitvariablen Stromtarifen zur Veränderung des Verbrauchsverhaltens gezeigt werden (eTelligence [9], Intelliekon [10], Modellprojekt: Modellstadt Mannheim [11], RESIDENS Feldversuch [12]). Durch Verbrauchsanpassungen können Spitzenlasten in Haushalten reduziert und Lastkurven geglättet werden. Selbstverständlich sind auch Anwendungen im Industriebereich, wie Kälte- und Klimatisierungsanwendungen, existent, um Lastverlagerungspotenziale zu nutzen [13]. Koch [14] liefert dazu umfangreiche Untersuchungen zur Modellierung und Regelung großer Gruppen thermostatgeregelter Lasten, welche für Kühl- und Heizanwendungen zum Einsatz gebracht werden. Der Fokus dieser Arbeit richtet sich allerdings auf Verbrauchsanpassungen im Haushaltsbereich. Eine exakte quantitative

Angabe des Lastverlagerungspotenzials ist aufgrund der unterschiedlich gestalteten Rahmenbedingungen (Tarifierung, Inhouse-Geräte) schwierig, typische Werte für eine Lastverlagerung im Sinne einer Spitzenlastreduktion liegen im Bereich von 2-4% bei einfachen zeitvariablen Stromtarifen (*Time-Of-Use*, TOU) und im Bereich von 20-30% bei komplexeren *Critical Peak Pricing*[1]-Tarifen [13, 16].

Ein grundlegendes Verbrauchsverhalten als Reaktion auf verschiedene monetäre Anreizsignale ist in allen Studien auszumachen und lässt sich in folgenden Thesen zusammenfassen:

- Ein konstanter Strompreis setzt keine Anreize zur Änderung des Verbrauchsverhaltens bzw. zur Lastverlagerung (entspricht einem unbeeinflussten Stromverbrauch bzw. einer unbeeinflussten Lastkurve).

- Die Änderung des Verbrauchsverhaltens als Reaktion auf Anreizsignale zeigt sich hauptsächlich in der Verlagerung von Strommengen statt in der signifikanten Reduktion von Strommengen. D.h., dass der Stromverbrauch insgesamt fast nicht gesenkt, sondern tageszeitlich verschoben wird.

- Haushaltsstromkunden reagieren auf zeitvariable Stromtarife insofern, als sie manuell den Stromverbrauch hin zu Zeiten günstigen Strompreises verschieben (entspricht einem beeinflussten Stromverbrauch bzw. einer beeinflussten Lastkurve).

- Je nach Haushalt unterscheidet sich das Lastverlagerungspotenzial. Ein wesentlicher Teil des Verschiebepotenzials resultiert aus den großen Haushaltsgeräten wie Kühl-/Gefrierschrank, Wäschetrockner, Wasch- und Geschirrspülmaschine. Hinzu kommen Geräte zur elektrischen Wärmeerzeugung (Elektrospeicherheizung, Warmwasserbereiter, Wärmepumpe). In diesem Zusammenhang sind auch Klimageräte zu nennen [13].

- Aufgrund der geringen Durchdringung von Technologien, welche sich zur automatischen Lastverschiebung eignen, findet heute im Großteil der Haushalte keine automatische Lastverlagerung statt. Es ist zukünftig mit einer Erhöhung des Lastverlagerungspotenzials zu rechnen, wenn intelligente Geräte (z.B. Kühl-/Gefrierschränke) autonom innerhalb bestimmter Rahmenbedingungen über eine Lastverschiebung entscheiden und dieses Lastverlagerungspotenzial auch

---

[1]Ein *Critical Peak Pricing*-Tarif kombiniert einen einfachen *Time-Of-Use*-Tarif mit besonders hohen *super-peak* Strompreisen an wenigen kritischen Tagen im Jahr [15].

in den Nachtstunden nutzen. In diesem Zusammenhang sollte auch unbedingt das intelligente Laden von batterieelektrischen Fahrzeugen als ein vielversprechendes DSM-Konzept erwähnt werden [17].

- Lastverlagerungen beschränken sich im Bereich von Haushaltsstromkunden auf einen Zeitraum von höchstens 24 Stunden [16].

- Die Unterscheidung in disponible und nicht-disponible Lasten führt dazu, dass zu jedem Tageszeitpunkt immer nur ein bestimmter Anteil der Gesamtlast verschiebbar ist.

2.2 Aufbau und Ladeverhalten des virtuellen Speichers

Aus dem beschriebenen Verhaltensmuster resultiert die Idee, das Verbrauchsverhalten mithilfe eines virtuellen Speichers qualitativ und quantitativ zu beschreiben. Zunächst wird der Aufbau und das Verhalten des virtuellen Speichers erläutert. Abschnitt 2 endet mit den methodischen Grundlagen für die mathematische Modellierung des Verbrauchsverhaltens als Reaktion auf Preisanreize.

Haushaltsstromkunden schalten elektrische Geräte an oder aus und daraus ergibt sich unmittelbar ein individuelles Last- bzw. Verbrauchsprofil. Wird nun die Gesamtheit aller elektrischen Haushaltsgeräte bzw. Verbraucher als *ein* Verbraucher[2] aufgefasst, kann das reale Verbrauchsverhalten im Haushalt mit einem Modell des virtuellen Speichers beschrieben werden. Der strukturelle Aufbau des virtuellen Speichers wird durch verschiedene Parameter, wie

- dem minimalen Füllstand des virtuellen Speichers $E_{VS,n,min}$,

- dem maximalen Füllstand des virtuellen Speichers $E_{VS,n,max}$ als Modell der maximal möglichen Lastverschiebung,

- dem Sollwert des Füllstandes des virtuellen Speichers $E_{VS,d,n,soll}[k]$ und

- der Speicherbe- bzw. -entladegeschwindigkeit $a_n[k]$

beschrieben, wobei die Indizes n und d für den aktuellen Haushalt bzw. den aktuellen Tag und k für den aktuellen Abtastzeitpunkt stehen. Die

---

[2]Es findet keine Klassifizierung der Haushaltsgeräte nach deren Steuerungsmöglichkeit wie in [16] statt.

Speicherbe-/entladegeschwindigkeit $a_n[k]$ und der Sollwert des Füllstandes des virtuellen Speichers $E_{VS,d,n,soll}[k]$ sind als variable Größen definiert, werden vorerst aber als zeitkonstante Größen betrachtet.

Das vorzeitige Einschalten von elektrischen Verbrauchern mit dem Ziel einer Lastverschiebung (vorzeitige Lasterhöhung) entspricht dem Beladen des virtuellen Speichers. Der spätere Verzicht auf den Betrieb von elektrischen Verbrauchern mit dem Ziel einer Lastverschiebung (spätere Lastabsenkung) bedingt das Entladen des virtuellen Speichers. Die Strategie eines Haushaltes wird so modelliert, dass bei fehlenden Anreizsignalen der Füllstand des virtuellen Speichers einen Sollwert anstrebt. Die Höhe des Sollwertes wird in ersten Untersuchungen so festgelegt, dass er für jeden Haushalt zeitkonstant ist und genau in der Mitte zwischen $E_{VS,n,min}$ und $E_{VS,n,max}$ liegt.

$$E_{VS,d,n,soll}[k] = E_{VS,n,soll} = E_{VS,n,min} + \frac{E_{VS,n,max} - E_{VS,n,min}}{2} \qquad (1)$$

In der Aufsummation aller Verbraucher innerhalb eines Versorgungsgebietes entsteht ein aggregiertes Lastverschiebeverhalten, das sich aus der Summe der einzelnen virtuellen Speicher erklären lässt und somit wiederum als virtueller Speicher (mit u.U. komplizierterer Struktur) beschreibbar ist.

2.3 Modellierung des realen Verbrauchsverhaltens als Reaktion auf Preisanreize

Nachdem in Abschnitt 2.2 der grundlegende Aufbau und das Ladeverhalten des virtuellen Speichers erläutert wurde, soll nun das reale Verbrauchsverhalten als Reaktion auf Anreizsignale beschrieben, d.h. modelliert, werden. Ein typisches Anreizsignal ist beispielsweise ein variabler Stromtarif, der aus mehreren Preisstufen besteht (schematisch dargestellt in Bild 1). Es ist zu erwarten, dass Haushaltsstromkunden ihren Stromverbrauch dahingehend steuern, dass in Zeiten hohen Strompreises tendenziell weniger elektrische Verbraucher angeschaltet sind. Umgekehrt erscheint aus ökonomischen Gesichtspunkten eine Erhöhung der Last in Zeiten mit niedrigem Strompreis sinnvoll. Ein derart von Anreizsignalen beeinflusstes Verbrauchs- und damit Lastverhalten $P_{d,n}[k]$ lässt sich folgendermaßen beschreiben:

$$\begin{aligned} P_{d,n}[k] &= P_{S,d,n}[k] + P_{R,d,n}[k] \\ &= P_{S,d,n}[k] + w_{d,n}[k] \cdot P_{R,d,n,max}[k], \end{aligned} \qquad (2)$$

mit einem unbeeinflussten (z.T. rein theoretischen) Lastverhalten ohne Anreizsignal $P_{S,d,n}[k]$ und einer Änderung des Lastverhaltens $P_{R,d,n}[k]$, verursacht durch das Anreizsignal. Dabei steht $w_{d,n}[k]$ für die individuelle Bereitschaft eines betrachteten Haushaltes zur Laständerung[3].

In diesem Abschnitt soll nun das Modellkonzept des virtuellen Speichers vorgestellt werden, welches die Reaktion des Haushaltes $P_{R,d,n}[k]$ auf Anreizsignale, in Form von zukünftigen, bekannten oder geschätzten Strompreisen, modelliert.

Das Ladeverhalten des virtuellen Speichers (Beladen, Entladen, kein Be- bzw. Entladen) hängt grundsätzlich von zwei Faktoren ab, nämlich

1. der zukünftigen Entwicklung des Strompreises $p_{d,n}[k + k_h]$ im Beobachtungshorizont $\Delta t_h = K_h \cdot \Delta t_s$ mit $k_h = 1, ..., K_h$ und

2. dem aktuellen Füllstand des virtuellen Speichers $E_{VS,d,n}[k]$.

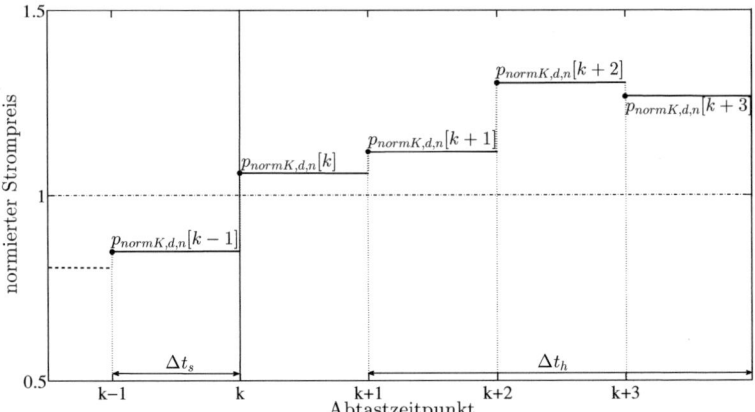

Bild 1: Schematische Darstellung eines normierten, variablen Stromtarifs mit einer Änderung des Strompreises für jeden Abtastzeitpunkt k: für die Beurteilung der Entwicklung des Strompreises ($p_{normK,d,n}[k + k_h]$ mit $k_h = 1, ..., K_h$ und $K_h = 3$ im Beobachtungshorizont Δt_h) im Vergleich zum aktuellen Strompreis $p_{normK,d,n}[k]$ eignen sich diverse Bewertungsmaße (siehe Gleichungen (3) - (5))

Der erste Faktor meint den Vergleich des aktuellen Strompreises $p_{d,n}[k]$ mit dem Strompreis im Beobachtungshorizont, d.h. der Entwicklung des Strompreises[4] für die nächsten K_h Abtastzeitpunkte. Es stehen unterschiedliche Maße für die Beurteilung der Entwicklung des Strompreises für die nächsten K_h Abtastzeitpunkte im Beobachtungshorizont Δt_h zur Verfügung:

---

[3]$w_{d,n}[k]$ wird für alle hier gezeigten Untersuchungen konstant auf den Wert 1 gehalten.
[4]Mit der Entwicklung des Strompreises ist keinesfalls die Annahme über eine langfristige Entwicklung des Strompreises, wie beispielsweise in [16], gemeint.

- Höhe des Strompreises zum Abtastzeitpunkt $k + K_h$:

$$p_{d,n}[k + K_h] \qquad (3)$$

- zeitlicher Mittelwert aller Werte des Strompreises im Beobachtungshorizont Δt_h zum Abtastzeitpunkt k:

$$\bar{p}_{d,n}[k] = M_{K_h}\{\mathbf{p}_{d,n}[k + k_h]\} = \frac{1}{K_h} \sum_{k_h=1}^{K_h} p_{d,n}[k + k_h] \qquad (4)$$

- Zentralwert (Median) aller Werte des Strompreises im Beobachtungshorizont Δt_h, wobei es sich bei $p_{d,n}[k + 1], ..., p_{d,n}[k + K_h]$ um eine geordnete Liste von K_h Werten des Strompreises handelt:

$$\tilde{p}_{d,n}[k + k_h] = \begin{cases} p_{d,n}[k + \frac{K_h+1}{2}] & ,K_h \text{ ungerade} \\ \frac{1}{2}(p_{d,n}[k + \frac{K_h}{2}] + \\ p_{d,n}[k + \frac{K_h}{2} + 1]) & ,K_h \text{ gerade} \end{cases} \qquad (5)$$

In Anlehnung an Corradi [3], Hammerstrom [6] und Nyeng [18] kann zudem ein wie in Gleichung (6) dargestellter normalisierter Strompreis $\rho_{d,n}[k]$ zur qualitativen und quantitativen Einordnung des aktuellen Strompreises dienen. $\rho_{d,n}[k]$ beschreibt die relative Erhöhung des aktuellen Strompreises $p_{d,n}[k]$ bezogen auf einen Referenzwert, in diesem Fall ist es der gleitende Mittelwert vergangener Strompreise $\bar{p}_{d,n}[k - k_h]$ (siehe Gleichung (7)). Es gilt zu beachten, dass hier der Beobachtungshorizont Δt_h in der Vergangenheit liegt.

$$\rho_{d,n}[k] = \frac{p_{d,n}[k]}{\bar{p}_{d,n}[k - k_h]} - 1 \qquad (6)$$

$$\bar{p}_{d,n}[k] = \bar{p}_{d,n}[k - k_h] + \frac{\Delta t_s}{\Delta t_s + \tau} \cdot (p_{d,n}[k] - \bar{p}_{d,n}[k - k_h]) \qquad (7)$$

Δt_s beschreibt die Abtastperiodendauer, τ meint die Dauer, mit der ein Strompreis $p_{d,n}[k]$ bei der Berechnung des gleitenden Mittelwertes $\bar{p}_{d,n}[k]$ relevant ist.

Unabhängig von den vorgestellten Lageparametern (absoluter Wert des Strompreises, Mittelwert zukünftiger Preise, Zentralwert zukünftiger Preise oder gleitender Mittelwert vergangener Preise) ist festzustellen, dass hinsichtlich der Entwicklung des Strompreises drei Szenarien zu differenzieren sind: sinkender ($\downarrow$), konstanter ($\rightarrow$) oder steigender ($\uparrow$) Verlauf des Strompreises. In allen Untersuchungen, die im Rahmen dieser Arbeit vorgenommen werden, wird die Entwicklung des Strompreises mithilfe von Gleichung (4) ermittelt. Alle anderen Berechnungsvorschriften für die Entwicklung des Strompreises im Beobachtungshorizont gilt es in weiteren Studien vergleichend mit einzubeziehen.

Wie oben bereits erwähnt, ist neben der Entwicklung des Strompreises auch der aktuelle Füllstand des virtuellen Speichers $E_{VS,d,n}[k]$ für das Ladeverhalten des virtuellen Speichers von entscheidender Bedeutung. Da der virtuelle Speicher durch drei Füllstandsparameter beschrieben ist, kann der aktuelle Füllstand eindeutig einem der folgenden fünf Bereiche zugeordnet werden:

- Bereich A: der aktuelle Speicherfüllstand ist gleich dem minimalen Speicherfüllstand (es steht kein Lastverschiebepotenzial zur vorzeitigen Lastabsenkung mehr zur Verfügung)

$$E_{VS,d,n}[k] = E_{VS,n,min} \qquad (8)$$

- Bereich B: der aktuelle Speicherfüllstand befindet sich zwischen dem minimalen und dem Soll-Füllstand

$$E_{VS,n,min} < E_{VS,d,n}[k] < E_{VS,n,soll} \qquad (9)$$

- Bereich C: der aktuelle Speicherfüllstand ist gleich dem Soll-Füllstand des virtuellen Speichers

$$E_{VS,d,n}[k] = E_{VS,n,soll} \qquad (10)$$

- Bereich D: der aktuelle Speicherfüllstand befindet sich zwischen dem Soll- und dem maximalen Füllstand

$$E_{VS,n,soll} < E_{VS,d,n}[k] < E_{VS,n,max} \qquad (11)$$

- Bereich E: der aktuelle Speicherfüllstand ist gleich dem maximalen Speicherfüllstand (es steht kein Lastverschiebepotenzial zur vorzeitigen Lasterhöhung mehr zur Verfügung)

$$E_{VS,d,n}[k] = E_{VS,n,max} \qquad (12)$$

Durch die Kombination der drei Preisszenarien mit den fünf Füllstandsbereichen ergeben sich 15 Fallunterscheidungen, welche in Tabelle 1 aufgeführt sind. In Tabelle 1 ist zudem die formelmäßige Beschreibung der einzelnen Handlungsstrategien je Füllstandsbereich und Szenario als ein System mit parametrierbaren nichtlinearen Differenzengleichungen zu erkennen. Die durch das Modell des virtuellen Speichers geschätzte Änderung der Last $\hat{P}_{R,d,n,max}[k]$ stellt sich als Produkt aus Laständerungsgeschwindigkeit und der Differenz von aktuellem Speicherfüllstand und einer Füllstandsgrenze dar.

Folgen einer Laständerung für den Speicherfüllstand des virtuellen Speichers

Es ist denkbar, dass die geschätzte maximale Laständerung $\hat{P}_{R,d,n,max}[k]$ bei falscher Wahl von $a_n[k]$, $E_{VS,n,min}$, $E_{VS,n,max}$ bzw. $E_{VS,d,n}[k]$ den Wert der realen, aktuellen Last betragsmäßig übersteigt. Aus diesem Grund muss folgende Nebenbedingung stets erfüllt sein:

$$\hat{P}_{R,d,n}[k] \leq P_{S,d,n}[k], \tag{13}$$

wobei $P_{S,d,n}[k]$ die reale (unbeeinflusste) Last des n-ten Haushaltes am d-ten Tag zum Abtastzeitpunkt k ist.

Die Änderung der Last bewirkt eine Erhöhung bzw. Erniedrigung des aktuellen Füllstandes des virtuellen Speichers $E_{VS,d,n}[k]$. Der Füllstand von einem Abtastzeitpunkt zum nächsten Abtastzeitpunkt ändert sich wie folgt:

$$\begin{aligned} E_{VS,d,n}[k+1] &= E_{VS,d,n}[k] + \hat{P}_{R,d,n}[k] \cdot \Delta t_s \\ &= E_{VS,d,n}[k] + w_{d,n}[k] \cdot \hat{P}_{R,d,n,max}[k] \cdot \Delta t_s \end{aligned} \tag{14}$$

Das grundlegende Verhalten des Speicherfüllstandes lässt sich abschließend folgendermaßen beschreiben:

- Das vorgezogene Einschalten von elektrischen Verbrauchern bzw. die Erhöhung der Last ($\hat{P}_{R,d,n}[k] > 0$) bewirkt das Füllen des virtuellen Speichers ($E_{VS,d,n}[k] < E_{VS,d,n}[k+1]$).

- Keine Änderung des Verbrauchs bzw. der Last ($\hat{P}_{R,d,n}[k] = 0$) hat auch keine Änderung des Speicherfüllstandes zur Folge ($E_{VS,d,n}[k] = E_{VS,d,n}[k+1]$).

- Das Abschalten elektrischer Lasten bzw. die Lastabsenkung ($\hat{P}_{R,d,n}[k] < 0$) führt zum Entleeren des virtuellen Speichers ($E_{VS,d,n}[k] > E_{VS,d,n}[k+1]$).

Füllstand	Strompreis	Handlungsstrategie, Gleichung
A	$\downarrow$	kein Be-/Entladen $\hat{P}_{R,d,n,max}[k] = 0$
A	$\rightarrow$	Beladen auf Soll-Füllstand $\hat{P}_{R,d,n,max}[k] = a_n[k] \cdot (E_{VS,n,soll} - E_{VS,d,n}[k])$
A	$\uparrow$	Beladen auf maximalen Füllstand $\hat{P}_{R,d,n,max}[k] = a_n[k] \cdot (E_{VS,n,max} - E_{VS,d,n}[k])$
B	$\downarrow$	Entladen auf minimalen Füllstand $\hat{P}_{R,d,n,max}[k] = -a_n[k] \cdot (E_{VS,d,n}[k] - E_{VS,n,min})$
B	$\rightarrow$	Beladen auf Soll-Füllstand $\hat{P}_{R,d,n,max}[k] = a_n[k] \cdot (E_{VS,n,soll} - E_{VS,d,n}[k])$
B	$\uparrow$	Beladen auf maximalen Füllstand $\hat{P}_{R,d,n,max}[k] = a_n[k] \cdot (E_{VS,n,max} - E_{VS,d,n}[k])$
C	$\downarrow$	Entladen auf minimalen Füllstand $\hat{P}_{R,d,n,max}[k] = -a_n[k] \cdot (E_{VS,d,n}[k] - E_{VS,n,min})$
C	$\rightarrow$	kein Be-/Entladen $\hat{P}_{R,d,n,max}[k] = 0$
C	$\uparrow$	Beladen auf maximalen Füllstand $\hat{P}_{R,d,n,max}[k] = a_n[k] \cdot (E_{VS,n,max} - E_{VS,d,n}[k])$
D	$\downarrow$	Entladen auf minimalen Füllstand $\hat{P}_{R,d,n,max}[k] = -a_n[k] \cdot (E_{VS,d,n}[k] - E_{VS,n,min})$
D	$\rightarrow$	Entladen auf Soll-Füllstand $\hat{P}_{R,d,n,max}[k] = -a_n[k] \cdot (E_{VS,d,n}[k] - E_{VS,n,soll})$
D	$\uparrow$	Beladen auf maximalen Füllstand $\hat{P}_{R,d,n,max}[k] = a_n[k] \cdot (E_{VS,n,max} - E_{VS,d,n}[k])$
E	$\downarrow$	Entladen auf minimalen Füllstand $\hat{P}_{R,d,n,max}[k] = -a_n[k] \cdot (E_{VS,d,n}[k] - E_{VS,n,min})$
E	$\rightarrow$	Entladen auf Soll-Füllstand $\hat{P}_{R,d,n,max}[k] = -a_n[k] \cdot (E_{VS,d,n}[k] - E_{VS,n,soll})$
E	$\uparrow$	kein Be-/Entladen $\hat{P}_{R,d,n,max}[k] = 0$

Tabelle 1: Kombination der Füllstandsbereiche mit den unterschiedlichen Entwicklungen des Strompreises führt zu 15 Fallunterscheidungen; $\hat{P}_{R,d,n,max}[k]$ ist die Modellschätzung der maximal möglichen Änderung der Last des n-ten Haushaltes zum Abtastzeitpunkt k am d-ten Tag

Bewertung der Modellqualität

Zur Bewertung des Modellverhaltens und der Modellgüte eignen sich verschiedene Bewertungsmaße. Der Modellfehler Q_{RMSE} (*Root Mean Square Error*) ist für die Auswertung der Parameterstudie (siehe Abschnitt 4) von großer Bedeutung und ist als Wurzel der mittleren quadratischen Abweichung zwischen beeinflusster Last $P_{d,n}[k]$ und der Modellschätzung der beeinflussten Last $\hat{P}_{d,n}[k]$ definiert (Gleichung (15)). Je geringer der Wert für Q_{RMSE}, desto besser beschreibt das Modell das reale Verbrauchsverhalten als Reaktion auf Anreizsignale.

$$Q_{RMSE} = \sqrt{\frac{1}{K} \cdot \sum_{k=1}^{K} (P_{d,n}[k] - \hat{P}_{d,n}[k])^2} \qquad (15)$$

Als weiteres wichtiges Bewertungsmaß wird die Kostenersparnis eingeführt, welche möglicherweise mit der Benutzung des variablen Stromtarifs einhergeht. Die Tagesstromkosten des n-ten Haushaltes am d-ten Tag bei Verwendung eines zeitkonstanten Stromtarifs p_S (Strompreis, der zu einem unbeeinflussten Verbrauchsverhalten führt) ist wie folgt beschrieben:

$$C_{S,d,n} = \sum_{k=1}^{K} p_S \cdot (P_{S,d,n}[k] + P_{R,d,n}[k]) \cdot \Delta t_s, \qquad (16)$$
$$\text{mit } P_{R,d,n}[k] = 0$$

Bei Benutzung des zeitvariablen Stromtarifs $p_{d,n}[k]$ (Strompreis, der zu einem beeinflussten Verbrauchsverhalten führt) kommt es infolge von tageszeitlichen Schwankungen des Strompreises zu einem beeinflussten Stromverbrauch, der sich signifikant vom unbeeinflussten Stromverbrauch unterscheidet (siehe Bild 3). Die Tagesstromkosten des n-ten Haushaltes am d-ten Tag berechnen sich für diesen Fall gemäß Gleichung (17):

$$C_{d,n} = \sum_{k=1}^{K} p_{d,n}[k-1] \cdot (P_{S,d,n}[k] + P_{R,d,n}[k]) \cdot \Delta t_s, \qquad (17)$$

wobei die reale Laständerung $P_{R,d,n}[k]$ in bestimmten Fällen unbekannt ist und folglich durch die Schätzung der Laständerung $\hat{P}_{R,d,n}[k]$ ersetzt werden muss (siehe Gleichung (23)). Aus Gleichung (16) und (17) ergibt sich die Kosteneinsparung des n-ten Haushaltes am d-ten Tag:

$$C_{R,d,n} = C_{S,d,n} - C_{d,n} \qquad (18)$$

Das Konzept des virtuellen Speichers zur Modellierung des Verbrauchsverhaltens als Reaktion auf Anreizsignale wurde nun hinreichend beschrieben. Die Wirksamkeit des Modells soll in Abschnitt 4 anhand erster Ergebnisse diskutiert werden. Zuvor wird in Abschnitt 3 der Lern- und Testdatensatz vorgestellt.

3 Datensatz

Nachdem in Abschnitt 2 geklärt wurde, welchen strukturellen Aufbau und Beschaffenheit die Verbrauchermodelle besitzen, folgt nun eine Beschreibung des Datensatzes, anhand dessen die einzelnen Verbrauchermodelle strukturell optimiert und parametriert werden. Außerdem werden relevante Schritte der Datenvorverarbeitung vorgestellt.

Der ausgewählte Datensatz stammt aus dem *Olympic Peninsula Project*[5] [6], welches zeigen sollte, in welchem Ausmaß der Stromverbrauch einzelner Haushalte durch veränderliche Strompreise beeinflusst werden kann. Bild 2 verdeutlicht das unterschiedliche Verbrauchsverhalten eines ausgewählten Haushaltes an Werk- und Wochenendtagen. Insgesamt nahmen 112 Haushalte im Zeitraum von April 2006 bis März 2007 an der Feldstudie teil. Die Haushalte wurden zu gleichen Teilen in folgende vier Tarifgruppen eingeteilt:

- *time-of-use* (TOU) - Gruppe: Verhalten von Verbrauchern bzgl. zeitvariabler Tarife (*on-/off-peak price*)

- *fixed price* (FIXED) - Gruppe: konstanter Strompreis

- *real-time price* (RTP) - Gruppe: Verhalten von Verbrauchern bzgl. Echtzeit-Elektrizitätspreisen (dynamische Tarife)

- *control* (CTRL[6]) - Gruppe: Kontrollgruppe als Vergleich

Die zur Verfügung stehenden Rohdaten aus dem *Olympic Peninsula Project* müssen vor der eigentlichen Datenanalyse den wichtigen Schritt der Datenvorverarbeitung durchlaufen. Fehlende Abtastzeitpunkte werden durch geeignete Ersatzwerte (Interpolation zwischen vorangegangenem und nachfolgendem Wert) ersetzt. Die Stromverbrauchskurven der unterschiedlichen

---

[5]Download der Datensätze unter https://svn.pnl.gov/olypen

[6]Die CTRL-Gruppe eignet sich aufgrund der sehr schlechter Datenqualität nicht zur Datenanalyse und wird im folgenden vernachlässigt.

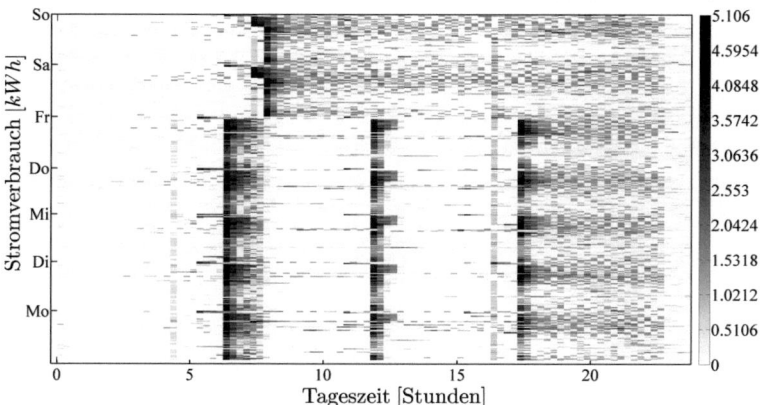

Bild 2: Heatmap: Darstellung des Stromverbrauchs eines ausgewählten Haushaltes in Abhängigkeit der Tageszeit und des Wochentages. Die Homogenität der Stromverbrauchskurven an Werktagen ist ebenso deutlich zu erkennen wie die Inhomogenität zwischen den Verbräuchen an Werk- und Wochenendtagen.

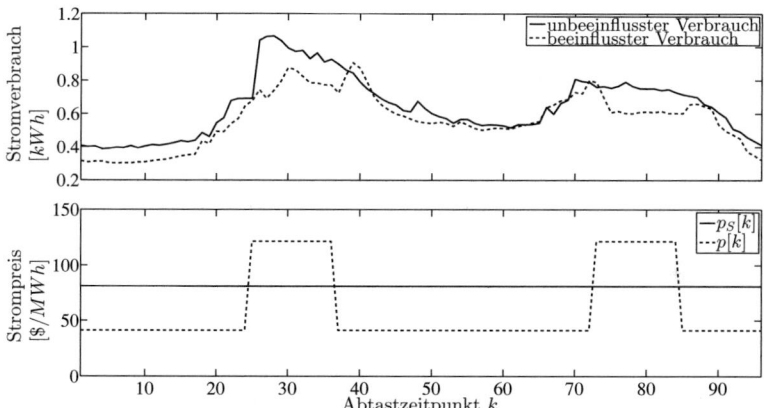

Bild 3: a.) (oben) Gemittelte Tageskurven des beeinflussten ($\bar{P}[k]$) und unbeeinflussten ($\bar{P}_S[k]$) Stromverbrauchs ausgewählter Haushalte, b.) (unten) Strompreise, die zu obigem Verbrauchsverhalten führen

Haushalte unterscheiden sich stark hinsichtlich des minimalen und maximalen Absolutwertes des Stromverbrauchs. Um Haushalte innerhalb einer Tarifgruppe, aber auch zwischen den vier Tarifgruppen vergleichen zu können, ist eine Normierung des Stromverbrauchs auf den mittleren Stromverbrauch aller Haushalte einer Tarifgruppe ratsam. Die über alle Verbraucher einer Tarifgruppe gemittelten und normierten Verbrauchs-/Lastdaten werden mit dem Index $normK$ gekennzeichnet. So ist z.b. der gemittelte und normierte Tagesverlauf der Last $\bar{P}_{normK}[k]$ für alle N Haushalte einer Tarifgruppe und für alle D gültigen Tage[7] wie folgt definiert:

$$
\begin{aligned}
\bar{P}_{normK}[k] &= M_d\{M_n\{P_{normK,d,n}[k]\}\} \\
&= M_d\{M_n\{\frac{P_{d,n}[k]}{M_k\{P_{d,n}[k]\}}\}\}
\end{aligned}
\tag{19}
$$

mit

$$
M_k\{\ldots\} = \frac{1}{K}\sum_{k=1}^{K}\ldots
\tag{20}
$$

$$
M_d\{\ldots\} = \frac{1}{D}\sum_{d=1}^{D}\ldots
\tag{21}
$$

$$
M_n\{\ldots\} = \frac{1}{N}\sum_{n=1}^{N}\ldots
\tag{22}
$$

$M_k\{\ldots\}$, $M_d\{\ldots\}$ und $M_n\{\ldots\}$ stellen dabei lineare Mittelungsoperatoren dar. In zukünftigen Untersuchungen sollen auch andere Normierungskonzepte berücksichtigt und beurteilt werden.

Die Daten aus dem *Olympic Peninsula Project* liegen als Rohdaten in Form von *.txt*-Dateien bzw. *.csv*-Tabellen vor. Für die in Abschnitt 4 beschriebene Parameterstudie müssen die Daten als *Gait-CAD*-Projektdateien (*.prjz*) vorhanden sein. Aus diesem Grund werden die Rohdaten in MATLAB importiert, vorverarbeitet und anschließend

- Projektdateien mit Tageskurven der Stromverbräuche/-preise und

- Projektdateien mit Jahreskurven der Stromverbräuche/-preise

erzeugt.

---

[7]Mit gültigen Tageskurven sind Tageskurven ohne Zeitlücken bzw. ohne fehlende Abtastzeitpunkte gemeint. Die gültigen Tage wurden im Zuge der Datenvorverarbeitung identifiziert. Die gleiche Vorgehensweise wurde bei allen Verbrauchsgruppen angewandt.

4 Parameterstudie

In Abschnitt 4 soll das vorgestellte Modellkonzept des virtuellen Speichers angewandt und anhand des Datensatzes aus dem *Olympic Peninsula Project* getestet werden. Zunächst wird das Verbrauchsverhalten der TOU-Gruppe aus dem Datensatz des *Olympic Peninsula Projects* als Reaktion auf Preisanreize beschrieben.

Verbrauchsverhalten als Reaktion auf TOU-Tarif

In Abschnitt 4 wird nun, mithilfe des Modells eines virtuellen Speichers, das reale Verbrauchsverhalten als Reaktion auf einen zeitvariablen Stromtarif beschrieben. Als Datengrundlage dient ein Teilprojekt mit den normierten mittleren Tagesverbräuchen und Strompreisen der TOU- und FIXED-Gruppe. Die FIXED-Gruppe als eine der vier Verbrauchsgruppen aus dem *Olympic Peninsula Project* kann als Vergleichsgruppe mit unbeeinflusstem Stromverbrauch bewertet werden. Der Strompreis für die Haushalte der FIXED-Gruppe ist über die gesamte Projektdauer konstant und beträgt $p_S = \$81/MWh$. Entsprechend kann der normierte, mittlere Stromverbrauch aller gültigen Tageskurven der Haushalte der FIXED-Gruppe als unbeeinflusster Stromverbrauch ($\bar{P}_{S,normK}[k] \cdot \Delta t_s$) betrachtet werden, da die Stromkunden durch diesen Tarif keinen Anreiz zur Laständerung/-verschiebung bekommen.

Der Stromtarif der TOU-Gruppe zeichnet sich dadurch aus, dass zweimal täglich ein dreistündiger *on-peak*-Strompreis von $p = \$121.5/MWh$ als Preisanreiz an die Stromkunden übermittelt wird. Der normale, sprich *off-peak-*, Strompreis liegt bei $p = \$41.19/MWh$. Der normierte, mittlere Stromverbrauch aller Haushalte der TOU-Gruppe ist als ein beeinflusstes Verbrauchsverhalten ($\bar{P}_{normK}[k] \cdot \Delta t_s$) aufzufassen. Der Preisanreiz des TOU-Tarifs führt zu einer Lastverschiebung und Anpassung des Verbrauchsverhaltens (vgl. Gleichung (2)). Die Änderung der Last (allgemein: $P_{R,d,n}[k]$, hier: $\bar{P}_{R,normK}[k]$) soll nun durch das Modell des virtuellen Speichers geschätzt ($\hat{\bar{P}}_{R,normK}[k]$) werden und daraus die neue beeinflusste Last wie in Gleichung (23) berechnet werden.

$$\hat{\bar{P}}_{normK}[k] = \bar{P}_{S,normK}[k] + \hat{\bar{P}}_{R,normK}[k]$$
$$= \bar{P}_{S,normK}[k] + w_{d,n}[k] \cdot \hat{\bar{P}}_{R,normK,max}[k] \tag{23}$$

Anschließend erfolgt die Bewertung der Modellschätzung mithilfe der in Gleichung (15) und (18) vorgestellten Bewertungsmaße.

Wie in Abschnitt 2 bereits diskutiert, besteht das Modell des virtuellen Speichers strukturell aus zahlreichen Parametern, wie K_h, $a_n[k]$, $E_{VS,d,n,soll}[k]$, $E_{VS,n,min}$ oder $E_{VS,n,max}$. In dieser Arbeit werden jedoch nur die Modellparameter K_h, $a_n[k]$ und $E_{VS,n,max}$ in einem bestimmten, vorgegebenen Parameterbereich variiert. Tabelle 2 verdeutlicht den Variationsbereich der betrachteten Parameter und gibt die besten Konfigurationen im Sinne des geringsten Modellfehlers gemäß Gleichung (15) bzw. der größten Kosteneinsparung gemäß Gleichung (18) wieder.

Variations-bereich	Beste Konfiguration hstl. Modellfehler	Beste Konfiguration hstl. Kosteneinsparung
$1 \leq K_h \leq 24$	$K_h = 12$	$K_h = 7$
$0 \leq a_n[k] \leq 1$	$a_n[k] = a = 0.3$	$a_n[k] = a = 1.0$
$1 \leq E_{VS,max} \leq 8$	$E_{VS,max} = 3$	$E_{VS,max} = 8$

Tabelle 2: Variationsbereich der unterschiedlichen Parameter für die Parameterstudie zum Verbrauchsverhalten als Reaktion auf TOU-Tarif, inklusive der Konfigurationen der besten Modelle hinsichtlich minimalem Modellfehler bzw. größter Kosteneinsparung

Beispielhaft wird das geschätzte Verbrauchsverhalten (MODEL) für zwei ausgewählte Parameterkonfigurationen in Bild 4 dargestellt. Im unteren Teilbild 4b ist eine deutlich bessere Modellschätzung des beeinflussten Verbrauchsverhaltens zu erkennen als im obigen Teilbild 4a. Ungefähr 21.3% der realen Abweichung zwischen FIXED- und TOU-Kurve lassen sich durch das Modell des virtuellen Speichers und mit der derzeitigen Modellstruktur und der besten Parameterkonfiguration beschreiben.

Die grau hinterlegten Bereiche markieren die Zeitbereiche mit hohem Strompreis. Das Modell mit der Parameterkonfiguration $K_h = 12$, $a = 0.3$ und $E_{VS,max} = 3$ zeigt in diesen Bereichen eine signifikante Lastabsenkung. Vor und hinter den grauen Bereichen ist das „Bedürfnis" des virtuellen Speichers hoch, die Last zu erhöhen und den Speicher zu füllen. Im Bereich mit hohem Strompreis bei $73 \leq k \leq 84$ ist das geschätzte Verbrauchsverhalten (MODEL) dem realen Verbrauchsverhalten (TOU) sehr ähnlich. Das Modell ist in diesem Bereich in der Lage, das reale Verbrauchsverhalten gut abzubilden. Dagegen ist die starke reale Last-/Verbrauchsreduktion im Bereich $25 \leq k \leq 36$ nur unzureichend durch das Modell beschrieben.

Eine Erhöhung der Speichergröße von $E_{VS,max} = 3$ auf $E_{VS,max} = 8$ bei sonst gleich bleibender Parameterkonfiguration führt dazu, dass es im vorderen Bereich ($25 \leq k \leq 36$) zu einer besseren Modellschätzung der

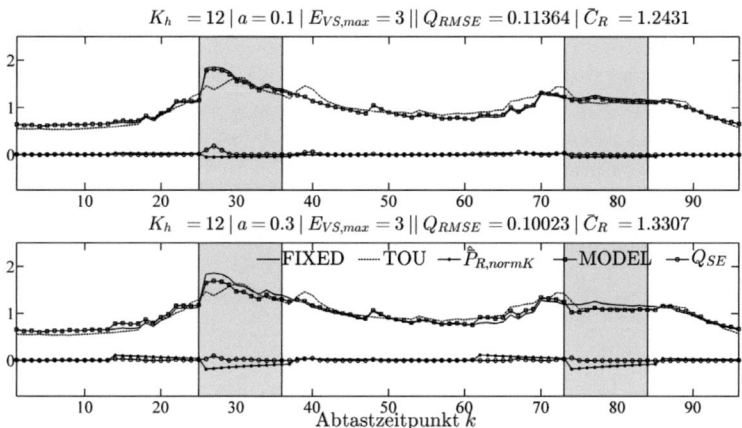

Bild 4: Darstellung des Modellverhaltens als Reaktion auf TOU-Tarif für zwei ausgewählte Konfigurationen des Modells: a.) (oben) $K_h = 12$, $a = 0.1$, $E_{VS,max} = 3$, b.) (unten) $K_h = 12$, $a = 0.3$, $E_{VS,max} = 3$. Normierte, mittlere Tageskurven des unbeeinflussten (FIXED-Gruppe) und beeinflussten Stromverbrauchs (TOU-Gruppe), inklusive der Schätzung der Änderung des Stromverbrauchs und der daraus resultierenden Modellschätzung des beeinflussten Stromverbrauchs (MODEL). Je Abtastzeitpunkt k ist zudem die quadratische Abweichung Q_{SE} zwischen der MODEL- und TOU-Kurve abgebildet.

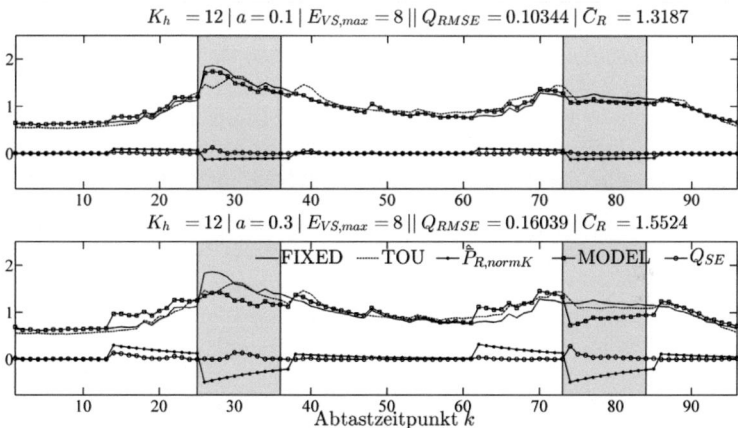

Bild 5: Darstellung des Modellverhaltens als Reaktion auf TOU-Tarif für zwei ausgewählte Konfigurationen des Modells: a.) (oben) $K_h = 12$, $a = 0.1$, $E_{VS,max} = 8$, b.) (unten) $K_h = 12$, $a = 0.3$, $E_{VS,max} = 8$. Erhöhte Größe des virtuellen Speichers $E_{VS,max}$ im Vergleich zu Bild 4.

Lastabsenkung kommt (siehe Bild 5b). Liegt der Fokus auf dem hinteren Zeitbereich ($73 \leq k \leq 84$), ist allerdings eine Überkompensation/-schätzung durch das Modell auszumachen. Das beste Modell mit der Parameterkonfiguration $K_h = 12$, $a = 0.3$ und $E_{VS,max} = 3$ stellt somit einen Kompromiss zwischen guter Modellschätzung des realen Verbrauchsverhaltens insgesamt und lokal geringer Modellüber- bzw. -unterschätzung dar. Mit einer weiteren Verbesserung der Modelle ist zu rechnen, wenn der Parameter $w_{d,n}[k]$ als tageszeitabhängige Größe mit in die Berechnung einfließt, um lokale Modellüber- bzw. -unterschätzungen zu kompensieren. In weiterführenden Parameterstudien soll dieser Sachverhalt untersucht werden.

5 Zusammenfassung und Ausblick

Der vorliegende Beitrag stellt ein neues Konzept zur Modellierung des Verbrauchsverhaltens (auf Haushaltsebene) als Reaktion auf Anreizsignale vor. Eine ausführliche Beschreibung des strukturellen Aufbaus des *Gray-Box*-Modells wird in Abschnitt 2 vorgenommen. Der eingesetzte Lern- und Testdatensatz findet ebenso Erwähnung wie ausgewählte Vorverarbeitungsschritte (Abschnitt 3). Die Ergebnisse der durchgeführten Parameterstudie in Abschnitt 4 erlauben erste qualitative Aussagen über die Leistungsfähigkeit des neuen Modellkonzeptes.

Eine systemtechnische Einordnung des *Gray-Box*-Modells als ein mögliches Verbrauchermodell gelingt in [19] (siehe Box „Modell Verbraucher" in Abbildung 3). Hier sollen auf Grundlage von historischen Verbrauchsdaten beim Netzbetreiber Prognosemodelle (*Black-Box*-Modelle) für beeinflusstes und unbeeinflusstes Verbrauchsverhalten gebildet werden.

Das neu entwickelte Konzept des virtuellen Speichers beschreibt ein Modell, welches in seinem strukturellen Aufbau und seinem grundlegenden (Lade-) Verhalten intuitiv zu verstehen ist. Die Herausforderung besteht in der richtigen Wahl der Parameter. Lokale Modellüber- bzw. -unterschätzungen machen detailliertere Untersuchungen und eine mögliche Anpassung bzw. Erweiterung der Modellstruktur erforderlich. Ein weiterer wichtiger Schritt ist die Anwendung des Modells an Daten, die das Verbrauchsverhalten bzgl. Echtzeit-Elektrizitätspreisen berücksichtigen (RTP-Gruppe).

Ferner gilt es, Algorithmen zur Online-Identifikation der Parameter aus realen Last- und Preiskurven zu entwickeln. Aufgrund datenschutzrechtlicher Restriktion konnten die neu entwickelten Verbrauchermodelle lediglich auf einem Datensatz angewendet werden. Sofern weitere verfüg-

und verwendbar sind, ist das neue Modellkonzept auf diese (insbesondere europäische) Datensätze anzuwenden. Des Weiteren hat der kontinuierliche Aufbau der Modellbibliothek, wie in Abschnitt 1 beschrieben, eine wesentliche Bedeutung. Zur Untersuchung verschiedener Szenarien zur zukünftigen Netzbetriebsführung ist eine Integration der neuen adaptierbaren Verbrauchermodelle in ein Netzsimulationssystem auf Basis von MATLAB MATPOWER [8] notwendig.

Der Dank der Autoren gilt der Deutschen Forschungsgemeinschaft (DFG), die diesen Beitrag im Rahmen eines Forschungsprojektes (MI 1315/2-1) ermöglicht hat.

Literatur

[1] Dena: dena-Netzstudie II - Integration erneuerbarer Energien in die deutsche Stromversorgung im Zeitraum 2015 - 2020 mit Ausblick 2025. Techn. Ber., Deutsche Energie-Agentur GmbH (dena). 2010.

[2] Arnoldt, A.; Warweg, O.; Frenzel, S.; Werner, M.; Bretschneider, P.: Analyse des Einflusses vom Demand Response RESIDENS Feldversuch auf das Kundenlastverhalten. In: *VDE-Kongress 2012*. VDE VERLAG GmbH. 2012.

[3] Corradi, O.; Ochsenfeld, H.; Madsen, H.; Pinson, P.: Controlling Electricity Consumption by Forecasting its Response to Varying Prices. *IEEE Transactions on Power Systems* 28 (2013) 1, S. 421–429.

[4] Dorini, G.; Pinson, P.; Madsen, H.: Chance-Constrained Optimization of Demand Response to Price Signals. In: *IEEE Transactions on Smart Grid*, Nr. 99. 2013.

[5] Holtschneider, T.; Erlich, I.: Modeling demand response of consumers to incentives using fuzzy systems. In: *IEEE Power and Energy Society General Meeting*, S. 1–8. IEEE. 2012.

[6] Hammerstrom, D.; Ambrosio, R.; Brous, J.; Carlon, T.; Chassin, D.; DeSteese, J.; Guttromson, R.; Horst, G.; Järvegren, O.; Kajfasz, R.; et al.: Pacific Northwest GridWise Testbed Demonstration Projects. *Part I. Olympic Peninsula Project* (2007).

[7] Mikut, R.; Burmeister, O.; Braun, S.; Reischl, M.: The Open Source Matlab Toolbox Gait-CAD and its Application to Bioelectric Signal Processing. In: *Proc., DGBMT-Workshop Biosignalverarbeitung, Potsdam*, S. 109–111. 2008.

[8] Zimmerman, R.; Murillo-Sánchez, C.; Thomas, R.: MATPOWER: Steady-State Operations, Planning, and Analysis Tools for Power Systems Research and Education. *IEEE Transactions on Power Systems* 26 (2011) 1, S. 12–19.

[9] eTelligence: Abschlussbericht eTelligence. Techn. Ber., EWE AG. 2012.

[10] Intelliekon: Nachhaltiger Energiekonsum von Haushalten durch intelligente Zähler-, Kommunikations- und Tarifsysteme. Techn. Ber., Forschungsprojekt gefördert durch das deutsche Bundesministerium für Bildung und Forschung (BMBF). url: http://www.intelliekon.de/. 2011.

[11] moma: Modellstadt Mannheim – Evaluation der Feldtests und Simulationen, Endbericht. Techn. Ber. 2013.

[12] Ifland, M.; Exner, N.; Westermann, D.: Influencing domestic customers' market behavior with time flexible tariffs. In: *3rd IEEE PES International Conference and Exhibition on Innovative Smart Grid Technologies (ISGT Europe)*, S. 1–7. 2012.

[13] Klobasa, M.: *Dynamische Simulation eines Lastmanagements und Integration von Windenergie in ein Elektrizitätsnetz auf Landesebene unter regelungstechnischen und Kostengesichtspunkten.* Dissertation, ETH Zürich. 2007.

[14] Koch, S.: *Demand Response Methods for Ancillary Services and Renewable Energy Integration in Electric Power Systems.* Dissertation, ETH Zürich. 2012.

[15] MIT: The Future of the Electric Grid. Techn. Ber., Massachusetts Institute of Technology (MIT). 2011.

[16] Ernst & Young: Kosten-Nutzen-Analyse für einen flächendeckenden Einsatz intelligenter Zähler. Techn. Ber., Ernst & Young GmbH. 2013.

[17] Mültin, M.; Allerding, F.; Schmeck, H.: Integration of Electric Vehicles in Smart Homes - An ICT-based Solution for V2G Scenarios. In: *Proceedings of the IEEE PES Innovative Smart Grid Technologies, Washington D.C., USA.* 2012.

[18] Nyeng, P.; Ostergaard, J.: Information and Communications Systems for Control-by-Price of Distributed Energy Resources and Flexible Demand. *IEEE Transactions on Smart Grid* 2 (2011) 2, S. 334–341.

[19] Klaiber, S.; Bretschneider, P.; Waczowicz, S.; Mikut, R.; Konotop, I.; Westermann, D.: Intelligente Prognoseverfahren für unbeeinflusstes Verbrauchsverhalten in Energiesystemen. In: *Proceedings. 23. Workshop Computational Intelligence, Dortmund, 5.-6. Dezember 2013.* KIT Scientific Publishing. 2013.

On identifying nonlinear envelop type dynamical T-S fuzzy models for systems with uncertainties: method and application to electro-mechanical throttle

Salman Zaidi, Andreas Kroll

Fachgebiet Mess- und Regelungstechnik
Fachbereich Maschinenbau, Universität Kassel
Mönchebergstrasse 7, 34125 Kassel
Tel.: (0561) 804 2953
Fax: (0561) 804 2847
E-Mail: {salman.zaidi, andreas.kroll}@mrt.uni-kassel.de

Abstract

In modeling of nonlinear stochastic systems from input-output data, it may be of interest to model the uncertainty besides a most likely or average prediction of the system output. The data can be considered to be generated from one realization of the stochastic phenomenon under study. In order to effectively deal with the identification of such systems, it may be advantageous to repeat the same experiment multiple times under similar conditions. The multiple time series generated this way thus contain information about stochastic variations within such systems. This paper presents one of the possible approaches to deal with such identification scenario in the framework of Takagi-Sugeno fuzzy models. Besides predicting the most likely response of system for the given input signal, the proposed identification procedure provides models for the max-min boundaries of the output signal. The experimental results for an electro-mechanical throttle shows the applicability and validity of the proposed identification procedure.

1 Introduction

System identification in systems and control theory is concerned with building mathematical models of dynamical systems from measured input-output data, assuming inputs and model order to be known. The accuracy of the developed model is thus highly dependent upon the information content and quality of the data used for identification. The identification is carried out in two steps. In the first step, a model structure with unknown parameters is selected by the user, and in the second step, these parameters are determined by using different parameter estimation techniques. To date, several methodologies have been successfully used for nonlinear dynamic system identification, such as artificial neural networks [1][2], piecewise affine systems [3][4], and the Takagi-Sugeno (T-S) fuzzy modeling [5], to name a few. This paper focuses on T-S fuzzy modeling of nonlinear stochastic dynamical system.

Owing to its universal approximation capability of approximating any continuous function with arbitrarily high precision [6], the general T-S fuzzy systems with affine consequents [7][8][9] have been extensively used in fuzzy modeling and control. In T-S fuzzy modelling, the input space is decomposed into a number of fuzzy subspaces, in which each fuzzy subspace is characterized by a membership function and describe the local behavior of the underlying system by an affine local model. The global nonlinear behavior of the system can then be obtained by smoothly interpolating these affine local models.

By repeating the experiment, multiple data sets for identification can be generated. The task then is to identify a T-S fuzzy model that is capable of providing not only an average or most likely predicted output of the system but to also provide the measure of dispersion of output values based on the variation in the data set. There exists some attempts in the literature regarding the identification of interval dynamic T-S fuzzy systems e.g. the interval fuzzy model (INFUMA) [13] which approximates the optimal lower and upper bound functions using linear programming (LP) that define the band of function values obtained due to interval function parameters, but the approach is not directly applicable in case of dynamical system identification from uncertain data. Xu et al. [14] have recently proposed an interval T-S fuzzy model, in which the parameters in consequent part of the T-S fuzzy rule become intervals by using interval regression analysis. They assumed the output signal to be in the interval form, but no explanation was given as how such output values can be obtained from the identification point of view. As pointed out by Mendel [15], the ordinary fuzzy sets (FS), referred to as type-1 fuzzy sets (T1 FSs), are not fully capable of handling uncertainties present in real-world complex problems. Thus to improve the uncertainty handling capability of T1 FS based fuzzy logic systems (FLS), the author suggested to use type-2 fuzzy sets (T2 FSs) based FLS [16]. In T2 FLS, the uncertainties in systems are translated into uncertain membership function. How these uncertainties can be translated in case of identification from data is still not defined. Similar to T2 FLS, in [17], the probabilistic fuzzy logic system (PFLS) was proposed that had the capability of modeling a system with stochastic uncertainties. In PFLS, instead of using ordinary fuzzy sets as the secondary membership functions, the PFLS uses probabilistic fuzzy sets. Yet again, the criterion for determining the probability density of primary membership function values reflecting true uncertainties in data is not intelligible in practical identification scenarios.

A stochastic system (unlike deterministic system) does not always produce the same output for a given input even if the initial condition remains the same. The stochastic variations observed in different data sets produced by repeating the experiments with the same input signal under similar conditions should be reflected in the identification of such systems using Takagi-Sugeno (T-S) fuzzy modeling. This paper provides a framework for the identification of nonlinear systems with the experimentally determined uncertainties in data. An electro-mechanical throttle is used as a case study. The throttle has been studied extensively in [12] and shows stochastic behavior due to friction. This paper is organized as follows. The problem statement is formulated in Section 2. Section 3 contains the uncertainty analysis of data measured for the throttle. The proposed identification approach is discussed in Section 4. Experimental results on electro-mechanical throttles [11][12] are demonstrated in Section 5. Finally, the conclusion and outlook are given in the last section.

2 Problem statement

For simpliticty, assume a Single-Input-Single-Output (SISO) dynamical system. An extension to Multiple-Input-Single-Output (MISO) or Multiple-Input-Multiple-Output (MIMO) is straight forward. Further assume that an input signal can be exactly reproduced in a given experiment (i.e. the input signal is considered to be deterministic). Application of the input signal to the system leads to the generation of the following data

$$(U^j, Y^j) := \{(u_k^j, y_k^j), k \in \{1, 2, 3, \ldots, N\}\} \tag{1}$$
$$(U, Y) := \{(U^j, Y^j), j \in \{1, 2, 3, \ldots, M\}\} \tag{2}$$
$$\mathcal{X}^j := (U^j, Y^j) \tag{3}$$
$$\mathcal{X} := \{\mathcal{X}^j, j \in \{1, 2, 3, \ldots, M\}\} \tag{4}$$

where $u_k^j \in U \subset \mathbb{R}$ and $y_k^j \in Y \subset \mathbb{R}$ denote the k-th input-output data pair of the j-th experiment, N is the total number of data pairs in one experiment, and M is the total number of experiments. Since the input signal is deterministic, $u_k^l = u_k^m$ and $U^l = U^m$; $\forall k \in \{1, 2, 3, \ldots, N\}$; $l, m \in \{1, 2, 3, \ldots, M\}$. Assuming variation in y_k^j, the underlying process can be viewed as M realizations of a stochastic process. Consequently, each y_k^j can be seen as the j-th realization of a random variable $\mathbf{y_k}$.

The objective is to firstly capture the observed stochasticity in $\mathcal{X}$ by a model that describes an average or most likely behavior of the system to be modelled. Secondly, the model should be able to provide an envelop for the expected spread of the output values. It is remarked that the uncertainty could be modelled differently, e.g. as parametric instead as signal uncertainty.

3 Uncertainty analysis of data

Assuming a discrete time SISO nonlinear system of the form

$$y(k) = f(y(k-1), \ldots, y(k-n_y), u(k-\tau-1), \ldots, u(k-\tau-n_u)) \tag{5}$$

where n_y, τ and n_u represent the number of lagged output samples, dead time and number of lagged input samples. Observation assume typically additive Gaussian term $e(k)$, the measurement noise, in eq.(5). In case of deterministic input (u) and stochastic output ($\mathbf{y}$), this system can be represented as a stochastic process of the form:

$$\{\mathbf{y}_k|\mathbf{y}_{k-1}, \ldots, \mathbf{y}_{k-n_y}, u(k-\tau-1), \ldots, u(k-\tau-n_u)\} \tag{6}$$

Conditional densities $p(\mathbf{y}_k|\mathbf{y}_{k-1}, \ldots, \mathbf{y}_{k-ny}, u(k-\tau-1), \ldots, u(k-\tau-n_u))$ can be estimated from $\mathcal{X}$ for each instant k. These densities can be visually inspected by looking at the histogram of the data. As a particular case of normality, the distribution can be tested by statistical techniques, such as Shapiro-Wilk (SW), Kolmogorov-Smirnov (KS), Anderson-Darling (AD) or Lillifors (LF) test, see [18] and the references therein for details and comparisons.

In general, the parametric and non-parametric [19] descriptions of any arbitrarily shaped probability density function (pdf) can obtained from data. For parametric estimation, the method of Gaussian Mixture Models (GMM) [20] is well known and used extensively for its ability to approximate any continuous pdf by a weighed combination of two or more Gaussian components (mixtures). For estimating the parameters of GMM, the iterative Expectation-Maximization (EM) algorithm [21] or Maximum A-Posteriori (MAP) estimation [22] are used. The conditional density estimate of $\mathbf{y}_k$ using GMM can be given mathematically as follows:

$$\mathbf{y}_k \sim \sum_{m=1}^{M_k^{(y)}} \pi_{m,k}^{(y)} \cdot N(\mu_{m,k}^{(y)}, \sigma_{m,k}^{(y)}), \tag{7}$$

where $N(\mu, \sigma)$ denotes the normal distribution with mean (μ) and standard deviation (σ); $M_k^{(y)}$ represent the number of mixture components used in GMM for approximating the conditional density of the random variable $\mathbf{y_k}$; $\pi_{m,k}^{(y)}$ represents the mixing proportion for m-th Gaussian component of the k-th random variable $\mathbf{y_k}$, with $\mu_{m,k}^{(y)}$ and $\sigma_{m,k}^{(y)}$ the corresponding values of mean and standard deviation.

4 Identification approach

Developing a fuzzy model considering the conditional densities of $\mathbf{y_k}$ does not seem to be a trivial task and cannot be solved with the ordinary deterministic fuzzy models. The possible alternatives include to use stochastic fuzzy systems, type-2 fuzzy systems or probabilistic fuzzy systems for modeling.

However, in the proposed approach, in order to alleviate the problem and to formulate a computationally tractable model, only the upper and lower output boundaries by taking instant/sample wise maximum and minimum values are considered for identification. From hereon, these trajectories are termed as upper and lower bounds. Mathematically, the minimum and maximum values of $\mathbf{y_k}$ as observed in $\mathcal{X}$ are considered to give rise to the minimum y_k^l and maximum y_k^u which are then used to construct two data sets for identification as follows:

$$\mathcal{X}^l := (U, Y^l) = \{(u_k, y_k^l)|y_k^l = \min_j y_k^j, \forall k, j\} \tag{8}$$

$$\mathcal{X}^u := (U, Y^u) = \{(u_k, y_k^u)|y_k^u = \max_j y_k^j, \forall k, j\} \tag{9}$$

From $\mathcal{X}$, an average parallel T-S fuzzy model, considering the entire $\mathcal{X}$, is assumed to be the most representative model. It is identified by averaging out the parameters obtained from M iterations of identification procedure on each $\mathcal{X}^j$, $j = 1, 2, \ldots, M$. Moreover, by using $\mathcal{X}^l$ and $\mathcal{X}^u$ for identification, two separate parallel T-S fuzzy models (called boundary models from hereon) are constructed. These boundary models are created in such a way that the measured output trajectories are always guaranteed to lie with the bounds provided by them.

The entire procedure consists of the following steps:

4.1 Experiment design and data generation

The first step for any identification is the design of experiments. The input signal used for identification should be persistently exciting to excite all the amplitude and frequency modes of interest [10]. For capturing the stochasticity, the experiment should be repeated multiple times to generate multiple time series for identification. A single time series in this case can be considered as one realization of the underlying stochastic system.

4.2 Synchronization of trajectories

Cross-correlation provides a measure of similarity of two waveforms as a function of a time-lag applied to one of them, and consequently it can be used for synchronizing two trajectories which differ by an unknown shift along the time-axis. It can be used to find how much one trajectory must be shifted along the time-axis to match it closest to the second trajectory. The reason for doing this step is to make sure that the trajectories are synchronized before carrying out sample-wise operations. Asynchronism is not assumed due to the system behavior, but it can occur due to the imperfection of the data generating mechanism. The cross-correlation between each pair of output trajectories $\{(Y^i, Y^j)|i \neq j, i, j \in \{1, 2, 3, \ldots, M\}\}$ should be examined.

4.3 Identification procedure for the average model

The identification is divided into the following two steps:

1. Estimation of optimal parallel T-S fuzzy models for each $(\mathcal{X}^j)$ with set of parameters $(\boldsymbol{\theta}^j)$

2. Averaging out the set of parameters $(\boldsymbol{\theta}^{\mathrm{avg}} := \mathrm{mean}(\boldsymbol{\theta}^j))$ to form the average model

The procedure for estimating the optimal parallel T-S fuzzy model can be summarized in the following steps:

1. Fuzzy clustering by Fuzzy c-means (FCM) [23] in the product space, considering the Eucleadian norm, to determine the partitioning of the model into local models

2. Identification of the model for one step ahead prediction model (serial-parallel or Nonlinear Auto Regressive with eXogenous Input (NARX) model) by estimation of consequent parameters (using global approach)

3. Application of nonlinear optimization method to minimize the maximum absolute residual for estimating optimal parameters for recursive mode evaluation (parallel or Nonlinear Output Error (NOE) model). The parameters to be optimized include the cluster prototypes and parameters of local models

The Takagi-Sugeno (TS) with multidimensional reference fuzzy sets [8] and affine consequents having c number of rules is considered. The i-th fuzzy rule can be written as

$$R_i : \quad \text{IF } (\mathbf{x} \text{ IS } \mathbf{v_i})|_{\mathbf{v}_1,...,\mathbf{v}_c} \text{ THEN } y_i = f_i(\mathbf{x}) \tag{10}$$

with:
R_i: i-th fuzzy rule,
$\mathbf{x}$: the vector of m crisp inputs, $\mathbf{x} = [x_1, \ldots, x_m]^T \in \mathbb{R}^m$,
$\mathbf{v}_i$: i-th cluster prototype, $\mathbf{v}_i = [v_{i1}, \ldots, v_{im}]^T \in \mathbb{R}^m$,
y_i: crisp output of the i-th rule,
f_i: affine conclusion function, $f_i(\mathbf{x}) = a_{0,i} + \sum_{j=1}^{m} a_{j,i} x_j$

In case of identification for dynamic system defined by Eq. (5), $\mathbf{x}$ is the vector of lagged input and output vectors with $m = n_u + n_y$. The degree of fulfillment for the i-th rule is determined by the evaluating the i-th membership function (MF)

$$\mu_i(\mathbf{x}) = \frac{1}{\sum_{j=1}^{c} \left(\frac{||\mathbf{x}-\mathbf{v}_i||}{||\mathbf{x}-\mathbf{v}_j||} \right)^{\frac{2}{v-1}}} \tag{11}$$

where v is the fuzzy index. The final crisp output is given as the average of outputs of the c rules according to Eq. (10) weighted by their membership values

$$\hat{y}(\mathbf{x}) = \sum_{i=1}^{c} y_i(\mathbf{x})\mu_i(\mathbf{x}) \tag{12}$$

Since the MF defined in Eq. (11) is orthogonal, $\sum_{i=1}^{c} \mu_i(\mathbf{x}) = 1$. The algorithm consists of the identification of:

1. Premise structure, i.e. c cluster prototypes $(V := [\mathbf{v}_1^T, \dots, \mathbf{v}_c^T]^T)$

2. c sets of consequent parameters of the local affine models $(A := [\mathbf{a}_1^T, \dots, \mathbf{a}_c^T]^T, \mathbf{a}_i = [a_{0,i}, \dots, a_{m,i}]^T \in \mathbb{R}^{m+1})$

FCM is used for the identification of premise structure. The cluster prototypes $(V_{\text{serial-parallel}})$ are obtained by fuzzy clustering which optimizes the objective function of the form

$$J_{\text{FCM}}(X, U, V) = \sum_{k=1}^{N} \sum_{i=1}^{c} \mu(\mathbf{x}(k))^v ||\mathbf{x}(k) - \mathbf{v}_i|| \qquad (13)$$

$$V_{\text{serial-parallel}} := \arg\min_{V} \left(J_{\text{FCM}}(X, U, V) \right) \qquad (14)$$

It is clear from the objective function that cluster prototypes are not adjusted in modeling sense.

The consequent parameters $(A_{\text{serial-parallel}})$ are estimated for serial-parallel model evaluation by the Least Squares (LS) method as follows.

$$A_{\text{serial-parallel}} := \arg\min_{A} \frac{1}{N} \sum_{k=1}^{N} \left((y(k) - \hat{y}_{\text{serial-parallel}}(V, A, k)) \right)^2 \qquad (15)$$

The premise and consequent parameters can be lumped as follows.

$$\boldsymbol{\theta}_{\text{serial-parallel}} := [V_{\text{serial-parallel}}^T, A_{\text{serial-parallel}}^T]^T \qquad (16)$$

Good parallel evaluation properties are important for using the model for simulation or for long-range predictions, e.g., in the context of model-based predictive control [24]. Non-linear optimization using a sequential quadratic programming (SQP) method [25], which minimizes the maximum absolute residual in parallel evaluation, is used to achieve optimal cluster prototypes and local model parameters for parallel mode evaluation

$$\boldsymbol{\theta}_{\text{parallel}} := [V_{\text{parallel}}^T, A_{\text{parallel}}^T]^T := \arg\min_{V,A} \frac{1}{N} \sum_{k=1}^{N} (y(k) - \hat{y}_{\text{parallel}}(V, A, k))^2 \qquad (17)$$

4.4 Identification procedure for the boundary models

This step consists of the estimation of two separate optimal parallel T-S fuzzy models trained from $\mathcal{X}^l$ (Eq. (8)) and $\mathcal{X}^u$ (Eq. (9)) with parameters $\boldsymbol{\theta}^l$ and $\boldsymbol{\theta}^u$. However, for non-linear optimization, constraints are included to force the output of upper (lower) boundary model to always lie above (below) the measured upper (lower) bound of the output.

For upper boundary model:

$$\boldsymbol{\theta}^u = \arg \min_{\boldsymbol{\theta}} \max_k |y^u(k) - \hat{y}(\boldsymbol{\theta}, k)| \qquad (18)$$

$$\text{such that:} \quad y^u(k) - \hat{y}(\boldsymbol{\theta}, k) \leq 0, \quad \forall k \qquad (19)$$

For lower boundary model:

$$\boldsymbol{\theta}^l = \arg \min_{\boldsymbol{\theta}} \max_k |y^l(k) - \hat{y}(\boldsymbol{\theta}, k)| \qquad (20)$$

$$\text{such that:} \quad y^l(k) - \hat{y}(\boldsymbol{\theta}, k) \geq 0, \quad \forall k \qquad (21)$$

4.5 Results and validation

The model parameters which describe the average model and the expected spread of the output values is described as the set $\boldsymbol{\theta}^{\text{model}} := \{\boldsymbol{\theta}^l, \boldsymbol{\theta}^{\text{avg}}, \boldsymbol{\theta}^u\}$ which represents a parsimonious representation of the uncertain nonlinear system dynamics. The model should be validated on the test data for evaluating its performance and generalization ability.

5 Experimental results

The identification of the electro-mechanical throttle with friction [11] [12], shown in Fig. 1, is presented in this section as an illustrative example of the proposed approach.

The motivation behind choosing it as the example is that the collected open-loop data shows that the output signal has shown randomness due to the presence of uncertainties, mainly due to friction. A multisine signal, having the signal length of 1000 samples (N) was chosen as the input signal. The sampling time was take 1 ms. The experiment was repeated

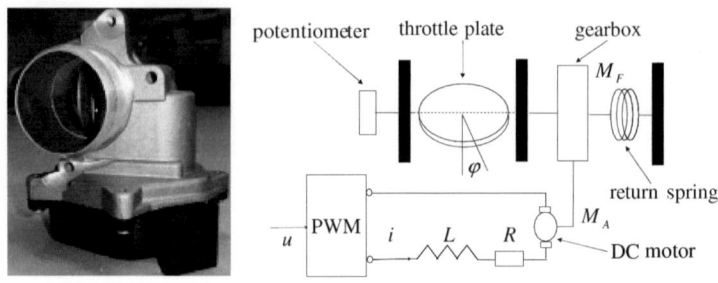

Fig. 1: Typical electro-mechanical throttle and its technology scheme [11]

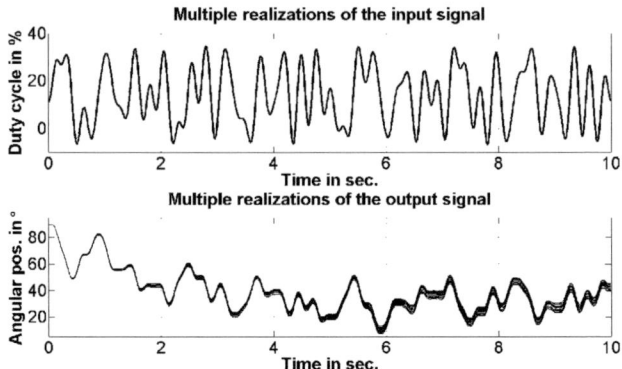

Fig. 2: Input-output time series obtained by repeating experiments

46 times (M) to obtain 46 time series for identification. The input-output time series are shown in Fig. 2.

The spread (standard deviation) of output values have time varying characteristics which is shown in Fig. 3.

Conditional density of spreading of output trajectories at each time instant was examined by normalized histogram and approximated parametrically by GMM. For illustration, the normalized histogram and the pdf estimated by the GMM at the instant where the maximum spreading was observed is shown in Fig. 4.

For identification of the throttle, $u(k-1)$, $y(k-1)$ and $y(k-2)$ were used as regressors. Fuzzy c-means algorithm [23] was applied for clustering with parameters $c = 8$ and $v = 1.1$. The least squares method was used to obtain

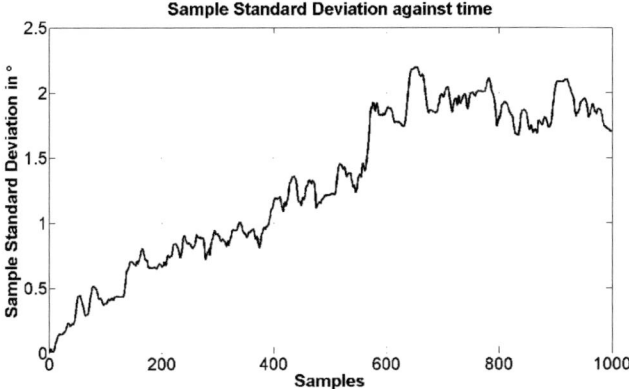

Fig. 3: The observed instant-wise standard deviation in output trajectories

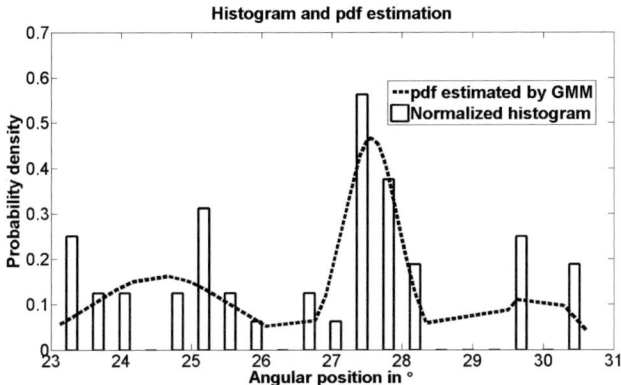

Fig. 4: The normalized histogram and the pdf estimated by GMM

the parameters of local affine model of serial-parallel model. Parameters for parallel model were obtained by SQP method. The data were split into 70% for training and 30% for testing. The performance of the developed parallel TS fuzzy model from the first time series is shown in Fig. 5

The constraint SQP method was used for determining the parameter of boundary models. The performance of upper and lower boundary models are shown in Fig. 6.

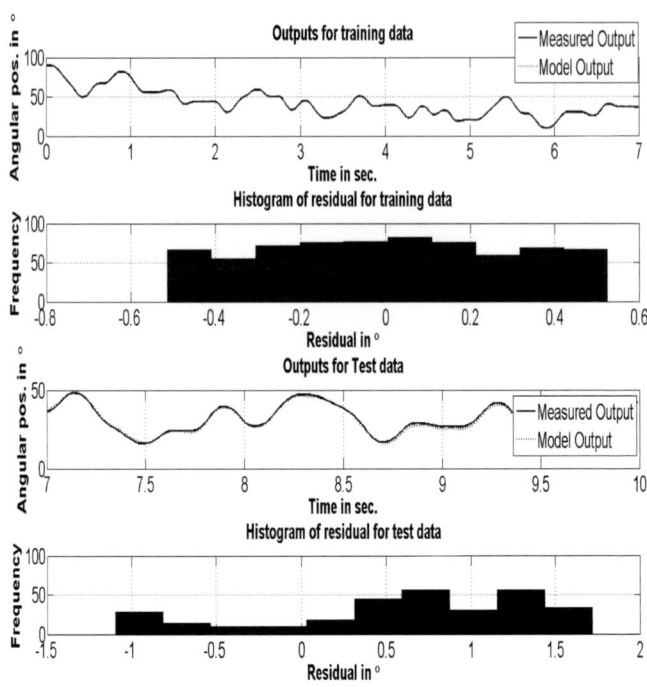

Fig. 5: Performance of parallel TS model on the training and test data

6 Conclusion and Outlook

The experimental results obtained from the case study of throttle show that the proposed model is able to provide the average and boundary models with good accuracy. The presented approach for building boundary models is a first attempt to model the uncertainty observed in output trajectories in signal space by considering the upper and lower bound values without considering the statistical distribution between these bounds. Translating the observed uncertainties in signal space into parameter uncertainties in parameter space and investigating ways to include them in modeling using Type-2 FLS based system will be the topic of future research.

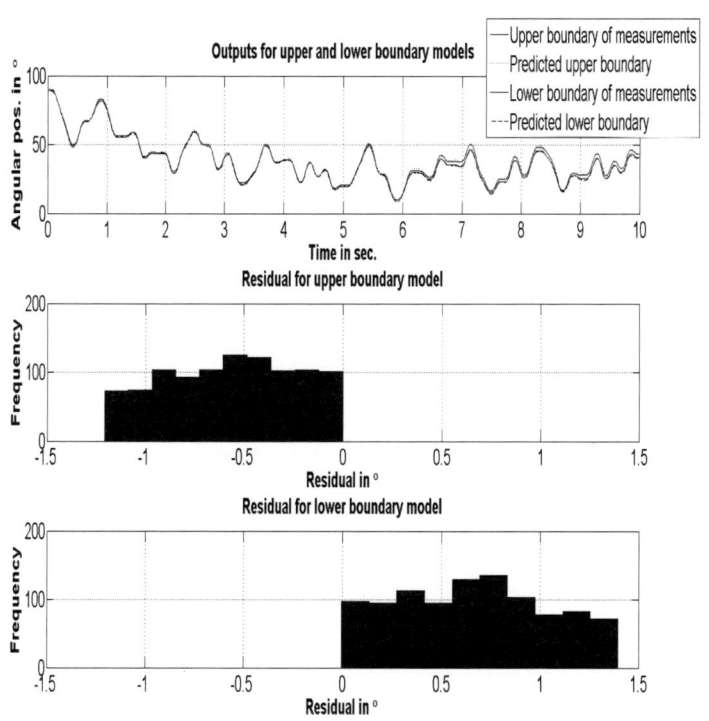

Fig. 6: Performance of upper and lower boundary models

References

[1] Narendra, K.S. ; Parthasarathy, K. : Identification and control of dynamical systems using neural networks. *IEEE Trans. on Neural Networks.* vol. 1, no. 1, pp. 4-27. 1990.

[2] Norgaard, M. ; Ravn, O. ; Poulsen, N. K. ; Hansen L. K. : Neural networks for modelling and control of dynamic systems. Springer, London. 2003.

[3] Ferrari-Trecate, G. ; Muselli, M. ; Liberati, D. ; Morari, M. : A clustering technique for the identification of piecewise affine systems *Automatica.* vol. 39, no. 2, pp. 205-217. 2003.

[4] Daafouz, J. ; Di Benedetto, D. ; Blondel, V.D. ; Ferrari-Trecante, G. ; Hetel, L. ; Johansson, M. ; Joloski, A.L. ; Paoletti, S. ; Pola, G. ; De Santis, E. ; Vidal, R. : Switched and piecewise affine systems. Handbook of Hybrid Systems Control: Theory, Tools, Applications. Cambridge University Press, pp. 89-137. 2009.

[5] Takagi, T. ; Sugeno, M. : Fuzzy identification of systems and its applications to modeling and control. *IEEE Transactions on Systems, Man and Cybernetics*. vol. 15, no. 1, pp. 116-132. 1985.

[6] Ying, H. : General SISO Takagi-Sugeno fuzzy systems with linear rule consequent are universal approximators *IEEE Transactions on Fuzzy Systems*. vol. 6, no. 4, pp. 582-587. 1998.

[7] Babuška, B. : Fuzzy Modeling for Control. Kluwer Academic Publishers, Boston. 1998.

[8] Kroll, A. : Identification of functional fuzzy models using multidimensional reference fuzzy sets. *Fuzzy Sets and Systems*. vol. 80, no. 2, pp. 149-158. 1996.

[9] Nelles, O. : Nonlinear System Identification. Springer. 2001.

[10] Ljung, L. : System Identification-Theory for the User. Prentice-Hall. 1999.

[11] Ren, Z. ; Kroll, A. ; Sofsky, M. ; Laubenstein, F. : On identification of piecewise-affine models for systems with friction and its application to electro-mechanical throttles. In: *Proc. of the 16th IFAC Symposium on System Identification*. 2012.

[12] Ren, Z. ; Kroll, A. ; Sofsky M. ; Laubenstein F. : Zur physikalischen und datengetriebenen Modellbildung von Systemen mit Reibung: Methoden und Anwendung auf Kfz-Drosselklappen. *at–Automatisierungstechnik*. vol. 61, no. 3, pp. 155-171. 2013.

[13] Škrjanc, I. ; Blažič, S. ; Agamennoni, O. : Identification of dynamical systems with a robust interval fuzzy model. *Automatica*. vol. 41, no. 2, pp. 327-332. 2005.

[14] Xu, Z.; Sun, C. : Interval T-S fuzzy model and its application to identification of nonlinear interval dynamic system based on interval data. In: *Proc. of the 48th IEEE Conference on Decision and Control/Chinese Control Conference*. pp. 4144-4149. 2009.

[15] Mendel, J. M. : Uncertain rule-based fuzzy logic systems, introduction and new directions. Prentice Hall. 2001.

[16] Karnik, N. N. ; Mendel, J. M. ; Liang, Q. L. : Type-2 fuzzy logic system. *IEEE Trans. on Fuzzy Systems.* vol. 7, pp. 643-658. 1999.

[17] Liu, Z. ; Li, H. X. : A probabilistic fuzzy logic system for modeling and control. *IEEE Trans. on Neural Networks.* vol. 13, pp. 848-859. 2005.

[18] Razali, N. M.; Wah, Y. B. : Power comparisons of Shapiro-Wilk, Kolmogorov-Smirnov, Lilliefors and Anderson-Darling tests. *Journal of Statistical Modeling and Analytics.* vol. 2, no.1, pp. 21-33. 2011.

[19] Wagner, T.J. : Nonparametric estimates of probability densities. *IEEE Trans. on Information Theory.* vol. 21, no. 4, pp. 438-440. 1975.

[20] Reynolds, D.A. ; Rose, R.C. : Robust Text-Independent Speaker Identification using Gaussian Mixture Speaker Models. *IEEE Trans. on Acoustics, Speech, and Signal Processing.* vol. 3, no. 1, pp. 72-83. 1995.

[21] Dempster, A. ; Laird, N. ; Rubin, D. : Maximum Likelihood from Incomplete Data via the EM Algorithm. *Journal of the Royal Statistical Society.* vol. 39, no.1, pp. 1-38. 1977.

[22] Gauvain, J. ; Lee C. : Maximum a posteriori estimation for multivariate Gaussian mixture observations of Markov chains. *IEEE Trans. on Speech and Audio Processing.* vol. 2, no. 2, pp. 291-298. 1994.

[23] Bezdek, J. C. : Pattern Recognition with Fuzzy Objective Function Algorithms. Plenum Press, New York, London. 1981.

[24] Jelali M. ; Kroll A. : Hydraulic Servo-systems: Modelling, Identification and Control. Springer. 2002.

[25] Brayton, R. K. ; Director, S. W. ; Hachtel, G. D. ; Vidigal, L. : A New Algorithm for Statistical Circuit Design Based on Quasi-Newton Methods and Function Splitting. *IEEE Trans. on Circuits and Systems.* vol. 26, pp. 784-794. 1979.

Lokale Modellnetze zur Verkürzung der Simulationszeit des Schaltverhaltens von Automatikgetriebemodellen

Mathias Cabrera Cano[1,2], Dietmar Neumerkel[1], Marcus Geimer[2]

[1]Daimler AG – Systemsimulation
Hanns-Klemm-Straße 45, 71034 Böblingen
E-Mail: {mathias.cabrera_cano, dietmar.neumerkel}@daimler.com

[2]Institut für Fahrzeugsystemtechnik – Mobile Arbeitsmaschinen
Fakultät für Maschinenbau – Karlsruher Institut für Technologie
Rintheimer-Querallee 2 ,76131 Karlsruhe
E-Mail: marcus.geimer@kit.edu

Zusammenfassung

In der Systemsimulation werden häufig vereinfachte Getriebemodelle genutzt, um das Zusammenspiel der Komponenten im Antriebsstrang zu untersuchen oder um Steuergeräte im Kontext einer echtzeitfähigen Simulation zu testen. Für diese Fragestellungen wird ein valides Modell des Schaltverhaltens benötigt. In diesem Beitrag wird deshalb vorgestellt, wie man lokale Modellnetze erstellen kann, die das nichtlineare Schaltverhalten von detaillierten Automatikgetriebemodellen, valide approximieren. Die Modelle liegen dabei in Dymola vor. Die Anwendung wird an einem reduzierten Automatikgetriebe mit drei Gängen vorgeführt. Es werden verschiedene Ansätze zur Partitionierung des Eingangsraumes der lokalen Modellnetze miteinander verglichen. Dazu stehen ein Clusteringverfahren und die inkrementellen Algorithmen Hilomot und Lolimot zur Verfügung. Dabei erhält man mit Hilomot ein lokales Modellnetz, mit dem es möglich ist, die Simulationszeit um den Faktor 800 zu verkürzen. Die Abweichung von der Schaltdynamik des Dymolamodells wird als Mean-Square-Error (MSE) angegeben und liegt bei etwa drei Prozent.

1 Einführung

Automatikgetriebe spielen häufig in der Entwicklung von Fahrzeugen eine wichtige Rolle. Möchte man für bestimmte Fragestellungen Simulationen einsetzen, werden unterschiedlich detaillierte Modelle von Automatikgetrieben verwendet. Ziel ist es, die Erstellung von unterschiedlich detaillierten Modellen zu systematisieren. Liegt ein detailliertes Modell vor, sollen vereinfachte Getriebemodelle daraus abgeleitet werden können. Um ein detailliertes Modell erstellen zu können, wird zunächst das reale Automatikgetriebe genauer betrachtet. Dieses besteht im wesentlichen aus der Getriebemechanik, der Getriebehydraulik und einem Steuergerät. Die Getriebemechanik besteht dabei aus Planetensätzen, die mit Kupplungen untereinander oder mit dem Getriebegehäuse verbunden sind.

Ein Getriebe besteht aus n Kupplungen und m Gängen. Durch schließen bzw. öffnen der Kupplungen lassen sich unterschiedliche Übersetzungen realisieren. Mit Hilfe der Getriebehydraulik lassen sich dazu in Kupplungskolben Drücke auf- bzw. abbauen. Die Schnittstelle zum Steuergerät sind Magnetventile, mit denen man den Druckaufbau steuern kann. Zum Wechseln der Gänge wird eine Kupplung geschlossen und eine andere geöffnet. Möchte man das Schaltverhalten des Getriebes detailliert durch eine Simulation analysieren, kann man dazu mit Hilfe der Modellierungssprache Modelica [1] bzw. dem Werkzeug Dymola [2] ein sehr detailliertes Modell erstellen, das aus oben beschriebenen Komponenten besteht. Mit Modelica lassen sich physikalische Domänen als Kirchhoffsche Netzwerke aus Komponenten modellieren und es werden dabei physikalische Erhaltungssätze berücksichtigt. Das große Vorteil ist, dass aus dem Netzwerkmodell automatisch das Simulationsmodell zur Analyse der Schaltdynamik erstellt wird [3, 4].

Die Schaltdynamik lässt sich durch Betrachtung der Eingangsdrehzahl, des Eingangsdrehmoments, der Ausgangsdrehzahl und des Ausgangsdrehmoments beim Schalten der Gängen auswerten. Da Hydraulik und Mechanik detailliert modelliert werden, können verschiedene Effekte auf das Schaltverhalten nachvollzogen werden. Durch die Modellierung der Hydraulik kann man zum Beispiel die Ansteuerung der Ventile durch ein Steuergerät simulieren und virtuell absichern [5]. Nachteilig ist, dass durch die detaillierte Modellierung der Hydraulik und der Mechanik die Modelle sehr rechenintensiv sind.

Möchte man ein Getriebemodell in einer Simulationsfragestellung verwenden, bei der eine genau Analyse der Schaltdynamik nicht erforderlich ist, wäre es sinnvoll, ein weniger detailliertes und numerisch weniger aufwändiges Getriebemodell zu verwenden. Ein Beispiel für solch einen Fall könnte eine Echtzeitanwendung am Hardware-in-the-Loop Prüfstand [6] sein, bei der die Schaltdynamik in Abhängigkeit der Ansteuerströme durch ein numerisch effizienteres Modell simuliert werden soll.

Das vereinfachte Modell ist durch das Ein-/Ausgangsverhalten

$$\vec{u}(t) = \big(\tau_{\mathrm{an}}(t), \ N_{\mathrm{ab}}(t), \ I_i(t)\big) \tag{1}$$

$$\vec{y}(t) = \big(\tau_{\mathrm{ab}}(t), \ N_{\mathrm{an}}(t)\big) \tag{2}$$

gegeben. Dabei sind die $I_i(t)$ die Ansteuerströme, wobei der Index i für die das jeweilige Schaltelement steht. $\tau_{\text{ab,an}}(t)$ sind die Drehmomente und $N_{\text{ab,an}}(t)$ sind die Drehzahlen am Getriebeantrieb (an) bzw. Getriebeabtrieb (ab).

Lokale Modellnetze bieten die Möglichkeit, nichtlineares dynamisches Verhalten $y(u)$ als Black-Box-Modell zu modellieren. Diese sollen nun dazu verwendet werden, ein weniger rechenintensives Modell zu erstellen. Die Idee von lokalen Modellnetzen ist, dass globales nichtlineares Verhalten durch lokal-lineares Verhalten approximiert wird. Dazu muss der Eingangsraum aufgeteilt werden, wofür verschiedene Ansätze wie Clustering, Lolimot oder Hilomot verwendet werden können [7, 8, 11]. Durch Verwendung von Simulationsdaten des vorliegenden Getriebemodells in Dymola soll ein lokales Modellnetz erstellt werden, das das Schaltverhalten des Dymolamodells durch Gleichung 1 approximiert. Die detailliert modellierte Hydraulik und Mechanik des Getriebemodells wird also in einem Black-Box-Modell zusammengefasst. Das so erstellte Black-Box-Modell kann dann als vereinfachtes Modell in der Systemsimulation verwendet werden. Ein weiterer Vorteil für Echtzeitanwendungen ist, dass lokale Modellnetze als zeitdiskrete Modelle mit konstanter Abtastrate realisiert sind [9, 11]. In Bild 1 ist gezeigt, wie das lokale Modellnetz als vereinfachtes Getriebemodell in einem Fahrzeugmodell verwendet werden kann. Das vereinfachte Modell hat dabei die Ein-/Ausgangsverhalten aus Gleichung 1.

Der Bericht ist wie folgt strukturiert. In Abschnitt 2 wird ein Überblick über lokale Modellnetze und die verwendeten Verfahren zur Erstellung der lokalen Modellnetze gegeben. In Abschnitt 3 wird die Simulation der Schaltdynamik eines Automatikgetriebemodells mit drei Gängen in Dymola beschrieben. Danach wird der Vorgang zur Erstellung der lokalen Modellnetze vorgestellt, die die Schaltdynamik des Dymolamodells approximieren. Die Ergebnisse werden in Abschnitt 4 diskutiert. In Abschnitt 5 werden die Ergebnisse zusammengefasst und die nächsten Schritte angegeben.

2 Lokale Modellnetze und Verfahren zur Partitionierung des Eingangsraumes

In diesem Abschnitt wird eine Übersicht über lokale Modellnetze gegeben. Außerdem werden Verfahren beschrieben, die den Eingangsraum in lokal-lineare Modelle teilen.

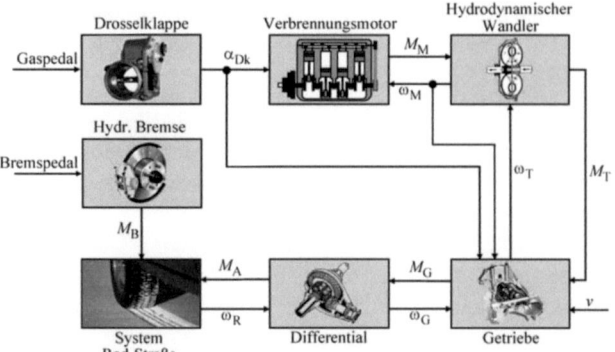

Bild 1: Signalflussorientiertes Modell eines Antriebsstrangs, in dem das trainierte lokale Modellnetz die Dynamik des detaillierten Dymola-Modells approximieren soll (Quelle: [12]).

2.1 Lokale Modellnetze

Die Idee von lokalen Modellnetzen ist, dass nichtlineares Verhalten $Y(\vec{u})$ durch lokal lineares Verhalten approximiert wird. Dazu wird der Eingangsraum $\vec{u}$ partitioniert, so dass eine Anzahl M von Teilmodellen entsteht. Das resultierende lokale Modellnetz ist gegeben durch

$$Y_{\text{LMN}} = \sum_{j=1}^{M} \left(w_{j0} + w_{j1}u_1 + \ldots + w_{jn}u_n \right) \Phi_j(\vec{u}). \tag{3}$$

Y_{LMN} soll dabei das gegebene nichtlineare Verhalten $Y(\vec{u})$ approximieren. Dazu werden die Aktivierungsfunktionen $\Phi_j(\vec{u})$ eingeführt. Für diese werden Gaußfunktionen μ_j verwendet

$$\Phi_j(\vec{u}) = \frac{\mu_j(\vec{u})}{\sum_{i=1}^{M} \mu_i(\vec{u})} \text{ mit,} \tag{4}$$

$$\mu_j(\vec{u}) = \exp\left(-\frac{1}{2} \left(\frac{(u_1 - c_{j1})^2}{\sigma_{j1}^2} + \ldots + \frac{(u_n - c_{jn})^2}{\sigma_{jn}^2} \right) \right), \tag{5}$$

so dass die Summe aller Funktionen 1 ergibt. Die Aktivierungsfunktionen sorgen dafür, dass zur Berechnung des Modellausgangs Y_{LMN} nur wenige lokale Modellen beitragen. Die Aktivierung der Modelle hängt dabei vom Vektor $\vec{u}$ ab. Durch die Standardabweichungen σ_{ju} kann die Lokalität der Teilmodelle bestimmt werden und damit die Anzahl der aktiven

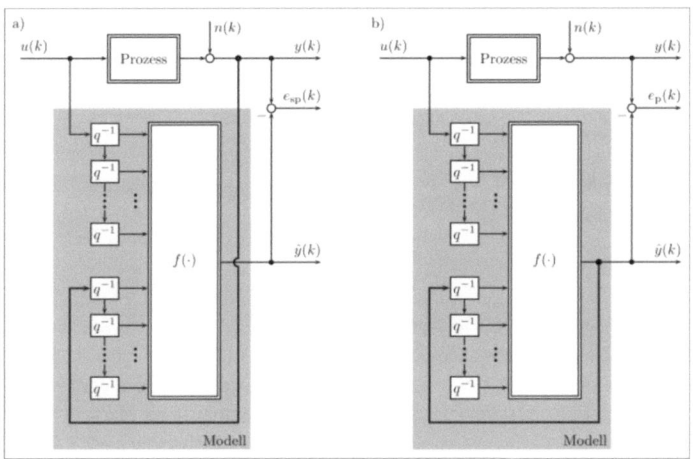

Bild 2: Die Funktion $f(\cdot)$ in beiden Abbildungen ist das lokale Modellnetz. Die Zeitverzögerungsoperatoren q^{-1} können sowohl auf Modelleingänge als auch auf Modellausgänge wirken. In der linken Abbildung ist das Modell als Ein-Schritt-Prädiktor zu sehen. In der rechten Abbildung ist das Modell in Ausgangsfehler-Konfiguration zu sehen (Quelle: [10]).

Teilmodelle. Auf diese Weise kann statisches nichtlineares Verhalten approximiert werden.

Möchte man dynamisches Verhalten approximieren, kann man eine weitere Eigenschaften von lokalen Modellnetze ausnutzen. Es können statt des Regressors $\vec{u}$ unterschiedliche Regressoren $\vec{x}$ und $\vec{z}$ verwendet werden. Der Regressor $\vec{z}$ beschreibt den Raum der Arbeitspunkte und der Regressor $\vec{x}$ den Raum für das lineare Verhalten. Wirken Zeitverzögerungsoperatoren q^{-1} auf die Eingänge $\vec{u}$ und den Modellausgang Y_{LMN}, kann man die Ordnung der Dynamik festlegen (siehe Bild 2). Durch Einführung der unterschiedlichen Regressoren kann die Ordnung der Dynamik in den beiden Räumen unterschiedlich gewählt werden und wird mit nx_{sh}, nx_{loc}, ny_{sh} und ny_{loc} angegeben. Der Index *sh* steht für schedule und beschreibt die Anzahl der Verzögerungen im Regressor $\vec{z}$. Der Index *loc* steht für local und beschreibt die Anzahl der Verzögerungen im Regressor $\vec{x}$. Die Unterscheidung der beiden Regressoren ist sinnvoll, da meist für den Regressor $\vec{z}$ niedrigere Ordnung der Dynamik verwendet werden als für den Regressor $\vec{x}$.

Somit sind die zu bestimmenden Parameter des lokalen Modellnetzes

1. die Anzahl der Zeitverzögerungsoperatoren nx_{sh}, nx_{loc}, ny_{sh} und ny_{loc}.

2. die Anzahl der lokalen Modelle M

3. die Lokalität der linearen Teilmodelle σ_{ij}

4. die Lage der Zentren c_{ji}

5. die Parameter w_{ij} der lokalen Modelle

Die Bestimmung dieser Parameter wird in der genannten Reihenfolge durchgeführt. Dabei erhält man im letzten Schritt ein lineares Optimierungsproblem in den Parametern w_{ij}, das durch die Methode der kleinsten Quadrate (*LS*) gelöst wird [10]. Dazu wird der Mean-Square-Error (MSE)

$$E = \frac{1}{N}\sqrt{\sum_{k=1}^{N}\left(Y(k) - Y_{\text{LMN}}(k)\right)^2} \tag{6}$$

zur Minimierung vorgegeben. N ist die Anzahl der Messwerte, die das nichtlineare Verhalten beschreiben. Werden Zeitverzögerungsoperatoren ny_{sh} und ny_{loc} auf den Modellausgang Y_{LMN} hinzugefügt, kann der Ein-Schritt-Fehler ebenfalls durch Anwendung von LS minimiert werden. Möchte man allerdings den Ausgangsfehler minimieren, muss ein nichtlineares Optimierungsproblem gelöst werden. Werden die durch Anwendung von *LS* erstellten lokalen Modellnetze in der Simulation eingesetzt, muss man überprüfen, ob die als Ein-Schritt-Prädiktor erstellten Modelle bei Ausführung in Ausgangsfehler-Konfiguration stabil bleiben. Für weitere Details zu lokalen Modellnetzen und Optimierungsverfahren sei auf [11, 10] verwiesen.

2.2 Partitionierung des Arbeitsraumes von lokalen Modellnetzen

In diesem Unterabschnitt werden die Algorithmen zur Partitionierung des Arbeitsraums beschrieben.

2.2.1 Lolimot bzw. Hilomot

Die Matlab©-Toolbox der Universität Siegen wurde zur Verfügung gestellt. Diese erlaubt es, den Arbeitsraum der lokalen Modellnetze mit Hilfe der Algorithmen Lolimot bzw. Hilomot zu Partitionieren. Die geschieht

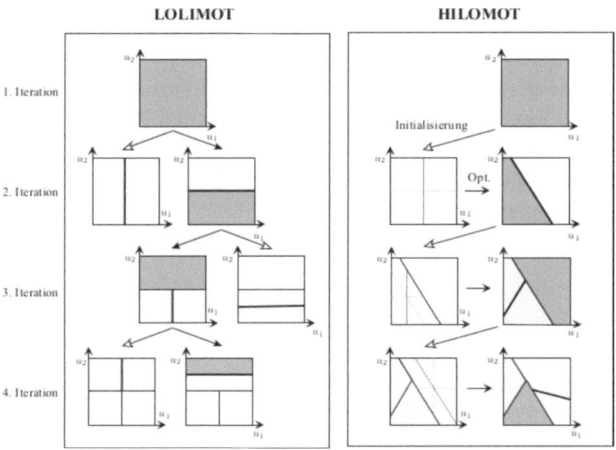

Bild 3: Graphische Darstellung der Algorithmen Lolimot und Hilomot (Quelle: [7]).

iterativ und bei jedem Schritt wird die Anzahl der lokalen Modelle erhöht, um die Modellgüte weiter zu verbessern. Bei jedem Schritt wird das lokale Modell mit dem höchsten lokalen Fehler weiter geteilt. Auf diese Weise wird der globalen Fehler weiter gesenkt bis eine maximale Anzahl an Modellen oder ein vorgegebenes Fehlerkriterium erreicht wurde. Der Unterschied von Lolimot und Hilomot liegt bei der Teilung des Eingangsraumes bei jedem Iterationsschritt. Lolimot schneidet den Arbeitsraum achsenparallel. Hilomot teilt den Arbeitsraum hierarchisch und achsenschräg, was eine flexiblere Approximation von nichtlinearem Verhalten zulässt. Welches Verfahren bessere Ergebnisse liefert, hängt vom untersuchten nichtlinearen Verhalten ab. Mehr Details zur Toolbox und der Verfahren finden sich in [7]. Eine graphische Darstellung der beiden Verfahren ist in Bild 3 zu sehen.

Der große Vorteil beider Verfahren ist, dass man eine optimale Anzahl von lokalen Modellen erhält. Bei großen Datensätzen und hoher Dimension des Arbeitsraums steigt allerdings die Rechenzeit rasch an.

2.2.2 Clustering

Beim Clustering wird der gegebene Datensatz zur Bildung des Regressors $\vec{z}(k)$ verwendet, um den Arbeitsraum zu teilen. Für das Clustering werden die Regressoren aus den N Messwerten gebildet. Um Cluster zu bilden, wird eine Schwelle s definiert, und es werden der Reihe nach Messwerte bestimmten Zentren $\vec{c}_i$ zugeordnet. Je ändern des Werts der Schwelle s, kann man die erzeugte Anzahl von Zentren verändern. Die Lokalität der Zentren ist durch den halben mittleren Abstand zu benachbarten Zentren gegeben. Für mehr Details siehe [8, 11].

Der Vorteil dieses Verfahrens ist, dass man relativ schnell aus einem Datensatz Zentren erzeugen kann. Somit erhält man in kurzer Zeit das lineare Optimierungsproblem zur Bestimmung der Parameter w_{ij}.

Der Nachteil ist, dass man mehrere Durchläufe benötigt, um eine geeignete Anzahl von Zentren zu finden. Dies wird durch Vorgabe von verschiedenen Werten der Schwelle s erreicht.

Das Verfahren selbst wird mit Hilfe des folgenden Pseudocodes implementiert:

> **for** i=1:N **do**
>   **if** $i = 1$ **then**
> $\vec{c}_1 \leftarrow \vec{z}(1)$
>   **else**
> $r_{\min} \leftarrow \min(\|\vec{z}(i) - \vec{c}_j\|)$
>   **if** $r_{\min} < s$ **then**
> $\vec{c}_j \leftarrow \frac{n_j \cdot \vec{c}_j + \vec{z}(k)}{n_j+1}, n_j \leftarrow n_j + 1$
>   **else**
> $\vec{c}_{j+1} \leftarrow \vec{z}(i), n_{j+1} \leftarrow 1$
>   **end if**
>   **end if**
> **end for**

3 Approximation des Schaltverhaltens eines detaillierten Automatikgetriebemodells mit drei Gängen

In diesem Abschnitt wird beschrieben, wie man in Dymola Simulationsdaten erzeugt um damit lokale Modellnetze zu erstellen, die das Schaltverhalten des detaillierten Automatikgetriebemodells approximieren. Dazu wird ein reduziertes Automatikgetriebe mit drei Gängen verwendet.

3.1 Anregung der Schaltdynamik

Zur Simulation von unterschiedlichen Fahrsituation werden ein Motormoment an der Antriebswelle und ein Bremsmoment an der Abtriebswelle

	Schaltelement 1	Schaltelement 2	Schaltelement 3
Gang 1	1	0	1
Gang 2	0	1	1
Gang 3	1	1	0

Tabelle 1: Diese Tabelle zeigt den Schaltplan für ein Automatikgetriebe mit 3 Gängen und 3 Schaltelementen. Dabei heißt 1 aktives Element und 0 nicht aktives Element.

vorgegeben. Allgemein besteht das Getriebe aus n Schaltelementen und m Gängen. Dem Schaltplan kann man die für einen bestimmten Gang aktiven Schaltelemente entnehmen. Möchte man den Gang Wechseln, kann dem Schaltplan zudem entnehmen welches Schaltelement für den Wechsel in einen anderen Gang ausgeschaltet bzw. eingeschaltet wird. Der Schaltplan für das hier betrachtete Automatikgetriebe mit drei Gängen ist in Tabelle 1 zu sehen. Es liegen drei Schaltelemente und drei Gänge vor und es kann von jedem Gang in den anderen Gang gewechselt werden. Möchte man zum Beispiel vom ersten in den zweiten Gang wechseln, wird Schaltelement 1 ausgeschaltet und Schaltelement 2 eingeschaltet. Dazu werden die entsprechenden Ströme an den Magnetventilen der Hydraulik vorgegeben. Dabei wird der Druck im Kupplungskolben verändert und somit die Anpresskraft an der Kupplung verändert. Die Ströme können entweder aus einem virtuellen Steuergerät kommen, das in die Simulation mit eingebunden wird oder es werden Verläufe manuell vorgegeben. Möchte man die Mechanik isoliert betrachten, werden die Anpresskräfte vorgegeben, um die Gangwechsel herbeizuführen. Für mehr Information zur Simulation von Automatikgetrieben sei auf [3, 4, 6] verwiesen.

3.2 Verlauf der Ansteuersignale

In diesem Abschnitt wird auf den zeitlichen Verlauf der Ansteuersignale eingegangen, die in der Simulation verwendet werden.

Simulation des Schaltverhalten ohne hydraulische Ansteuerung

Möchte man die Mechanik isoliert betrachten, müssen Anpresskräfte manuell vorgegeben werden. Die Kraftverläufe variieren dabei bei jedem Schaltwechsel, so dass die Überschneidungsphase dabei zeitlich variiert. Der lineare Auf- bzw. Abbau der Anpresskraft der zwei aktiven Schaltelemente bleibt jedoch erhalten (Zum Verlauf der Anpresskräfte siehe Bild 4).

Simulation des Schaltverhalten mit hydraulischer Ansteuerung

Kommt die Hydraulik hinzu, benötigt man Ströme, um die Ventile zu öffnen bzw zu schließen. Dadurch werden die Kräfte in den Schaltelementen dynamisch auf- bzw abgebaut. Die Erstellung von manuellen Stromverläufen ist deshalb wesentlich aufwändiger als von Anpresskräften. Durch die stark nichtlineare Dynamik, müssen die Stromverläufe so gewählt werden, dass sie den oben vorgegeben Anpresskräften entsprechen. In Bild 4 ist der Verlauf der Ströme bei einem Gangwechsel zu sehen. Um unterschiedliche Schaltvorgänge zu betrachten, kann der kurze Impuls des Ventilstroms am hinzuschaltenden Schaltelement breiter bzw. höher sein. Außerdem kann man die Überschneidungsphase der Ströme zeitlich variieren.

3.3 Schnittstellen des lokalen Modellnetzes

In Bild 4 ist ein Schaltvorgang des verwendeten Automatikgetriebes abgebildet. Man kann die Sromverläufe an den drei Schaltelementen erkennen, die zu einer Veränderung der Anpresskräfte führen. Auf diese Weise wird die Übersetzung der Drehmomente bzw. der Drehzahlen verändert. Möchte man das lokale Modellnetz in einen Antriebstrang einbauen, wird folgendes Ein- bzw. Ausgangsverhalten verwendet

$$\vec{u} = \left(\tau_{an}, \ N_{ab}, \ I_1, \ I_2, \ I_3 \right) \tag{7}$$

$$\vec{Y} = \left(\tau_{ab}, \ N_{an} \right) \tag{8}$$

Möchte man die Mechanik isoliert betrachten wird ein Modell ohne hydraulische Ansteuerung verwendet und man gibt die Anpresskräfte f_1, f_2 und f_3 statt der Ventilströme I_1, I_2 und I_3 vor.

3.4 Erzeugung von Trainings und Validierungsdaten

Durch Vorgabe von Motormoment, Bremsmoment und Ansteuersignalen werden Trainings- bzw. Validierungsdaten erzeugt. Die Ansteuersignale werden dabei wie im Schaltplan vorgesehen geändert (siehe Tabelle 1). Bei der Betrachtung des Getriebes ohne hydraulische Ansteuerung, werden die Verläufe bei den Anpresskräften wie oben beschrieben variiert. Kommt die hydraulische Ansteuerung hinzu, werden die Ströme entsprechend variiert. Zur Erzeugung von Simulationsdaten wird am Getriebeausgang ein starrer Reifen beschleunigt bzw. gebremst. Während dieses Vorgangs werden die Gangwechsel gemäß des Schaltplans und nach folgendem Muster angeregt

$$1 \to 2 \to 3 \to 2 \to 1 \to 3 \to 1 \dots . \tag{9}$$

In Dymola werden so Datensätze über $500\ s$ erzeugt, von dem 80 % für das Training und 20 % zur Validierung verwendet wurden. Dabei wird etwa alle $3\ s$ ein Schaltwechsel durchgeführt.

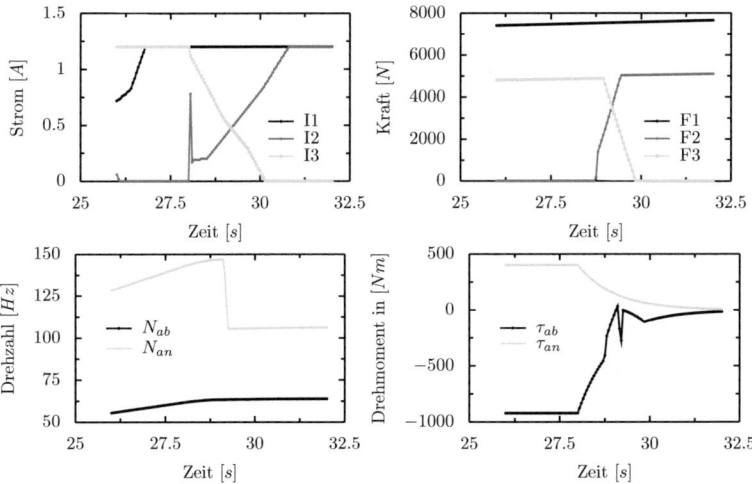

Bild 4: Darstellung der Stromverläufe, der resultierenden Kraftverläufe und der daraus entstehenden Drehzahlen und Drehmoment am Getriebeeingang bzw. -Ausgang.

3.5 Erstellung des lokalen Modellnetzes

Aus den gewonnenen Simulationsdaten werden die Drehmomente und Drehzahlen am Getriebe eingelesen. Möchte man das Getriebe ohne (mit) hydraulische(r) Ansteuerung verwenden, werden die Anpresskräfte (Ventilströme) eingelesen. Außerdem wird die gewünschte Abtastrate $T = t(k + 1) - t(k)$ zwischen den Datenpunkten gewählt. Somit ist der Trainings-bzw. Validierungsdatensatz durch

$$
\begin{pmatrix} X(1) \\ X(2) \\ \vdots \\ X(k) \end{pmatrix} = \begin{pmatrix} \tau_{an}(1) & N_{ab}(1) & A_i(1) \\ \tau_{an}(2) & N_{ab}(2) & A_i(2) \\ \vdots & \vdots & \vdots \\ \tau_{an}(k) & N_{ab}(k) & A_i(k) \end{pmatrix}, \tag{10}
$$

$$
\begin{pmatrix} Y(1) \\ Y(2) \\ \vdots \\ Y(k) \end{pmatrix} = \begin{pmatrix} \tau_{ab}(1) & N_{an}(1) \\ \tau_{ab}(2) & N_{an}(2) \\ \vdots & \vdots \\ \tau_{ab}(k) & N_{an}(k) \end{pmatrix}, \tag{11}
$$

gegeben, wobei der Index i bei A_i zur Unterscheidung zwischen Anpresskräfte oder Ströme steht. Die Einträge im Datensatz werden auf Werte zwischen 0 und 1 normiert. und der Datensatz wird in Matlab[©] [13] zum erstellen der lokalen Modellnetze verwendet. Um das Schaltverhalten in

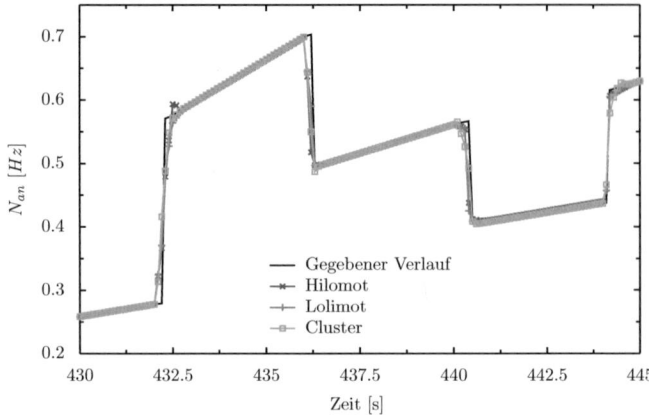

Bild 5: Approximation der Eingangsdrehzahl mit einem statischen Modellnetz ohne hydraulische Ansteuerung.

Abhängigkeit der Ansteuersignale zu approximieren, werden zwei unterschiedliche lokale Modellnetze trainiert

- Approximation der Eingangsdrehzahl $Y = N_{an}$ mit dem Eingangsvektor $\vec{u} = (N_{ab}, A_i)$,

- Approximation der Ausgangsdrehmoments $Y = \tau_{ab}$ mit dem Eingangsvektor $\vec{u} = (\tau_{an}, A_i)$.

4 Ergebnisse

Zunächst werden die Ergebnisse bei Betrachtung des Schaltverhaltens ohne hydraulische Ansteuerung und anschließend wird der Effekt der hydraulischen Ansteuerung diskutiert. Zur Diskussion werden folgende Größen betrachtet und in einer Tabelle zusammengefasst..

- die Simulationszeiten t_{train} und t_{val} in Dymola

- die Anzahl N der lokalen Modelle

- die Anzahl der Parameter $P = w_{ij}$,

- die Zeit t_{train} zur Erstellung des lokalen Modellnetzes

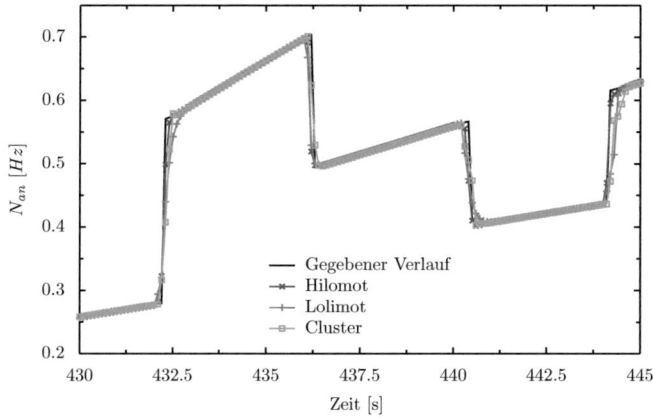

Bild 6: Approximation der Eingangsdrehzahl mit einem dynamischen Modellnetz ohne hydraulische Ansteuerung.

Delays:			$nx_{sh} =0$, $nx_{loc} =0$, $ny_{sh} = 0$, $ny_{loc} = 0$				
Dymola:			$t_{train} = 16\ [s]\ t_{val} = 4\ [s]$				
	N	P	$t_{train}\ [s]$	$S_{train}\ [s]$	$S_{val}\ [s]$	$E_{train}\ [\%]$	$E_{val}\ [\%]$
Hilomot	4	32	39.13	0.22	0.05	2.07	2.13
Lolimot	3	15	58.47	1.19	0.27	2.21	2.14
Cluster	16	80	4.73	0.81	0.16	1.91	2.14

Tabelle 2: Statisches Modellnetz zur Approximation der Eingangsdrehzahl ohne hydraulische Ansteuerung.

- die Zeiten S_{train} und S_{val} zur Ausführung des Modells in Ausgangsfehler-Konfiguration. Dazu wurde die Zeit, die Matlab© brauchte, aufgezeichnet.

- die Trainings- bzw. Validierungsfehler. E_{train} und E_{val}. Diese werden für das jeweilige verwendete Verfahren zur Partitionierung des Arbeitsraums angegeben.

Für die Erstellung der lokalen Modelle in Matlab© und die Erzeugung der Daten in Dymola wurde der gleiche PC verwendet, so dass die Rechenzeiten unter vergleichbaren Bedingungen betrachtet wurden.

Delays:			$nx_{sh} = 0$, $nx_{loc} = 0$, $ny_{sh} = 0$, $ny_{loc} = 1$				
Dymola:			$t_{train} = 16 \, [s]$ $t_{val} = 4 \, [s]$				
	N	P	$t_{train} \, [s]$	$S_{train} \, [s]$	$S_{val} \, [s]$	$E_{train} \, [\%]$	$E_{val} \, [\%]$
Hilomot	15	146	36.74	0.28	0.05	1.14	1.88
Lolimot	3	18	59.78	1.29	0.30	1.93	2.12
Cluster	18	108	4.51	0.78	0.30	1.59	2.43

Tabelle 3: Dynamisches Modellnetz zur Approximation der Eingangsdrehzahl ohne hydraulische Ansteuerung.

4.1 Approximation des Schaltverhaltens ohne hydraulische Ansteuerung

Hier wird das Schaltverhalten ohne hydraulische Ansteuerung approximiert. Dazu werden die drei Anpresskräfte zeitlich variiert. Zuerst wird die Eingangsdrehzahl als Modellausgang und anschließend wird das Ausgangsdrehmoment als Modellausgang, der approximiert werden soll, verwendet.

4.1.1 Approximation der Eingangsdrehzahl

Zur Approximation der Eingangsdrehzahl wurde zunächst ein statisches Netz gewählt, d.h. es wurden keine Zeitverzögerungsoperatoren verwendet. Die Ergebnisse sind in Tabelle 2 aufgelistet. Betrachtet man die Trainings E_{train}- und Validierungsfehler E_{val} bei den Modellnetzen, die mit Hilomot, Lolimot oder Clustering erstellt wurden, liegen diese bei etwa 2%. Die Simulationszeiten S_{train} und S_{val} zur Ausführung der lokalen Modellnetze sind wesentlich kürzer als die Simultionszeit von Dymola. Das lokale Modellnetz, das mit Hilomot erstellt wurde, verkürzt die Simulationszeit um etwa den Faktor 76. Mit dem Clusteringverfahren bekommt einen Faktor 16 und mit dem Lolimotverfahren einen Faktor 14. Die Anzahl N der lokalen Modelle ist bei Hilomot und Lolimot sehr klein mit 4 bzw. 3. Beim Clusteringverfahren wurden 16 lokale Modell verwendet. Dadurch ist auch die Anzahl P der Parameter deutlich höher. Vergleicht man dies mit einem dynamischen Modell, bei dem im Regressor $\vec{x}$ der Modellausgang einmal zurückgeführt wird, sieht man, dass man die Trainings E_{train}- und Validierungsfehler E_{val} etwas senken kann (siehe Tabelle 3 Allerdings ist der Validierungsfehler hier deutlich höher als der Trainingsfehler, was Overfitting vermuten lässt.

Die Simulationszeiten S_{train} und S_{val} bleiben in etwa gleich. In den Bildern 5 und 6 ist die Approximation der Eingangsdrehzahl graphisch darge-

Delays:	$nx_{sh} = 0$, $nx_{loc} = 0$, $ny_{sh} = 0$, $ny_{loc} = 0$					
Dymola:	$t_{train} = 16\ [s]$ $t_{val} = 4\ [s]$					
	N	P	$t_{train}\ [s]$	$S_{train}\ [s]$	$S_{val}\ [s]$	$E_{train}\ [\%]$	$E_{val}\ [\%]$
Hilomot	19	167	38.77	0.23	0.05	0.84	1.45
Lolimot	9	45	56.91	1.19	0.31	0.97	1.52
Cluster	18	90	5.44	0.81	0.33	2.10	2.22

Tabelle 4: Statisches Modellnetz zur Approximation des Ausgangsdrehmoments ohne hydraulische Ansteuerung.

stellt. Die schnelle Veränderung der Eingangsdrehzahl beim Schalten wird bereits vom statischen lokalen Modellnetz sehr gut approximiert. Die Zeiten, die benötigt wurden, um die lokalen Modell zu trainieren, sind in allen Fällen sehr gering und liegen bei wenigen Minuten.

4.1.2 Approximation des Ausgangsdrehmoments

Zur Approximation des Ausgangsdrehmoments wurde mit einem statischen Modellnetz das beste Ergebnis erzielt. Das Ergebnis ist in Tabelle 4 zu sehen. Bei Betrachtung der Trainings- und Validierungsfehler sieht man, dass mit Lolimot bzw. Hilomot das das Ausgangsdrehmoment sehr gut approximiert wird. Mit dem Clusteringverfahren erreicht man nicht diese Modellgenauigkeit – auch nicht bei weiterer Erhöhung der Anzahl N der lokalen Modelle. Die Anzahl N der lokalen Modellen, die beim Hilomot bzw. Lolimotverfahren erreicht wurde ist höher als bei der Approximation der Ausgangsdrehzahl. Das deutet darauf hin, dass Verhalten des Ausgangsdrehmoments komplexer ist.

Der Faktor zur Verkürzung der Simulationszeit beträgt hier ebenfalls etwa 70 für das Hilomotverfahren, 16 für Clustering und 13 für das Lolimotverfahren. In Bild 7 ist zu sehen, dass die Drehmomentenspitzen, die beim Schalten auftreten, von den mit dem Hilomot- und Lolimotverfahren erstellten Modellnetzen sehr gut approximiert werden. Das Modell, das mit dem Clusteringverfahren erstellt wurde, enthält nicht so starke Drehmomentspitzen und ist somit weniger genau. Die Zeiten, die benötigt wurden, um die lokalen Modell zu trainieren, sind hier ebenfalls sehr gering und liegen bei wenigen Minuten.

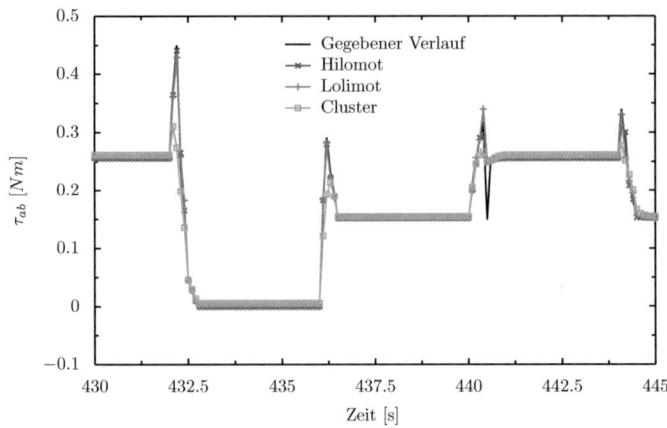

Bild 7: Approximation des Ausgangsdrehmoments ohne hydraulische Ansteuerung.

Delays:	$nx_{\text{sh}} = 2$, $nx_{\text{loc}} = 2$, $ny_{\text{sh}} = 0$, $ny_{\text{loc}} = 0$					
Dymola:	$t_{\text{train}} = 2.7\text{e}{+}002\ [s]$ $t_{\text{val}} = 73\ [s]$					
	N	P	$t_{\text{train}}\ [s]$	$S_{\text{train}}\ [s]$	$S_{\text{val}}\ [s]$	$E_{\text{train}}\ [\%]$	$E_{\text{val}}\ [\%]$
Hilomot	18	438	89.62	0.36	0.06	1.90	1.78
Lolimot	11	143	104.54	1.22	0.30	2.23	2.29
Cluster	75	975	22.71	1.64	0.31	2.69	2.42

Tabelle 5: Dynamisches Modellnetz zur Approximation der Eingangsdrehzahl mit hydraulischer Ansteuerung.

4.2 Approximation des Schaltverhaltens mit hydraulischer Ansteuerung

Nun wird die hydraulische Ansteuerung hinzugenommen und das Schaltverhalten. Dazu werden die Ströme an den Ventilen zeitlich variiert. Wieder wird zuerst das Eingangsdrehmoment als Modellausgang verwendet und anschließend das Ausgangsdrehmoment als Modellausgang verwendet und approximiert.

4.2.1 Approximation der Eingangsdrehzahl

Zur Approximation des Eingangsdrehmoments, wurde eine unterschiedliche Anzahl von Zeitverzögerungsoperatoren in den Regressoren $\vec{x}$ und $\vec{z}$ ausgewählt. Die besten Ergebnisse wurden erzielt, wenn diese zu $nx_{\text{sh}} = 2$, $nx_{\text{loc}} = 2$ $ny_{\text{sh}} = 0$ und $ny_{\text{loc}} = 0$ gewählt wurden. Die Ergebnisse dazu

			$nx_{sh} = 2$, $nx_{loc} = 2$, $ny_{sh} = 0$, $ny_{loc} = 0$			

Delays: $nx_{sh} = 2$, $nx_{loc} = 2$, $ny_{sh} = 0$, $ny_{loc} = 0$
Dymola: $t_{train} = 2.7e{+}002\ [s]\ t_{val} = 73\ [s]$

	N	P	$t_{train}\ [s]$	$S_{train}\ [s]$	$S_{val}\ [s]$	$E_{train}\ [\%]$	$E_{val}\ [\%]$
Hilomot	20	488	90.90	0.30	0.06	2.42	3.02
Lolimot	8	104	134.57	1.15	0.31	2.80	3.14
Cluster	63	819	19.30	1.48	0.28	3.24	3.58

Tabelle 6: Dynamisches Modellnetz zur Approximation des Ausgangsdrehmoments mit hydraulischer Ansteuerung.

finden sich in Tabelle 5. Betrachtet man Trainings- und Validierungsfehler ist dieser nun etwas höher als in dem Fall, in dem die Mechanik isoliert betrachtet wurde. Der große Gewinn wird allerdings bei Betrachtung des Faktors zur Verkürzung der Simulationszeit klar. Dieser beträgt beim Hilmotverfahren etwa 800, beim Clustering etwa 200 und beim Lolimotverfahren etwa 220. Die Anzahl der lokalen Modell ist bei den mit Hilomot- bzw. Lolimotverfahren erstellten lokalen Modellnetzen deutlich niedriger als die mit Clustering erstellten Modellnetze. Beim Clustering war diese Anzahl an lokalen Modellen nötig, um einen MSE von 2.5% zu bekommen. Hier werden die Vorteile der iterativen Erstellung von lokalen Modellen sichtbar, die den Raum effizienter Teilen.

Durch Verwendung von Zeiverzögerungsoperatoren ist die Dimensionen der Regressoren deutlich höher und die Modelle haben nun eine höhere Anzahl P an Modellparametern. Trotzdem ist die Zeit zum Training der lokalen weiter mit wenigen Minuten sehr akzeptabel.

In Bild 9 ist die Approximation des Eingangsdrehzahl zu sehen. Die sonst sehr steile Änderung der Eingangsdrehzahl beim Wechseln des Ganges wird nicht ganz so gut mit den erstellten Modellnetzen approximiert und der Verlauf ist weniger steil.

4.2.2 Approximation des Ausgangsdrehmoments

Hier wurden ebenfalls die besten Resultate, wenn die Verzögerungen zu $nx_{sh} = 2$, $nx_{loc} = 2$ $ny_{sh} = 0$ und $ny_{loc} = 0$ gewählt wurden. Die Ergebnisse finden sich dazu in Tabelle 6. Der Trainings- und Validierungsfehler und ist hier mit etwa 3% noch etwas höher als bei der Approximation der Eingangsdrehzahl. Die Anzahl N der lokalen Modelle und Anzahl der P der Modellparameter ist hier sehr ähnlich zu dem vorherigen Fall. Wieder wird der Vorteil bei der Betrachtung des Faktors zur Verkürzung der Simulationszeit klar. Der beträgt hier beim Hilomotverfahren wieder etwa 800, beim Clusteringverfahren 180 und beim Lolimotverfahren 270. In Bild 9

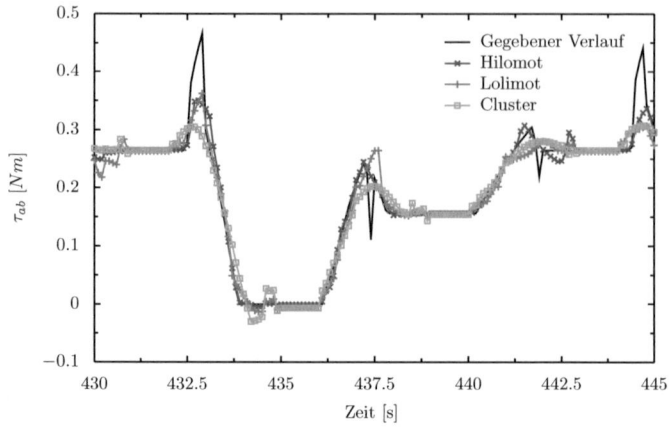

Bild 9: Approximation der Eingangsdrehzahl mit hydraulischer Ansteuerung.

ist die Approximation des Ausgangsdrehmoments graphisch dargestellt. Man sieht, dass das Ausangsdrehmoment beim Schalten relativ gut approximiert wird. Jedoch werden die Spitzen beim Ausgangsdrehmoment hier nicht gut nachgebildet.

5   Zusammenfassung

Es wurde gezeigt, wie mit einem Dymola durch Simulation eines Automatikgetriebemodell mit drei Gängen Trainings- und Valdierungsdaten erzeugt, um ein lokales Modellnetz zu erstellen. Bei der isolierten Betrachtung der Mechanik wurden sehr gute Modelle erzeugt, die auch beim Übergang von einem Gang in den nächsten Gang die gegebene Dynamik sehr gut approximieren (MSE etwa 2 %). Allerdings sind die Ergebnisse bei Hinzunahme der hydraulischen Ansteuerung noch nicht zufriedenstellend, da es in den Schaltübergangsphasen noch starke Abweichungen gibt. Das liegt daran, dass das lokale Modellnetz strukturell nicht in der Lage ist die Dynamik zu erfassen.

Der große Gewinn ist, dass man mit den erstellten lokalen Modellnetzen die Simulationszeit des Schaltverhaltens stark verkürzen kann. Vor allem bei Betrachtung des Getriebemodells mit hydraulischer Ansteuerung konnte die Simulationszeit um bis zu einen Faktor 500 bei einem MSE von etwa 3 % verkürzt werden. Die Isolation des mechanischen Subsystems zeigt, dass das dynamische Verhalten im wesentlichen von der Hydraulik bestimmt wird, da ein statisches Netz hier sehr gut Ergebnisse lieferte.

Dies liefert einen guten Ausgangspunkt, um die Struktur des lokalen Modellnetzes zu optimieren, so dass das Schaltverhalten mit hydraulischer Ansteuerung besser approximiert werden kann. Weiter wurden mit den inkrementellen Algorithmen wurden lokale Modellnetze erstellt, die weniger lokale Modelle besitzen und einen niedrigeren MSE haben, als die die mit dem Clustering-Verfahrens erstellt wurden. Allerdings liegt der große Vorteil des Clustering-Verfahrens in der vergleichsweise einfachen Implementierung. Beim graphischen Vergleich der Approximation von Ausgangsdrehmoment und Eingangsdrehzahl erkennt man, dass man durch das Clustering-Verfahren nicht wesentlich schlechtere Modelle erhält. So bietet das Clustering-Verfahren eine gute und schnell zu implementierende Alternative, um das Schaltverhalten zu approximieren.

Literatur

[1] Modellierungssprache Modelica®: *www.modelica.org* zuletzt besucht am 26.09.2013

[2] Simulationswerkzeug Dymola®: *www.dynasim.se* zuletzt besucht am 26.09.2013

[3] Schlegel, C. et al: HIL-Simulation of the Hydraulics and Mechanics of an Automatic Gearbox. In: *2th International Modelica Conference* (Oberpfaffenhofen, Germany) 2002.

[4] Schweiger, C. Modelica model library for shift dynamics simulation of automatic gearboxes. *DLR, Institut für Robotik und Mechatronik* (Oberpfaffenhofen, Germany) 2005.

[5] Chrisofakis, E. et al: Simulation-based development of automotive control software with Modelica. In: *8th International Modelica Conference* (Dresden, Germany) 2011.

[6] Bataus, M. et al: Real Time Simulation of Complex Automatic Transmission Models In: *Proceedings of Virtual Powertrain Creation 2010* (Munich, Germany) ATZ Live 2010

[7] Hartmann, B.: LMN$_{TOOL}$ - Toolbox zum automatische Trainieren lokaler Modellnetze. In: *Proceedings of the 22. Workshop Computational Intelligence* (Hoffmann, F.; Hüllermeier, E., Hg.), S. 341–355. Universitätsverlag Karlsruhe. 2012.

[8] Pao, Y.-H.: *Adaptive Pattern Recognition and Neural Networks.* Addision-Wesley. 1989.

[9] Sjoberg, J. et al: Nonlinear black-box modeling in system identification: a unified overview In: *Automatica 1995, vol. 31, pp. 1691-1724*

[10] Zimmerschied, R. und Isermann,R Regularization Techniques for Identification Using Local-Affine Models In: *AT Automatisierungstechnik, Vol. 56,Issue 7, pp. 339-349* Oldenburg

[11] Nelles, 0.: *Nonlinear System Identification.* Berlin Heidelberg: Springer. 2001.

[12] Isermann, R.: *Fahrdynamik-Regelung.* Wiesbaden: Vieweg. 2006.

[13] Matlab$^{©}$: *www.mathworks.com* zuletzt besucht am 26.09.2013

Stabilization of positive constrained T-S fuzzy systems and application to DC-DC buck converter

A. Benzaouia[1] , F. Mesquine[1], M. Benhayoun[1],
H. Schulte[2] and S. Georg[2]

[1]LAEPT-URAC 28, University Cadi Ayyad, Faculty of Sciences
Semlalia, Marrakech, Morocco
Email: {benzaouia,mesquine,mbenhayoun}@uca.ma
[2]HTW Berlin, Department of Engineering I, Control Engineering
Email: {schulte,georg}@htw-berlin.de

Abstract

This paper deals with the problem of constrained stability and tracking of Takagi-Sugeno (T-S) fuzzy positive systems. Saturated LMIs are used to insert the constraints in the design phase while imposing positivity in closed-loop. The already available theoretical results are applied to the DC-DC buck converter which is widely used in the photovoltaic generators. Based on simulation results success of the method is shown for this application.

1 Introduction

In this paper, we are concerned with the control of the DC-DC buck converter which is widely used in photovoltaic energy transformation. The modelization step of this system give rise to three aspects: the system is nonlinear, the system is a positive one since its the commonly used state variables must always be positive and the control is a duty ratio that must be constrained between 0 and 1. Hence, Takagi-Sugeno (T-S) fuzzy techniques can be used to design a control for the nonlinear system [19]. Further more, during the design step, asymmetrical constraints on the control while imposing positivity in closed-loop have to be taken into account. In consequence, the problem studied thereafter concerns a special class of systems called constrained positive T-S models. From the history of the T-S approach, this class can be interpreted as a collection of linear models interconnected by nonlinear functions, called membership functions, which are time dependent variables. The most delicate problem is the choice of premise variables that partition the space [20]. Positive systems have been of great interest to researchers in recent years [8], [1], [10], [16] and [6]. The class of positive T-S fuzzy systems was considered for the first time in [3]. The obtained results were presented using LMIs.

The buck converter has attracted the interest of many researchers [14, 13, 12, 9, 18] and references therein. Almost the available methods in the literature do not pay attention to neither the positive aspect of the system nor the asymmetrical constraints on the control of the buck converter. Based on the model given in [13], the tracking of the reference is realized in [12] with an error model using LMIs tools. The constraints on the control were not considered nor shown in simulation despite the main interest to obtain a duty ratio between 0 and 1. In [14], by using backstepping and sliding mode techniques, the authors succeed to obtain an output voltage following a given reference with a variable load resistor and a variable source voltage. However, the duty ratio is shown by simulation to be restricted between 0 and 1 without taking this constraint into account in the design phase. In [18, 9] a robust output tracking approach was used without taking into account the constraint aspect of the duty ratio. Note that [9] investigate a different model of the buck converter. In this paper and from the theoretical point of view, the conditions of stabilization of T-S systems are recalled with constrained control, which are already available in the literature [3]. The constraints on the control while imposing positivity of the state are taken into account during the design phase. The results are obtained by using LMIs.

Further more, and from a practical point of view, the recalled results are successfully applied on the model of a real process consisting of a DC-DC buck converter taken from [13]. In fact, the simulations show that all requirements are achieved, namely, the tracking of a reference signal for the capacity voltage, the positivity of the closed-loop states and finally the limitation of the duty ratio between 0 and 1.

The rest of this paper is organized as follows: In Section 2, the model of the buck converter is presented while Section 3 deals with the description of T-S fuzzy model and fuzzy control law based on PDC structure is given for the buck converter together with conditions of stabilization for positive systems with asymmetrical constrained control. In Section 4, the application to the buck converter is given to show the need of such controllers for such systems. Some conclusions

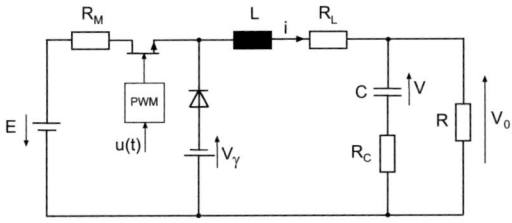

Bild 1: DC-DC Buck Converter

are given in Section 5.

Notation:

- A^T denotes the transpose of a real matrix A.

- A matrix $A \in \Re^{n \times n}$ is called a Metzler matrix if its off-diagonal elements are nonnegative. That is, if $A = \{a_{ij}\}_{i,j=1}^{n}$, A is Metzler if $a_{ij} \geq 0$ whenever $i \neq j$.

2 Problem Formulation

Data of the studied buck converter are given in Table 2 [12] :

Parameter	Value	Parameter	Value
R	6 Ω	R_c	0.162 Ω
R_L	48.8 $m\Omega$	R_M	0.27 Ω
E	30 V	V_γ	0.82 V
L	98.58 mH	C	202.5 μ F

with $i_{max} = 3A$ and $i_{min} = 0A$. The TS model of DC-DC buck converter, according to [12], is given by

$$\dot{x}(t) = Ax(t) + B(x)u(t) + D \qquad (1)$$
$$0 \leq u(t) \leq 1 \qquad (2)$$

where

$$x(t) = \begin{bmatrix} i(t) \\ v(t) \end{bmatrix} \in \mathbb{R}^2 \qquad (3)$$

$$A = \begin{bmatrix} -\dfrac{R_L + \frac{R R_C}{R+R_C}}{L} & -\dfrac{R}{L R+L R_C} \\ \dfrac{R}{C R+C R_c} & -\dfrac{1}{C R+C R_C} \end{bmatrix} \qquad (4)$$

$$B(x) = \begin{bmatrix} -\dfrac{R_M i(t) - E - V_\gamma}{L} \\ 0 \end{bmatrix} \qquad (5)$$

$$D = \begin{bmatrix} -\dfrac{V_\gamma}{L} \\ 0 \end{bmatrix} \qquad (6)$$

with $i(t)$, $v(t)$ representing the inductance current and the capacity voltage respectively. $u(t)$ is the duty ratio of the MOSFET which must be within the interval $[0 \ 1]$. R_C, R_L, R_M, E , and V_γ are specified by Figure 1.

The objective of this work is to design a control law limited between 0 and 1, representing the duty ratio, that allows the system to switch between two topologies in the continuous conduction mode (CCM), in order to achieve a tracking reference v_{ref}. Further more, the system is nonlinear. The approach followed thereafter is the use of Takagi Suggeno (T-S) techniques.

3   Preliminaries

In order to built a suitable control law, we use the T-S modelization. For this we denote $M_1 = \min(i(t)$, $M_m = \max(i(t))$ and we divide the interval $[M_1, \ M_m]$ into r subintervals $\mathcal{I}_s = [M_{s-1}, \ M_{s+1}], s = 2, \ldots r - 1$. Consider the following fuzzy rules :
IF $i(t) \in F_s$ THEN

$$\dot{x}(t) = Ax(t) + B_s u(t) + D, \quad s = 1, \ldots r \qquad (7)$$
$$0 \le u(t) \le 1 \qquad (8)$$

where $B_s = \begin{bmatrix} -\dfrac{R_M M_s - E - V_\gamma}{L} \\ 0 \end{bmatrix}$ and F_s is the fuzzy set of the fuzzy region $\mathcal{I}_s$, r denotes the number of rules. The global TS fuzzy model of the buck converter is given by

$$\dot{x}(t) = \sum_{s=1}^{r} h_s(x(t))(Ax(t) + B_s u(t)) + D, \qquad (9)$$

where

$$h_s(x(t)) = \frac{\mu_s(x(t))}{\sum_{s=1}^r \mu_s(x(t))};$$
$$\mu_s(x(t)) = \Pi_{j=1}^r F_j$$

It is worth to note that according to the circuit of the buck converter given by Figure 1, the state space vector is positive. Hence, one has to maintain this state positive during all the evolution of the system. Make the following change of variable to transform the affine system to a non affine one: $B_s w(t) + D = B_s(u(t) + d)$. In the case of our system, one has: $d(t) = \frac{V_\gamma}{R_m i(t) - E - V_\gamma}$. Note that the new variable $d(t)$ is time varying and is not suitable for the T-S fuzzy modeling. As $i(t)$ belongs to $[0, \; i_{max}]$, one can choose the worst case $d = -\frac{V_\gamma}{E + V_\gamma}$. This implies for our buck converter that $-1 < d < 0$. The system becomes:

$$\dot{x}(t) = \sum_{s=1}^r h_s(x(t))(Ax(t) + B_s w(t)), \qquad (10)$$
$$-d \leq w(t) \leq 1 + d \qquad (11)$$

with $w(t) = u(t) + d$. Note that to obtain a symmetrical saturation, one can use the following scaling: $-\alpha \leq w(t) \leq \alpha$, with $\alpha = \min\{-d; \; 1 + d\}$.
Consider the following change of variables:

$$\dot{x}(t) = \sum_{s=1}^r h_s(x(t))(Ax(t) + \bar{B}_s \bar{w}(t))$$
$$-1 \leq \bar{w}(t) \leq 1$$
$$x_0 \geq 0$$

with $\bar{B}_s = \alpha B_s; \bar{w}(t) = \frac{w(t)}{\alpha}$. The duty ratio is then given by $u(t) = \alpha \bar{w} - d$.

To achieve our objective of the tracking of a given reference of the voltage capacity, we introduce the following idea. Let us consider the new control given by the following PDC

$$\bar{w}(t) = \sum_{s=1}^r h_s(x(t))(K_s x(t) + L_s x_{ref}) \qquad (12)$$

where x_{ref} is the state to be followed by the closed-loop system and the gains L_j are to be designed to achieve the tracking problem. Hence, the closed-loop system becomes:

$$\dot{x}(t) = \sum_{s=1}^{r} \sum_{j=1}^{r} h_s(x(t)) h_j(x(t)) \left((A + B_s K_j) x(t) \right.$$
$$+ \left. B_s L_j x_{ref} \right) = G(h) x(t) + B(h) L(h) x_{ref} \tag{13}$$
$$\tag{14}$$

where $G(h) = A + B(h) K(h), B(h) = \sum_{s=1}^{r} h_s(x(t)) B_s$. Similar notation is used for $K(h)$ and $L(h)$. Taking the steady state of the closed-loop system, one can obtain: $0 = G(h) x(\infty) + B(h) L(h x_{ref})$. Since the objective is that $x(\infty) = x_{ref}$, one can choose $L(h) = -B(h)^+ G(h)$, with $B(h)^+$ representing the pseudo inverse of matrix $B(h)$, i.e., $B(h)^+ = -(B(h)^T B(h))^{-1} B(h)^T$.

Note that this new system (10) admits symmetrical constraints. Consequently, one needs to take into account the symmetrical constraints during the design step. It is worth noting that, at to the best of our knowledge, no theoretical approach exists in the literature to solve this problem for T-S fuzzy positive systems except the work of [3, 4] where the problem is solved with LMIs.

Recall now the results on which our work will be based.

3.1 Controller synthesis

Consider the general T-S fuzzy system given by:

$$\dot{x}(t) = \sum_{s=1}^{r} h_s(x(t))(Ax(t) + B_s u(t))$$
$$-1 \leq u(t) \leq 1$$
$$x_0 \geq 0$$

with $x \in \mathbb{R}^n$, $u \in \mathbb{R}^m$. For the sake of brevity, $h(x(t))$ will be noted $h(t)$.

The T-S fuzzy system in closed-loop with a PDC control is given by:

$$\dot{x}(t) = \sum_{s=1}^{r} \sum_{j=1}^{r} h_s(x(t)) h_j(x(t))(A + B_s K_j) x(t)$$
$$x_0 \geq 0$$

Define the following sets :

$$\varepsilon(P,\rho) = \left\{ x \in \mathbb{R}^n, /x^T P x \le \rho, \rho > 0 \right\} \qquad (15)$$

$$\mathcal{L}(K_j) = \left\{ x \in \mathbb{R}^n, -1 \le (K_j)_l x \le 1, l = 1, \ldots, m \right\} \qquad (16)$$

where $(K_j)_l$ stands for the lth row of the matrix K_j. Note that the set $\varepsilon(P,\rho)$ is ellipsoidal, while the set $\mathcal{L}(K_j)$ is polyhedral. Now, one can recall the result that will be used in the sequel for the buck converter control.

Theorem 3.1 *[4] For positive scalar ρ, if there exist diagonal matrix $P > 0$, matrices $K_j, j = 1, \ldots, r$ such that*

$$A^T P + P A^T + B_s K_j + K_j^T B_s^T < 0 \qquad (17)$$

$$A + B_s K_j \ Metzler \qquad (18)$$

$$\varepsilon(P,\rho) \in \mathcal{L}(K_j), \qquad (19)$$

$$j, s = 1, \ldots, r, \qquad (20)$$

then the saturated T-S fuzzy closed-loop system (15) is asymptotically stable while respecting positivity in closed-loop $\forall x_0 \in \varepsilon(P,\rho)$.

The first condition in Theorem 3.1 implies the stability of the T-S fuzzy closed-loop system, while condition two ensures the positivity of the state of the closed-loop system. Further more, the third condition realizes the limitation of the control within the allowed interval $[-1, \quad 1]$.

This result which is not suitable for control synthesis can be stated in LMI form.

Corollary 3.1 *[4] For a positive scalar ρ, if there exist matrix $X = diag\{x_1, x_2, \ldots, x_n\} > 0$, and matrices $Y_j, j = 1, \ldots, r$ such that*

$$X A^T + A^T X + B_s Y_j + Y_j^T B_s^T < 0 \qquad (21)$$

$$a_k x_l + b_s^k y_j^l \ge 0, k \ne l \qquad (22)$$

$$\begin{bmatrix} \frac{1}{\rho} & Y_j \\ * & X \end{bmatrix} > 0 \qquad (23)$$

$$j, s = 1, \ldots, r,$$

$$k, l = 1, \ldots, n,$$

then the saturated T-S fuzzy closed-loop system (15) is asymptotically stable while respecting positivity in closed-loop $\forall x_0 \in \varepsilon(P)$, where $P = X^{-1}$; $K_j = Y_j X^{-1}$ and

$$A = \begin{bmatrix} a_1 \\ a_2 \\ \vdots \\ a_n \end{bmatrix} ; B_s = \begin{bmatrix} b_s^1 \\ b_s^2 \\ \vdots \\ b_s^n \end{bmatrix} ;$$

$$Y_j = \begin{bmatrix} y_j^1 & y_j^2 & \cdots & y_j^n \end{bmatrix}. \tag{24}$$

4 Main result:Application to Buck Converter

In this section we present the control law that realizes the tracking objective while respecting the constraints on the control $u(t)$ in the first part. In the second part, the application of the obtained results to the buck converter is presented.

In this section, the results of the previous section are used. However, the actual problem is a tracking one while the results of Theorem 3.1 concern only stabilization problems. This explains the transformations leading to the control law (12). To obtain a simple T-S fuzzy model of the buck converter, we choose one interval with $r = 2$ rules, as follows: IF $i(t) = M_1 = i_{min}$ THEN,

$$B_1 = \begin{bmatrix} \frac{-R_m i_{min} + E + V_\gamma}{L} \\ 0 \end{bmatrix}$$

IF $i(t) = M_2 = i_{max}$ THEN,

$$B_2 = \begin{bmatrix} \frac{-R_m i_{max} + E + V_\gamma}{L} \\ 0 \end{bmatrix}$$

the membership functions are given by:

$$h_1(t) = \frac{i_{max} - i(t)}{M_2 - M_1}$$

$$h_2(t) = \frac{i(t) - i_{min}}{M_2 - M_1}$$

The (LMI) program of Corollary 3.1 applied to the buck converter model is feasible for the following values: $i_{max} = 3A$, $i_{min} = 0A$ and

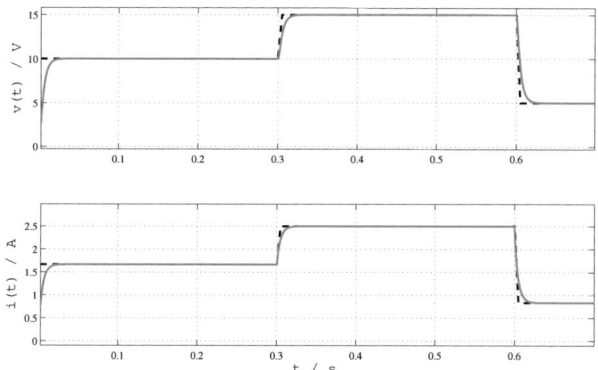

Bild 2: Capacity voltage $v(t)$ and inductance current $i(t)$ of the DC-DC buck converter

$\rho = 1$.

$$P = 10^3 \begin{bmatrix} 1.5569 & 0 \\ 0 & 1.5569 \end{bmatrix}, d = 0.0292;$$

$$K_1 = \begin{bmatrix} -38.9999 & 2.7584 \end{bmatrix}, K_2 = K_1.$$

$$Ac_1 = A + B_1 K_1 = 10^3 \begin{bmatrix} -0.3576 & 0.0153 \\ 4.8084 & -0.8014 \end{bmatrix};$$

$$Ac_2 = A + B_1 K_2 = Ac_1$$

$$Ac_3 = A + B_2 K_1 = 10^3 \begin{bmatrix} -0.3265 & 0.0131 \\ 4.8084 & -0.8014 \end{bmatrix};$$

$$Ac_4 = A + B_2 K_2 = Ac_3.$$

The simulation results are shown in Figure 2 and Figure 3. Figure 2 presents the trajectories of the capacity voltage and the inductance current while Figure 3 plots the duty ratio $u(t)$. One can notice the important fact that the evolution of the duty ratio is effectively between 0 and 1. Further more, the tracking of the desired trajectories, is achieved as specified.

Remark 4.1 *The direct application of the results of Corollary 3.1 by using the change of variables $\bar{B} = \alpha B, \bar{w} = \frac{w}{\alpha}$ leads to slow dynamic of the system in closed-loop. To overcome this drawback, the LMIs of Corollary 3.1 are used with $\alpha = 1$ realizing $-1 \leq Kx(t) \leq 1$, the obtained gain controller is then multiplied by $\alpha = d$ to have $-\alpha \leq$*

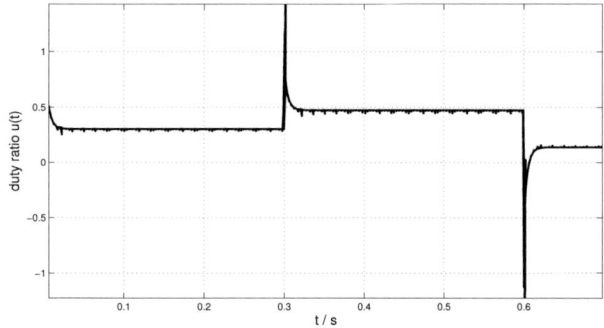

Bild 3: Duty ratio $u(t)$ of the DC-DC buck converter

$\alpha K x(t) \leq \alpha$. *The positivity and stability conditions obtained with the new gain controller are checked to remain satisfied.*

Comment 4.1 *To achieve the tracking goal, gains L_j were introduced. However, for the constraints the presented theoretical results do not take into account these gains. Nevertheless, as L_j are small, for the buck converter example, the constraints on the gains K_j are sufficient to compensate the variation of the tracking gains L_j. This drawback is still open from a theoretical point of view.*

5   Conclusion

The conditions for stabilization of T-S fuzzy systems with constrained control while imposing positivity are presented. The constraints are taken into account during the design phase using an LMI approach. The obtained solution to Corollary 3.1 enables one to deduce the controller gains for each linear model. Similar membership functions are used to design the global controller that respects the control constraints and to achieve the tracking of the reference signal without violating the positivity of the system. The obtained results are applied to the DC-DC buck converter. Simulation results show the effectiveness of the approach. Particularly, the duty ratio respects the physical limitation between 0 and 1 which was shown by Figure 3.

Acknowledgements. This research project is funded by the German Federal Ministry of Education and Research under grant no. 01DH13003 (*Renewable Energy Systems: Application of Control Concepts based on the Model Class of Takagi-Sugeno (TS) Fuzzy Systems*).

References

[1] M. Ait Rami, F. Tadeo, Linear Programming approach to impose positiveness in closed-loop and estimated states, In Proc. of the 17th Intern. Symp. on Mathematical Theory of Networks and Systems, Kyoto, Japan, 2006.

[2] A. Benzaouia, F. Tadeo, and F. Mesquine, The regulator problem for linear systems with saturations in the control and its increments or rate: An LMI approch. IEEE Trans. Circuits and systems-I, 53, No. 12 , pp. 2681-2691, 2006.

[3] A. Benzaouia , A. Hmamed, and A. EL Hajjaji, Stabilization of controlled positive discrete-time T-S fuzzy systems by state feedback control. Int. J. Adaptive Control and Signal Processing, Vol. 24, Issue 12, pp. 1091-1106, 2010.

[4] A. Benzaouia and A. EL Hajjaji, Delay-dependent stabilization conditions of controlled positive T-S fuzzy systems with time varying delay, IJCIC, Vol. 7, No. 4, 2011.

[5] A. Benzaouia, R. Oubah, A. El Hajjaji, and F. Tadeo, Stability and stabilization of positive Takagi-Sugeno fuzzy systems with delays. CDC, Orlando, Florida, 2011.

[6] A. Benzaouia, Saturated switching systems, Springer, SLNC, 2012.

[7] A. Benzaouia, R. Oubah, and A. El Hajjaji, Stabilization of positive Takagi-Sugeno fuzzy discrete-time Systems with multiple delays and bounded controls, J. of Franklin Institute, to appear 2013.

[8] L. Farina and S. Rinaldi, Positive Linear Systems: Theory and Application, Wiley, New York, 2000.

[9] A. El Hajjaji, M. Ben Ammar, J. Bosche, M. Chaabene, and A. Rabhi, Integral fuzzy control for photovoltaic power systems, Sustainability in Energy and Buildings, pp. 219-228, 2009.

[10] A. Hmamed, A. Benzaouia, M. Ait Rami, and F. Tadeo, Memory-less control to Drive States of Delayed Continuous-time Systems within the Nonnegative Orthant, Proceedings of the 18th World Congress, IFAC, Seoul, Korea, July 6-11, 2008.

[11] T. Hu and Z. Lin, An analysis and design method for linear systems subject to actuator saturation and disturbance, Automatica, 38, pp. 351-359, 2002.

[12] Y. Li and Z. Ji, T-S modeling, simulation and control of the buck converter. Fifth International Conference on Fuzzy Systems and Knowledge Discovery, Shandong, China, 2008.

[13] K.Y Lian, J.J. Liou, and C.Y Huand, LMI-based integral fuzzy control of DC-DC converter. IEEE Trans. of Fuzzy Systems, Vol.14, No.1, pp. 71-80, 2006.

[14] S-C Lin and C-C Tsai, Adaptive voltage regulator of PWM DC-DC buck converters using backstepping sliding mode control. IEEE International Conference on Control and Applications, September, Tapei, Taiwan, 2004.

[15] T. Kaczorek, Positive 1D and 2D Systems, Springer-Verlag, 2002.

[16] T. Kaczorek, Stability of positive continuous-time linear systems with delays, Bulletin of the polish academy of sciences, Technical sciences, Vol. 57, No. 4, 2009.

[17] F. Mesquine, F. Tadeo, and A. Benzaouia. Regulator problem for linear systems with constraints on the control and its increments or rate, Automatica, Vol. 40, pp. 1378-1395, 2004.

[18] M. Nachidi, A. El Hajjaji, and J. Bosche. Robust output tracking control of T-S fuzzy systems and its application to DC-DC converters. World Congress IFAC, Milano, Italy, 2011.

[19] T. Takagi and Sugeno M.. Fuzzy identification of systems and its application to modeling and control, IEEE Trans. on System Man and Cybernetics, Vol.15(1), pp. 116-132, 1985.

[20] L. X. Wang and J. M. Mendel, Fuzzy basis functions, universal approximation and orthogonal least-squares, IEEE Trans. on Neural Networks, Vol.3(5), pp. 807-814, 1992.

Simulation and Optimization of Cyclone Dust Separators

Beate Breiderhoff, Thomas Bartz-Beielstein,
Boris Naujoks, Martin Zaefferer,
Andreas Fischbach, Oliver Flasch, Martina Friese,
Olaf Mersmann, Jörg Stork

Fakultät für Informatik und Ingenieurwissenschaften, FH Köln
Steinmüllerallee 1, 51643 Gummersbach
Tel.: +49 2261 8196-0
Fax: +49 2261 8196-15
E-Mail: {first-name}.{last-name}@fh-koeln.de

1 Introduction

The reduction of emissions from coal-fired power plants is a demanding task. Cyclone separators are frequently used devices for filtering the flue gas of such plants. They remove dispersed particles from gas. Their advantages are simple structure, low costs and ease of operation. Collection efficiency and pressure loss are the two most important performance parameters. They are heavily influenced by the choice of several geometrical design parameters, like height or diameter. This results into a Multi-Objective Optimization (MOO) problem, the so called Cyclone Optimization Problem (COP). This study shows how a COP can be solved and analyzed, based on an analytical, deterministic model. Furthermore, the analytical model is extended by adding several noise variables. These enable to evaluate robustness of solutions, and yield a better estimate of how noisy real-world circumstances affect the problem. Techniques like a classical as well as a model-supported SMS-EMOA are used to handle the MOO problem.

The remainder of the paper is structured as follows. Section 2 provides an overview on previous research and methods w.r.t. the modeling and the COP in particular as well as MOO. This section is followed by a short summary of the research questions and goals in Section 3. Section 4 describes the problem setup, introducing parameterizations for the COP. A sensitivity analysis of the problem is depicted in Section 5, which is followed by the description of the performed optimization experiments and their results in Section 6. A short summary and a discussion of the findings

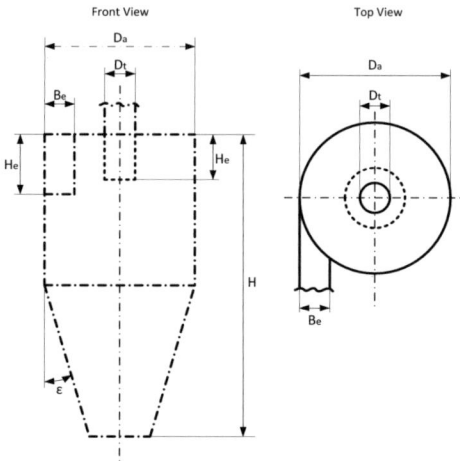

Figure 1: Schematic representation of a cyclone dust separator.

is given in Section 7. The paper closes with an outlook on future research in Section 8.

2 Previous Research and Methods

2.1 Cyclone Optimization

Cyclones exist in different shapes but the reverse flow cyclone represented in Fig. 1 is the most common design in industry. The principle of cyclone separation is simple: the gas-solid mixture enters at the top section tangentially. The cylindrical body induces a spinning, vortexed flow pattern to the gas-dustmixture. Centrifugal force separates the dust from the gas stream: the dust is moved to the walls of the cylinder and down the conical section to the dust outlet while the gas exits through the outlet pipe.

2.1.1 Significant parameters of a cyclone

Several characteristics constitute a COP.

1. Geometric shape
Seven geometric parameters allow to describe the cyclone as shown in Fig. 1.

Table 1: Table of fluid, particle and geometrical parameters used in the experiments. Most values are taken from an example by Löffler [1].

	Parameter	Symbol	Default	Unit
Geometry	Cyclone diameter	D_a	1260	mm
	Cyclone height	H	2500	mm
	Outlet pipe diameter	D_t	420	mm
	Outlet pipe immersion	H_t	640	mm
	Cyclone cone angle	ϵ	13.134	$^\circ$
	Inlet height	H_e	600	mm
	Inlet width	B_e	200	mm
Fluid	Viscosity	μ	$18.5 \cdot 10^{-6}$	$Pa \cdot s$
	Flow Rate	V_p	5000	$\frac{m^3}{h}$
	Gas density	ρ_f	1.86	$\frac{kg}{l}$
Particle	Particle density	ρ_p	2	$\frac{kg}{l}$
	Particle concentration	c_e	50	$\frac{g}{m^3}$
Output	Pressure Loss	PL	2564	Pa
	Collection Efficiency	CE	0.89	(without unit)

2. Fluid/Gas properties
   Parameters like viscosity or density describe the carrier substance.
3. Particle Properties
   Density, concentration and distribution of particle sizes describe the particle composition.
4. Collection efficiency (CE)
   The overall CE of the cyclone describes the amount of particles filtered from the gas.
5. Pressure Loss (PL)
   The Pressure Loss is the difference in pressure between inlet and outlet.

These different characteristics are summarized in Table 1. Pressure loss and collection efficiency are the main criteria used to evaluate cyclone performance. Both are functions of the cyclone dimensions. Normally, the goal of cyclone design is to maximize collection efficiency and to minimize pressure loss by adjusting the geometric parameters.

2.1.2 Previous Optimization Studies

A first multi objective optimization of cyclone separators was performed by Ravi et al. [2]. They used the Non Dominated Sorting Genetic Algorithm NSGA II to optimize an analytical model by Mothes and Löffler [1], minimizing pressure loss and maximizing total collection efficiency for eight geometrical parameters. Elsayed and Lacor [3] optimized four geometrical parameters using computational fluid dynamics CFD models and the a model based on work by Barth [4]. They minimized pressure loss only, using the response surface methodology. Pishbin and Moghiman [5] optimized seven geometry parameters with a genetic algorithm, minimizing pressure loss and maximizing efficiency. They used a CFD model to construct the fitness function. The bi-objective problem was transferred to a single-objective problem using weights. Elsayed and Lacor [6] minimized pressure drop and cut-off diameter. They used a Pareto optimization approach, utilizing a Radial Basis Function Neural Network RBFNN. The RBFNN was trained with data from literature. A similar approach was taken by Safikhani et al. [7], where the data for trained neural network stemmed from CFD simulations.

The herein presented work uses the analytical model based on work by Barth [4] and Muschelknautz [8]. In contrast to previous approaches, we introduce a stochastic simulation based on the analytical model, where several parameters are assumed to be noisy. This allows to investigate robustness of solutions. Furthermore the more recent SMS-EMOA is used to solve the multi-objective COP. In case of the stochastic cyclone simulation, the model-free SMS-EMOA compared to a model-supported SMS-EMOA, using a Kriging surrogate model.

2.2 Analytical Models for Dust Separation

Barth [4] and Muschelknautz [8] proposed a simple model based on a force balance, as presented by Löffler [1]. This model enables to obtain the collection efficiency and pressure loss. The principle of calculation is based on the fact that a particle carried by the vortex is influenced by two forces: a centrifugal force and a flow resistance. They are expressed at the outlet pipe radius r_i where the highest tangential velocity occurs. The model represents a reverse flow cyclone with a tangential rectangular inlet. This is a simple and still useful model, by which friction was first introduced in cyclone modeling.

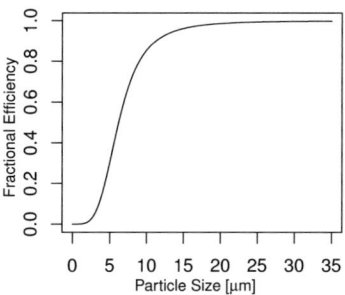

Figure 2: Fractional efficiency curve.

2.2.1 Collection Efficiency

The cyclone geometry, together with flow rate, defines the cut-size of the cyclone. Cut-size defines the particle size that will be collected with 50% efficiency. Smaller particles are collected with lower efficiency, larger with higher efficiency. Barth [4] developed a mathematical model for the cut-size as follows:

$$x_{Gr} = \sqrt{\frac{18\mu v_r r_i}{(\varrho_p - \varrho)v_{\phi i}^2}} \qquad (1)$$

where r_i is the outlet pipe radius, v_r is the radial gas velocity on the outlet pipe and $v_{\phi i}$ is the cyclone inlet velocity.

The fractional efficiency curve assigns an efficiency to the particle diameter as shown in Fig. 2. Larger particles are collected more efficiently than smaller particles. The fractional efficiency curve is described by:

$$T(x) = \left(1 + \frac{2}{\frac{x}{x_{Gr}} 3{,}564}\right)^{-1.235} \qquad (2)$$

where x is the particle size and x_{Gr} equals to Eq. (1). The overall collection efficiency is predicted according to:

$$E = \int_{x_{min}}^{x_{max}} T(x)q_e(x)dx = \sum_{x_{min}}^{x_{max}} T(\tilde{x}_i)\Delta Q_e(x_i) \qquad (3)$$

where x_{min} is the lower bound of the particle size, x_{max} is the upper bound of the particle size, $\tilde{x}_i$ is the mean particle size, $\Delta Q_e(x_i)$ is the change in distribution of particle sizes and $q_e(x) = \frac{\Delta Q_e(x_i)}{\Delta x_i}$.

2.2.2 Pressure Loss

Pressure loss is defined as the difference in pressure between two points of a fluid carrying body. It occurs with frictional forces. It relates directly to operation cost. Therefore an exact prediction is very important. Total pressure loss equals to:

$$\Delta p = \frac{\rho}{2} v_i^2 (\xi_{e-a} + \xi_{a-i} + \xi_{i-m}) \tag{4}$$

where ξ_{e-a} is the friction coefficient for the loss within the inlet (equals zero because of the tangential rectangular inlet) , ξ_{a-i} is the friction coefficient for the loss within the cyclone body, ξ_{i-m} is the friction coefficient for the loss within the outlet pipe and $\frac{\rho}{2} v_i^2$ is the relationship between pressure and velocity.

2.3 Model Alternatives

The above described analytical model is used as a predictor for collection efficiency and pressure loss. Several other analytical models of the cyclone separator exist [9]. Although all these methods have had a remarkable success, more advanced ideas are needed to model cyclones. Unsteadiness and asymmetry are for example two features not considered in classical cyclone theory that may affect the velocity distribution to a great extent, thus changing the model of the separation mechanism. On the other hand, as in many other fields, CFD currently emerges as a potentially accurate modeling technique.
Still, analytical models provide a good starting point for first investigations. Such models usually are not as precise as the more complex CFD models, but are much faster with respect to calculation time and other resources.

2.4 Multi Objective Optimization

In classical optimization methods only one objective is investigated. This is different in Multi Objective Optimization (MOO) where more than one objective can be optimized in parallel. However, new concepts had to be developed because these objectives are often conflicting, i.e. an improvement in one objective automatically leads to a deterioration in other objectives. Here, the concept of Pareto dominance comes into play. It says that solution a dominates solution b if a is not worse in any objective and better than b in at least one objective. Formally, in case of minimization it reads

$$a \text{ dominates } b \Leftrightarrow \forall i : f_i(a) \le f_i(b) \land \exists j : f_j(a) < f_j(b)$$

for a fitness function f of multiple objectives, $f(x) := (f_1(x), f_2(x), \dots)$ Based on this concept, an optimization process searches for solutions that are not dominated by any other solution. This results into a set of non-dominated solutions, called the Pareto front. The performance of an optimization process can therefore only be expressed in relation to a set of solution, rather than the quality of a single best solution.

Evolutionary Algorithms (EA) have become a standard tool for solving MOO problems. These algorithms are based on sets of solutions. This coincides well with the challenge of finding a set of solutions in MOO problems. Optimization Algorithms (EMOA) are modern MOO techniques that optimize the space that is covered by a Pareto front with respect to a predefined reference point. Maximizing this space, also called the hypervolume, pushes solutions more and more towards the desired objective values. Moreover, the hypervolume rewards a high diversity of solutions, i.e. a wide spread, and a smooth distribution of solutions along the border to the non-dominated area. All these properties are highly appreciated in MOO. One of the techniques employing hypervolume maximization is the SMS-EMOA (cf. Beume et al. [10]), which is also employed here.

2.5 Expensive Optimization Problems

In general, industrial design tasks can not be optimized by manufacturing multiple design instances and deciding for the best alternative afterwards. In almost all cases, this procedure would simply be too expensive. As a consequence, models are considered to estimate the performance of different designs before the actual manufacturing process. These simulations or models themselves can become time-consuming to evaluate. Developing surrogate approaches is the most important solution to that issue. In such approaches, the optimization problem (e.g. the cyclone model) is replaced by a cheaper, or easier to optimize surrogate model. A comprehensive survey of surrogate modeling in optimization was provided by Jin [11].

A methodical framework for surrogate model based optimization of noisy and deterministic problems is Sequential Parameter Optimization (SPO) introduced by Bartz-Beielstein et al. [12]. SPO has been developed for solving expensive algorithm tuning problems but can be directly employed for solving real world engineering problems as well.

One of the most often used surrogate-models is Kriging. This is partly due to the fact that it poses an excellent predictor of smooth, continuous problem landscapes. Moreover, it provides an uncertainty estimate of its own prediction, which can be used to calculate the Expected Improvement (EI) of a solution. This was used in Efficient Global Optimization by Jones et al. [13] to balance exploitation and exploration in the optimization process. In MOO, several approaches employ surrogate modeling. An overview of surrogate modeling in MCO is given by Knowles and Nakayama [14]. EGO has also been extended for MOO problems, as in the ParEGO Algorithm by Knowles [15] or the SMS-EGO approach suggested by Ponweiser et al. [16]. Emmerich et al. [17] show how the EI in hypervolume can be calculated exactly.

3 Questions and Goals

Real-world industrial multi-objective test cases are highly appreciated by the MOO research community because these allow for a comparison of methods apart from artificial test cases. The latter are usually used in the community but do not yield the complexity or significance of real-world applications. The COP is presented as a MOO test case and first results are presented. Moreover, the MOO results are compared to results from a single objective optimization approach to determine a possible lack of performance due to involving multiple objectives in parallel. Therefore, the single objective optimization results are compared to the extreme Pareto non-dominant solutions.

The cyclone model assumes a certain distribution of particle sizes as well as fixed, undisturbed settings of all other relevant variables. In practice, variables like the inflow speed or particle sizes will be noisy. That noise can be simulated by repeated sampling from random distributions, each sample leading to a new evaluation of the cyclone model. The repeated evaluation with different samples leads to a more time consuming target function for the optimization algorithm. To alleviate this issue, surrogate models can be introduced to support the optimization process. Therefore, the goals of this study are to:

- test the deterministic COP as a MOO problem.
- compare a single-objective and a multi-objective approach.
- analyze the influence of noise on the solution quality.
- determine influence of geometry, fluid and particle parameters.
- compare a model-free and a model-supported SMS-EMOA in case of optimizing a stochastic cyclone simulation.

Table 2: Particle size distribution table. Values are derived from an example presented by Löffler [1].

Intervall [μm]	Mean [μm]	Density	Cumulative
0-2	1	0	0
2-4	3	0.02	0.02
4-6	5	0.03	0.05
6-8	7	0.05	0.1
8-10	9	0.1	0.2
10-14	12.5	0.3	0.5
15-20	17.5	0.3	0.8
20-30	25	0.2	**1**

4 Problem Setup

4.1 Parameters of the Deterministic Cyclone Model

The herein described experiments are based on an example by Löffler [1]. This example uses the geometrical, fluid-specific, and particle-specific parameters summarized in Table 1. The geometrical parameters to be optimized are varied in fixed boundaries, which are ± 10 % of the default values from Table 1. Geometrical parameters could be varied in a much wider range, however, this range would not necessarily be fitting to the given fluid and particle parameters. Therefore, the 10% deviation was chosen as a typical experimental setup. A two-dimensional case (with D_a and H only) as well as a seven dimensional case with all seven parameters are investigated.

4.2 Stochastic Cyclone Simulation

In addition to the parameters from the deterministic model, three noise sources are introduced. That is, flow rate V_p, particle density ρ_p, and the particle sizes x_i used in the collection efficiency calculation can be subject to noise. The flow rate is allowed to vary in between ± 10% of the default value, while particle density varies within ± 5%. In both cases, a uniform distribution is used. For the collection efficiency calculation, one sample is drawn in each of the intervals from Table 2, instead of simply using the midst of each interval. That is, the particle size in each interval is determined randomly with a uniform distribution. These values are then inserted in Eq. (3), to calculate the overall collection efficiency.

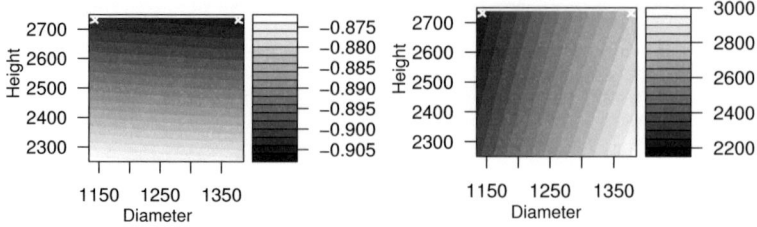

Figure 3: Surface of the deterministic objectives landscape. CE is left, PL is right. The Pareto set resides as white dots on the upper boundary of the plot. The extreme points (found by single objective optimization) reside in the upper corners. CE is negative, since all objectives are minimized.

5 Search-Space and Sensitivity Analysis

5.1 Deterministic Cyclone model

The objective landscape of the two-dimensional decision space is depicted in Fig. 3. The surface of the landscape is plotted based on a 100×100 point grid. Based on this sweep, the following classical analysis was performed.

1. Model fitting: for each objective, a regression model was fitted separately.
2. Desirability: define desirability for each objective.
3. Optimization: maximize the overall desirability.

The model fitting step involves the standard techniques from regression analysis, i.e., model specification, stepwise regression, and validation (considering residual plots etc.). The definition of desirability is elementary in this case: we defined a linear desirability function, which maps the interval of the CE and PL values to the intervals from zero to one. Since we are considering a minimization problem, the maximum CE and PL values are mapped to zero, whereas their minimum counterparts are mapped to one. Using classical optimization techniques, the geometrical mean of the two desirabilities is maximized. The following setting is considered optimal: $D_a = 1134, H = 2750, D_t = 462, H_t = 640, \epsilon = 13.13, H_e = 659,$ and $B_e = 219$. The outlet pipe immersion H_t and the cyclone cone angle ϵ are set to their default values, because the analysis reveals that their effects are negligible. The classical approach results in a pressure loss value of $PL = 1385.35$ and a collection efficiency of $CE = -0.88$. The design based on the default values has an associated hypervolume of 2172.28, whereas the hypervolume, which is based on the desirability analysis is

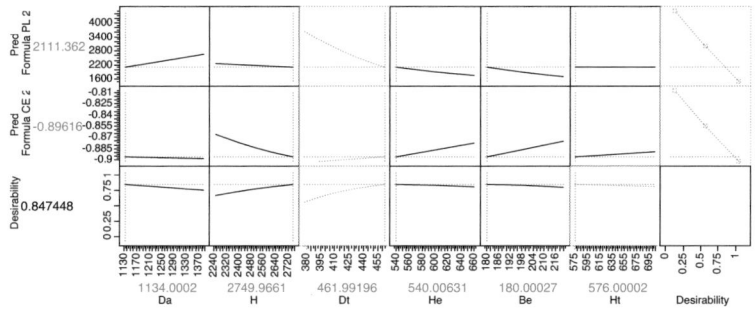

Figure 4: Search-space analysis of the deterministic landscape

3189.60. The reference point for the hypervolume calculation is 5000 PL and 0 CE. Before presenting a comparison of these rather simple results with state-of-art optimization techniques in Sect. 6, a sensitivity analysis of the stochastic cyclone simulation is presented in Sect. 5.2.

5.2 Stochastic Cyclone Simulation

First experiments where only D_a and H were varied showed that the noise level is high enough to make it hard to identify any structure in the problem landscape. Further experiments with repeated evaluations showed that structure seen in the deterministic model resurfaces for the expected value. The introduced noise is multiplicative, both for CE and PL. Variance is lowest for solutions with good CE and PL values.

The sensitivity analysis of the stochastic simulation is based on 100,000 data points, that were generated via Latin Hypercube Sampling (LHS). Each design point was evaluated ten times. The LHS intervals were determined as default value $\pm 10\%$. Default values were introduced in Table 1. Based on these modifications of seven geometrical parameters, the simulated output values are obtained, namely pressure loss and collection efficiency. Since both output values are minimized, CE has to receive a negative sign. Noise variables, i.e., flow rate V_p, particle density ρ_p, and particle sizes x_i were added to the analysis.

The distribution of the CE variable has a long tail, see Fig. 5. Values from the upper ten percent quantile are labeled. The histograms shown that V_p has no effect on CE, whereas ρ_p has a significant impact:

- Small ρ_p values result in worse CE, and vice versa.

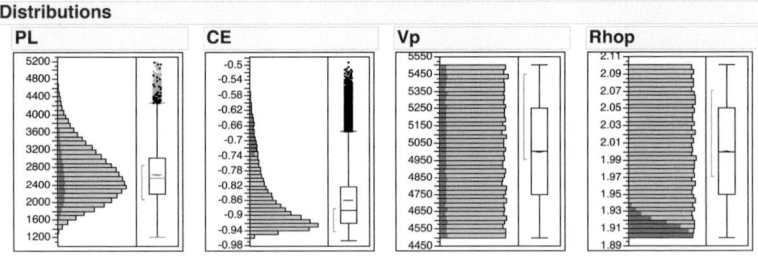

Distributions

Figure 5: Distribution analysis.

Furthermore, we can conclude that CE is dominated by the noise factor ρ_p. This can be seen from the regression tree analysis, which was performed to discover the driving forces. This simple analysis, visualized in Fig. 6, reveals that

- regarding collection efficiency, about two-third of the variance can be explained by the noise variable particle density ρ_p
- regarding pressure loss, it can be seen that a large amount of the variance can be explained by the outlet pipe diameter D_t and the noise variable particle density ρ_p.

As can be seen, V_p is the only noise variable that has influence on PL, which is to be expected because it is the only of the three sources to be related to PL in the model formulas. V_p is also the only noise source that does not influence CE. For CE, ρ_p has the strongest influence. Figure 7 illustrates the effects of the design variables on PL. Fig. 8 shows the results from a sensitivity analysis, which is based on a regression model. Only a model for PL could be obtained, because CE is determined by the noise variable ρ_p. Best configurations used settings at the border of the region of interest. The expected pressure loss of this setting is 1353.95 .

6 Optimization

6.1 Optimization of the Deterministic Cyclone Simulation

6.1.1 Setup

Two optimization-cases are tested:
Two-dimensional case: For a first impression, only two parameters are va-

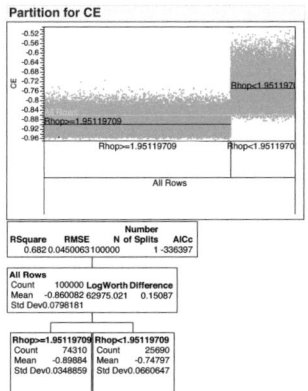

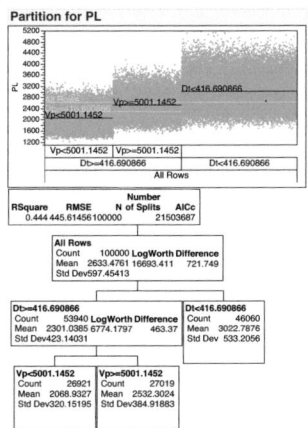

Figure 6: Regression tree analysis. *Left:* Collection efficiency: one single split explains 68 % of the variance in the data. *Right:*Pressure loss: the two splits explain 44% of the variance in the data.

Sorted Parameter Estimates

Term	Estimate	Std Error	t Ratio		Prob>|t|
Dt	-0.006459	1.514e-5	-426.5		<.0001*
Da	0.0009369	5.048e-6	185.59		<.0001*
Be	-0.005612	3.18e-5	-176.5		<.0001*
He	-0.001693	1.06e-5	-159.7		<.0001*
H	-0.000132	2.544e-6	-51.73		<.0001*
(Da-1260)*(Dt-420)	7.4058e-7	2.079e-7	3.56		0.0004*

Figure 7: The outlet pipe diameter D_t has the greatest impact on pressure loss.

ried, the cyclones diameter and height. All other parameters are kept constant at their default value. Both pressure loss (PL) and collection efficiency (CE) are optimized by a simple steady-state SMS-EMOA (cf. Beume et al. [10]), with a population size of 100. The employed implementation of the SMS-EMOA is part of the *SPOT* R-package[1]. As a comparison, the single objective Nelder-Mead [18] algorithm for box-constrained [19] problems is used to optimize both objectives separately. The SMS-EMOA receives a function evaluation budget of 100,000. The Nelder-Mead algorithm receives the same budget, but is expected to converge in a small fraction of that budget.

Seven-dimensional case: The complete set of seven geometrical parameters is optimized in the same way. Due to the larger search space dimen-

---

[1]SPOT is available at www.cran.r-project.org/package=SPOT

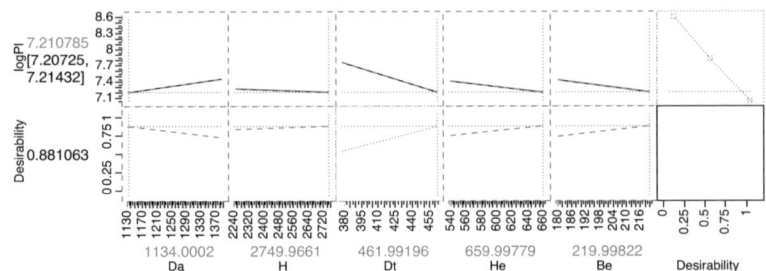

Figure 8: Prediction profile. The desirability of the objective PL is maximized if the values of the input variables as shown above are selected. Note, best configurations used settings at the border of the regions of interest.

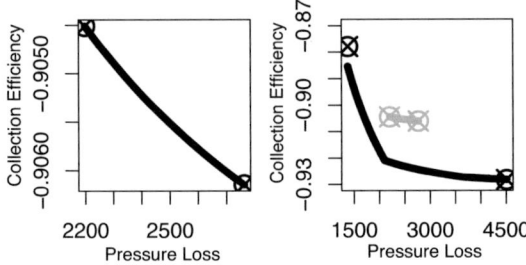

Figure 9: Pareto front (black dots) estimated by SMS-EMOA for the deterministic, bi-objective problem. Crossed circles show the results of the single objective Nelder-Mead optimizer. Left: two-dimensional case, only diameter and height are optimized. Right: Optimization of all seven geometrical parameters. The grey dots on the right side show, again, the two-dimensional case front.

sion, both the function evaluation budget and the population size of the SMS-EMOA were multiplied by a factor of 3.5.

These first and very simple optimization experiments are not repeated but simply run once, to give a first impression of the found Pareto fronts.

6.1.2 Results from the Deterministic Optimization Runs

The results of the first optimization experiments is depicted in Fig. 9. From the results of the optimization, and the shape of the two-dimensional objective landscape shown in Fig. 3, it is clear that the true Pareto front resides on the upper boundary of the cyclone height. That is, when the height is chosen to be maximal any value of the diameter leads to Pareto optimal solutions.

In the two-dimensional case, the hypervolume of the Pareto front estimate is 2539, whereas in the seven-dimensional case 3341 is reached. This is based on the same reference point with 5000 PL and 0 CE as used in Section 5.1. The Pareto fronts of the two-dimensional and seven-dimensional decision space lead to different Pareto front shapes. The former is continuous, whereas the latter seems to have a discontinuity at the knee of the front. The larger search space of the seven-dimensional problem allows to find better solutions, which all dominate solutions found for the two-dimensional case. Furthermore, the single objective optima reside on the extreme points of the two-dimensional decision space front. In case of the seven-dimensional decision space, the optimum found by Nelder-Mead for the PL is separate from the corresponding extreme point. While both have nearly identical PL values, the collection efficiency is much worse for the single objective optimizer.

A scatter-plot analysis reveals that the ϵ parameter shows the least structure, thus having little influence on solution qualities. Many of the Pareto optimal points reside on the boundaries of several parameters. The discontinuity in the Pareto front seems to be caused by certain Parameters (e.g. B_e, H_e or D_t) hitting a boundary.

6.2 Optimization of the Stochastic Cyclone Simulation

6.2.1 Setup

In this optimization study, a model-free SMS-EMOA as well as a surrogate model supported SMS-EMOA are compared. A fixed budget of 1 million function evaluations is given for each model-free SMS-EMOA run. The budget is 10 times larger than the budget used in the deterministic example, due to the difficulties created by the high noise level. Results are compared for 1, 10, 100 and 1000 evaluations of each individual. Larger numbers of repeated evaluations lead to a corresponding decrease in the number of generations. Mean values of these repeated evaluations are used as approximations of the true fitness. With these settings, each SMS-EMOA run takes approximately 210 seconds[2].

The Sequential Parameter Optimization Toolbox (SPOT) is used for the model-supported run. The chosen model type is Kriging. The Kriging implementation is based on work by Forrester et al. [20]. Since Kriging is

---

[2]The experiments, including runtime estimation, have been performed on a System with 3.40 GHz Intel Core i5, 8GB RAM, Windows 64.

expensive to build, the model should not be build too often. This is especially true for this study, since the target function is not very expensive. Therefore, the initial design (or population) of the model-supported run is chosen to contain 35 points, that is 5 for each decision space dimension. Each point is simulated 1000 times. More complex noise handling (e.g., Multi-Objective Optimal Computing Budget Allocation MOCBA [21] or similar approaches) are not employed here since only one surrogate optimization step is performed. That means, the Kriging model is trained only once. The SMS-EMOA is employed to optimize the surrogate model. It receives a budget of 77,000 evaluations of the Kriging surrogate, thus finding a 100 point Pareto front estimation. No EI criterion is employed, since the harsh time restriction makes pure exploitation the more desirable choice. This result into a run-time of roughly 210 seconds, consistent with the model-free run-time. Here, the main contributors to run-time are the training of the Kriging model, and the subsequent optimization on the Kriging model.

Both the SMS-EMOA and the Kriging-supported SMS-EMOA are run 20 times. The quality of each point in the resulting Pareto front estimates are validated by 10,000 runs of the stochastic simulation. To compare, the hypervolume indicator is used with a reference point of 5000 PL and zero CE.

6.2.2 Results from Stochastic Optimization Runs

The optimization results are summarized in Fig. 10. For the model-free SMS-EMOA, increasing the number of evaluations per point seems to yield no improvement. Exploring more points is at least as profitable as estimating the quality of each point more accurately. Still, it can be seen, that the model supported SMS-EMOA clearly outperforms the model-free SMS-EMOA. This is despite of the fact, that the model uses a much smaller budget than the SMS-EMOA. The run-time of both approaches is about equal. The Kriging model seems to deal well with the remaining noise in the objective function, yielding a more easy to optimize surrogate. This is especially interesting since the target-function is not exactly expensive, which would be the usual case where Kriging surrogates work well. Still, 1000 evaluations of each point make this a semi-expensive problem. One explanation for the excellent performance of the model-based SMS-EMOA, besides its ability to smoothen the noisy landscape, may be, that even in the seven-dimensional case, the true front is spread along several boundaries of the decision space. This could already be observed for the

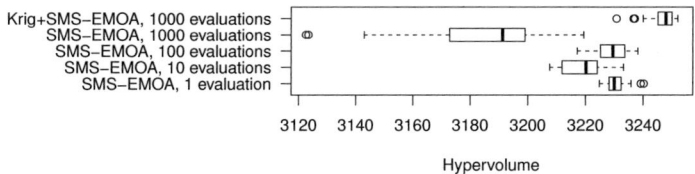

Figure 10: Boxplots for the optimization experiments with the stochastic simulation. The x-axis shows hypervolume of the estimated fronts, validated by 10,000 runs for each point. Higher values are better. Evaluation numbers refer to the repeated evaluation of each point.

deterministic model, and holds here as well. That may lead to a situation, where the surrogate model does not have to have high accuracy over the whole search space because it suffices to predict decreasing values towards the boundaries.

7 Summary and Discussion

This paper presents a multi objective optimization problem, based on a deterministic, analytical model of a cyclone dust separator. Noise influence was added, thus generating a stochastic simulation model. This allowed not only to optimize, but also to investigate robustness of solutions, against uncertainty in the noisy variables.

In case of the deterministic model, users can choose preferable results from the Pareto front, depending on their preference of CE and PL combinations. Preferred design points can be further analyzed with the stochastic simulation model. For instance, a user might choose the knee of the Pareto front (see right plot in Fig. 9) and an extreme point on the upper left part of the Pareto front, as summarized in Table 3. Those settings could be reevaluated with the stochastic model, yielding resulting variance estimates as depicted in Fig. 11. In practice, it may occur, that a user would prefer the extreme solution. While this solution has a worse expected value for CE, there is strong overlap between both solutions. On the other hand, the PL values show clearly a significant difference, thus leading to the potential preference of the extreme point.

It was also shown, that the stochastic simulation can be optimized directly. While the high noise level makes this more costly for a simple SMS-EMOA, a surrogate model based approach seems to handle the issue more efficiently.

The classical, single objective Nelder-Mead is able to identify the optima

Table 3: Two Points from the Pareto front found by SMS-EMOA on the deterministic model, with all seven geometrical parameters considered. The whole front is shown in Fig. 9 on the right.

Parameter	Point 1 (knee)	Point 2 (extreme)
D_a	1134	1134
H	2750	2750
D_t	462	462
H_t	576	576
ϵ	13.92	12.81
H_e	540	660
B_e	180	220
PL	2103.87	1375.90
CE	-0.921	-0.86

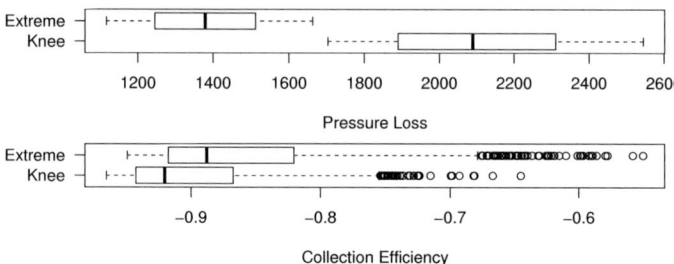

Figure 11: Boxplots for the knee, and an extreme point of the Pareto front found for the deterministic model. Corresponding to the parameters in Table 3, reevaluated 1000 times with the stochastic simulation. Lower values are better.

of the deterministic objective, but fails in case of the noisy simulation. The presented cyclone model representations are of comparativly simple structure, and thus are good candidates for real-world based multi objective test problems.

8 Outlook

While the analytical cyclone model does pose an interesting MOO problem, it lacks any information about quality of non-standard problems and solutions. That means, whenever particle, fluid or geometry attributes stray to far from the standard, the models quality deteriorates. For instance, the model is unable to represent non-centric positions of the outlet or slanted inlets. Still, such changes to geometry are of high interest to practitioners in industry. To get a better quality estimate of these geometries, CFD models are used. CFD models offer a wide variety to model the dynamics of particles in any kind of flow. However, such models need different preliminaries like the discretization of the considered space (meshing) and a solver for the resulting set of (partial) differential equations. This results in rather time-consuming and thus expensive simulations for each design alternative. However, such simulations can be very precise, mapping the real process with a very high accuracy and thus might be worth the effort.

To support the optimization of such time consuming simulations, the analytical model may still be of use. It can be used for multi-fidelity optimization of such CFD models, using techniques like Co-Kriging [20]. While they represent only a part of the possible number of geometrical parameters, they can still be used to improve the quality of such a Co-Kriging model, which would otherwise have to rely on accurate, but sparse, CFD simulations only. Furthermore, the optima or Pareto fronts found on the analytical model can be used to generate starting points for the optimization of the more complex CFD models.

Acknowledgements

This work has been partially supported by the Federal Ministry of Education and Research (BMBF) under the grants MCIOP (FKZ 17N0311) and CIMO (FKZ 17002X11).

References

[1] Löffler, F.: *Staubabscheiden*. Lehrbuchreihe Chemieingenieurwesen, Verfahrenstechnik. Thieme. ISBN 9783137122012. 1988.

[2] Ravi, G.; Gupta, S. K.; Ray, M. B.: Multiobjective Optimization of Cyclone Separators Using Genetic Algorithm. *Industrial & Engineering Chemistry Research* 39 (2000) 11, S. 4272–4286.

[3] Elsayed, K.; Lacor, C.: Optimization of the cyclone separator geometry for minimum pressure drop using mathematical models and {CFD} simulations. *Chemical Engineering Science* 65 (2010) 22, S. 6048 – 6058.

[4] Barth, W.: Berechnung und Auslegung von Zyklonabscheidern auf Grund neuerer Untersuchungen. *Brennstoff-Wärme-Kraft* 8 (1956) 1, S. 1–9.

[5] Pishbin, S. I.; Moghiman, M.: Optimization of Cyclone Separators Using Genetic Algorithm. *International Review of Chemical Engineering* 2 (2010) 6, S. 683–691.

[6] Elsayed, K.; Lacor, C.: Modeling and Pareto optimization of gas cyclone separator performance using {RBF} type artificial neural networks and genetic algorithms. *Powder Technology* 217 (2012) 0, S. 84 – 99.

[7] Safikhani, H.; Hajiloo, A.; Ranjbar, M.: Modeling and multi-objective optimization of cyclone separators using {CFD} and genetic algorithms. *Computers & Chemical Engineering* 35 (2011) 6, S. 1064 – 1071.

[8] Muschelknautz, E.: *Vt-Hochschulkurs 2 [zwei], mechanische Verfahrenstechnik.* Verfahrenstechnik international ; Sonderh. Krausskopf. 1972.

[9] Cortes, C. Gil, A.: Modeling the gas and particle flow inside cyclone seperators. *Progress in Energy and Combustion Science* 33 (2007), S. 409–452.

[10] Beume, N.; Naujoks, B.; Emmerich, M.: SMS-EMOA: Multiobjective selection based on dominated hypervolume. *European Journal of Operational Research* 181 (2007) 3, S. 1653–1669.

[11] Jin, Y.: A comprehensive survey of fitness approximation in evolutionary computation. *Soft Computing* 9 (2005) 1, S. 3–12.

[12] Bartz-Beielstein, T.; Parsopoulos, K. E.; Vrahatis, M. N.: Design and analysis of optimization algorithms using computational statistics. *Applied Numerical Analysis and Computational Mathematics (ANACM)* 1 (2004) 2, S. 413–433.

[13] Jones, D.; Schonlau, M.; Welch, W.: Efficient Global Optimization of Expensive Black-Box Functions. *Journal of Global Optimization* 13 (1998), S. 455–492.

[14] Knowles, J. D.; Nakayama, H.: Meta-Modeling in Multiobjective Optimization. In: *Multiobjective Optimization*, S. 245–284. Springer. 2008.

[15] Knowles, J.: ParEGO: A hybrid algorithm with on-line landscape approximation for expensive multiobjective optimization problems. *IEEE Transactions on Evolutionary Computation* 10 (2006) 1, S. 50–66.

[16] Ponweiser, W.; Wagner, T.; Biermann, D.; Vincze, M.: Multiobjective Optimization on a Limited Budget of Evaluations Using Model-Assisted -Metric Selection. In: *PPSN*, S. 784–794. 2008.

[17] Emmerich, M.; Deutz, A.; Klinkenberg, J.: Hypervolume-based expected improvement: Monotonicity properties and exact computation. In: *Evolutionary Computation (CEC), 2011 IEEE Congress on*, S. 2147–2154. IEEE. 2011.

[18] Nelder, J. A.; Mead, R.: A Simplex Method for Function Minimization. *The Computer Journal* 7 (1965) 4, S. 308–313.

[19] Box, M. J.: A New Method of Constrained Optimization and a Comparison With Other Methods. *The Computer Journal* 8 (1965) 1, S. 42–52.

[20] Forrester, A.; Sobester, A.; Keane, A.: *Engineering Design via Surrogate Modelling.* Wiley. 2008.

[21] Lee, L. H.; Chew, E. P.; Teng, S.; Goldsman, D.: Optimal computing budget allocation for multi-objective simulation models. In: *Simulation Conference, 2004. Proceedings of the 2004 Winter*, Bd. 1, S. –594. 2004.

Unscharfe Modellierung und Bewertung des Human Factor bei der Quantifizierung der Zuverlässigkeit technischer Systeme

Michael Wagenknecht, Jana Hänel, Alexander Kratzsch
Hochschule Zittau/Görlitz, IPM
02763 Zittau, Theodor-Körner-Allee 16
Tel. ++49 (0) 3583 61 2116
Fax ++49 (0) 3583 61 1288
E-Mail: {m.wagenknecht,j.haenel,a.kratzsch}@hszg.de

1 Einleitung

Die menschliche Zuverlässigkeit steht in den letzten Jahren zunehmend im Blickpunkt von Risiko-Analysen technischer Systeme. Dabei wird unter menschlicher Zuverlässigkeit "die Fähigkeit des Menschen, eine Aufgabe unter vorgegebenen Bedingungen für ein gegebenes Zeitintervall im Akzeptanzbereich durchzuführen" [1] verstanden. Der zunehmende Anteil menschlicher Fehlhandlungen bei Unfallszenarien unterschiedlichster Art hat sich Schätzungen zufolge auf 70-80% der Unfallursachen entwickelt [2]. Dafür gibt es zumindest zwei Gründe:

- Mechanische und elektronische Komponenten besitzen aktuell eine hohe Zuverlässigkeit, was ihren Fehleranteil senkt.

- Die zu überwachenden Systeme werden immer komplexer, was zu einer Veränderung der Aufgaben des Operators innerhalb dieser Systeme führt.

Das geht einher mit einer verminderten Einbindung des Operators in den realen Prozess, aber der Anteil der Überwachungsaufgaben nimmt zu. Die aktiven Handlungen verlagern sich hierbei auf die Erkennung spezifischer Situationen und das Ableiten entsprechender Strategien und Handlungen. Es wächst die Bedeutung der Zuverlässigkeit kognitiver und organisatorischer Prozesse (Interpretation, Planung, Entscheidungsfindung [1,3]). Eine detailliertere Analyse zeigt den großen Anteil kommunikativer und organisatorischer Probleme im Vergleich zu individuellen Fehlhandlungen [4-7]. Dadurch erhalten auch das Zusammenwirken verschiedener Hierarchie-Ebenen und die Problematik des Teamwork eine neue Wertigkeit bei der Bewertung des Human Factor. Dabei spielt die Sicherheitskultur als Teil der Unternehmenskultur eine gravierende Rolle [4,7-9].

Die Berücksichtigung der menschlichen Zuverlässigkeit in der PSA erfordert die Bewertung menschlicher Handlungen und deren Quantifizierung. Dabei spielt der Begriff menschlicher Fehlhandlungen als Komplementär-

begriff zur Zuverlässigkeit eine zentrale Rolle. In [10] wurde folgende allgemeine Definition menschlicher Fehlerhandlungen (bei Handlungen des
Menschen innerhalb technischer Systeme) gegeben:

"Menschliche Fehlhandlungen sind Handlungen, die zu einem uner-
wünschten oder fehlerhaften Systemzustand- oder Verhalten führen,
infolgedessen Systemanforderungen nicht oder nichtadäquat erfüllt
werden können. Der Mensch ist dabei Teil des Systems und wirkt dabei mit anderen Teilen des Systems zusammen".

Die menschliche Zuverlässigkeit (und damit menschliches Fehlverhalten)
hängt in komplexer Weise von Einflussfaktoren, deren Beschreibung auf
verschiedene Weise modelliert werden kann. Einflussfaktoren stellen dabei
eine offene Liste dar und haben zunächst einen linguistischen Charakter.
Üblicherweise werden sie dann über Gewichtungsfaktoren mit einer Basis-
fehlerwahrscheinlichkeit für Personalhandlungen quantifiziert.

Hierbei stellt sich die Frage, ob ein an Gewichtungsfaktoren orientierter
Ansatz der Wahrscheinlichkeitstheorie als Instrument zur Modellierung
und Quantifizierung menschlicher Zuverlässigkeit ausreichend ist. Dies gilt
speziell in Bereichen, wo Erfahrung bzw. psychologische Faktoren eine
große Rolle spielen. Das vorhandene Expertenwissen lässt sich oft adäqua-
ter und leichter in linguistischer Form darstellen und verarbeiten [11-15].
Hier hat sich die Theorie unscharfer Mengen als probates Modellierungs-
instrument erwiesen.

Im Weiteren wird die Klassifikation menschlicher Handlungen in Abhängigkeit relevanter Einflussfaktoren mittels unscharfer Regelwerke und unscharfer Relationen betrachtet. Das erlaubt Vorhersagen über das menschliche Verhalten bei der Erfüllung konkreter Aufgaben und gibt Hinweise
über Fehlerwahrscheinlichkeiten. Ein Anwendungsbeispiel beschließt die
Analyse.

2 Die Bestimmung von Kontrollmodi - prinzipielles Vorgehen

Die nachfolgenden Ausführungen sind eine Erweiterung der in [2] vorgestellten CREAM-Methodik.

2.1 Kognitive Aktivitäten (KA), kognitive Funktionen (KF) und Leistungsfaktoren - Performance Shaping Factors (PSF)

Es wird vorausgesetzt, dass es für den zu betrachtenden Aufgabenbereich die prinzipiell in Betracht kommenden KA (Koordinierung, Kommunikation, Vergleich, Diagnose,…), KF (Beobachtung, Interpretation, Planung, Ausführung) sowie PSF (Organisation, Teamworkqualität, Arbeitsbedingungen, verfügbare Zeit…) sowie die Beziehungen KA - KF und KF - PSF bekannt sind (s. Tabellen 1 und 2 in Abschnitt 3.1). Die PSF besitzen verschieden Niveaus (hocheffizient, effizient, unzureichend, unterstützend, ausreichend…) mit entsprechendem Einfluss auf die menschliche Leistungszuverlässigkeit (positiv, kein Einfluss, negativ).

2.2 Kontrollmodi - Control Modi (CM)

Die CM beschreiben die Situation des Operators, in der er sich aufgrund der relevanten KA und der Niveaus der PSF befindet. Hierbei werden 4 Modi unterschieden:

verwirrt (scrambled): Wahl der nächsten Aktion nicht vorhersagbar, kaum Nachdenken über durchgeführte (bzw. durchzuführende) Handlungen (typisch für hohe Anforderungen in unbekannten Situationen bzw. unerwartete Änderungen; kaum Situationserkennung (Extremfall: Panik)

situativ (opportunistic): nächste Aktion im Wesentlichen durch Kontext bestimmt und weniger durch stabile Absichten und Ziele; wenig Planung z.B. wegen mangelndem Verständnis oder Zeitrestriktionen; Handlungen durch gegenwärtig perzeptuell dominante Informationen oder Gewohnheiten diktiert

taktisch (tactical): basiert auf Planung auf Grundlage von Regeln bzw. Prozeduren mit beschränktem Zeithorizont; z.T. ad-hoc-Entscheidungen; wirklicher Hintergrund der Entscheidung wird oft nicht berücksichtigt *strategisch (strategic)*: Berücksichtigung des globalen Kontext mit größerem Zeithorizont und Voraussicht; effizientere und robustere Entscheidungen; stark von den Fähigkeiten (Kompetenz) des Personals beeinflusst

2.3 Bestimmung des CM

Zur Bestimmung des CM wird folgende prinzipielle Vorgehensweise vorgeschlagen:

1. Bestimmung der Niveaus der PSF für den relevanten Betriebsbereich.

2. Für die konkrete Aufgabe werden die relevanten KA bestimmt.

3. Aus diesen werden die entsprechenden KF berechnet.

4. Aus dem Zusammenhang KF - PSF werden die relevanten PSF bestimmt. Für diese PSF wird anhand ihrer Niveaus bestimmt, wieviele positive und negative Einflüsse auf das Leistungsverhalten vorhanden sind. Man erhält eine zweidimensionalen Vektor $elr = \left(\Sigma_{neg}, \Sigma_{pos} \right)$, wobei die PSF mit "kein Einfluss" unberücksichtigt bleiben.

5. Der Vektor *elr* wird in folgendes Schema eingeordnet:

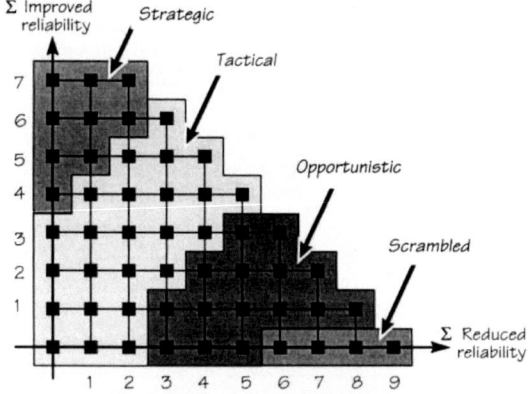

Bild 1: Kontrollmodi in Abhängigkeit von den summar. Einflüssen [2]

Im Folgenden wird dieses Vorgehen detaillierter erläutert.

3 Mathematische Realisierung

3.1 Quantifizierung der Ausgangsinformationen

Zunächst werden die von der konkreten Aufgabe unabhängigen Informationen quantifiziert. In der nachfolgenden Tabelle sind die KA und ihre Beziehungen (fehlendes Kreuz bedeutet keine Verbindung) zu den KF aufgeführt.

Tabelle 1: Beziehungen zwischen KA und KF

KA	KF			
	Observation	Interpretation	Planning	Execution
1. Coordination			x	x
2. Communication				x
3. Comparison		x		
4. Diagnosis		x	x	
5. Evaluation		x	x	
6. Execution				x
7. Identification		x		
8. Maintenance			x	x
9. Monitoring	x	x		
10. Observation	x			
11. Planning			x	
12. Recording		x		x
13. Regulation	x			x
14. Scanning	x			
15. Verification	x	x		

Die folgende Tabelle beschreibt auszugsweise den Zusammenhang zwischen KF und PSF.

Tabelle 2: Beziehungen zwischen KF und PSF

PSF	KF			
	Observation	Interpretation	Planning	Execution
Organisation	w	w	m	m
Working conditions	m	m	w	m
Man-Machine-Interface (MMI)	s	w	w	s
Availability of plans & procedures	m	w	s	m
Number of simultaneous goals	m	m	s	m
Available time	s	s	s	s
Time of day	w	w	w	w
Training & experience	m	s	s	m
Teamwork quality	s	s	s	s

("w" - schwach, "m" - mittel, "s" - stark).

Tabelle 3 zeigt auszugsweise die PSF mit Niveaus (Levels) und den Einflüssen (influences) auf die menschliche Zuverlässigkeit.

Tabelle 3: Übersicht über die PSF

PSF	Level	Influence on reliability
Organisation	very efficient	positive
	efficient	none
	inefficient	negative
	insufficient	negative
Working conditions	good	positive
	moderate	none
	incompatible	negative
Man-Machine-Interface (MMI)	supporting	positive
	adequate	none
	tolerable	none
	inadequate	negative
Availability of plans/proce.	adequate	positive
	acceptable	none
	insufficient	negative
Number of simultaneous goals	less than capacity	none
	according to capacity.	none
	more than capacity.	negative
Available time	sufficient	positive
	temporarily insufficient	none
	permanently insufficient	negative

Wir setzen im Weiteren voraus, dass M kognitive Aktivitäten, K kognitive Funktionen und N Leistungsmerkmale gegeben sind. Tabelle 1 wird nun durch eine unscharfe Relation $R^{AF} = \left(r_{ij}^{AF} \right)$ modelliert:

$$
R^{AF} = \left.\left(\begin{array}{ccccccccc}
 & & & 1 & 1 & & & 1 & 1 \\
 & 1 & 1 & 1 & 1 & 1 & & 1 & & 1 \\
1 & & 1 & 1 & & 1 & & 1 & \\
1 & 1 & & & 1 & & 1 & & 1 & 1
\end{array}\right)^{\!\! {}^{\displaystyle \left.\vphantom{\Big|}\right\}M}} \right\} K
$$

Dabei bedeuten die Leerstellen den Wert 0. Dabei gilt i.A. $r_{ij}^{AF} \in [0,1]$, d.h. der Zusammenhang zwischen den KA und KF kann graduiert vorgegeben werden. Tabelle 2 wird entsprechend durch eine Relation $R^{PF} = \left(r_{nj}^{PF} \right)$

$$
R^{PF} = \left.\left(\begin{array}{ccccccccc}
0.2 & 0.5 & 1 & 0.5 & 0.5 & 1 & 0.2 & 0.5 & 1 \\
0.2 & 0.5 & 0.2 & 0.2 & 0.5 & 1 & 0.2 & 1 & 1 \\
0.5 & 0.2 & 0.2 & 1 & 1 & 1 & 0.2 & 1 & 1 \\
0.5 & 0.5 & 1 & 0.5 & 0.5 & 1 & 0.2 & 0.5 & 1
\end{array}\right)\right\} K
$$

quantifiziert. Dabei wurde "schwach" = 0.2, "mittel" = 0.5 und "stark" = 1 gesetzt.

Tabelle 3 kann durch ein unscharfes Regelwerk dargestellt werden:

"*wenn* die *Organisation* <u>sehr effizient</u> ist *dann* ist der *Einfluss* <u>positiv</u>"

"*wenn* die *Arbeitsbed.* <u>annehmbar</u> sind *dann* ist <u>kein</u> *Einfluss* vorhanden"

...

Dabei werden die Modelleingänge durch unscharfe Zahlen über [0,1] dargestellt und die Ausgänge (Einflüsse) durch unscharfe Zahlen über dem Intervall [-1,1]. Das Regelwerk selbst wird als Takagi-Sugeno-Regelwerk (TKS) modelliert [14]. Mamdani-Regelwerke [12] sind hier aus folgenden Gründen ungeeignet:

1. Die Modellein- und -ausgänge sind unscharfe Zahlen und als Simulationsergebnisse sind ebenfalls unscharfe Zahlen zu erwarten. Das ist bei Mamdani-Regelwerken i.A. nicht der Fall, da dort die Simulationsergeb-

nisse typischerweise multimodal sind. Das ist auch für eine anschließende Defuzzifizierung problematisch.

2. Mamdani-Regelwerke erfordern eine hinreichend dichte Granulierung der Eingangsvariablen. Das ist in praxi oft nicht erfüllt.

Schließlich wird das Schema zur Einordnung der summarischen Einflüsse (Bild 1) fuzzifiziert (und normiert), da die ursprünglich scharfen Grenzen nicht sachgemäß sind. Es ergibt sich folgende Darstellung:

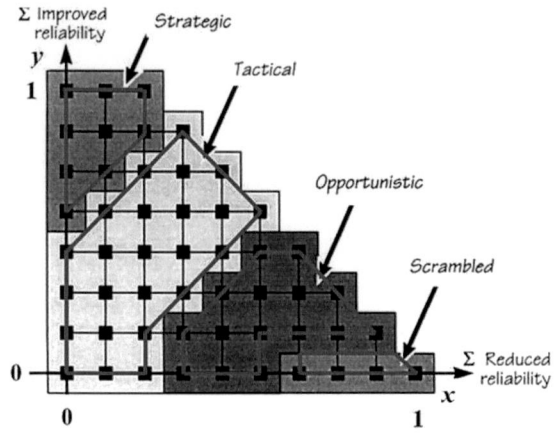

Bild 2a: Unscharfe Kontrollmodi-Regionen (2d-Ansicht)

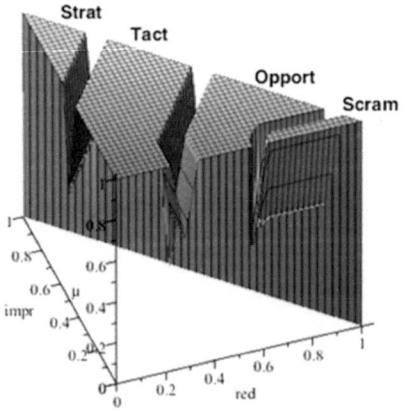

Bild 2b: Unscharfe Kontrollmodi-Regionen (3d-Ansicht)

Die umrandeten Bereiche in Bild 2a sind Gebiete mit der Zugehörigkeit 1.

3.2 Quantifizierung der aufgabenabhängigen Information und Simulation

Die Berechnung des aktuellen Kontrollmodus' für eine konkrete Aufgabenstellung erfolgt in mehreren Schritten:

1. Erstellung eine kognitiven Aktivitätsprofiles $X^{KA} = \left(x_1^{KA}, ..., x_M^{KA} \right)$ mit $x_i^{KA} \in [0,1]$, wobei x_i^{KA} die Intensität der i-ten KA für die gegebene Aufgabe beschreibt.

2. Berechnung des Vektors $Y^{KF} = \left(y_1^{KF}, .., y_K^{KF} \right)$ mittels

$$Y^{KF} = R^{AF} \circ X^{KA} \tag{1}$$

bzw.
$$y_j^{KF} = \max_{1 \leq i \leq M} \left(r_{ij}^{AF} \wedge x_i^{KA} \right); j = 1,...,K \tag{2}$$

(unscharfe Komposition). Die y_j^{KF} beschreiben die Intensität der j-ten KF für die gegebene Aufgabe.

3. Berechnung des Vektors $Z^{PSF} = \left(Z_1^{PSF}, ..., Z_N^{PSF} \right)$ aus

$$Z^{PSF} = \tilde{R}^{PF} \circ Y^{KF} \tag{3}$$

mit $\tilde{R}^{PF}$ als der Transponierten zu R^{PF}. (3) kann auch geschrieben werden als

$$Z^{PSF} = \tilde{R}^{PF} \circ R^{AF} \circ X^{KA} = R^{KP} \circ X^{KA} \tag{4}$$

mit $R^{KP} = \tilde{R}^{PF} \circ R^{AF}$. Die Z_n^{PSF} beschreiben die Wichtigkeit des n-ten Einflussfaktors für die vorliegende Aufgabe und Z^{PSF} ist der Gewichtsvektor für die TKS-Simulation.

4. Festlegung der Niveaus der relevanten Einflussfaktoren und Simulation des TKS-Regelsystems. Im Ergebnis erhält man einen 2-dimensionalen Vektor mit unscharfen Komponenten   , wobei   zunächst eine unscharfe Zahl über [-1,0] und   eine unscharfe Zahl über [0,1] ist. Aus Gründen der einheitlichen Darstellung wird   auf das Intervall [0,1] gespiegelt.

5. Berechnung der unscharfen Menge Σ_{ges} über dem Quadrat $[0,1]\times[0,1]$ mittels eines geeigneten Verknüpfungsoperators, z.B. als Produkt $\mu_{\Sigma_{ges}}(x,y)=\mu_{\Sigma_{neg}}(x)\cdot\mu_{\Sigma_{pos}}(y)$. Hierbei ist μ die Zugehörigkeitsfunktion.

6. Berechnung der Inklusionsgrade von Σ_{ges} bezüglich der einzelnen unscharfen Kontrollmodi-Regionen.

4 Beispiel

Wir betrachten das Hochfahren eines Brennofens nach einer System-Schnellabschaltung. Die Aufgabe kann schematisch wie folgt dargestellt werden:

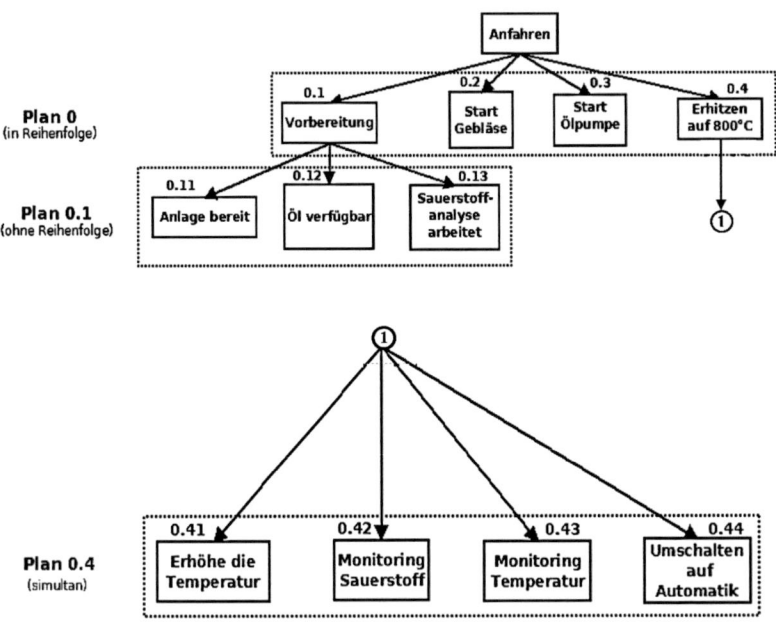

Bild 3: Schema Hochfahren des Brennofens [2]

Tabelle 4: Kognitive Aktivitäten

Nr	Aktion	Kognitive Aktivität
0.11	*Anlage bereit*	Evaluation
0.12	*Öl verfügbar*	Verification
0.13	*Sauerstoffanalyse arbeitet*	Verification
0.2	*Start Gebläse*	Execution
0.3	*Start Ölpumpe*	Execution
0.41	*Erhöhe Temperatur*	Regulate
0.42	*Monitoring Sauerstoff*	Monitoring
0.43	*Monitoring Temp.*	Monitoring
0.44	*Wenn Temp.=800°C*	Verifikation
	⇒ Umschaltung auf Automatik	Execution

Insgesamt standen 15 KA zur Verfügung. Das führt (bei entsprechender Nummerierung) auf das KA-Profil $X^{KA} = \left(x_1^{KA}, ..., x_{15}^{KA} \right)$ mit $x_i^{KA} = 0$ für $i \neq 5, 6, 9, 13, 15$ und $x_5^{KA} = x_6^{KA} = x_9^{KA} = x_{13}^{KA} = = x_{15}^{KA} = 1$. Das ergibt die PSF-Bewertung $Z^{PSF} = (0.5, 0.5, 1, 1, 1, 1, 0.2, 1, 1)$. Reihenfolge und Niveaubewertung der PSF sind in nachfolgender Tabelle gegeben:

Tabelle 5: Bewertung der PSF

PSF	Niveau	Einfluss
Organization	inefficient	negativ
Working conditions	moderate	none
Man-Machine-Interface (MMI)	tolerable	none
Availability of plans & proced.	insufficient	negativ
Number of simultaneous goals	according to capacity	none
Available time	sufficient	positiv
Training & experience	insufficient	negativ
Team work quality	efficient	none

Das ergab nach entsprechender Rechnung schließlich die Einordnung:

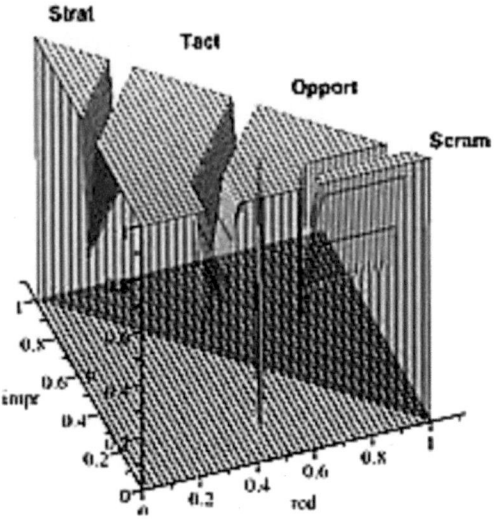

Bild 4: Kontroll-Modus für "Hochfahren Brennofen"

Der Operator befindet sich also im situativen Modus. Das ist durch die recht negative Bewertung der PSF (Tab. 5) bedingt. Interessanterweise kann die Einordnung in Abhängigkeit der relevanten PSF für Unteraufgaben variieren. Beispielsweise erhalten wir für die Unteraufgabe 0.2 (Start Gebläse) folgendes Bild:

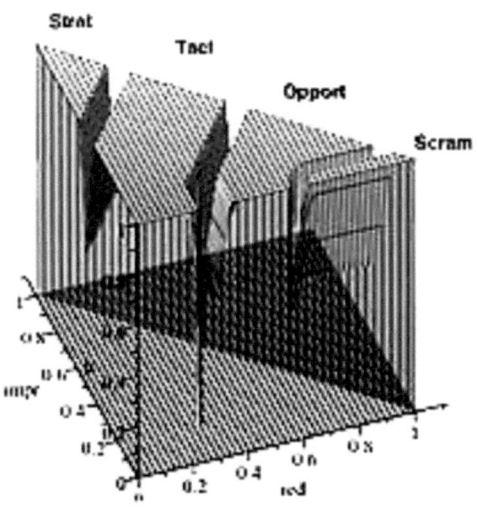

Bild 5: Kontroll-Modus für Unteraufgabe "Start Gebläse"

Man sieht, dass sich der Operator hier zwischen taktischem und situativem Modus befindet.

Danksagung. Diese Arbeit wurde durch das Bundesministerium für Wirtschaft und Technologie im Rahmen des Projektes 1501432A finanziell unterstützt.

5 Literatur

[1] VDI-Gesellschaft Systementwicklung und Projektgestaltung: Richtlinie VDI 4006 Blatt 1: *Menschliche Zuverlässigkeit - Ergonomische Forderungen und Methoden der Bewertung.* Beuth-Verlag, Berlin; 2002.

[2] Hollnagel, E.: *Cognitive Reliability and Error Analysis Method: CREAM.* Elsevier, Amsterdam; 1998.

[3]   VGB PowerTech "*Konzept für die Bewertung menschlicher Fehl-handlungen in technischen Systemen*" (VGB-M 122). Verlag tech-nisch-wissenschaftlicher Schriften, Essen; 2006.

[4]   GRS-Fortschrittsbericht "*Forschungsvorhaben auf dem Gebiet der Reaktorsicherheit*" (Berichtszeitraum 1. Januar – 30. Juli 2008). GRS-F-2008 /1.

[5]   NEA/CSNI/R, *The Role of Human and Organisational Factors in Nuclear Power Plant Modifications*. NEA/CSNI/R (2008)11.

[6]   Spurgin A.J., Lydell B.: *Critique of current HRA methods*. IEEE 7th Human Factors Meeting, 2002, Scottsdale, Arizona, USA.

[7]   Faßmann W., Hartung J., Preischl W.: *Probabilistische Bewertung organisatorischer Einflüsse sowie von Einflüssen des Sicherheits-mangements auf die Zuverlässigkeit von Personalhandlungen*. Tech-nischer Report GRS-A-3560, 2010.

[8]   *Developing Safety Culture in Nuclear Activities*. IAEA Safety Re-ports Series No. 11. IAEA, Vienna; 1998.

[9]   Eidgenössische Kommission für die Sicherheit von Kernanlagen (Schweiz): *Sicherheitskultur in einer Kernanlage*. KSA-Report No. 04-01, 2004.

[10]   Sträter O.: *Evaluation of Human Reliability on the Basis of Opera-tional Experience*. GRS-Bericht 170, Köln; 2000.

[11]   Bennett Th. R. et al.: *Testing the untestable: Reliability in the 21st century*. IEEE Transactions on Reliability 52 (2003) 118-124.

[12]   Dubois D., Prade H.: *Fuzzy Sets and Systems*. Academic Press, New York; 1988.

[13]   Konstandinidou M. et al.: *A fuzzy modeling application of CREAM methodology for human reliability analysis*. Reliability Engineering and System Safety 91 (2006) 706-716.

[14]   Nguyen H.T., Walker E.A.: *A First Course in Fuzzy Logic*. Crc. Press, Boca Raton; 2000.

[15]   Richei A. et al.: *The human error rate assessment and optimizing system HEROS*. Reliability Engineering and System Safety 72 (2001) 153-164.

Sensorlose Zustandsüberwachung an Synchronmotoren

Fabian Paschke[1], Christian Bayer[1],
Martyna Bator[2], Uwe Mönks[2], Alexander Dicks[2],
Olaf Enge-Rosenblatt[1], Volker Lohweg[2]

[1]Fraunhofer-Institut für Integrierte Schaltungen IIS
Institutsteil Entwurfsautomatisierung EAS
Zeunerstraße 38, 01069 Dresden
Tel.: (0351) 4640 757, Fax: (0351) 4640 703
E-Mail: {fabian.paschke, christian.bayer,
olaf.enge}@eas.iis.fraunhofer.de

[2]inIT – Institut für industrielle Informationstechnik
Hochschule Ostwestfalen-Lippe
Liebigstr. 87, 32657 Lemgo
Tel.: (05261) 702 258, Fax: (05261) 702 312
E-Mail: {martyna.bator, uwe.moenks, alexander.dicks,
volker.lohweg}@hs-owl.de

Kurzfassung

Die aktive Zustandsüberwachung von Automatisierungssystemen rückt immer weiter in den Vordergrund und ist daher ein zentraler Forschungsgegenstand [1]. In diesem Beitrag werden Ansätze der sensorlosen Überwachung eines Synchronmotors diskutiert. Basierend auf Messungen der Phasenströme des Motors werden mit der Hilbert-Transformation bzw. mit der Empirical Mode Decomposition charakteristische Merkmale aus den Signalen berechnet. Anschließend werden diese mittels Hauptkomponentenanalyse bzw. der linearen Diskriminanzanalyse reduziert. Die daraus berechneten charakteristischen Merkmale dienen als Grundlage für die abschließende Fuzzy-Pattern-Klassifikation. Basierend auf dem erläuterten Ansatz ist die Identifikation typischer Betriebs- bzw. Fehlerzustände, aber auch das Erkennen nicht gelernter Zustände möglich. Das dabei vorgestellte Vorgehen ist vergleichsweise generisch und lässt sich gut auf andere Anwendungsgebiete übertragen.

1 Einleitung

Insbesondere in der Prozesstechnik nimmt die Komplexität der Automatisierungssysteme stetig zu. Diese bestehen in der Regel aus einzelnen autonomen Subsystemen, deren Ausfall sich kritisch auf das Gesamtsystem auswirken kann. Oftmals kann dadurch ein Produktionsausfall entstehen, wodurch einem Unternehmen erhebliche wirtschaftliche Verluste zugefügt werden können.

Durch Fortschritte in der industriellen Informationstechnologie gewinnen Methoden der Zustandsüberwachung daher zunehmend an Bedeutung. Von besonderem Interesse ist dabei die Auswertung der Prozessdaten ohne zusätzliche, kostenintensive Sensorik. Um den Schadenszustand eines Synchronmotors und der angeschlossenen Komponenten zu charakterisieren, werden innerhalb dieses Beitrags die Phasenströme genutzt, da diese zum Zwecke der Motorregelung ohnehin gemessen werden. Aufgrund des individuellen Einsatzumfelds des Motors werden kognitive Verfahren der Signalauswertung bevorzugt, welche zudem die Realisierung als selbstlernendes System ermöglichen.

Die innerhalb des Beitrags beschriebenen Algorithmen basieren auf Messdaten, welche mit einem speziell entwickelten Demonstrator aufgezeichnet wurden [2]. Dieser besteht aus Motor, Achsen, Lagern und Lastaufnehmer, und bietet die Möglichkeit, gezielt Schäden an den einzelnen Komponenten einzubringen. Für die einzelnen Schadenszustände bilden Referenzmessungen bei verschiedenen Betriebsparametern die Datenbasis der Klassifikation. Um die Anzahl der notwendigen Messungen zu reduzieren, werden die Parameterkombinationen mit Hilfe der statistischen Versuchsplanung (Design of Experiments, DoE) bestimmt [3]. In Abschnitt 2 wird der Aufbau des Demonstrators und das experimentelle Vorgehen genauer beschrieben. Im folgenden Abschnitt werden dann zwei Ansätze zur Merkmalsgenerierung vorgeschlagen. Wir nutzen zum einen die Hilbert-Transformation und zum anderen die Empirical Mode Decomposition (EMD) [4]. Die Reduktion der gewonnen Merkmalsvektoren mit Verfahren der statistischen Datenanalyse ist Gegenstand des Abschnitts 4. Ausgehend von den vorverarbeiteten Daten werden zwei Ansätze der Merkmalsreduktion vorgeschlagen, welche zum Einen auf der Hauptkomponentenanalyse (PCA) [5] und zum Anderen auf der linearen Diskriminanzanalyse (LDA) basieren [6]. Im letzten Schritt werden dann die reduzierten Merkmalsvektoren mittels Fuzzy-Pattern-Klassifikation [7] den durch Lernen bekannten Klassen zugeordnet. Dadurch wird eine scharfe Klassentrennung vermieden, Zuordnungen im Falle überlappender Klassen ermöglicht und die Interpretierbarkeit der Klassenzugehörigkeitswerte erhöht.

2 Experimenteller Aufbau und Datenerfassung

Die Basis für die Messdatenerfassung stellt ein modular aufgebauter Demonstrator dar, der im Rahmen des öffentlich vom Bundesministerium für Wirtschaft und Technologie (BMWi) geförderten Forschungsprojekts AutASS[1] entwickelt wurde [8]. Die verschiedenen Module, die in den Demonstrator eingebaut werden, können intakte oder defekte Komponenten enthalten. Außerdem kann der Demonstrator bei verschiedene Betriebsbedingungen, d. h. unterschiedlichen Lagerlasten, Drehmomentbelastungen und Drehzahlen betrieben werden. Weitere Informationen zum Demonstrator können der Quelle [2] entnommen werden.

Die Grundlage der Merkmalsextraktion sind die zwei gemessenen Phasenströme des Antriebs $I_1(t)$ und $I_2(t)$, die mittels Strommesszangen aufgenommen werden. Die Aufgabe besteht in der Detektion einer definierten Anzahl von typischen Fehlern im Antriebsstrang. Hierbei dienen Einkerbungen am Kugellager, Wellenschiefstellungen und Achsneigungen als Referenzschäden. Um den experimentellen Aufwand möglichst gering zu halten, wurden im Vorfeld mittels der Versuchsplanungstechnik Design of Experiments (DoE) [3] sinnvolle Kombinationen dieser Schäden und der verschiedenen Betriebsparameter ermittelt.

Im Folgenden werden 11 verschiedene Fehlerzustände untersucht, wobei jeder Fehlerzustand einer definierten Kombination der erwähnten Referenzschäden entspricht. Dabei wurde jeder Fehlerzustand mehrfach bei insgesamt 12 verschiedenen Betriebsbedingungen, d. h. bei verschiedenen Drehzahlen, Lastmomenten und Lastkräften gemessen, wodurch sich insgesamt $11 \cdot 12 = 132$ verschiedene Zustände des Demonstrators ergeben.

3 Signalvorverarbeitung und Merkmalsextraktion

Die in diesem Beitrag präsentierten Klassifikationsalgorithmen basieren auf der statistischen Analyse der kontinuierlich gemessenen Phasenströme $I_1(t)$ und $I_2(t)$ des Synchronmotors. Um die Klassifikation verschiedener Betriebszustände zu ermöglichen, werden aus den Zeitsignalen zunächst

---

[1]Autonome Antriebstechnik durch Sensorfusion für die intelligente, simulationsbasierte Überwachung und Steuerung von Produktionsanlagen

geeignete Merkmalsvektoren berechnet. Es werden zwei Ansätze vorgestellt, wobei Ersterer die Hilbert-Transformation nutzt und die zweite Methode auf dem EMD-Algorithmus [4] aufbaut.

3.1 Hilbert-Transformation

Wie bereits angemerkt wurde, basieren die in diesem Beitrag vorgestellten
Klassifikationsalgorithmen auf Methoden der statistischen Datenanalyse.
Es ist daher unerlässlich die Vergleichbarkeit und die Reproduzierbarkeit
der verwendeten Merkmale zu gewährleisten. Im Falle sinusförmiger Phasenströme würde eine Phasenverschiebung des Signals die Klassifikation
beispielsweise beeinträchtigen, oder gar unmöglich machen. Um dieses
Problem zu umgehen, nutzen wir für die Klassifikation anstelle der Phasenströme das analytische Signal

$$I_i^a(t) = I_i(t) + j\hat{I}_i(t), \tag{1}$$

wobei $\hat{I}_i(t)$ die Hilbert-Transformierte des Signals $I_i(t)$ darstellt:

$$\hat{I}_i(t) = \frac{1}{\pi} \int_{-\infty}^{\infty} \frac{I_i(t)}{t - \tau} d\tau. \tag{2}$$

Das transformierte Signal (1) wird dann als eine Folge komplexer Werte mit Amplitude $A(t)$ und Winkel $\alpha(t)$ aufgefasst, aus welcher wiederum die für die Klassifikation verwendeten Merkmalsvektoren m berechnet
werden. Wir nutzen hierfür eine beschränkte Anzahl N statistischer Wer-
te $\bar{I}^a(\alpha)$, wobei α im Bereich $[0, 2\pi]$ liegt. Das resultierende vektorielle
Signal

$$\mathbf{m} = [\bar{I}^a(\alpha_1), \dots, \bar{I}^a(\alpha_N)]^\mathsf{T} \tag{3}$$

wird als Merkmalsvektor aufgefasst und bildet daher die Basis für die im
Abschnitt 4 beschriebene Merkmalsreduktion.

3.2 EMD-Algorithmus

Der EMD-Algorithmus [4] ist eine Methode, die in einem iterativen Sie-
bungsprozess schrittweise die intrinsischen Frequenzkomponenten, die sogenannten intrinsischen Modalfunktionen (IMF) $c_v(t)$ und Residuen $r_v(t)$
$(v = 1, \dots, V)$ aus einem Signal $x(t)$ extrahiert. Sie wird verwendet, um
eine neue Datenbasis für die Generierung von Merkmalen zu schaffen. Die
iterative Vorgehensweise des Algorithmus wird in [4] detailliert beschreiben.

Die Untersuchungen haben ergeben, dass bereits die ersten drei IMFs der beiden Phasenströme und deren Residuen als Grundlage für die Generierung von Merkmalen ausreichend sind. Hierfür wird jede der Signalkomponenten $c_v(t)$ und $r_v(t)$ in Teilsequenzen zerlegt. Anschließend werden für jede dieser Teilsequenzen die statistischen Merkmale Mittelwert $\bar{x}$, Standardabweichung σ, Schiefe C und Exzess E berechnet und ebenfalls in einem Merkmalsvektor $\mathbf{m}$ zusammengefasst. Eine ausführliche Beschreibung kann der Referenz [9] entnommen werden.

4 Merkmalsreduktion und Klassifikation

In dem Bereich des maschinellen Lernens und der Mustererkennung erfolgt die Klassifikation charakteristischer Systemzustände üblicherweise auf Basis geeigneter Merkmale. Dabei besteht eine der wesentlichen Herausforderungen darin repräsentative Merkmale zu finden, die als Grundlage für die anschließende Klassifikation herangezogen werden können. Im Folgenden werden zwei Ansätze der Merkmalsreduktion und Klassifikation vorgeschlagen, und anhand des Synchronmotors beispielhaft veranschaulicht. Dabei bestehen die wesentlichen Ziele darin, die Reklassifikation gelernter Fehlerzustände zu ermöglichen, und darüber hinaus auch nicht gelernte Zustände zu erkennen.

4.1 Klassifikation mittels Hauptkomponentenanalyse

Die in diesem Abschnitt erläuterte Methode basiert auf der wesentlichen Annahme, dass die Merkmalsvektoren einer Klasse Punktwolken (Cluster) im N-dimensionalen Merkmalsraum bilden. Ausgehend von dieser wesentlichen Annahme werden mittels Hauptkomponentenanalyse [5] Unterräume mit entsprechender Basis ermittelt, in welche die Daten anschließend projiziert werden[2]. Die abschließende Klassifikation basiert dann auf der Auswertung der im Folgenden definierten Projektionsfehler und Clusterabstände der Projektionsdaten.

In den folgenden Überlegungen wird angenommen, dass der Merkmalsvektor $\mathbf{m}$ einer Messung (vgl. Gl. (3)), einen Punkt im N-dimensionalen Merkmalsraum darstellt. Wir vereinen daher alle Messungen eines Fehlerzustandes $i = 1 \ldots K$ in die Merkmalsmatrix

$$\mathbf{M}^{(i)} = [\mathbf{m}_1, \ldots, \mathbf{m}_L], \qquad (4)$$

---

[2]Diese Vorgehensweise ist auch unter dem Begriff „Proper Orthogonal Decomposition" bekannt und wird unter anderem im Bereich der Ordnungsreduktion dynamischer Systeme eingesetzt [10].

wobei L die Anzahl der zu einem Zustand gehörenden Messungen darstellt. Im nächsten Schritt wird die Hauptkomponentenanalyse genutzt um eine reduzierte orthogonale Basis zu finden, welche einen kleineren Unterraum aufspannt, aber näherungsweise alle L Merkmalsvektoren enthält. Jedes Signal in $\mathbf{M}^{(i)}$ kann dann näherungsweise durch

$$\mathbf{m}_j^{(i)} \approx \sum_{k=1}^{n} c_{k_j} \mathbf{v}_k = \mathbf{V}\mathbf{c}_j; \ 1 \leq j \leq L, \tag{5}$$

in der reduzierten Basis dargestellt werden, wobei $n \ll N$ die Dimension des reduzierten Merkmalsraums ist und die $\mathbf{v}_k$ dessen Basisvektoren darstellen. Die Berechnung der Basisvektoren erfolgt mittels Eigenwertzerlegung der Matrix $\mathbf{M}^{(i)}\mathbf{M}^{(i)\mathsf{T}}$, d. h.

$$(\mathbf{M}^{(i)}\mathbf{M}^{(i)\mathsf{T}})\mathbf{v}_k = \lambda_k \mathbf{v}_k, \tag{6}$$

wobei der Eigenwert λ_k ein Ausdruck für die Signifikanz des entsprechenden Basisvektors $\mathbf{v}_k$ ist. Wir sortieren die mittels Gl. (6) berechneten Eigenvektoren daher nach dem Betrag ihrer entsprechenden Eigenwerte und fassen die n ersten signifikanten Eigenvektoren zur Projektionsmatrix

$$\mathbf{V}^{(i)} = [\mathbf{v}_1, \ldots, \mathbf{v}_n] \tag{7}$$

zusammen. Die letztendliche Merkmalsreduktion kann dann durch orthogonale Projektion der Messdaten auf den durch die Spalten von $\mathbf{V}^{(i)}$ aufgespannten n-dimensionalen Raum erfolgen. Da $\mathbf{V}^{(i)}$ eine orthogonale Matrix ist, gilt für einen einzelnen Merkmalsvektor

$$\mathbf{m}_{j_{\mathrm{proj}}}^{(i)} = \mathbf{V}^{(i)\mathsf{T}}\mathbf{m}_j^{(i)}, \tag{8}$$

wobei die näherungsweise Rekonstruktion eines Messdatums durch

$$\mathbf{m}_j^{(i)} \approx \mathbf{m}_{j_{\mathrm{rec}}}^{(i)} = \mathbf{V}^{(i)}\mathbf{m}_{j_{\mathrm{proj}}}^{(i)} \tag{9}$$

erfolgen kann. Dabei ist zu beachten, dass die Merkmalsreduktion verlustbehaftet ist, insbesondere entsteht durch die Projektion einer Messung ein *Projektionsfehler*

$$d_j^{(i)} = \|\mathbf{m}_j^{(i)} - \mathbf{m}_{j_{\mathrm{rec}}}^{(i)}\|_2, \tag{10}$$

welcher im Folgenden die Basis für die Klassifikation darstellt. Aufbauend auf dieser Feststellung kann für jede Klasse ein typischer Projektionsfehler $\bar{d}^{(i)}$, ermittelt als dessen Mittelwert über alle j Projektionen und dessen Standardabweichung $\sigma_d^{(i)}$ berechnet werden, wobei davon ausgegangen wird, dass der Projektionsfehler normalverteilt ist:

$$d^{(i)} \sim \mathcal{N}(\bar{d}^{(i)}, \sigma_d^{(i)}). \tag{11}$$

Der beschriebene Vorgang wird für jede der insgesamt K Klassen wiederholt, d. h. es werden für jede Klasse die Projektionsmatrix $\mathbf{V}^{(i)}$ und die entsprechenden typischen Projektionsfehler $\bar{d}^{(i)}$ und $\sigma_d^{(i)}$ berechnet.

Die Zuordnung eines Messdatums $\mathbf{m}_j$ mit unbekannter Klassenzugehörigkeit erfolgt auf Basis der Auswertung des Projektionsfehlers d_j. Hierfür wird für jede der zu überprüfenden Klassen zunächst die Projektion (8) berechnet und anschließend der Projektionsfehler (10) zu jeder Klasse bestimmt. Die abschließende Klassifikation erfolgt mittels eines Fuzzy-Pattern-Ansatzes. Dafür wird die Zugehörigkeitsfunktion

$$
\mu^{(i)}(d_j) = \begin{cases} \exp\left(-\frac{1}{2}\left(\frac{d_j - \bar{d}^{(i)}}{\gamma^{(i)}\sigma_d^{(i)}}\right)^2\right), & \text{für } d_j > \bar{d}^{(i)} \\ 1 & \text{für } d \leq \bar{d}^{(i)} \end{cases}
\tag{12}
$$

ausgewertet (Abb. 1), wobei $\mu^{(i)}(d_j) \in [0,1]$ ein Maß für Zugehörigkeit der Messung j zur Klasse i entspricht und $\gamma^{(i)}$ ein vom Nutzer vorzugebender Parameter ist, der das Abklingverhalten der Funktion bestimmt.

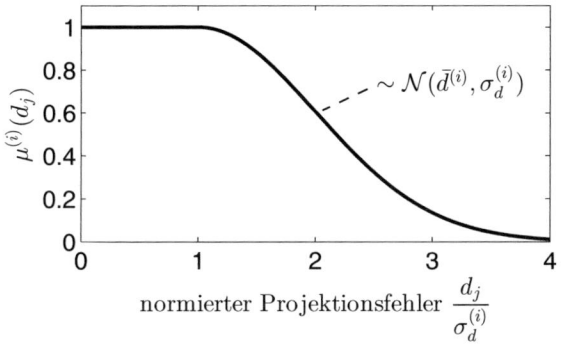

Bild 1: Normierte Zugehörigkeitsfunktion (12) mit $\bar{d}^{(i)} = 1$ und $\gamma^{(i)} = 1$.

Das beschriebene Vorgehen soll jetzt anhand des in Abschnitt 2 beschriebenen Demonstrators veranschaulicht werden. Hierfür wurden zunächst die Merkmalsvektoren nach der in Abschnitt 3.1 beschriebenen Methode berechnet und anschließend in die Merkmalsmatrizen (4) einsortiert, wobei $N = 500$ Merkmale verwendet wurden. Danach wurden für 10 der insgesamt 11 Klassen, d. h. $K = 10$, die Projektionsmatrizen (7), die typischen Projektionsfehler $\bar{d}^{(i)}$ und die typischen Abweichungen $\sigma_d^{(i)}$ berechnet. Die

Klassifikation erfolgte dann mit jeweils einer nicht in den Lerndaten enthaltenen Messung jeder Klasse. Zudem wurde auch die Klassifikation einer Messung der unbekannten Klasse 11 durchgeführt. In der Abb. 2 lässt sich erkennen, dass sowohl die Klassifikation von Messungen mit unbekannter Klassenzugehörigkeit, aber auch das Erkennen unbekannter Klassen (Messung 11 liefert keinen Beitrag zu einer der bekannten Klassen) möglich ist, wobei für die Dimension des reduzierten Merkmalsraums $n = 5$ verwendet wurde.

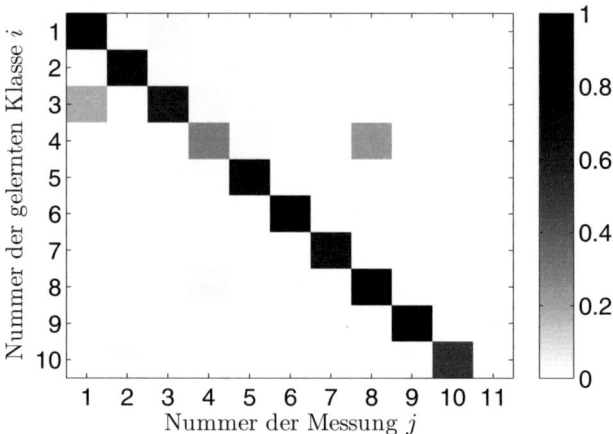

Bild 2: Zugehörigkeitswerte $\mu^{(i)}(d_j)$ für 11 Messungen, wobei die tatsächliche Klassenzugehörigkeit der Nummer der Messung entspricht ($i \equiv j$) und $\gamma^{(i)} = 3$; $n = 5 \; \forall \; i = 1\ldots10$ verwendet wurde.

Eine abschließende Bemerkung sei der Einteilung einer Klasse in unterschiedliche Subklassen gewidmet. In dem hier betrachtetem Beispiel des Synchronmotors ist es beispielsweise denkbar, nicht nur die unterschiedlichen Schadensklassen unterscheiden zu wollen, sondern zudem auch einzelne Betriebszustände des Antriebs. Dies lässt sich realisieren, wenn die projizierten Daten entsprechend ihrer Betriebszustände Punktwolken im reduzierten Merkmalsraum bilden. Der Abstand der einzelnen Cluster lässt sich dann als ein Maß für die Trennbarkeit der Subklassen interpretieren. Die Zuordnung der projizierten Daten zu einer Subklasse s kann dabei manuell durch den Nutzer, aber auch automatisiert mittels Clustering-Algorithmen wie beispielsweise DBSCAN erfolgen [11]. In Anlehnung an die multivariate Normalverteilung können die Cluster dann mithilfe von

Zugehörigkeitsfunktionen der Form[3]

$$\mu^{(i,s)}(\mathbf{m}^{(i)}) = \exp\left(-\frac{1}{2}\left(\mathbf{m}^{(i)} - \bar{\mathbf{m}}^{(i,s)}\right)^{\mathsf{T}} \Sigma^{(i,s)^{-1}}\left(\mathbf{m}^{(i)} - \bar{\mathbf{m}}^{(i,s)}\right)\right)$$

(13)

parametriert werden, wobei der Index s eine Subklasse innerhalb der Klasse i kennzeichnet und $\bar{\mathbf{m}}^{(i,s)} \in \mathbb{R}^n$ bzw. $\Sigma^{(i,s)} \in \mathbb{R}^{n \times n}$ die entsprechenden Mittelwerte bzw. Kovarianzen darstellen.

Die Projektion der Daten eines Fehlerzustandes in einen 2-dimensionalen Merkmalsraum ist in Abb. 3 veranschaulicht. In der Grafik lässt sich erkennen, dass die meisten Betriebszustände bereits mit $n = 2$ Basen gut unterscheidbar sind.

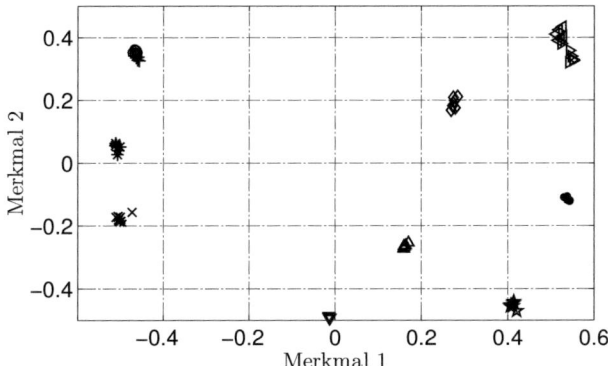

Bild 3: Projektion der Merkmalsvektoren einer Schadensklasse in den 2-dimensionalen Merkmalsraum. Die 12 unterschiedlichen Markierungstypen entsprechen den unterschiedlichen Betriebszuständen des Motors.

4.2 Reduktion mittels linearer Diskriminanzanalyse

Die in diesem Abschnitt erläuterte heuristische Methode der Merkmalsreduktion basiert in Grundzügen auf dem in [12] vorgestellten Ansatz. Mithilfe der linearen Diskriminanzanalyse [6, 13] wird eine minimale Anzahl an Merkmalen berechnet, die eine Trennung der 11 benutzerdefinierten Klassen ermöglicht. Hierbei liegen die in Abschnitt 3.2 definierten Merkmale zu Grunde. Bei dem nachfolgend geschilderten Vorgehen wird wie im Abschnitt 4.1 davon ausgegangen, dass die Merkmalsvektoren Punktwolken im N-dimensionalen Merkmalsraum bilden. Auf dieser Annahme

---

[3]Aus Gründen der Übersicht wird im Folgenden auf das Subskript $(\cdot)_{j_{\text{proj}}}$ verzichtet.

aufbauend wird mittels der LDA eine Richtung $\mathbf{w}$ im Merkmalsraum berechnet, welche die Klassen nach der Projektion auf $\mathbf{w}$, d. h.

$$m_{\text{proj}} = \mathbf{w}^{\mathsf{T}}\mathbf{m}, \tag{14}$$

möglichst optimal trennt. Die Gl. (14) kann daher als Diskriminanzfunktion aufgefasst werden. Eine optimale Trennung der Klassen liegt vor, wenn $\mathbf{w}$ so gewählt ist, dass das Kriterium

$$D(\mathbf{w}) = \frac{\mathbf{w}^{\mathsf{T}}\sum_{\mathbf{B}}\mathbf{w}}{\mathbf{w}^{\mathsf{T}}\sum\mathbf{w}} \longrightarrow \max_{\mathbf{w}} \tag{15}$$

erfüllt ist, wobei $\sum_{\mathbf{B}}$ die Interklassenkovarianz und $\sum$ die Summe der Intraklassenkovarianzmatrizen darstellen. Die Lösung der Gl. (15) führt auf ein verallgemeinertes Eigenwertproblem. Genaugenommen ist die Lösung des Maximierungsproblems durch den Eigenvektor der Matrix $\sum^{-1}\sum_{\mathbf{B}}$ mit dem betragsmäßig größtem Eigenwert gegeben. Um weiterhin eine bessere Klassentrennung zu ermöglichen, ist es denkbar bei der Projektion weitere Eigenvektoren zu berücksichtigen. Im Falle von K unterschiedlichen Klassen nutzen wir zur Projektion $K - 1$ Eigenvektoren $\mathbf{w}_k$ ($k = 1 \ldots K - 1$). Die Zuordnung einer Messung mit unbekannter Klassenzugehörigkeit zu einer Klasse i kann dann basierend auf dem minimalen Abstand a zu den Mittelpunkten der Projektionsdaten erfolgen, d. h.

$$a = \min_{i=1\ldots K} \left(\sum_{k=1}^{K-1} \left(\mathbf{w}_k^{\mathsf{T}}(\mathbf{m} - \bar{\mathbf{m}}^{(i)}) \right)^2 \right), \tag{16}$$

wobei die $\bar{\mathbf{m}}^{(i)}$ die Mittelwerte der Lerndaten darstellen.

Der Algorithmus zur Reduktion der Merkmale wird nachfolgend beschrieben. Die Menge aller verfügbaren Merkmale wird mit $\mathcal{M}$ bezeichnet. Im ersten Schritt werden aus der Menge n Elemente zufällig ausgewählt, aus denen die $\binom{|\mathcal{M}|}{n}$ Teilmengen von $\mathcal{M}$ bestehen sollen, wobei $|\mathcal{M}|$ die Anzahl der Elemente in $\mathcal{M}$ bezeichnet und $n = 1 \ldots |\mathcal{M}|$ gilt. Der Algorithmus startet mit $n = 1$, wodurch sich zunächst $|\mathcal{M}|$ unterschiedliche Teilmengen ergeben. Die ausgewählten Merkmale werden dann in einem reduzierten Merkmalsvektor $\mathbf{m}_{n,t}$ zusammengefasst, wobei $t = 1 \ldots \binom{|\mathcal{M}|}{n}$ gilt. Iterativ wird für jede Auswahl $\mathbf{m}_{n,t}$ die Diskriminanzfunkion berechnet. Anschließend wird die tatsächliche Klassenzugehörigkeit einer Messung mit der durch den Klassifikator ermittelten Zugehörigkeit verglichen und darauf aufbauend die Missklassifikationrate $e_{n,t} \in [0, 1]$ als Maß für die Güte der verwendeten Merkmale definiert. Lassen sich alle Messungen korrekt zuordnen, ist $e_{n,t} = 0$. Sofern für eine definierte Anzahl an Merkmalen n ein festgelegter Schwellwert α unterschritten wird, wird die zur Auswertung herangezogene Auswahl an Merkmalen als hinreichend gut angesehen und der Ablauf bricht ab. Andernfalls wird nach einer vollständigen Auswertung aller Auswahlmöglichkeiten die Anzahl der ausgewählten Merkmale erhöht, d. h. $n = n + 1$, und der Ablauf erneut gestartet. Durch dieses Vorgehen konnte die Gesamtzahl der Merkmale von $N = 48$ auf $n = 6$ reduziert werden.

Diese Methode der Merkmalsreduktion wurde ebenfalls mit den Demonstratormessungen validiert. Auf Basis der DoE ergeben sich $K = 11$ Versuchsabläufe mit verschiedenen Schadenszuständen, wobei die Klasse 1 als Referenz für einen fehlerfreien Zustand dient.

Mithilfe der reduzierten Merkmale wird ein modifizierter Fuzzy-Pattern-Klassifikator (MFPC) [7, 14]

$$\mu^{(i)}(\mathbf{m}; \mathbf{p}^{(i)}) = \exp\left\{ -\frac{1}{n}\sum_{k=1}^{n}\left(\frac{|m_k - \bar{m}_k^{(i)}|}{\gamma_k^{(i)}} \right)^{\nu_k^{(i)}} \ln 2 \right\} \tag{17}$$

angelernt, d. h. es wird für jedes Merkmal k der Vektor $\mathbf{p}_k^{(i)} = [\bar{m}_k^{(i)}, \gamma_k^{(i)}, \nu_k^{(i)}]^{\mathsf{T}}$ bestimmt [7]. Der Klassifikator dient dazu die angelernten Daten für die Validierung zu reklassifizieren und außerdem die ungelernten Daten den gelernten Klassen zuzuordnen. Im Umfeld des Maschinen- und Anlagenbaus hat sich der MFPC-Klassifikationsansatz bewährt [14, 15], da dieser schleichende Übergänge (Verschleiß) bzw. sich anbahnende Fehler erfassen und Messunsicherheiten abfangen kann. Die Parameter des Klassifikators (17) definieren die Eigenschaften der Zugehörigkeitsfunktion: Für den Schwerpunkt $\bar{m}_k^{(i)}$ und die Breite $\gamma_k^{(i)}$ werden

$$\bar{m}_k^{(i)} = \Delta + \min(m_k^{(i)}) \text{ und } \gamma_k^{(i)} = \left(1 + 2\,\gamma_{k_{\mathrm{E}}}^{(i)} \right) \cdot \Delta \tag{18}$$

gewählt, wobei

$$\Delta = \frac{\max(m_k^{(i)}) - \min(m_k^{(i)})}{2}$$

gilt, und $\nu_k^{(i)}$ die Flankensteilheit der Funktion beeinflusst. Der Parameter $\gamma_{k_{\mathrm{E}}}^{(i)} \in \mathbb{R}^+$ ist ein benutzerdefinierter Parameter, welcher der Anpassung der Funktionsbreite dient.

Zu Testzwecken wird die Klasse 11 als unbekannt angesehen und daher nicht angelernt. Die Klassifikation erfolgt sowohl für die angelernten Daten, als auch für die ungelernten Daten der Klasse 11. Die Zugehörigkeitsfunktionen (17) werden gemäß Gl. (18) parametriert , sowie

$\gamma_{k_E}^{(i)} = 1$, $\nu_k^{(i)} = 32$ $\forall k$ gewählt. Alle Zugehörigkeitswerte $\mu^{(i)}$ werden über die Anzahl der Messungen einer Schadensklasse gemittelt, woraus sich für $i = 1, \ldots, 10$ die mittleren Zugehörigkeitswerte $\bar{\mu}^{(i)}$ ergeben. Ist keiner der gemittelten Zugehörigkeitswerte $\bar{\mu}^{(i)} > 0.5$, dann ist die Konfidenz des Klassifikationsergebnisses zu gering und die Messung wird keiner der angelernten Klassen zugeordnet. Die Reklassifikation der bekannten Klassen ergibt eine 10×10 Matrix mit den entsprechenden Zugehörigkeitswerten $\bar{\mu}^{(i)}$, wobei eine hervorgehobene Hauptdiagonale auf eine korrekte Klassifizierung hinweist. Die Matrix wurde zudem um die Klassifikationsergebnisse der unbekannten Klasse 11 erweitert, wodurch sich eine Zugehörigkeitsmatrix wie in Abb. 4 ergibt. In der Darstellung lässt sich erkennen, dass die ersten 10 Klassen korrekt klassifiziert und die Messungen der Klasse 11 keiner bekannten Klasse zugeordnet werden.

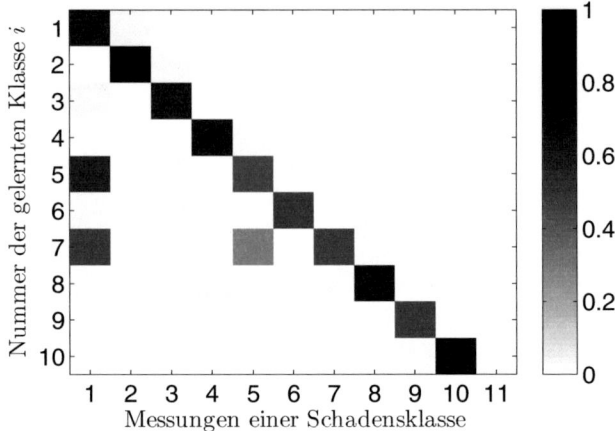

Bild 4: Gemittelte Zugehörigkeitswerte $\bar{\mu}^{(i)}$ für die Messungen der 11 Schadensklassen des Demonstrators.

5 Zusammenfassung und Ausblick

In dem vorliegenden Beitrag wurden zwei verschiedene Ansätze zur Merkmalsextraktion, Reduktion und Klassifikation verschiedener Systemzustände vorgestellt. Anhand eines Synchronmotors wurde beispielhaft gezeigt, dass basierend auf den Messungen der Phasenströme die Unterscheidung von unterschiedlichen Schadensklassen, aber auch unterschiedlicher Betriebszustände möglich ist. Aufgrund des kognitiven Ansatzes sind die

Verfahren generisch einsetzbar und können zudem gut kombiniert werden, wodurch beispielsweise durch den parallelen Einsatz beider Verfahren eine erhöhte Zuverlässigkeit bei der Klassifikation erzielt werden kann.

Wie bereits am Ende des Abschnitts 4.1 angedeutet wurde, kann außer der Aufteilung der Daten in verschiedene Fehlerklassen eine weitere Einteilung in unterschiedliche Subklassen erfolgen. Im Falle des Antriebs ist beispielsweise die Einteilung in verschiedene Betriebszustände denkbar. Basierend auf dem reduzierten Merkmalsvektor (vgl. Gl. (8)) kann dann mittels linearer Diskriminanzanalyse eine Merkmalskombination zur Trennung der verschiedenen Betriebszustände berechnet werden. Mit einer abschließenden Klassifikation, die auf Basis der Gl. (13) erfolgt, kann die Konfidenz der Klassifikation weiter verbessert werden. Dieses Vorgehen ist insbesondere bei der Implementierung in einem Prüfstand sinnvoll, da dort die verschiedenen Betriebszustände gezielt angefahren werden können. Die Zugehörigkeitswerte (vgl. Gl. (13)), können dann mit den durch das Messprogramm festgelegten Betriebsparametern verglichen werden, wodurch die Plausibilität einer Klassifikation überprüft werden kann.

Danksagung

Diese Arbeit wurde teilweise vom Bundesministerium für Wirtschaft und Technologie öffentlich gefördert (FKZ: 01MA09006A).

Literatur

[1] Geisberger, E.; Broy, M. (Hg.): *Integrierte Forschungsagenda Cyber-Physical Systems*. acatech – Deutsche Akademie der Technikwissenschaften, München. 2012.

[2] Lessmeier, C.; Piantsop Mbo'o, C.; Coenen, I.; Zimmer, D.; Hameyer, K.: Untersuchung von Bauteilschäden elektrischer Antriebsstränge im Belastungsprüfstand mittels Statorstromanalyse. In: *AKIDA 2012 – 9. Aachener Kolloquium für Instandhaltung, Diagnose und Anlagenüberwachung*, (Nienhaus, K., Hg.). Stolberg: Zillekens. 2012.

[3] Wu, C.; Hamada, M.: *Experiments - Planning, Analysis and Optimization*. Probability and Statistics. Hoboken, New Jersey: Wiley & Sons. ISBN 9780471699460. 2009.

[4] Huang, N. E.; Shen, Z.; Long, S. R.; Wu, M. C.; Shih, H. H.; Zheng, Q.; Yen, N.-C.; Tung, C. C.; Liu, H. H.: The empirical mode decomposition and the Hilbert spectrum for nonlinear and non-stationary time series analysis. *Proceedings of the Royal Society A: Mathematical, Physical and Engineering Sciences* 454 (1998) 1971, S. 903–995.

[5] Schilders, W.; van der Vorst, H.; Rommes, J.: *Model Order Reduction*. Math. in Industry. Berlin: Springer. ISBN 9783540788409. 2008.

[6] Kohn, W.: *Statistik: Datenanalyse und Wahrscheinlichkeitsrechnung*. Statistik und ihre Anwendungen. Berlin: Springer. ISBN 3540216774. 2005.

[7] Lohweg, V.; Diederichs, C.; Müller, D.: Algorithms for hardware-based pattern recognition. *EURASIP Journal on Applied Signal Processing* 2004 (2004) 12, S. 1912–1920.

[8] Bundesministerium für Wirtschaft und Technologie: AutASS – Autonome Antriebstechnik durch Sensorfusion für die intelligente, simulationsbasierte Überwachung und Steuerung von Produktionsanlagen. `http://www.autonomik.de/de/autass.php`. Zuletzt besucht am 4.10.2013.

[9] Bator, M.; Dicks, A.; Mönks, U.; Lohweg, V.: Feature Extraction and Reduction Applied to Sensorless Drive Diagnosis. In: *22. Workshop Computational Intelligence* (Hoffmann, F.; Hüllermeier, E., Hg.), Bd. 45 von *Schriftenreihe des Instituts für Angewandte Informatik / Automatisierungstechnik am Karlsruher Institut für Technologie*, S. 163–178. Karlsruhe: KIT Scientific Publishing. ISBN 978-3-86644-917-6. 2012.

[10] Antoulas, A. C.: *Approximation of Large-Scale Dynamical Systems*. Philadelphia: Society for Industrial and Applied Mathematics. ISBN 0898715296. 2005.

[11] Ester, M.; Kriegel, H.-P.; Sander, J.; Xu, X.: A Density-Based Algorithm for Discovering Clusters in Large Spatial Databases with Noise. In: *Proceedings of 2nd International Conference on Knowledge Discovery and Data Mining*. Munich. 1996.

[12] Bayer, C.; Bator, M.; Enge Rosenblatt, O.; Mönks, U.; Dicks, A.; Lohweg, V.: Sensorless Drive Diagnosis Using Automated Feature

Extraction, Significance Ranking and Reduction. In: *18th IEEE International Conference on Emerging Technologies and Factory Automation (ETFA 2013)*. Cagliari, Italy. 2013.

[13] Alpaydın, E.: *Introduction to Machine Learning*. Cambridge: MIT Press. ISBN 9780262012430. 2010.

[14] Lohweg, V.; Mönks, U.: Fuzzy-Pattern-Classifier Based Sensor Fusion for Machine Conditioning. In: *Sensor Fusion and its Applications* (Thomas, C., Hg.), S. 319–346. InTech. 2010.

[15] Dicks, A.; Bator, M.; Lohweg, V.; Faltinski, S.; Niggemann, O.: Cyber-Physical Systems im Maschinen- und Anlagenbau – ein Konzept für die Zukunft? In: *9. Workshop Cyber-Physical Systems – Enabling Multi-Nature Systems (CPMNS)* (Einwich, K., Hg.). Stuttgart: Fraunhofer Verlag. ISBN 9783839603987. 2012.

Weighted Rank Correlation Measures Based on Fuzzy Order Relations

Sascha Henzgen and Eyke Hüllermeier

Department of Mathematics and Computer Science,
Marburg University, Germany
{henzgen, eyke}@mathematik.uni-marburg.de

Abstract

In this paper, we propose a weighted rank correlation measures on the basis of fuzzy order relations. Our measure, called *scaled gamma*, is related to Goodman and Kruskal's gamma rank correlation and parametrized by a fuzzy equivalence relation on the rank positions. To specify this relation in a convenient way, we make use of so-called scaling functions. The usefulness of our approach is indicated in a first experimental study, in which we analyze a real-world ranking data set.

1 Introduction

Rank correlation measures such as Kendall's tau [1] and Spearman's rho [2], which have originally been developed in statistics, are becoming increasingly important in fields like information retrieval and preference learning [3]. In particular, such measures are commonly used as performance metrics to quantify the similarity between an ideal or "true" ranking of a set of items and a prediction produced by a ranking algorithm or learning-to-rank method. Formally, a rank correlation measure is a mapping $\mathbb{S}_N \times \mathbb{S}_N \to [-1, +1]$, with $\mathbb{S}_N$ the set of permutations of $[N] = \{1, 2, \ldots, N\}$ and N the number of items to be ranked.

In many applications, such as Internet search engines, one is not equally interested in all parts of a predicted ranking. Instead, accuracy in the top of the ranking, i.e., accurate predictions of the ranks of the top-items, is typically considered more important than accuracy in the middle and bottom part. Standard rank correlation measures, however, put equal emphasis on all positions and, therefore, are not able to make distinctions of that kind. This is why *weighted* variants have been proposed for some correlation measures, as well as alternative measures specifically focusing on the top of a ranking, such as the Discounted Cumulative Gain [4].

In this paper, we develop a formal framework for designing weighted rank correlation measures based on the notion of *fuzzy order relation*. More specifically, the key ingredients of our approach are as follows:

- *Fuzzy order relations* [5] are generalizations of the conventional order relations on the real numbers: SMALLER, EQUAL and GREATER. They enable a smooth transition between these predicates and allow for expressing, for instance, that a number x is smaller than y *to a certain degree*, while to some degree these numbers are also considered as being equal. Here, the EQUAL relation is understood as a kind of similarity relation that seeks to model the "perceived equality" (instead of the strict mathematical equality).

- *Fuzzy rank correlation* [6, 7] generalizes conventional rank correlation on the basis of fuzzy order relations, thereby combining properties of standard rank correlation (such as Kendall's tau) and conventional numerical correlation measures (such as Pearson correlation). Fuzzy rank correlation measures are especially useful in cases where computations with numerical differences are meaningful within a certain range but less reasonable if these differences are too small.

- *Scaling functions* for modeling fuzzy equivalence relations [8]. For each element x of a linearly ordered domain X, a scaling function $s(\cdot)$ essentially expresses the degree $s(x)$ to which x can be (or should be) distinguished from its neighboring values. A measure of distance (or, equivalently, of similarity) on X can then be derived via accumulation of local degrees of distinguishability.

The rest of the paper is organized as follows. In the next two sections, we briefly recall the basics of fuzzy order relations and fuzzy rank correlation, respectively. Our scaled gamma measure is then introduced in Section 5. A small experimental study is presented in Section 6, prior to concluding the paper in Section 7.

2 Fuzzy Order Relations

A fuzzy relation $E : \mathbb{X} \times \mathbb{X} \to [0, 1]$ is called *fuzzy equivalence* with respect to a t-norm $\top$, for brevity $\top$-equivalence, if it is

- reflexive: $E(x, x) = 1$,

- symmetric: $E(x, y) = E(y, x)$,

- and $\top$-transitive: $\top(E(x, y), E(y, z)) \leq E(x, z)$.

Moreover, a fuzzy relation $L : \mathbb{X} \times \mathbb{X} \to [0, 1]$ is called *fuzzy ordering* with respect to a t-norm $\top$ and a $\top$-equivalence E, for brevity $\top$-E-*ordering*, if it is

- E-reflexive: $E(x, y) \leq L(x, y)$,

- $\top$-E-antisymmetric: $\top(L(x, y), L(y, x)) \leq E(x, y)$,

- and $\top$-transitive: $\top(L(x, y), L(y, z)) \leq L(x, z)$.

We call a $\top$-E-ordering L, which plays the role of a LESS or EQUAL relation, *strongly complete* if $\max(L(x, y), L(y, x)) = 1$ for all $x, y \in \mathbb{X}$.

Finally, let R denote a strict fuzzy ordering associated with a strongly complete $\top$-E-ordering L. As will be seen below, the well-known Łukasiewicz t-norm $\top(x, y) = \max(0, x + y - 1)$ will be most relevant for us. In this case, R can simply be taken as $R(x, y) = 1 - L(y, x)$ [5]. Obviously, R is playing the role of a (strictly) GREATER relation.

3 Fuzzy Rank Correlation

In this section, we briefly recall Goodman and Kruskal's gamma rank correlation measure [9] as well as its fuzzy extension as proposed by Bodenhofer and Klawonn [6] and further analyzed by Ruiz and Hüllermeier [7].

Consider $n \geq 2$ paired observations $\{(x_i, y_i)\}_{i=1}^N \subset \mathbb{X} \times \mathbb{Y}$ of two variables X and Y, where $\mathbb{X}$ and $\mathbb{Y}$ are two linearly ordered domains; we denote $\boldsymbol{x} = (x_1, x_2, \ldots, x_N)$ and $\boldsymbol{y} = (y_1, y_2, \ldots, y_N)$. The goal of a rank correlation measure is to capture the dependence between the two variables in terms of their tendency to increase and decrease in the same or the opposite direction. If an increase in X tends to come along with an increase in Y, then the (rank) correlation is positive. The other way around, the correlation is negative if an increase in X tends to come along with a decrease in Y. If there is no dependency of either kind, the correlation is (close to) 0.

Several rank correlation measures are defined in terms of the number C of *concordant*, the number D of *discordant*, and the number of *tied* data points. For a given index pair $(i, j) \in [N]^2$, we say that (i, j) is concordant, discordant or tied depending on whether $(x_i - x_j)(y_i - y_j)$ is positive, negative or 0, respectively. A well-known example is Goodman and Kruskal's *gamma rank correlation* [9], which is defined as

$$\gamma = \frac{C - D}{C + D} \ .$$

Now, assume two $\top$-equivalences $E_{\mathbb{X}}$ and $E_{\mathbb{Y}}$ to be given on $\mathbb{X}$ and $\mathbb{Y}$, respectively, as well as strict fuzzy order relations $R_{\mathbb{X}}$ and $R_{\mathbb{Y}}$. Using these relations, the concepts of concordance and discordance of data points can be generalized as follows [6]: Given an index pair (i, j), the degree to which this pair is concordant, discordant, and tied is defined, respectively, as

$$\hat{C}(i,j) = \top(R_{\mathbb{X}}(x_i, x_j), R_{\mathbb{Y}}(y_i, y_j)), \tag{1}$$

$$\hat{D}(i,j) = \top(R_{\mathbb{X}}(x_i, x_j), R_{\mathbb{Y}}(y_j, y_i)), \tag{2}$$

$$\hat{T}(i,j) = \bot(E_{\mathbb{X}}(x_i, x_j), E_{\mathbb{Y}}(y_i, y_j)), \tag{3}$$

where $\top$ is a t-norm and $\bot$ is the dual t-conorm of $\top$ (i.e., $\bot(x,y) = 1 - \top(1 - x, 1 - y)$). With $\tilde{C}(i,j) = \hat{C}(i,j) + \hat{C}(j,i)$ the degree of concordance of the index pair (i,j) and $\tilde{D}(i,j) = \hat{D}(i,j) + \hat{D}(j,i)$ the degree of discordance, the following equality holds for all (i,j):

$$\tilde{C}(i,j) + \tilde{D}(i,j) + \hat{T}(i,j) = 1.$$

Adopting the simple sigma-count principle to measure the cardinality of a fuzzy set, the number of concordant and discordant pairs can be computed, respectively, as

$$\tilde{C} = \sum_{1 \leq i < j \leq N} \tilde{C}(i,j), \qquad \tilde{D} = \sum_{1 \leq i < j \leq N} \tilde{D}(i,j).$$

The *fuzzy ordering-based* gamma rank correlation measure $\tilde{\gamma}$, or simply "fuzzy gamma", is then defined as

$$\tilde{\gamma} = \frac{\tilde{C} - \tilde{D}}{\tilde{C} + \tilde{D}} . \tag{4}$$

From this definition, it is clear that the basic idea of the fuzzy gamma is to decrease the influence of "close-to-tie" pairs (x_i, y_i) and (x_j, y_j). Such pairs, whether concordant or discordant, are turned into a partial tie, and hence are ignored to some extent. Or, stated differently, there is a smooth transition between being concordant (discordant) and being tied.

4   The Scaled Gamma Measure

In the previous section, $\mathbb{X}$ and $\mathbb{Y}$ could be any linearly ordered domains. Coming back to our original goal of a (weighted) comparison of two rankings, we now take $\mathbb{X} = \mathbb{Y} = [N]$, i.e., both domains are given by the set

of rank positions. Then, the relation $E = E_\mathbb{X} = E_\mathbb{Y}$ is simply expressing to what degree two ranks are considered as being equivalent, i.e., as
not being distinguished. The basic idea is to modulate the influence of a
concordance or discordance involving two rank positions according to the
degree of indistinguishability of these positions.

The fuzzy equivalence E can be defined quite conveniently by means of a
so-called *scaling function* [8]. For each element of a linearly ordered domain, a scaling function $s(\cdot)$ essentially expresses the degree to which this
element can be (or should be) distinguished from its neighboring values. A
measure of distance (or, equivalently, of similarity) on the whole domain
can then be derived via accumulation (summation or integration) of local
degrees of distinguishability.

More concretely, a scaling function $s'(\cdot)$ can be defined on $\mathbb{X} = [N]$ in our
case, with $s'(x)$ indicating the degree to which rank x ought to be distinguished from its neighbor rank $x + 1$. These degrees of distinguishability
between neighbors can then be extended to degrees of distinguishability
between any pair of ranks x and y via

$$\Delta(x, y) = \sum_{r=\min(x,y)}^{\max(x,y)-1} s'(r) \ . \tag{5}$$

As we find it more convenient to work with a continuous scaling function
$s : [1, N] \to \mathbb{R}_+$, we define $s'(\cdot)$ via $s(\cdot)$ as follows:

$$s'(x) = \int_x^{x+1} s(z)\, dz \tag{6}$$

The function $s(\cdot)$ *scales* the positions of the ranks in the sense of replacing
the constant distance 1 between two adjacent ranks x and $x + 1$ by $s'(x)$ as
defined in (6). Thus, (5) becomes

$$\Delta(x, y) = \int_{\min(x,y)}^{\max(x,y)} s'(z)\, dz \ . \tag{7}$$

Based on this distinguishability relation, we define the relation E by

$$E(x, y) = \max\left(1 - \Delta(x, y), 0\right) \ .$$

From the results of [8], it follows that E thus defined is indeed a proper
fuzzy equivalence relation, namely a $\top$-equivalence with $\top$ the Łukasiewicz
t-norm. Thus, the fuzzy gamma coefficient as introduced in the previous
section can be derived on the basis of this fuzzy equivalence on ranks.

More concretely, consider two rankings specified, respectively, by permutations $\pi, \pi' : [N] \to [N]$, where $\pi(i)$ denotes the position of object i in the ranking defined by π. The pair of objects (i, j) is concordant if $(\pi(i) - \pi(j))(\pi'(i) - \pi'(j)) > 0$. However, instead of counting an increment of $+1$, the overall level of concordance D is increased by

$$m_{i,j} = \max \left(1 - E(\pi(i), \pi(j)) - E(\pi'(i), \pi'(j)), 0 \right) ,$$

which can be seen as the *weight* attached to the pair (i, j). Thus, full concordance is counted only of the ranks $\pi(i)$ and $\pi(j)$ as well as the ranks $\pi'(i)$ and $\pi'(j)$ are sufficiently distinguished. Otherwise, the degree of concordance is reduced in correspondence with the respective degrees of indistinguishability (equivalence). Computing the overall level of discordance in the same way, we eventually obtain our weighted rank correlation measure, which we call *scaled gamma*, as the fuzzy gamma (4) with

$$\tilde{C}(i,j) = \begin{cases} m_{i,j} & \text{if } (\pi(i) - \pi(j))(\pi'(i) - \pi'(j)) > 0 \\ 0 & \text{otherwise} \end{cases}$$

and

$$\tilde{D}(i,j) = \begin{cases} m_{i,j} & \text{if } (\pi(i) - \pi(j))(\pi'(i) - \pi'(j)) < 0 \\ 0 & \text{otherwise} \end{cases}$$

This measure has a number of desirable properties. In particular, the scaled gamma inherits all formal properties of $\tilde{\gamma}$ as shown in [7]. Moreover, several interesting measures can be recovered as special cases. For example, the original gamma correlation measure is obtained for the scaling function $s \equiv 1$ (all ranks are fully distinguished, i.e., $E(x, y) = 0$ for all $x \neq y$). Another interesting special case is obtained for the top-k scaling function $s(x) = 1$ for $x \leq k$ and $s(x) = 0$ for $x > k$. Then, $m_{i,j} = 1$ unless either $\pi(i)$ and $\pi(j)$ or $\pi'(i)$ and $\pi'(j)$ both exceed k, in which case $m_{i,j} = 0$. In other words, concordances and discordances in the bottom part of the ranking are completely ignored.

5 Illustration

To show the usefulness of our weighted rank correlation measure, we conducted experiments with a data set introduced in [10]. The data originates from a study in which 409 students aged 15–18 were asked to rank 16 goals such as "I want to feel calm, at ease" and "I want to get along with my parents" according to how important they personally find these goals. Thus, each student is characterized by a ranking of 16 goals. An obvious idea, then, is to define a degree of similarity between two students in terms of the correlation between the corresponding rankings.

We computed binary similarity relations (409×409 matrices) using Kendall's tau and Spearman's rho as correlation measures. Moreover, as it is plausible that higher ranks carry more information than lower ones (while reliably sorting the top 3 to 5 goals might be feasible, the remaining ones are likely to be put in a more or less random order), we also applied weighted rank correlation measures that put more emphasis on the top-ranks. More specifically, we used the Canberra distance [11], a weighted variant of Spearman's footrule, and a weighted version of Kendall's tau introduced by Kumar and Vassilvitskii [12].

Finally, we also applied our scaled γ with a parametrized scaling function

$$s_M(x) = \frac{1-c}{1 + \exp(a(x-b))} + c \ . \tag{8}$$

Figure 1 illustrates the influence of the three parameters a, b, and c on the shape of the function. The weighted Kendall measure has (weight) parameters δ_i, too. Since these parameters are serving a purpose very similar to the scaled distance between adjacent ranks in our case, we set them to $\delta_i = \int_i^{i+1} s_M(x)\, dx$.

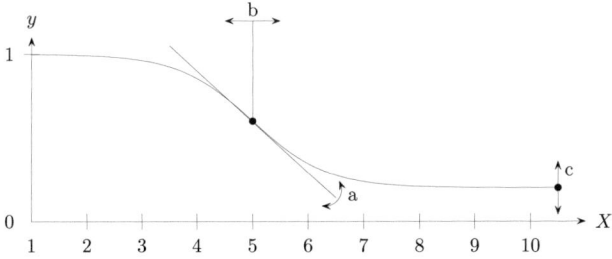

Figure 1: Parametrizable scaling function.

We embedded the 409 data objects (students) in $\mathbb{R}^2$ by applying kernel principle component analysis (kPCA) [13] to the binary similarity relations. The results are shown in Figure 2 in the form of a scatter plot. As can be seen, neither Kendall and Spearman nor Canberra are able to produce any structure in the data. More structure does clearly become visible by choosing appropriate parameters for the two parametrized measures, the weighted Kendall and our scaled gamma—the increased flexibility of these measures is obviously an advantage. The results of our scaled gamma are perhaps the most interesting ones. In fact, the scaled gamma is able to produce well-defined clusters that arguably correspond to subgroups of students with similar moral concepts.

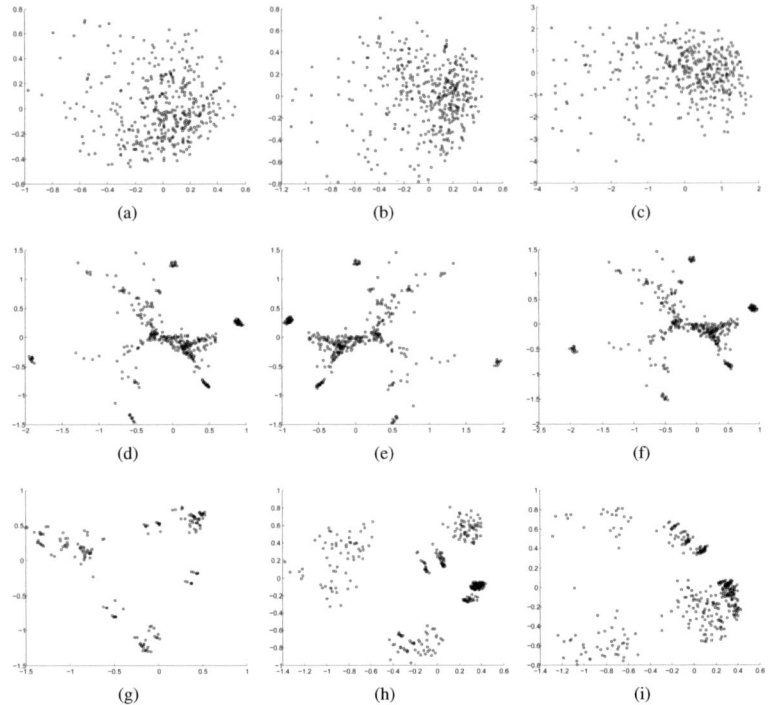

Figure 2: Two-dimensional embedding of similarity relations by means of kernel PCA. Similarities were produced using Kendall's tau (a), Spearman's rho (b), Canberra (c), weighted Kendall (d, e, f) and scaled gamma (g, h, i). The three versions of the last two measures were produced using the scaling function s_M with the parameters $a = 10$, $b = 3$, $c = 0$ in (d) and (g), $c = 0.0125$ in (e) and (h), $c = 0.025$ in (f) and (i).

6 Conclusion

We introduced a weighted rank correlation measure called *scaled gamma*. This measure is a special case of a recently proposed generalization of the gamma rank correlation based on fuzzy order relations. The scaled gamma allows for specifying the importance of rank positions in a quite convenient way by means of a scaling function. Thanks to the underlying formal foundation, such a scaling function immediately translates into a concrete version of our measure, in which the rank positions are processed within an appropriate weighting scheme.

The usefulness of the scaled gamma was indicated in a first experimental study, in which we analyzed a real-world ranking data set. Here, interesting structure in the data could be revealed through kernel PCA when using the scaled gamma as a correlation measure, whereas no such structure is uncovered by standard rank correlation measures.

More applications of that kind will be considered in future work. Apart from that, we are planning a detailed formal comparison of the scaled gamma and other weighted rank correlation measures.

References

[1] Kendall, M.: *Rank correlation methods*. London: Charles Griffin. 1955.

[2] Spearman, C.: The proof and measurement for association between two things. *Amer. Journal of Psychology* 15 (1904), S. 72–101.

[3] Fürnkranz, J.; Hüllermeier, E. (Hg.): *Preference Learning*. Springer-Verlag. 2011.

[4] Jarvelin, K.; Kekalainen, J.: Cumulated gain-based evaluation of IR techniques. *ACM Transactions on Information Systems* 20 (2002) 4, S. 422–446.

[5] Bodenhofer, U.; Demirci, M.: Strict Fuzzy Orderings with a Given Context of Similarity. *Int. J. of Uncertainty, Fuzziness and Knowledge-Based Systems* 16 (2008) 2, S. 147–178.

[6] Bodenhofer, U.; Klawonn, F.: Robust rank correlation coefficients on the basis of fuzzy orderings: Initial steps. *Mathware & Soft Computing* 15 (2008), S. 5–20.

[7] Ruiz, M. D.; Hüllermeier, E.: A Formal and Empirical Analysis of the Fuzzy Gamma Rank Correlation Coefficient. *Information Sciences* 206 (2012), S. 1–17.

[8] Klawonn, F.: Fuzzy Sets and Vague Environment. *Fuzzy Sets and Systems* 66 (1994), S. 207–221.

[9] Goodman, L.; Kruskal, W.: *Measures of Association for Cross Classifications.* New York: Springer-Verlag. 1979.

[10] Boekaerts, M.; Smit, K.; Busing, F.: Salient goals direct and energise students' actions in the classroom. *Applied Psychology: An International Review* 4 (2012) S1, S. 520–539.

[11] Lance, G.; Williams, W.: Computer programs for hierarchical polythetic classification ("similarity analyses"). *The Computer Journal* 9 (1966), S. 60–64.

[12] Kumar, R.; Vassilvitskii, S.: Generalized distances between rankings. In: *Proc. WWW, 19. International Conference on World Wide Web*, S. 571–580. 2010.

[13] Schölkopf, B.; Smola, A.; Müller, K.: Kernel principal component analysis. In: *Advances in Kernel Methods: Support Vector Learning*, S. 327–352. MIT Press. 1999.

Preference-based Evolutionary Optimization Using Generalized Racing Algorithms

Robert Busa-Fekete, Thomas Fober, Eyke Hüllermeier

Department of Mathematics and Computer Science
Marburg University, Germany
{busarobi, thomas, eyke}@mathematik.uni-marburg.de

Abstract

We propose a generic approach to evolutionary optimization that is suitable for problems in which candidate solutions are difficult to assess: Instead of a deterministic, numerical evaluation of the fitness of individual candidates, we proceed from stochastic, qualitative evaluations in the form of pairwise comparisons between competing candidates. Our extension is based on a proper specification of the selection operator under these conditions and makes use of a preference-based version of an adaptive sampling scheme known as racing algorithms.

1 Introduction

We are interested in optimization problems in which the quality of candidate solutions is difficult to evaluate:

A1 First, we assume that the quality of individual candidates is difficult to assess, whereas comparisons between *pairs of candidates* can be performed more easily.

A2 Second, pairwise comparisons provide only *qualitative* information—in contrast to the fitness of individual candidates, which is typically expressed in terms of a (real) number.

A3 Third, we assume that such comparisons are *non-deterministic* and subject to random influences; formally, an evaluation is therefore treated as a random variable.

As an illustration, consider the problem of optimizing strategies in game playing. While the assessment of a game playing program in terms of its inherent strength is difficult, it is easy to compare two programs by letting them play against each other; of course, if the game is non-deterministic, several matches might be needed to figure out the better program reliably.

The goal of this paper is to develop a search procedure that finds an optimal (or at least sufficiently good) solution under the above conditions.

More specifically, we seek to make evolution strategies (ES) such as CMA-ES [3] amenable to problems characterized by properties A1–A3. This idea will be detailed in the next section. As will be explained there, two important subproblems need to be tackled in this regard, which will be addressed in Sections 3 and 4, respectively.

2   Preference-Based Evolutionary Optimization

Consider the problem of optimizing a parameter vector Θ over a predefined search space (typically $\mathbb{R}^p$ or a subset thereof). Evolutionary approaches tackle this problem by iterating the following steps:

1. Generate a population of candidate solutions $C = \{\Theta_1, \ldots, \Theta_K\}$.

2. Evaluate the candidate solutions.

3. Select the best $\kappa < K$ individuals based on their fitness and use them to seed the next generation.

Often, one assumes that the fitness of an individual solution can be evaluated in a deterministic way by computing the value of a fitness function $f(\cdot)$. Then, the last two steps can be realized quite easily: $f(\Theta_i)$ is computed for each candidate Θ_i, and the κ candidates with the highest value are selected.

Under our assumptions A1–A3, the "top-κ selection" (TKS) problem is obviously more involved. In particular, two key questions need to be answered: First, being able to compare candidates in a pairwise manner, i.e., being given a pairwise preference relation, what do we actually mean by the top-κ candidates? This question will be answered in the next section by turning a binary preference relation into a total preorder. Second, given the fact that pairwise comparisons are stochastic, how to draw samples so as solve the TKS problem reliably while keeping the sample complexity as low as possible? This problem will be tackled in Section 4 by means of so-called racing algorithms.

3   Preference-based Top-κ Selection

Our point of departure is pairwise preferences over a set C of candidates. In the most general case, one typically allows four possible outcomes of a single pairwise comparison between Θ_i and Θ_j, namely (strict) preference for Θ_i, (strict) preference for Θ_j, indifference and incomparability. These outcomes are denoted by $\Theta_i \succ \Theta_j$, $\Theta_i \prec \Theta_j$, $\Theta_i \sim \Theta_j$ and $\Theta_i \perp \Theta_j$, respectively.

To make ranking procedures applicable, these pairwise outcomes need to be turned into numerical scores. Therefore, we consider the outcome of a comparison between Θ_i and Θ_j as a random variable $Y_{i,j}$ defined as follows:

$$Y_{i,j} = \begin{cases} 1 & \text{if } \Theta_i \succ \Theta_j \\ 0 & \text{if } \Theta_i \prec \Theta_j \\ \frac{1}{2} & \text{otherwise} \end{cases}$$

Thus, indifference and incomparability are handled in the same way, namely by giving half a point to both candidates. Essentially, this means that these outcomes are treated in a neutral way by the ranking procedures.

Based on a set of realizations $\{y_{i,j}^1, \ldots, y_{i,j}^n\}$ of $Y_{i,j}$, assumed to be independent, the expected value $y_{i,j} = \mathbb{E}[Y_{i,j}]$ of $Y_{i,j}$ can be estimated by the mean

$$\bar{y}_{i,j} = \frac{1}{n} \sum_{\ell=1}^n y_{i,j}^\ell . \tag{1}$$

A ranking procedure $\mathcal{A}$ (a concrete choice of $\mathcal{A}$ will be discussed below) produces a complete preorder $\preceq^\mathcal{A}$ of the candidates $\mathcal{C}$ on the basis of the relation

$$\mathbf{Y} = [y_{i,j}]_{K \times K} \in [0,1]^{K \times K}. \tag{2}$$

The task of preference-based TKS can then be defined as selecting a subset $I \subset [K] = \{1, \ldots, K\}$ such that

$$\underset{I \subseteq [K]: |I| = \kappa}{\operatorname{argmax}} \sum_{i \in I} \sum_{j \neq i} \mathbb{I}\{\Theta_j \prec^\mathcal{A} \Theta_i\} , \tag{3}$$

where $\prec^\mathcal{A}$ denotes the strict part of $\preceq^\mathcal{A}$. More specifically, formalizing the problem within the framework of PAC (Probably Approximately Correct) learning, the optimality of the selected subset should be guaranteed with probability at least $1 - \delta$.

The ranking procedure $\mathcal{A}$ can be instantiated in different ways. Here, we are making use of Copeland's ranking, which is defined as follows [8]: $\Theta_i \prec^\mathcal{A} \Theta_j$ if and only if $d_i < d_j$, where

$$d_i = \#\{k \in [K] \,|\, 1/2 < y_{i,k}\}.$$

The interpretation of the Copeland relation is quite simple: a candidate Θ_i is preferred to Θ_j whenever Θ_i "beats" more competitors than Θ_j does. Since the preference relation $\prec^{\mathcal{A}}$, which is "contextualized" by the set $\mathcal{C}$ of candidates, has a numeric representation in terms of the d_i, it is a total preorder.

Although the Copeland order may appear somewhat arbitrary at first sight, it disposes of a number of desirable properties. For example, one can prove that the candidates in the so-called *Smith set*, which is an accepted notion of "rational choice" in social choice theory [8], are always put in the top-part of the Copeland ranking.

4 Preference-based Racing

The racing framework is an uncertainty handling scheme introduced in [5, 6]. Given K random variables with finite expected values, the goal is to select the κ best ones, i.e., those having the highest expected value, with probability at least $1 - \delta$. In addition, there is an upper bound $n_{\max}$ on the number of realizations a random variable is allowed to sample. For example, the Hoeffding race algorithm constructs confidence bounds for the empirical mean estimates based on the Hoeffding bound [4] and eliminates those random variables from sampling that are either among the best κ ones or among the worst $K - \kappa$ ones with high probability. The elimination rule based on the confidence intervals can be specified as follows: If the upper confidence bound for a particular random variable is smaller than the lower bounds of $K - \kappa$ other random variables, then it can be discarded with high probability; the inclusion of a random variable can be decided analogously.

Racing algorithms of the above kind are "value-based" in the sense of assuming that each alternative is characterized by a real-valued random variable, and that samples are taken from the corresponding distributions—in other words, that single alternatives can be evaluated individually. Since we exclude this possibility and instead assume that alternatives can only be compared with each other, we propose a generalized, *preference-based* racing algorithm that seeks to find the top-κ individuals by adaptively sampling (stochastic) pairwise preferences.

More specifically, we introduce a general preference-based racing (PBR) algorithm that provides the basic statistics needed to solve the selection problem (3), notably estimates of the $y_{i,j}$ and corresponding confidence intervals. The pseudocode of PBR is shown in Algorithm 1. The set A

Algorithm 1 PBR($Y_{1,1}, \ldots, Y_{K,K}, \kappa, n_{\max}, \delta$)

1: $B = D = \emptyset$ ▷ set of selected and discarded candidates
2: $A = \{(i,j)|\ i \neq j, 1 \leq i, j \leq K\}$ ▷ pairs of candidates still racing
3: **for** $i, j = 1 \to K$ **do**   ▷ initialization
4:     $n_{i,j} = 0$
5: **end for**
6: **while** $(\forall\, i\ \forall j,\ (n_{i,j} \leq n_{\max})) \wedge (|A| > 0)$ **do**
7:     **for all** $(i,j) \in A$ **do**
8:        $n_{i,j} = n_{i,j} + 1$
9:        $y_{i,j}^{n_{i,j}} \sim Y_{i,j}$ ▷ draw a random sample
10:     **end for**
11:     Update $\bar{\mathbf{Y}} = [\bar{y}_{i,j}]_{K \times K}$ with new samples according to (1)
12:     **for** $i = 1 \to K$ **do**   ▷ update confidence bounds, **C, U, L**
13:        **for** $j = 1 \to K$ **do**
14:          $c_{i,j} = \sqrt{\frac{1}{2n_{i,j}} \log \frac{2K^2 n_{\max}}{\delta}}$ ▷ Hoeffding bound
15:          $u_{i,j} = \bar{y}_{i,j} + c_{i,j}\ ,\ \ell_{i,j} = \bar{y}_{i,j} - c_{i,j}$
16:        **end for**
17:     **end for**
18:     $(A, B) = \mathbf{SSCOP}(A, \bar{\mathbf{Y}}, K, \kappa, \mathbf{U}, \mathbf{L})$ ▷ sampling strategy
19: **end while**
20: **return** B

contains all pairs of candidates that still need to be sampled; it is initialized with all $K^2 - K$ pairs of indices. The set B contains the indices of the current top-κ solution. The algorithm samples those $Y_{i,j}$ with $(i,j) \in A$ (lines 7–10). Then, it maintains the $\bar{y}_{i,j}$ given in (1) for each pair of candidates in lines (11–11). We denote the confidence interval of $\bar{y}_{i,j}$ by $[u_{i,j}, \ell_{i,j}]$. To compute confidence intervals, we apply the Hoeffding bound [4] for a sum of random variables in the usual way (see [7] for example).

After the confidence intervals are calculated, a sampling strategy is called as a subroutine. The sampling strategy determines which pairs of candidates have to be sampled in the subsequent iteration. As it can decide to select or discard pairs of candidates at any time, the confidence level δ has to be divided by $K^2 n_{\max}$ (line 14).

The preference relation specified by (2) is obviously reciprocal, i.e., $y_{i,j} = 1 - y_{j,i}$ for $i \neq j$. Therefore, when using $\prec^{\mathcal{A}}$ for ranking, the optimization task (3) can be reformulated as follows:

$$\underset{I \subseteq [K]:\ |I| = \kappa}{\operatorname{argmax}} \sum_{i \in I} \sum_{j \neq i} \mathbb{I}\{y_{i,j} > 1/2\} \tag{4}$$

Procedure 2 implements a sampling strategy that optimizes (4). First, for each Θ_i, we compute the number z_i of candidates that are worse with sufficiently high probability—that is, for which $u_{i,j} < 1/2$, $j \neq i$ (line 2). Similarly, for each candidate Θ_i, we also compute the number w_i of candidates Θ_j that are preferred to it with sufficiently high probability—that is, for which $\ell_{i,j} > 1/2$ (line 3). Note that, for each i, there are always at most $K - z_i$ candidates that can be better. Therefore, if $\#\{j \mid K - z_j < w_i\} > K - \kappa$, then i is a member of the solution set I of (4) with high probability (see line 5). The indices of these candidates are collected in C. Based on a similar argument, candidates can also be discarded (line 6); their indices are collected in D.

In order to update A (the set of $Y_{i,j}$ still racing), we note that, for those candidates whose indices are in $C \cup D$, it is already decided with high probability whether or not they belong to I. Therefore, if the indices of two candidates Θ_i and Θ_j both belong to $C \cup D$, then $Y_{i,j}$ does not need to be sampled any more, and thus the index pair (i, j) can be excluded from A. Additionally, if $1/2 \notin [\ell_{i,j}, u_{i,j}]$, then the pairwise relation of Θ_i and Θ_j is known with sufficiently high probability, so (i, j) can again be excluded from A. These filter steps are implemented in line 8.

Procedure 2 SSCOP$(A, \bar{\mathbf{Y}}, K, \kappa, \mathbf{U}, \mathbf{L})$

1: **for** $i = 1 \rightarrow K$ **do**
2:      $z_i = |\{j | u_{i,j} < 1/2 \wedge i \neq j\}|$
3:      $w_i = |\{j | \ell_{i,j} > 1/2 \wedge i \neq j\}|$
4: **end for**
5: $C = \{i : K - \kappa < |\{j | K - z_j < w_i\}|\}$ ▷ select
6: $D = \{i : \kappa < |\{j | K - w_j < z_i\}|\}$ ▷ discard
7: **for** $(i, j) \in A$ **do**
8:      **if** $(i, j \in C \cup D) \vee (1/2 \notin [\ell_{i,j}, u_{i,j}])$ **then**
9:          $A = A \setminus (i, j)$ ▷ do not update $\bar{y}_{i,j}$ any more
10:      **end if**
11: **end for**
12: $B = $ the top-κ candidates for which the corresponding rows of $\bar{\mathbf{Y}}$ with most entries above $1/2$
13: **return** (A, B)

An estimation of the sample complexity of our preference-based racing approach is provided by the following theorem (for a proof of this theorem, we refer to [2]).

Theorem 1 *Let* $\mathcal{C} = \{\Theta_1, \ldots, \Theta_K\}$ *be a set of candidates such that* $\Delta_{i,j} = y_{i,j} - 1/2 \neq 0$ *for all* $i, j \in [K]$. *The expected number of pairwise comparison taken by* PBR *is upper-bounded by*

$$\sum_{i=1}^{K} \sum_{j \neq i} \left\lceil \frac{1}{2\Delta_{i,j}^2} \log \frac{2K^2 n_{\max}}{\delta} \right\rceil .$$

Moreover, the probability that no optimal solution of (4) is found by PBR *is at most* δ *if* $n_{i,j} \leq n_{\max}$ *for all* $i, j \in [K]$.

5 Illustration

As an illustration of our approach, we consider the problem of parameter optimization: Suppose we are given a class $\mathcal{P}$ of optimization problems equipped with a probability distribution that generates instances $I \in \mathcal{P}$ from that class. Concretely, we took $\mathcal{P}$ as the set of traveling salesman problems (TSP) over a subset of a fixed reference set of 100 cities; thus, each problem instance is specified by a subset of cities for which a tour has to be found (such subsets were generated by independently including each city with probability $1/2$). Moreover, suppose we are given a heuristic optimization method M, which has certain parameters or hyper-parameters Θ that we would like to fix. Concretely, we tackled the TSP by means of a genetic algorithm with four parameters $\Theta = (\mu, \lambda, s_E, \sigma)$: the population size, the number of offsprings, the number of elitist individuals (always transferred to the next generation), and the mutation strength (the maximum number of function evaluations was set to 800).

Now, applying M_Θ to a problem instance I will produce a result in the form of a value of the objective function—in our case the length of a tour. These values by themselves are not very meaningful, however. First, we do not know how close to optimal they are (unless we know the optimal solution), and second, they are not comparable across different problem instances (the length of the optimal tour might be very different). Therefore, evaluating an individual parameter Θ in terms of an average (or any other aggregation) of fitness values is questionable. What still makes sense, however, is to compare two parameters Θ and Θ' on the same problem instance I: We simply apply them both to I and check which one produced a better result; correspondingly, we generate a preference $\Theta \succ \Theta'$ or $\Theta \prec \Theta'$ (or perhaps a tie). Thus, all prerequisites for our preference-based racing procedure are met.

We implemented a corresponding version of preference-based evolutionary optimization in order to search for a good parametrization $\Theta = (\mu, \lambda, s_E, \sigma)$. To this end, we used an evolution strategy [1] with a population size of 5, selective pressure of 1, recombination parameter 2 and plus-selection (moreover, self-adaptation is used with one step size for each dimension).

Starting with a random initialization of a population, we monitored the best (top-1) individual $\Theta^*(t)$ in each generation t of the evolution strategy. With increasing t, we observed a convergence to $\Theta^* = (25, 26, 3, 0.032)$. To measure the progress of our search procedure, we collected the top-1 candidates of all generations, applied the racing procedure to this set of solutions, and computed the Spearman rank correlation between the corresponding (Copeland) ranking and the identity (which represents the sequence of iterations). The result, a correlation of -0.63 clearly shows that the quality of $\Theta^*(t)$ tends to increase in the course of time (the larger t, the better the rank of $\Theta^*(t)$ among all top-1 solutions). Moreover, the best solution was indeed found at the very end of the evolutionary optimization process.

6 Conclusion and Future Work

In this paper, we introduced a preference-based extension of evolutionary optimization, which is applicable under very weak assumptions regarding the evaluation of candidate solutions. The core of our method is a preference-based version of the Hoeffding race algorithm, for which we provide theoretical guarantees. Roughly speaking, this algorithm solves the problem of selecting the best κ individuals from the current population, based on stochastic pairwise comparisons between these individuals.

In future work, we hope to achieve further improvements of our approach by elaborating on its individual components. For example, we shall investigate the use of Bernstein instead of Hoeffding races, since Bernstein-like bounds (which exploit the empirical variance of the estimates) are normally tighter than Hoeffding bounds. More importantly, however, our theoretical analysis so far essentially focused on the racing algorithm, and therefore only covers a single iteration of an evolutionary search process. Extending this analysis toward the convergence behavior of the complete search process is another important (and likewise difficult) topic to be addressed in future work.

References

[1] H.G. Beyer and H.P. Schwefel. Evolution strategies: A comprehensive introduction. *Natural Computing*, 1(1):3–52, 2002.

[2] R. Busa-Fekete, B. Szoreny, P. Weng W. Cheng, and E. Hüllermeier. Top-k selection based on adaptive sampling of noisy preferences. In *Proceedings ICML–2013, 30th International Conference on Machine Learning*, pages 1094–1102, Atlanta, USA, 2013.

[3] N. Hansen and S. Kern. Evaluating the CMA evolution strategy on multimodal test functions. In *Parallel Problem Solving from Nature-PPSN VIII*, pages 282–291, 2004.

[4] W. Hoeffding. Probability inequalities for sums of bounded random variables. *Journal of the American Statistical Association*, 58:13–30, 1963.

[5] O. Maron and A.W. Moore. Hoeffding races: accelerating model selection search for classification and function approximation. In *Advances in Neural Information Processing Systems*, pages 59–66, 1994.

[6] O. Maron and A.W. Moore. The racing algorithm: Model selection for lazy learners. *Artificial Intelligence Review*, 5(1):193–225, 1997.

[7] V. Mnih, C. Szepesvári, and J.Y. Audibert. Empirical Bernstein stopping. In *Proceedings of the 25th international conference on Machine learning*, pages 672–679, 2008.

[8] H. Moulin. *Axioms of cooperative decision making*. Cambridge University Press, 1988.

Co-Adaptives Lernen: Untersuchungen einer Mensch-Maschine-Schnittstelle mit anpassungsfähigem Systemverhalten

Michele René Tuga[1], Rüdiger Rupp[2], David Liebetanz[3], Leonie Schmalfuß[3], Eduard Hübner[4], Wolfgang Doneit[4], Ralf Mikut[4], Markus Reischl[4]

[1]Karlsruher Institut für Technologie, Institut für Angewandte Informatik / Automatisierungstechnik, E-Mail: michele.tuga@kit.edu

[2]Universitätsklinikum Heidelberg, Experimentelle Paraplegiologie / Neurorehabilitation, E-Mail: ruediger.rupp@med.uni-heidelberg.de

[3]Universitätsmedizin Göttingen, Klinische Neurophysiologie, E-Mail: {david.liebetanz}{leonie.schmalfuss}@med.uni-goettingen.de

[4]Karlsruher Institut für Technologie, Institut für Angewandte Informatik, E-Mail: {eduard.huebner}{wolfgang.doneit}{ralf.mikut} {markus.reischl}@kit.edu

1 Einführung

Ein Mensch-Maschine-System umfasst das Zusammenwirken eines Menschen mit einer Maschine zur Erfüllung von vorgegebenen oder selbstgestellten Zielen [1]. Die Mensch-Maschine-Schnittstelle (MMS) enthält dabei die technischen Einrichtungen, die für den Informationsaustausch zwischen den Teilsystemen Mensch und Maschine erforderlich sind. Der Informationsfluss ist im Allgemeinen bidirektional gestaltet. Es handelt sich dann um ein rückgekoppeltes System in dem der Mensch Signale erzeugt, die von der Maschine interpretiert werden, und gleichzeitig über den internen Zustand der Maschine informiert wird [1]. Es gibt intentionale und nicht-intentionale Eingangssignale, die sich darin unterscheiden, ob der Mensch diese willkürlich beeinflussen kann. Für eine gezielte Steuerung sind nur intentionale Signale geeignet. Die intentionalen Signale lassen sich kategorisieren in Biosignale und Nicht-Biosignale (z.B. Tastendruck, Mausposition, Hebelstellung). Biosignale sind Zeitreihen gemessener physiologischer Kennwerte [2]. Die bekanntesten Biosignale sind bioelektrische Signale. Beispiele sind elektromyographische (EMG) Signale, elektroenzephalographische (EEG) Signale und elektrookulographische (EOG) Signale. In dieser Arbeit werden EMG-Signale, dies sind gemessene Aktionspotentiale von Muskelfasern über der Zeit, zur Ansteuerung eines virtuellen Repräsentanten verwendet. Neben bioelektrischen Signalen werden außerdem biomechanische (z.B. mechano-myographisch, MMG), bioakustische (z.B. Atmung), biochemische (z.B. pH-Wert, Oxygenierung) sowie bio-optische (z.B. Bilderkennung von Gesten) Signale unterschieden.

Ein wichtiges Anwendungsgebiet von Mensch-Maschine-Schnittstellen ist die Rehabilitationstechnik. Menschen mit körperlichen Beeinträchtigungen werden durch den Einsatz von Mensch-Maschine-Schnittstellen befähigt elektrische Rollstühle [3], künstlichen Gliedmaßen (Prothesen) [4], künstliche Stützstrukturen (Exoskelette, Orthesen), Wortprozessoren und andere technische Geräte zu bedienen [5, 6, 7, 8]. Weitere Anwendungen finden sich in der Sicherheitstechnik und in Fahrerassistenzsystemen [9]. Für die Entwicklung von MMS ist die Anwendung von Biofeedback-Technologien von großer Bedeutung [10]. Der Einsatz von Signalverarbeitungs- sowie Optimierungsverfahren wie z.B. evolutionäre Algorithmen ist außerdem wichtig [11].

Die Bedienung von technischen Geräten mittels einer MMS ist allerdings herausfordernd und muss erlernt bzw. trainiert werden. Das Tastaturschreiben, als triviales Beispiel, zeigt den erforderlichen Trainingsbedarf bei der Bedienung neuer Schnittstellen. Durch Training erreicht der Mensch höhere Tippgeschwindigkeiten und niedrigere Fehlerquoten. Die Bedienung einer EMG-basierten Unterarmprothese, als komplexes Beispiel, verdeutlicht, dass Bedienungsmuster mitunter neu erlernt werden müssen. Bei unversehrten Unterarmen müssen, aufgrund physiologischer Bedingungen, bestimmte Muskeln aktiviert werden, um eine gezielte Bewegung zu realisieren. Bei aktiven Unterarmprothesen sind solche Bedienungsmuster nicht anwendbar. Zur Realisierung von Bewegung müssen andere Muskeln verwendet werden. Welche Muskeln dabei aktiviert werden müssen, um die Bewegung auszuführen, ist abhängig von Implementierungsdetails der Prothese. Das Erlernen dieser neuen und ungewohnten Bedienungsmuster erschwert die intuitive Prothesenbedienung. Unveränderliches Verhalten technischer Systeme erschwert zwar das menschliche Lernen nicht, aber es kann vermutet werden, dass adaptierbare technische Systeme das Lernen zusätzlich erleichtern [12].

Sowohl die Schnittstelle als auch die Aufgabenstellung können adaptiv entworfen werden [12, 13]. Adaptive Schnittstellen, welche sich in Echtzeit an physische und mentale Befindlichkeiten des Menschen anpassen, übertreffen hinsichtlich der Handhabung nicht-adaptive Schnittstellen [14]. Die Adaption der Schnittstelle senkt die mentale Belastung während der Bedienung und ermöglicht eine längere Betriebszeit [14]. Arbeiten zur Verbesserung der Benutzerintentionserkennung existieren in [15, 16]. Untersuchungen zur Vermeidung von Langzeitperformanzeinbußen durch muskuläre und mentale Ermüdung werden in [14, 17] dargestellt. In [18] passt sich der sogenannte WalkMate, ein System mit intelligentem Feedback für die Parkinson-Therapie, dem Patienten an.

Dieser Beitrag beschreibt eine Methode zur Optimierung von Systemparametern einer EMG-basierten Mensch-Maschine-Schnittstelle. Diese Methode ist implementiert und es soll im Rahmen praktischer Versuche die Funktionsweise getestet werden. Es soll untersucht werden wie sich die Anpassung der Schnittstellenparameter auf das Gesamtsystem auswirkt und ob eine Gütesteigerung durch Anwendung von adaptierten Systemparametern erkennbar ist.

Die Gliederung dieses Beitrags gestaltet sich wie folgt. Das zweite Kapitel beschreibt das Konzept der adaptiven Mensch-Maschine-Schnittstelle, entwickelt die mathematische Formel der verwendeten Gütefunktion und beschreibt den Algorithmus des Optimierungsverfahrens für die Parameteradaption. Das dritte Kapitel geht auf die hardware- und softwareseitige Implementierung des Konzepts ein. Im vierten Kapitel werden die experimentellen Ergebnisse beschrieben. Das fünfte Kapitel diskutiert die Ergebnisse. Im sechsten Kapitel wird schließlich der Beitrag zusammengefasst und es wird ein Ausblick auf geplante Vorhaben gegeben.

2 Methoden

2.1 Konzept der adaptiven Mensch-Maschine-Schnittstelle

Es wird das in [19] theoretisch beschriebene Konzept in abgewandelter Form praktisch verwendet. Das Konzept ist dadurch vereinfacht, dass erstmalig die Parameter der Mensch-Maschine-Schnittstelle adaptierbar gestaltet sind. Im Vergleich zum Konzept aus [19] sind die Parameter der Trainingsumgebung nicht adaptierbar und es werden nicht alle vorgeschlagenen Merkmale extrahiert. Diese Vereinfachung des Konzepts ermöglicht eine Fokussierung der Untersuchung auf die adaptive Schnittstelle. Die schematische Darstellung des abgewandelten Konzepts zeigt Bild 1.

Es werden voneinander unabhängige EMG-Signale vom Menschen (M) abgeleitet. Die Mensch-Maschine-Schnittstelle (MMS) empfängt die EMG-Signale, berechnet daraus in Echtzeit normierte Aktivitätssignale und generiert ein Steuersignal für die virtuelle, zweidimensionale Navigationsaufgabe (NA). Die Software-Implementierung der MMS und die Naviga-

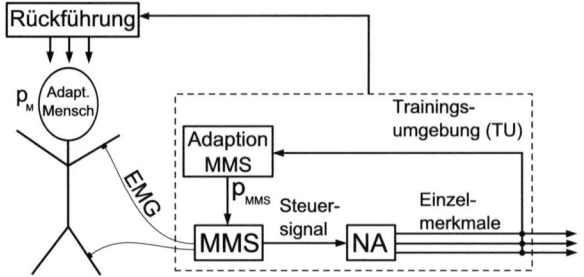

Bild 1: Konzept der adaptiven Schnittstelle. Angelehnt an [19].

tionsaufgabe sind zusammengefasst in der Trainingsumgebung (TU). Einzelmerkmale auf Ebene der zweidimensionalen Koordinaten werden extrahiert und der Adaptionsmethode bereitgestellt, welche auf Grundlage dieser Einzelmerkmale die Systemparameter optimiert und an die Schnittstelle zurückführt. Durch eine direkte, visuelle Informationsrückführung sieht der Mensch die Wirkung der eigenen EMG-Aktivität.

Je Durchgang absolviert der Mensch eine Navigationsaufgabe, welche der Mensch durch willentliche Veränderung seiner EMG-Signalamplituden löst. Die Erzeugung der Bewegung basiert auf der Implementierung eines Zustandsautomaten. Bild 2 zeigt die Navigationsaufgabe aus Probandenansicht nach einem Durchgang. Es soll von einem Startbereich entlang einer vorgeschriebenen Soll-Trajektorie zu einem Zielbereich navigiert werden. Der Mensch steuert seinen virtuellen Repräsentanten aus der Vogelperspektive und sieht jederzeit die gesamte Navigationsaufgabe.

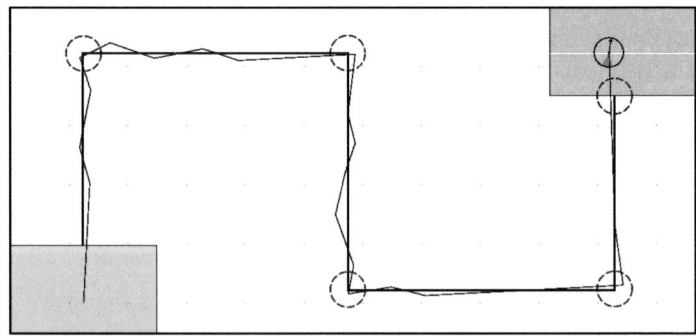

Bild 2: Probandenansicht der Navigationsaufgabe mit Soll- und Ist-Trajektorien

Der Mensch und die Mensch-Maschine-Schnittstelle können theoretisch vollständig parametrisiert werden durch ihre Parametervektoren $\mathbf{p}_M$ und $\mathbf{p}_{MMS}$. Die Parametervektoren bestimmen das Systemverhalten. Das mentale Modell im menschlichen Gehirn, welches die Bedienung der Schnittstelle abbildet, wird als $\mathbf{p}_M$ bezeichnet. Es wird während der Schnittstellenverwendung im Gehirn des Probanden automatisch entwickelt [20]. Der Parametervektor der Schnittstelle $\mathbf{p}_{MMS}$ umfasst Parameter, die sich auf die Signalverarbeitung auswirken (z.b. Parameter des Tiefpassfilters).

Die Einzelmerkmale zur Berechnung des Gütewertes Q der absolvierten Navigationsaufgabe werden offline extrahiert. Die Merkmalsextraktion bezieht sich nicht auf die Zeitreihen des EMG-Signals oder anderer Signale im Zeitbereich, sondern auf den zweidimensionalen Pfad, den der virtuelle Repräsentant zurückgelegt hat. Eine Übersicht der extrahierten Einzelmerkmale liefert Tabelle 1. Die Gesamtdauer Δt bezeichnet die für einen Durchgang benötigte Zeit, beginnend mit dem Verlassen des Startbereichs und endend beim Erreichen des Zielbereichs. Die Pfadabweichung δ_P beschreibt die approximierte Fläche zwischen dem tatsächlichen und dem vorgegebenen Pfad. Ein idealer Durchlauf der Navigationsaufgabe zeichnet sich durch kleine Werte der Einzelmerkmale aus. Er ist möglichst schnell und möglichst wenig vom vorgegebenen Pfad abweichend (möglichst genau).

Einzelmerkmal	Symbol	Optimierungsziel
Gesamtdauer	Δt	minimal
Pfadabweichung	δ_P	minimal

Tabelle 1: Einzelmerkmale mit korrespondieren Symbolen

Für jeden Durchgang wird ein Gütewert Q berechnet. Anschließend wird offline eine Optimierung der Schnittstellenparameter $\mathbf{p}_{MMS}$ durchgeführt. Ziel der Optimierung ist es, Parameterwerte zu finden, die bei angenommenem gleichen Verhalten des Menschen einen höheren Gütewert Q im vergangenen Durchgang zum Ergebnis gehabt hätten.

2.2 Adaptive Schnittstelle

2.2.1 Herleitung der Gütefunktion

In diesem Abschnitt wird der funktionale Zusammenhang zwischen dem Parametervektor der Schnittstelle $\mathbf{p}_{MMS}$ und dem skalaren Gütewert Q hergeleitet, welcher die Grundlage für die anschließende Optimierung ist. Die

Gütefunktion Q ist definiert als

$$Q = \mathbf{w}^T \mathbf{g}_{\text{invar}} = \sum_{i=1}^{m} w_i \, g_{i,\text{invar}}. \tag{1}$$

Dabei bezeichnet m die Anzahl der Merkmale. Der skaleninvariante Merkmalsvektor $\mathbf{g}_{\text{invar}}$ und der Merkmalswichtungsvektor $\mathbf{w}$ (beide $m = 2$) sind wie folgt definiert

$$\mathbf{g}_{\text{invar}}^T = (g_{1,\text{invar}}, g_{2,\text{invar}}) = (\Delta t_{\text{invar}}, \delta_{P,\text{invar}}), \tag{2}$$

$$\mathbf{w}^T = (w_1, w_2) = (w_{\Delta t}, w_{\delta_P}). \tag{3}$$

Für die Euklidische Norm gilt $\|\mathbf{w}\|_2 = 1$. Die skaleninvarianten Merkmale $g_{i,\text{invar}} \in [0, 1]$ berechnen sich durch ihre Normierungsfunktionen $\nu_{i,\text{invar}}$, graphisch dargestellt in den Bildern 3 (a) und (b), wie folgt

$$\Delta t_{invar} = \nu_{\Delta t, invar}(\Delta t) = \frac{\frac{\pi}{2} - \arctan(\frac{4}{\Delta t_{av}} \cdot (\Delta t - \Delta t_{av}))}{\pi}, \tag{4}$$

$$\delta_{P,invar} = \nu_{\delta_P, invar}(\delta_P) = \frac{\frac{\pi}{2} - \arctan(\frac{4}{\delta_{P,av}} \cdot (\delta_P - \delta_{P,av}))}{\pi}. \tag{5}$$

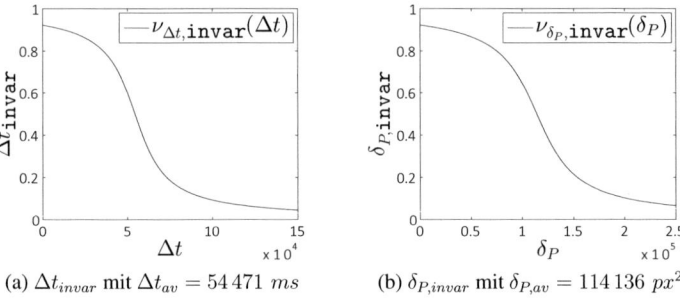

(a) Δt_{invar} mit $\Delta t_{av} = 54\,471\ ms$ (b) $\delta_{P,invar}$ mit $\delta_{P,av} = 114\,136\ px^2$

Bild 3: Normierungsfunktionen für skaleninvariante Einzelmerkmale

Dabei sind Δt_{av} und $\delta_{P,av}$ festgelegte Erfahrungswerte. Eine Arkustangensfunktion, für die hier gilt $\lim_{g_i \to +\infty} \nu_i(g_i) = 0$ bzw. $\lim_{g_i \to -\infty} \nu_i(g_i) = 1$, wird gewählt damit auch im Falle von sehr großen bzw. sehr kleinen Werten der varianten Merkmale g_i Veränderungen in den Werten der invarianten Merkmalen $g_{i,\text{invar}}$ deutlich werden.

Der skaleninvariante Merkmalsvektor $\mathbf{g}_{\text{invar}}$ ist abhängig vom Verlauf des tatsächlichen Pfades (Ist-Pfad) $\mathbf{S}_{\text{Ist}}$ und des vorgegebenen Pfades (Soll-Pfad) $\mathbf{S}_{\text{Soll}}$ wobei $\mathbf{S}_{\text{Ist}}$ und $\mathbf{S}_{\text{Soll}}$ Matrizen der Größe $(n \times 2)$ sind und n

die Anzahl der diskreten Zeitschritte bezeichnet

$$\mathbf{g}_{\text{invar}}^T = f(\mathbf{S}_{\text{Soll}}, \mathbf{S}_{\text{Ist}}), \tag{6}$$

$$\mathbf{S}_{\text{Soll}} = \begin{pmatrix} \mathbf{x}_{\text{Soll}} & \mathbf{y}_{\text{Soll}} \end{pmatrix}, \tag{7}$$

$$\mathbf{S}_{\text{Ist}} = \begin{pmatrix} \mathbf{x}_{\text{Ist}} & \mathbf{y}_{\text{Ist}} \end{pmatrix}. \tag{8}$$

Die Vektoren der x-Koordinaten und y-Koordinaten beider Pfade $\mathbf{x}$ bzw. $\mathbf{y}$ lauten

$$\mathbf{x}^T = (x[1], ..., x[n]), \tag{9}$$

$$\mathbf{y}^T = (y[1], ..., y[n]). \tag{10}$$

Der Ist-Pfad $\mathbf{S}_{\text{Ist}}$ ist abhängig von den EMG-Signalen $\mathbf{X}$, notiert als Matrix der Größe $(n \times 2)$, und dem Parametervektor $\mathbf{p}_{\text{MMS}}$, der die Schnittstellenparameter a_{IIR}, a_{RMS}, $x_{\text{f,min}}$ und $x_{\text{f,max}}$ enthält. Dabei bezeichnet a_{IIR} den Parameter des Filters mit unendlicher Impulsantwort und a_{RMS} bezeichnet die Fensterbreite zur Berechnung des quadratischen Mittelwertes. Ferner ist $x_{\text{f,min}}$ der Minimalwert und $x_{\text{f,max}}$ der Maximalwert des tiefpassgefilterten, diskreten Signals $x_{\text{f}}[k]$

$$\mathbf{S}_{\text{Ist}} = f(\mathbf{X}, \mathbf{p}_{\text{MMS}}), \tag{11}$$

$$\mathbf{X} = \begin{pmatrix} \mathbf{x}_1 & \mathbf{x}_2 \end{pmatrix}, \tag{12}$$

$$\mathbf{p}_{\text{MMS}}^T = (a_{\text{IIR}}, a_{\text{RMS}}, x_{\text{f,min}}, x_{\text{f,max}}). \tag{13}$$

Die Vektoren der EMG-Signale $\mathbf{x}_1$ und $\mathbf{x}_2$ lauten wie folgt

$$\mathbf{x}_1^T = (x_1[1], ..., x_1[n]), \tag{14}$$

$$\mathbf{x}_2^T = (x_2[1], ..., x_2[n]). \tag{15}$$

Damit ist die Gütefunktion $Q : \mathbb{P}_{\text{MMS}} \to \mathbb{R}$ theoretisch hergeleitet, wobei $\mathbb{P}_{\text{MMS}}$ den Raum aller Lösungen $\mathbf{p}_{\text{MMS}}$ bezeichnet.

2.2.2 Heuristische Optimierung

Das Optimierungsproblem ist folgendermaßen formuliert [19]

$$\mathbf{p}_{\text{MMS,opt}} = \arg\max_{\mathbf{p}_{\text{MMS}}} Q(\mathbf{p}_{\text{MMS}}, \mathbf{p}_{\text{H}}). \tag{16}$$

In diesem Abschnitt wird das heuristische Optimierungsverfahren erläutert, welches zur Lösung des Optimierungsproblems verwendet wird. Das zugehörige Ablaufdiagramm ist in Bild 4 dargestellt.

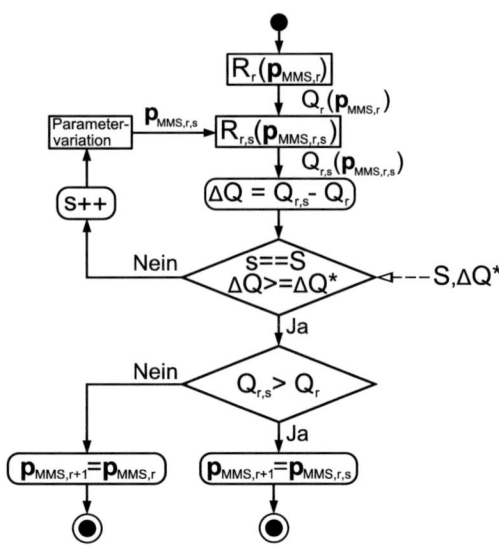

Bild 4: Heuristisches Verfahren zur Parameteroptimierung

Ein realer Durchgang unter Verwendung der Parameter $\mathbf{p}_{\text{MMS,r}}$ wird bezeichnet als $R_r(\mathbf{p}_{\text{MMS,r}})$. Der reale Durchgang R_r wird anschließend mit variierten Parametern $\mathbf{p}_{\text{MMS,r,s}}$ und auf Grundlage der aufgezeichneten EMG-Signale $\mathbf{X}$ simuliert. Simulierte Durchgänge auf Grundlage von realen Durchgängen werden als $R_{r,s}$ bezeichnet. Es werden mehrere simulierte Durchgänge $R_{r,s}$ ($s = 1, ..., S$) durchgeführt. Dabei bezeichnet S die maximale Anzahl von Simulationen, die zuvor definiert wird und als erstes Abbruchkriterium genutzt wird.

Die Parametervariation ändert die Parameter $p_{i,r,s} \in \mathbf{p}_{\text{MMS,r,s}}$ einzeln und nacheinander. In einer Simulation $R_{r,s}$ wird also nur ein Parameter geändert während die restlichen Parameter unverändert bleiben. Der Parameter für die nächste Simulation $p_{i,r,s+1}$ wird variiert gemäß der Formel

$$p_{i,r,s+1} = p_{i,r,s} \cdot (1 + d \cdot \rho \cdot \theta). \tag{17}$$

Dabei bezeichnen $d \in \{-1, 1\}$ die Optimierungsrichtung, $\rho \in (0, 1)$ einen normierten Zufallsfaktor und $\theta \in (0, 1)$ eine zuvor festgelegte, maximal erlaubte, relative Schrittweite.

Nach Beendigung eines simulierten Durchgangs $R_{r,s}$ wird das Ergebnis $Q_{r,s}$ qualitativ und quantitativ bewertet. Falls $Q_{r,s}$ größer ist als der Gütewert des realen Durchgangs Q_r und das zweite Abbruchkriterium $\Delta Q =$

$Q_{r,s} - Q_r \geq \Delta Q^*$ erfüllt ist, dann werden die in der Simulation verwendeten Parameter als neue Parameter für den nächsten realen Durchgang R_{r+1} verwendet. ΔQ^* ist eine zuvor festgelegte Mindestdifferenz der Gütewerte. Falls allerdings am Ende eines simulierten Durchgangs keines der beiden Abbruchkriterien erfüllt wird, dann wird eine weitere Simulation (s++) mit variierten Parametern gestartet.

Es werden zwei verschiedene Varianten der Optimierungsvorgaben getestet, um den Einfluss der Einzelmerkmale auf die Optimierung zu erörtern.

Variante 1 Der Merkmalswichtungsvektor **w** wird derart festgelegt, dass ausschließlich die Gesamtdauer Δt (vgl. Tabelle 1) optimiert wird. Es wird erwartet, dass das Optimierungsverfahren Parameterwerte findet, die einen schnellen Durchgang ermöglichen. Andere Merkmale werden nicht berücksichtigt

$$\mathbf{w}_1^T = (1, 0). \tag{18}$$

Variante 2 Der Merkmalswichtungsvektor **w** wird so festgelegt, dass ausschließlich die Pfadabweichung δ_P optimiert wird. Es wird erwartet, dass Lösungen gefunden werden, die eine besonders kleine Pfadabweichung möglich machen. Weitere Merkmale finden auch bei dieser Variante keine Berücksichtigung. Es sind also Lösungen möglich, die zwar eine geringere Pfadabweichung aufweisen allerdings auch langsamer sind

$$\mathbf{w}_2^T = (0, 1). \tag{19}$$

2.3 Datenerhebung

Die im Abschnitt 2.2.2 entwickelte Methode zur Parameteroptimierung, eingebettet in das im Abschnitt 2.1 beschriebene Konzept, ist in experimentellen Durchgängen getestet worden. Zur Datenerhebung haben zwei Probanden Durchgänge in der Navigationsaufgabe absolviert. Es wurden EMG-Signale vom linken und rechten Unterarm (Musculus extensor digitorum) mittels Oberflächen-EMG-Sensoren abgeleitet. Zur Verbesserung der Signalübertragung wurde die Haut lokal angefeuchtet. Die Sensoren wurden mit einer Manschette am Unterarm fixiert, um Signalstörungen und Artefakte durch Deplatzierungen zu vermeiden. Die Probanden schauen während jedes Durchgangs auf einen Computermonitor und legen dabei ihre Unterarme gelockert auf einen Tisch.

3 Implementierung

Das in Kapitel 2.1 beschriebene Konzept ist softwareseitig implementiert mittels Standard C++ und Matlab. Bild 5 zeigt schematisch den Informationsfluss der abgeleiteten EMG-Signale mit den wesentlichen Komponenten des Konzepts.

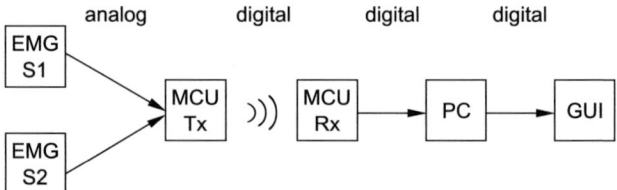

Bild 5: Informationsfluss der EMG-Signale

Zwei voneinander unabhängige EMG-Signale werden mit Hilfe von EMG-Elektroden (EMG S1, EMG S2) mit einer Abtastfrequenz von 100 Hz abgeleitet und an einen Sender-Mikrocontroller (micro controller unit transmitting, MCU Tx) übermittelt, wo sie digital gewandelt werden. Zur Aufzeichnung des EMG-Signals werden Oberflächenelektroden verwendet, die auf der Haut platziert werden, um dort die myoelektrischen Differenzspannungen zu messen. Der Sender-Mikrocontroller überträgt beide Signale kabellos an den Empfänger-Mikrocontroller (micro controller unit receiving, MCU Rx), der die EMG-Signale an einen Computer (personal computer, PC) sendet und schließlich an eine mit Hilfe des Qt-Frameworks umgesetzte graphische Benutzeroberfläche (graphical user interface, GUI), dargestellt in Bild 6.

Die Benutzeroberfläche verarbeitet und visualisiert die EMG-Signale in Echtzeit. Außerdem zeichnet die Benutzeroberfläche die EMG-Signale auf, um sie der Optimierungsumgebung offline verfügbar zu machen. Die Optimierungsumgebung ist mittels Matlab realisiert. Über Import- bzw. Exportfunktionen tauschen Aufzeichnungs- und Optimierungsumgebungen Daten aus, um eine geschlossene Kommunikation zu gewährleisten. Die Aufzeichnungsumgebung verfügt außerdem über eine Gait-CAD-Exportfunktion [21].

4 Ergebnisse

Bei Verwendung der ersten Variante, d.h. Merkmalswichtungsvektor $\mathbf{w}_1^T = (1, 0)$ ist zu beobachten, dass ein Pfad gefunden wird, der möglichst schnell

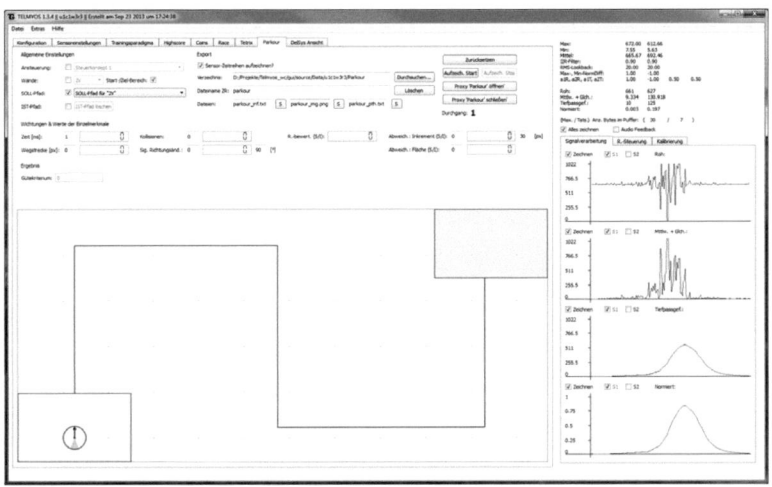

Bild 6: Graphische Benutzeroberfläche TELMYOS

vom Startbereich in den Zielbereich gelangt. Bild 7 zeigt das Optimierungsergebnis. Der Proband hat den direkten Weg zwischen Start- und Zielbereich gewählt, da in diesem Fall nur die Gesamtdauer Δt die Güte des Durchlaufs bestimmt. Der von der Optimierungsmethode gefundene, simulierte Pfad ist noch schneller als der des Probanden, da der Zielbereich bereits am Eckpunkt anstatt an der vertikalen Linie erreicht wird. Tests haben gezeigt, dass, falls der Proband trotz der Optimierungsvorgabe $\mathbf{w}_1^T = (1,0)$ versucht die Soll-Trajektorie entlang zu fahren, die Optimierungsmethode den gefahrenen Pfad begradigt, um somit schneller in den Zielbereich zu gelangen.

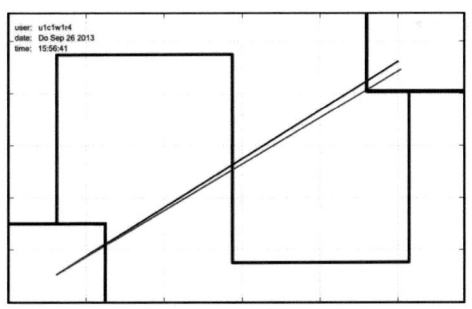

Bild 7: Schnellste Ist-Trajektorie (Optimierungsvorgabe $\mathbf{w}_1$)

Die Bilder 8 (a) bis (f) illustrieren beispielhaft den Fortschritt der Optimierung gemäß der Vorgabe $\mathbf{w}_2^T = (0, 1)$ mit $S = 250$.

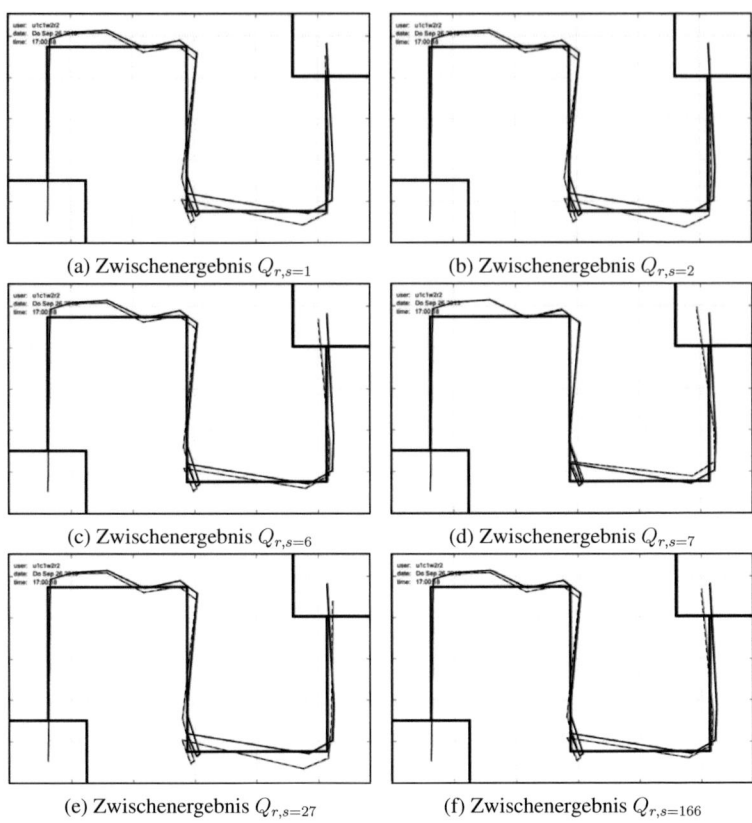

(a) Zwischenergebnis $Q_{r,s=1}$ (b) Zwischenergebnis $Q_{r,s=2}$

(c) Zwischenergebnis $Q_{r,s=6}$ (d) Zwischenergebnis $Q_{r,s=7}$

(e) Zwischenergebnis $Q_{r,s=27}$ (f) Zwischenergebnis $Q_{r,s=166}$

Bild 8: Genaueste Ist-Trajektorie (Optimierungsvorgabe $\mathbf{w}_2$) mit Zwischenergebnissen

Der im realen Durchgang gefahrene Pfad ist in jedem der sechs Bilder gleich (durchgezogene, dünne Linie). Die simulierten Pfade (gestrichelte, dünne Linien), die unter Verwendung der gefundenen Parameterwerte resultieren, unterscheiden sich in den Simulationen voneinander. Es wurden Parameterwerte gefunden, die eine kleinere Pfadabweichung und damit einen höheren Gütewert Q bewirken. Bild 9 verdeutlicht die Gütesteigerung im Simulationsverlauf. Darin bezeichnet Q_{impr} den in den bisherigen Simulationen größten gefundenen Gütewert. Es wurden 250 Simulationen durchgeführt. Die letzte Gütesteigerung wurde in der 166. Simulation gefunden.

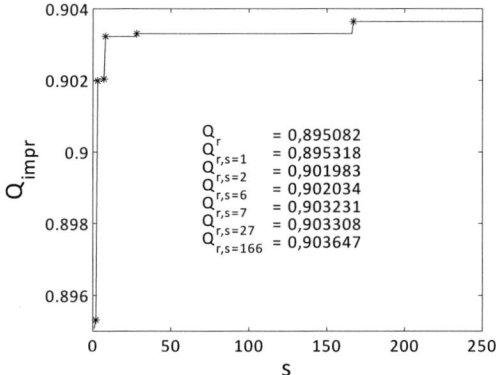

Bild 9: Verbesserte Gütewerte $Q_{impr}(s)$ im Simulationsverlauf

Die Optimierungsmethode generiert auch Zwischenergebnisse, die offensichtlich eine geringere Güte aufweisen. Solche Lösungen sind formal zwar korrekt, da sie die Randbedingungen wie die Einhaltung des Arbeitsbereiches erfüllen, aber sie sind keine optimalen Ergebnisse im Sinne eines verbesserten Gütewertes. Pfade, welche die Randbedingungen nicht erfüllen, werden von der Methode verworfen.

5 Diskussion

Die Methode konnte auf Grundlage aufgezeichneter EMG-Signale eines realen Durchgangs und unter Berücksichtigung gegebener Optimierungsvorgaben die Systemparameter der MMS optimieren, sodass höhere Gütewerte erzielt wurden. Die höheren Gütewerte beziehen sich auf Simulationen basierend auf den aufgezeichneten EMG-Signalen. Durch Anwendung der für den vorherigen Durchgang optimalen Parameterwerte können in der Simulation bessere Güteergebnisse erzielt werden. Die grundsätzliche Funktionsweise der Methode konnte damit erfolgreich verifiziert werden.

Da es sich um eine Parameteroptimierung unter der Annahme, dass das menschliche Verhalten zwischen den Durchgängen unverändert bleibt, handelt, sind die optimalen Parameterwerte $\mathbf{p}_{MMS,opt}$ als eine vorsichtige Annäherung zu verstehen. Die Annahme $\mathbf{p}_M = const.$ bestätigt sich in der

Praxis nicht, da der Mensch sich auch ohne technische Parameteradaption fortwährend anpasst.

Die vorgestellte Methode basiert auf Ergebnissen eines vollständig abgeschlossenen, realen Durchgangs. Es handelt sich um eine Offline-Methode.

Der Zustandsautomat zur Erzeugung der Bewegung in der Navigationsaufgabe entkoppelt die direkte Wirkung der eingehenden EMG-Signale auf die resultierende Bewegung, stellt eine zusätzliche Abstraktionsebene dar und hemmt somit das intuitive Verständnis von der Bedienung.

Es wird derzeit daran gearbeitet, den geschlossenen und automatisierten Datenaustausch gemäß des in Abschnitt 2.1 beschriebenen Konzepts zu realisieren. Damit könnten die Auswirkungen der ermittelten Parameter auf den nächsten realen Durchgang untersucht werden. Im Rahmen einer systematisch geplanten Studie muss das Konzept validiert werden. Dabei müssen folgende Punkte thematisiert werden.

- Wirksamkeit der optimierten Parameterwerte auf den Menschen im nachfolgenden Durchgang

- Kompensationsverhalten (unbewusstes und bewusstes) des Menschen bei Anwendung der optimierten Parameterwerte

- Verhalten der Optimierungsmethode bei verschiedenen Ausgangsparameterwerten (z.b. kalibrierte Parameter)

6   Zusammenfassung und Ausblick

Es wird eine Methode zur Optimierung von Systemparametern einer EMG-basierten Mensch-Maschine-Schnittstelle entwickelt. Die Parameter beeinflussen die Signalverarbeitung der Schnittstelle und nehmen damit Einfluss auf das erzeugte Steuersignal. Die Methode ist eingebettet in das Konzept einer adaptiven Schnittstelle. Zur ersten Validierung des Konzepts sind experimentelle Durchgänge absolviert worden. Die vorgestellte Methode hat die Schnittstellenparameter auf Grundlage von jeweils einem realen Durchgang innerhalb einer virtuellen Navigationsaufgabe optimiert.

Die nächsten Entwicklungsschritte sollten die in Kapitel 5 diskutierten Punkte adressieren. Durch die Umsetzung einer direkten Steuerung, d.h. ohne eine Abstraktionsebene mit entkoppelnder Wirkung zwischen EMG-Signal und Steuersignal, lassen sich vermutlich bessere Ergebnisse der

Schnittstellenadaption erzielen. Im Anschluss an die Umsetzung des geschlossenen und automatisierten Datenaustausches sollte eine einfach verblindete Pilotstudie das Konzept evaluieren.

Weitblickend können auch andere Mensch-Maschine-Schnittstellen wie z.b. die in der Einleitung erwähnten Arbeiten zu Brain-Computer-Interface oder Handprothesen mit dem entwickelten Konzept untersucht werden oder weitere Arten von Biofeedback inkorporiert werden. Außerdem können andere Optimierungsverfahren wie evolutionäre Algorithmen für die Suche geeigneter Schnittstellenparameter eingesetzt werden.

Die mentale Belastung während der Verwendung der MMS kann messtechnisch oder durch Fragebögen erfasst werden, um Auswirkungen der Schnittstellenadaption auf den Menschen beurteilen zu können.

7 Danksagung

Die Autoren danken dem Bundesministerium für Bildung und Forschung für die Förderung des Verbundprojekts TELMYOS (FKZ: 01EZ1122).

Literatur

[1] Timpe, K.-P.; Jürgensohn, T.; Kolrep, H.: *Mensch-Maschine-Systemtechnik: Konzepte, Modellierung, Gestaltung, Evaluation*, Bd. 2. Symposion Publishing. 2002.

[2] Kaniusas, E.: *Biomedical Signals and Sensors I*. Springer Verlag. 2012.

[3] Plotkin, A.; Sela, L.; Weissbrod, A.; Kahana, R.; Haviv, L.; Yeshurun, Y.; Soroker, N.; Sobel, N.: Sniffing enables communication and environmental control for severely disabled. *Proceedings of the National Academy of Science of the United States (PNAS)* 107 (2010) 32, S. 14413–18.

[4] Reischl, M.; Gröll, L.; Mikut, R.: Evaluation of Data Mining Approaches for the Control of Multifunctional Arm Prostheses. *Integrated Computer-Aided Engineering* 18 (2011), S. 235–249.

[5] Gopura, R.; Bandara, D.; Gunasekara, J.; Jayawardane, T.: Recent Trends in EMG-Based Control Methods for Assistive Robots. In:

Electrodiagnosis in New Frontiers of Clinical Research (Turker, H., Hg.), S. 237–68. InTech. 2013.

[6] Amma, C.; Georgi, M.; Schultz, T.: Airwriting: Hands-free Mobile Text Input by Spotting and Continuous Recognition of 3D-space Handwriting with Inertial Sensors. In: *Proc., 6th International Symposium on Wearable Computers (ISWC)*, S. 52–59. IEEE. 2012.

[7] Millán, J. d. R.; Rupp, R.; Müller-Putz, G.; Murray-Smith, R.; Giugliemma, C.; Tangermann, M.; Vidaurre, C.; Cincotti, F.; Kübler, A.; Leeb, R.; et al.: Combining Brain–computer Interfaces and Assistive Technologies: State-of-the-art and Challenges. *Frontiers in Neuroscience* 4 (2010), S. 1–15.

[8] Mikut, R.: *Data Mining in der Medizin und Medizintechnik*. Universitätsverlag Karlsruhe. 2008.

[9] Li, L.; Weng, D.; Nan-Ning; Shen, L.-C.: Cognitive Cars: A New Frontier for ADAS Research. *IEEE Transactions on Intelligent Transportation Systems* 13 (2012) 1, S. 395–407.

[10] Giggins, O. M.; Persson, U. M.; Caulfield, B.: Biofeedback in Rehabilitation. *Journal of Neuroengineering and Rehabilitation* 10 (2013) 1, S. 1–11.

[11] Bäck, T.; Foussette, C.; Krause, P.: Eine Übersicht moderner Evolutionsstrategien und empirische Analyse ihrer Effizienz. In: *Proc., 22. Workshop Computational Intelligence*, S. 273–306. KIT Scientific Publishing. 2012.

[12] Takeuchi, T.; Wada, T.; Mukobaru, M.; Doi, S.: A Training System for Myoelectric Prosthetic Hand in Virtual Environment. In: *IEEE/ICME International Conference on Complex Medical Engineering*. 2007.

[13] Danziger, Z.; Fishbach, A.; Mussa-Ivaldi, F. A.: Learning Algorithms for Human-Machine Interfaces. *IEEE Transactions on Biomedical Engineering* 56 (2009), S. 1502–11.

[14] Rezazadeh, I. M.; Firoozabadi, M.: Co-Adaptive and Affective Human-Machine Interface for Improving Training Performances of Virtual Myoelectric Forearm Prosthesis. *IEEE Trans. Affective Computing* 3 (2012) 3, S. 285–97.

[15] Lu, S.; Guan, C.; Zhang, H.: Unsupervised Brain Computer Interface Based on Intersubject Information and Online Adaptation. *IEEE Transactions on Neural System and Rehabilitation Engineering* 17 (2009) 2, S. 135–45.

[16] Vidaurre, C.; Sannelli, C.; Müller, K.-R.; Blankertz, B.: Co-adaptive calibration to improve BCI efficiency. *Journal of Neural Engineering* 8 (2011) 2.

[17] Oskoei, M. A.; Hu, H.: Adaptive Myoelectric Human-Machine Interface for Video Games. *Mechatronics and Automation* (2009), S. 1015–20.

[18] Ozerlat, I.: Parkinson disease: Interactive WalkMate system improves gait and stability in patients with Parkinson disease. *Nature Review Neurology* 8 (2012).

[19] Tuga, M. R.; Rupp, R.; Liebetanz, D.; Mikut, R.; Reischl, M.: Concept of a Co-Adaptive Training Environment for Human-Machine Interfaces Based on EMG-Control. *Biomedizinische Technik* 58 (2013), S. 233–4.

[20] Mach, Q.; Hunter, M.; Grewal, R.: Neurophysiological correlates in interface design: An HCI perspective. *Computers in Human Behavior* 26 (2010), S. 371–76.

[21] Mikut, R.; Burmeister, O.; Braun, S.; Reischl, M.: The Open Source Matlab Toolbox Gait-CAD and its Application to Bioelectric Signal Processing. In: *Proc., DGBMT-Workshop Biosignalverarbeitung, Potsdam*, S. 109–111. 2008.

Lokale Modellnetze zur Selektion von Einflussgrößen

Julian Belz und Oliver Nelles

Mess- und Regelungstechnik - Mechatronik
Fakultät IV - Department Maschinenbau
Universität Siegen
Paul-Bonatz-Str. 9-11, 57068 Siegen
Tel.: +49 (0)271 740 4664
E-Mail: julian.belz@uni-siegen.de

Zusammenfassung: Es wird ein Ansatz zur Selektion von Einflussgrößen vorgestellt, der in der Lage ist, eine besondere Eigenschaft lokaler Modellnetze auszunutzen. Es handelt sich um einen Wrapper-Ansatz, der HI-LOMOT als lokales Modellnetz nutzt. Dieser Modellbildungsalgorithmus ist in der Lage jede physikalische Einflussgröße dem x-Raum (Konklusionen) und/oder dem z-Raum (Prämissen) zuzuordnen. Die Selektion von Einflussgrößen findet in diesem Bericht sowohl für die Verknüpfung des x- und z-Raumes statt, als auch für den z-Raum allein. Anhand eines künstlichen Demonstrationsbeispiels und des Auto MPG Datensatzes zeigen sich zwei wesentliche Vorteile des neuen Ansatzes. Zum einen lässt sich die Modellgüte durch die Selektion von Einflussgrößen verbessern, zum anderen führen die Ergebnisse der beiden unterschiedlichen Eingangsräume zu einem verbesserten Systemverständnis.

1 Einführung

Modelle bilden die Grundlage in vielen technischen Anwendungen, zu denen u.a. die Simulation, Steuerung, Regelung und Optimierung zählen. Das Generieren von Modellen kann aus theoretischen Überlegungen, mittels Identifikation aus Daten oder einer Kombination aus beidem erfolgen. Das in diesem Beitrag vorgestellte Verfahren betrifft die Identifikation von Prozessen, deren Einflussgrößen potentiell sehr zahlreich sind und bei denen vorab nicht klar ist, welche der Einflussgrößen wichtig zur Modellierung sind. Gründe für die Selektion wichtiger Eingangsvariablen sind die Reduzierung des Modell-Varianzfehlers [1], die Abschwächung des Fluchs der Dimensionalität [2] und das Erhöhen des Prozessverständnisses [3].

Die Verwendung lokaler Modellnetze zur Selektion von Einflussgrößen eröffnet dabei neue Möglichkeiten durch die Trennung des Eingangraumes in Prämissen und Konklusionen. Obwohl diese Möglichkeit prinzipiell für alle lokalen Modellnetze besteht, muss der Modellbildungsalgorithmus in der Lage sein, diese Eigenschaft auszunutzen. LOLIMOT [4] und HILOMOT [5] gehören zu bekannten Vertretern dieser Modellklasse. Die bekannten Algorithmen von Gustafson-Kessel [6] und Gath-Geva [7] gehören ebenfalls zur Klasse lokaler Modellnetze, beherrschen die oben genannte Unterscheidung jedoch nicht. Betrachtet man die Unterscheidung des Eingangsraumes im Rahmen der Fuzzy-Logik, bedeutet dies, dass die Prämissen (wenn) andere Einflussgrößen beinhalten können als die Konklusionen (dann). Die Nützlichkeit der einzelnen Einflussgrößen kann sich für die beiden Eingangsräume unterscheiden, sodass in beiden Eingangsräumen nach jeweils wichtigen Eingängen gesucht werden kann. Für die folgenden Untersuchungen der beiden Eingangsräume dient der HILOMOT-Algorithmus [5].

2 HILOMOT

HILOMOT (*HIerarchical LOcal MOdel Tree*) gehört der Modellklasse lokaler Modellnetze an. Die Grundidee entstammt den sogenannten *Hinging Hyperplane Trees*, siehe dazu [8, 9] und [10]. Wie bereits erwähnt, erlaubt diese Modellklasse die Trennung des Eingangsraumes in Prämissen, in denen die sogenannten Gültigkeitsfunktionen $\Phi_i(\cdot)$ beheimatet sind, und Konklusionen, die den Ausgängen der lokalen Modelle $\hat{y}_i(\cdot)$ entsprechen. Der Ausgang des gesamten Modells $\hat{y}$ ergibt sich aus der Überlagerung der gewichteten lokalen Modellausgänge [4]:

$$\hat{y} = \sum_{i=1}^{M} \hat{y}_i(\underline{x})\Phi_i(\underline{z}) \, , \tag{1}$$

mit der Anzahl an lokalen Modellen M, den Eingängen der Konklusionen $\underline{x} = \begin{bmatrix} x_1 & x_2 & \cdots & x_{nx} \end{bmatrix}$ und denen der Prämissen $\underline{z} = \begin{bmatrix} z_1 & z_2 & \cdots & z_{nz} \end{bmatrix}$. Die physikalischen Eingänge $\underline{u} = \begin{bmatrix} u_1 & u_2 & \cdots & u_p \end{bmatrix}$ können den Eingangsräumen beliebig zugeordnet werden, siehe Bild 1. Die Gültigkeitsfunktionen beschreiben die Gebiete, in denen die lokalen Modelle gültig sind und somit den Anteil eines lokalen Modells am Gesamtmodellausgang. Die Gültigkeitsfunktionen bilden eine *Partition of Unity*, das bedeutet sie addieren sich stets zu 100% auf: $\sum_{i=1}^{M} \Phi_i(\underline{z}) = 1$. Innerhalb des HILOMOT-Algorithmus entstehen die Gültigkeitsfunktionen durch eine hierarchische, multiplikative Verknüpfung von Sigmoid Funktionen [5]. Das Gebiet eines lokalen Modells wird durch seine Gültigkeitsfunktion im z-Raum definiert. In diesem Gebiet schätzt man ein lokal

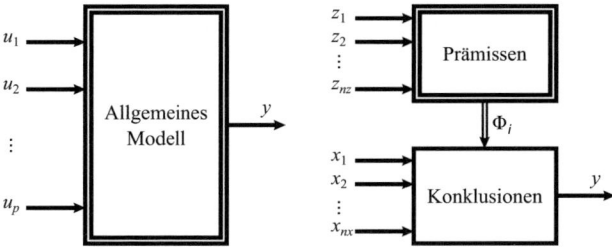

Bild 1: Physikalische Eingänge können in lokalen Modellnetzen den Prämissen und/oder den Konklusionen zugeordnet sein.

affines Modell. Bild 2 zeigt den schematischen Ablauf eines HILOMOT-Trainings. Ausgehend von einem global affinen Modell, fügt man dem Gesamtmodell in jedem Iterationsschritt ein weiteres lokal affines Modell hinzu. Dies geschieht durch die (weitere) Unterteilung des lokalen Modells, mit dem schlechtesten lokalen Fehlermaß. Für die zwei sich neu ergebenden Gebiete schätzt man die affinen Parameter mithilfe des gewichteten Least-Squares Verfahrens. Durch die lokale Schätzung stellt sich ein Regularisierungseffekt ein, der die Robustheit des Modells gegenüber Overfitting erhöht [4]. Insbesondere in höherdimensionalen Eingangsräumen ist ein großer Vorteil des HILOMOT-Algorithmus die Fähigkeit achsenschräge Unterteilungen des Eingangsraumes vornehmen zu können. Die Schnittrichtung wird durch eine nichtlineare Optimierung bestimmt, die als Startwert entweder den besten orthogonalen Schnitt oder die Schnittrichtung des übergeordneten Modells erhält, wie in Bild 2 gezeigt. Während der Optimierung bleiben alle bereits bestehenden Schnitte unverändert.

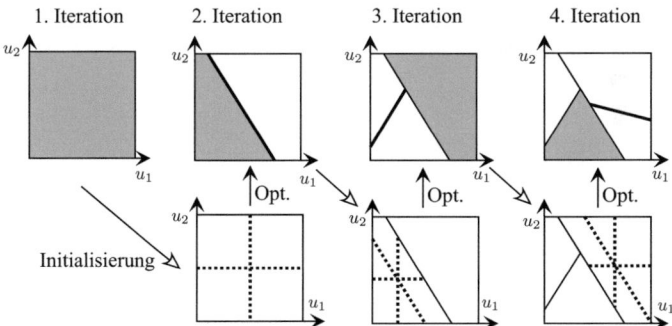

Bild 2: Schematischer Ablauf des HILOMOT-Algorithmus in den ersten vier Iterationen.

Ein sehr wichtiger Punkt, insbesondere für die Selektion von Einflussgrößen, ist die Wahl der Modellkomplexität, die sich in der Anzahl der lokalen Modelle widerspiegelt. Befindet man sich zu weit vom besten Bias-Varianz Kompromiss entfernt, führt das im Falle von Underfitting zu einer möglicherweise unterschätzten Wichtigkeit mancher Einflussgrößen. Im Falle von Overfitting könnten eigentlich unwichtige Einflussgrößen, die nur Rauschen enthalten, als wichtig eingestuft werden. Zur Auffindung eines guten Bias-Varianz Kompromisses hilft das korrigierte Akaike Informationskriterium (AIC_c). Dieses Informationskriterium definiert eine Abschätzung der erwarteten relativen Distanz zwischen Modell und dem wahren Prozess (Kullback-Leibler Information) [11]:

$$\mathrm{AIC}_c = -2 \ln \mathcal{L}(\hat{\underline{\theta}}|y) + 2n_{\mathrm{eff}} + \frac{2n_{\mathrm{eff}}(n_{\mathrm{eff}} + 1)}{N - n_{\mathrm{eff}} - 1} \,. \tag{2}$$

N bezeichnet in dieser Gleichung die Anzahl der Datenpunkte, n_{eff} die Anzahl der effektiven Parameter. Der erste Term in Gleichung 2 repräsentiert die Likelihood-Funktion, die sich unter der Annahme einer Least-Squares Schätzung und normalverteiltem Rauschen zu

$$-2 \ln \mathcal{L}(\hat{\underline{\theta}}|y) = N \ln \hat{\sigma}_n^2$$
$$= N \ln \left(\frac{1}{N} \sum_{i=1}^{N} (y(i) - \hat{y}(\underline{u}(i)))^2 \right) \tag{3}$$

ergibt [11]. Die Werte $y(\cdot)$ spiegeln den gemessenen Prozessausgang wider, $\hat{\underline{\theta}}$ bezeichnet die geschätzten Modellparameter und $\hat{y}(\cdot)$ den Modellausgang. Weiterführende Informationen bezüglich des AIC_c sind in [11, 12] und [13] zu finden. Zusätzliche Informationen bezüglich des HILOMOT-Algorithmus finden sich in [5].

3   Selektion von Einflussgrößen

Wie bereits in der Einführung erwähnt, kann das Weglassen diverser Eingangsgrößen zu einer Reduzierung des Modell-Varianzfehlers und damit zu einer insgesamt verbesserten Modellgüte führen [1]. Diese Eingangsgrößen sind entweder, irrelevant, redundant oder vermögen nicht den Bias-Fehler derart zu reduzieren, dass der Anstieg des Varianz-Fehlers kompensiert wird [2]. Da selbst Eingänge, die den Prozessausgang tatsächlich beeinflussen zu einer verminderten Modellgüte führen können [3], sei im folgenden die Rede von wichtigen oder nützlichen Eingängen.

Zur Analyse, welche Eingänge zur Modellierung eines Prozesses nützlich sind, unterscheidet man drei grundlegende Ansätze: Filter-, Wrapper- und Eingebettete-Ansätze (*embedded-approaches*) [2, 3, 14]. Der Hauptunterschied zwischen dem Filter- und dem Wrapper-Ansatz besteht in dem Kriterium, dass zur Beurteilung bestimmter Kombinationen von Eingangsvariablen herangezogen wird [3]. Filter-Ansätze verwenden Kriterien, die kein Modell benötigen, wie bspw. Korrelationsmaße [3] oder Ähnlichkeitsabschätzungen [3]. Wrapper-Ansätze nutzen als Bewertungskriterium diverser Eingangskombinationen Gütefunktionale eines Modells. Dies setzt das Trainieren eines Modells mit der entsprechenden Eingangskombination voraus. Ein mögliches Gütefunktional ist Akaikes Informationskriterium (AIC), da bei diesem Kriterium die Modellgüte mit der Modellkomplexität abgewogen wird. Dies ist laut [15] und [16] beim Vergleich mehrerer Modelle mit unterschiedlichen Anzahlen an Eingängen Vorteilhaft. Eingebettete-Ansätze nutzen spezifische Eigenschaften des Identifikationsalgorithmus, um gute Kombinationen von Eingangsgrößen zu finden. Daher lassen sich zu den Eingebetteten-Ansätzen wenig allgemeingültige Aussagen treffen. Aus diesem Grund wird im folgenden nicht genauer auf diesen Ansatz eingegangen.

Neben dem gewählten Ansatz, kommt der Wahl einer Suchstrategie zum Auffinden nützlicher Eingangskombinationen eine wichtige Rolle zu [3]. Das Ausprobieren aller möglichen Kombinationen führt sehr schnell zu einer immensen Anzahl, die durchzuprobieren wäre, d.h. bei n potentiellen Eingängen ergeben sich 2^n Möglichkeiten. Daher sind viele suboptimale Suchstrategien entwickelt worden, die nicht notwendigerweise die optimale Kombination finden, aber eine enorme Aufwandsersparnis mit sich bringen [3]. Neben der Aufwandsersparnis sind solche suboptimalen Suchstrategien weniger anfällig bezüglich Overfitting [2].

Wir verfolgen einen Wrapper-Ansatz, bei dem HILOMOT als Identifikationsalgorithmus dient und das korrigierte Akaike Informationskriterium Verwendung findet. Die korrigierte Version des Informationskriteriums stellt laut [11] die Gültigkeit des Kriteriums für kleine Verhältnisse zwischen der Anzahl an Daten und den effektiven Parametern ($\frac{N}{n_{eff}} < 40$) sicher. Vorteile des verwendeten HILOMOT-Algorithmus sind die Eignung für höherdimensionale Eingangsraumdimensionen, das einfache Einstellen weniger Parameter und die hohe Robustheit. Des weiteren beherrscht dieser Identifikationsalgorithmus die separate Behandlung der Prämissen und Konklusionen. Bild 3 zeigt den schematischen Ablauf einer Selektion von

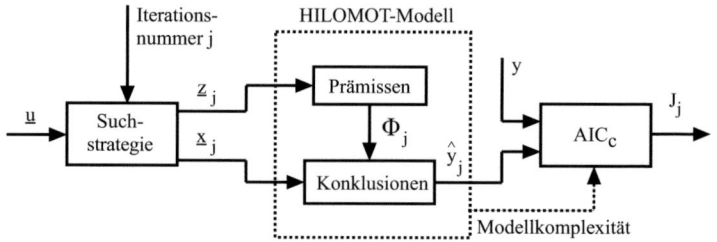

Bild 3: Ablauf der Selektion von Einflussgrößen mit HILOMOT. Jede Iteration j entspricht einer anderen Eingangskombination.

Einflussgrößen mit HILOMOT, ohne dass eine bestimmte Suchstrategie definiert ist. In jeder Iteration j legt die Suchstrategie fest, welche physikalischen Eingänge $\underline{u}$ in den Prämissen $\underline{z}$ und in den Konklusionen $\underline{x}$ enthalten sind. Anschließend kann, nach dem Trainieren eines HILOMOT-Modells, die Berechnung des AIC_c für die aktuelle Eingangskombination erfolgen.

Als Suchstrategien dienen in diesem Bericht die Rückwärtseliminierung (*backward elimination - BE*) und das Ausprobieren aller möglichen Eingangskombinationen (*exhaustive search - ES*). Die Rückwärtseliminierung startet mit allen potentiellen Einflussgrößen und eliminiert in jedem Iterationsschritt diejenige, deren Entfernen das beste Gütefunktional ergibt. Dieser Vorgang wiederholt sich, bis keine Einflussgröße übrig ist. Es gilt zu beachten, dass die ausgiebige Suche in vielen Fällen nicht in einem zeitlich angemessenem Rahmen durchführbar ist. Dennoch kann durch das Darstellen des Ergebnisses im Vergleich zur Rückwärtseliminierung das Potential aufgezeigt werden, dass durch fortschrittlichere Suchverfahren ausgeschöpft werden kann.

Prinzipiell könnte eine Suchstrategie die beiden sich ergebenden Eingangsräume der Prämissen und Konklusionen komplett unabhängig voneinander erkunden. Zunächst erfolgen jedoch nur zwei Untersuchungen. Bei der ersten handelt es sich um eine Verknüpfung der Prämissen und Konklusionen, d.h. die beiden Eingangsräume enthalten stets die gleichen physikalischen Eingänge ($\underline{x} = \underline{z}$), siehe Bild 4 (a). Daher wird der Raum, in dem nach guten Eingangskombinationen gesucht wird, kurz als x-z-Raum bezeichnet, oder das Verfahren als x-z-Selektion. Bei der zweiten Untersuchung steht einzig der Raum der Prämissen (z-Raum oder z-Selektion) im Fokus. Dabei verharren alle physikalischen Eingänge stets komplett in den Konklusionen ($\underline{x} = \underline{u}$), wie in Bild 4 (b) dargestellt.

Die Untersuchung des x-z-Raums ist prinzipiell mit allen Modellbildungsalgorithmen möglich und kann daher als Konkurrenz zu bestehenden Wrap-

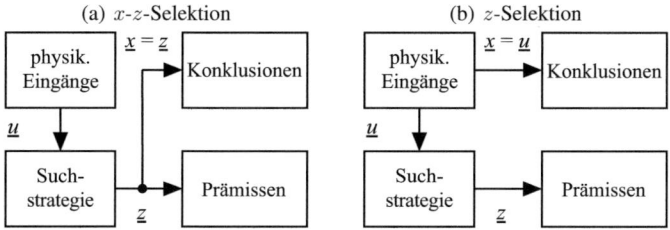

Bild 4: Veranschaulichung der x-z- und z-Selektion. Bei der x-z-Selektion sind die beiden Eingangsräume verknüpft, bei der z-Selektion nicht.

per-Ansätzen gesehen werden. Die Untersuchung des z-Raumes ist jedoch eine bisher nicht genutzte Fähigkeit lokaler Modellnetze, die nur durch entsprechende Identifikationsalgorithmen zu bewerkstelligen ist.

4 Demonstrationsbeispiele

In diesem Abschnitt demonstriert der HILOMOT Wrapper-Ansatz seine Fähigkeiten anhand eines künstlichen und eines realen Datensatzes. Insbesondere die Bedeutung der unterschiedlichen Eingangsräume für die Prämissen und Konklusionen soll aufgezeigt werden. Als Beispiel aus der realen Welt kommt der Auto MPG (miles per gallon) Datensatz [17] zum Einsatz.

4.1 Künstliches Demonstrationsbeispiel

Das künstliche Demonstrationsbeispiel umfasst drei Eingangsvariablen (u_1 bis u_3), die (nützliche) Informationen beinhalten und eine Eingangsvariable (u_4), die lediglich normalverteiltes Rauschen (mittelwertfrei, Standardabweichung=0.05) enthält. Jede wichtige Eingangsvariable folgt einer spezifischen Funktion, der Gesamtprozessausgang ergibt sich durch das Aufsummieren der einzelnen Funktionen und Eingang u_4:

$$y = \mathrm{f}(u_1) + \mathrm{f}(u_2) + \mathrm{f}(u_3) + u_4$$
$$y = \frac{0.2}{(0.2 + (1 - u_1))} + \mathrm{e}^{-\frac{(0.5 - u_2)^2}{0.5^2}} + 0.8u_3 + u_4 \,. \tag{4}$$

Der erste Term aus Gleichung 4 entspricht einer Hyperbel, die nichtlinear und monoton steigend ist. Der zweite Term ähnelt einer Gaußfunktion (nichtlineares, nicht monotones Verhalten) und der dritte Term ist eine lineare Funktion von u_3. Die Einzelfunktionen sowie das Rauschen von Eingang 4 sind in Bild 5 (a) dargestellt. Um eine Idee des zusammengesetzten Funktionsverlaufs zu erhalten ist in Bild 5 (b) die Projektion des Gesamtprozesses in den u_1-u_2-Unterraum dargestellt, wobei alle übrigen Eingänge zu Null gesetzt sind.

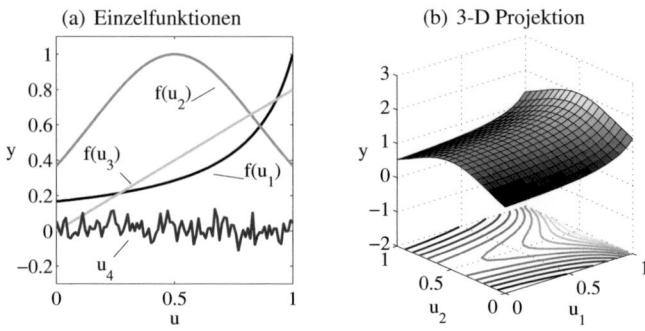

Bild 5: Einzelfunktionen der Eingangsvariablen (a) und 3-D Projektion in den u_1-u_2-Unterraum des künstlichen Prozesses.

Wie am Ende von Abschnitt 3 beschrieben, wird für dieses künstliche Beispiel eine x-z-Selektion und eine z-Selektion durchgeführt. Aufgrund der bekannten Eigenschaften des künstlichen Prozesses sind die wichtigen Eingangsgrößen für die jeweiligen Eingangsräume vorab bekannt. Im x-z-Raum sind die ersten drei Eingänge wichtig, da diese Informationen über den künstlichen Prozess enthalten. Dagegen sind im z-Raum, aufgrund des gewählten Ansatzes für die lokalen Modelle, lediglich die ersten beiden Eingänge nützlich, da Nichtlinearitäten nur dort vorkommen. Die Steigung entlang Eingang 3 ist konstant und kann bereits ohne weitere Unterteilungen in dieser Richtung beschrieben werden, wie in Bild 6 veranschaulicht. Bei der Untersuchung der beiden Eingangsräume kommen zwei unterschiedlich große Datensätze zum Einsatz. Der kleinere Datensatz umfasst $N = 625$ Datenpunkte, der größere $N = 6561$. In beiden Fällen liegen die Datenpunkte auf einem Gitter. Da keine Wechselwirkung unter den einzelnen Eingängen besteht, führen die beiden Suchstrategien, die vollständige Suche und die Rückwärtseliminierung, zu identischen Ergebnissen. Um sicherzustellen, dass die spezifische Ausprägung des in u_4 enthaltenen Rauschens keinen signifikanten Einfluss auf die Ergebnisse hat, sind Ergebnisse für 100 verschiedene Rauschausprägungen berechnet worden. Die auftretenden Schwankungen sind sehr gering. In Bild 7

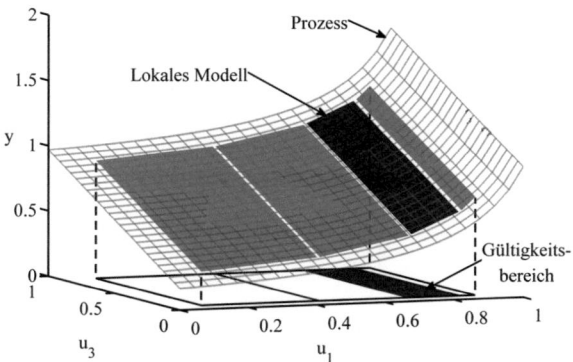

Bild 6: Visualisierung des künstlichen Prozesses zusammen mit lokal affinen Modellen sowie den Gültigkeitsbereichen im u_1-u_3-Unterraum.

ist ein repräsentatives Ergebnis der Selektion von Einflussgrößen für eine Rauschausprägung gezeigt. Das Gütefunktional, hier der AIC_c, ist über der Anzahl an Eingängen aufgetragen. In jedem Bild ist neben dem AIC_c-Wert der Eingang gezeigt, der im entsprechenden Schritt der Suchstrategie eliminiert wird. Bei Null Eingängen dient der Mittelwert aller Prozessausgänge als Modellausgang zur Berechnung des Gütefunktionals.

Wie in Bild 7 (a) und (c) (linke Spalte) zu sehen, sind die Ergebnisse der x-z-Selektion für die beiden Anzahlen an Datenpunkten qualitativ gleich. Der AIC_c-Wert sinkt bis alle wichtigen Einflussgrößen des künstlichen Prozesses ausgewählt sind. Auch die Ergebnisse der z-Selektion, zu sehen in Bild 7 (b) und (d), sind qualitativ gleich und zeigen keine weitere Verbesserung nach der Wahl aller wichtigen Einflussgrößen. Wobei wichtig hier in Zusammenhang mit der Selektion im z-Raum zu sehen ist. Im künstlichen Demonstrationsbeispiel sind aus bereits genannten Gründen sowohl Eingang 3 als auch Eingang 4 im z-Raum unwichtig. Es fällt auf, dass in dem gezeigten Ergebnis für 625 Datenpunkte der z-Selektion (Bild 7 (b)) Eingang 4 wichtiger eingestuft wird als Eingang 3. Dies liegt an der sehr geringen Anzahl an Datenpunkten und dem überlagerten Rauschen. Keiner der beiden Eingänge vermag es die Modellgüte tatsächlich signifikant zu verbessern, sodass die Reihenfolge in der die Eingänge entfernt werden nahezu zufällig ist. Je nach Rauschausprägung ist mal die eine und mal die andere Einflussgröße als wichtiger eingestuft. In den 100 Durchläufen mit verschiedenen Rauschausprägungen ist Eingang 3 in 63 Fällen als wichtiger eingestuft worden.

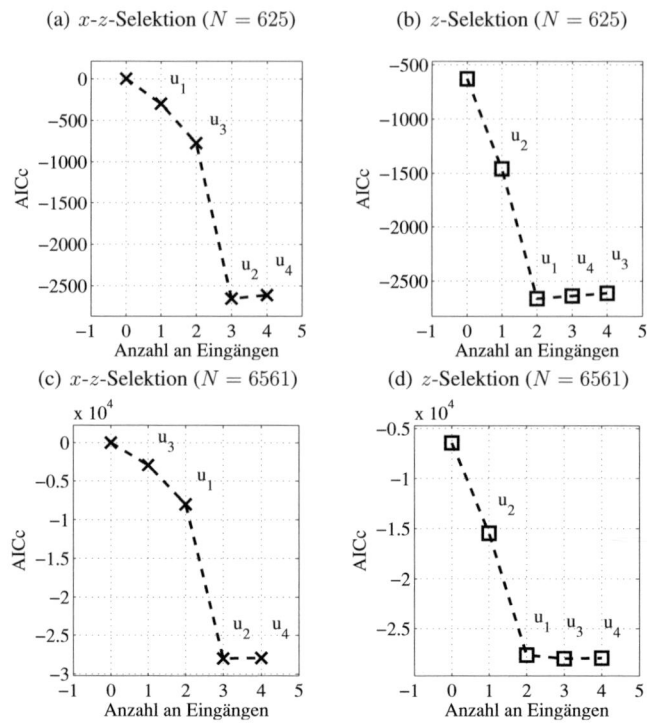

Bild 7: Ergebnisse der x-z- und z-Selektion für den künstlichen Prozess und zwei unterschiedlichen Anzahlen an Datenpunkten N.

Die benötigte Berechnungsdauer für die jeweiligen Ergebnisse ist in Bild 8 in Form von Boxplots[1] dargestellt. Zunächst scheint es widersprüchlich, dass die vollständige Suche (ES) weniger Zeit benötigt als die Rückwärtseliminierung (BE), da der Berechnungsaufwand wesentlich größer ist. Es gibt jedoch eine einfache Erklärung, die mit der Möglichkeit zusammenhängt, verschiedene Eingangskombinationen parallel zu berechnen. Der zur Berechnung der Ergebnisse verwendete Computer besitzt acht Prozessoren, sodass acht Eingangskombinationen gleichzeitig berechnet werden können. Bei der vollständigen Suche sind a-priori alle zu berechnenden Kombinationen an Eingängen bekannt und die Anzahl der potentiellen parallelen Berechnungen hängt nur von der Anzahl der Prozessoren ab. Im Falle der Rückwärtseliminierung kann es dazu kommen, dass nicht alle

---

[1]Diagramm, in dem der Median (senkrechter Strich in Box), das obere und untere Quartil (senkrechte Boxränder), der obere und und untere Whisker (Antennen) sowie Ausreißer (Kreuze) dargestellt sind.

(a) Berechnungsdauer bei $N = 625$ Datenpunkten

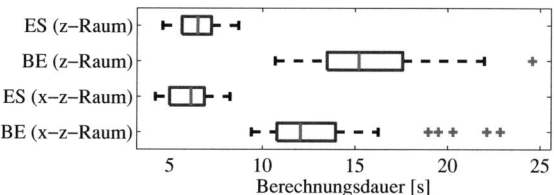

(b) Berechnungsdauer bei $N = 6561$ Datenpunkten

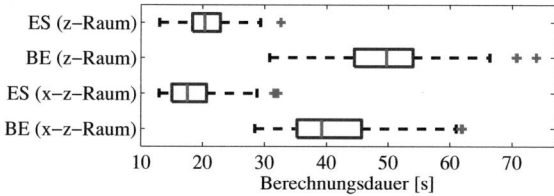

Bild 8: Berechnungsdauer der ausgiebigen Suche (ES) und Rückwärtseliminierung (BE) auf einem Rechner mit acht Prozessoren bei einer maximalen Taktrate von 2.4GHz.

acht Prozessoren gleichzeitig in Verwendung sind, da die zu berechnenden Kombinationen abhängig von vorherigen Ergebnissen sind. Ist beispielsweise Eingang 4 bereits eliminiert, können zunächst nur drei weitere Kombinationsmöglichkeiten parallel berechnet werden. Für weiterführende Berechnungen muss zunächst feststehen, welcher Eingang im aktuellen Iterationsschritt zu eliminieren ist. Eine solche Wartezeit existiert bei der vollständigen Suche nicht.

4.2 Demonstrationsbeispiel: Auto MPG Datensatz

In diesem Unterabschnitt kommt das vorgestellte Verfahren zur Selektion von Einflussgrößen am Auto MPG Datensatz [17] zum Einsatz. Der Datensatz besteht aus 392 Datenpunkten und sieben Einflussgrößen, die im Folgenden als u_1 bis u_7 bezeichnet werden. Es gilt als Ausgangs- bzw. Zielgröße den Benzinverbrauch von Kraftfahrzeugen in Meilen pro Gallone zu modellieren. Bei den Einflussgrößen handelt es sich um die Anzahl der Zylinder (u_1), den Hubraum (u_2), die Fahrzeugleistung (u_3), das Fahrzeuggewicht (u_4), die Beschleunigung (u_5), das Baujahr (u_6) sowie das Herkunftsland (u_7). Zur Selektion wichtiger Einflussgrößen kommen 75% aller Datenpunkte zum Einsatz, der Rest dient dem Feststellen der Modellgüte, d.h. dem Testen des Modells. Die Testdaten sind deterministisch gewählt, mit dem Ziel eine spätere Modellextrapolation zu vermeiden. Zunächst sind in Bild 9 die Ergebnisse der x-z-Selektion dargestellt. Neben

(a) x-z-Selektion   (b) Selektionspfad (x-z-Raum)

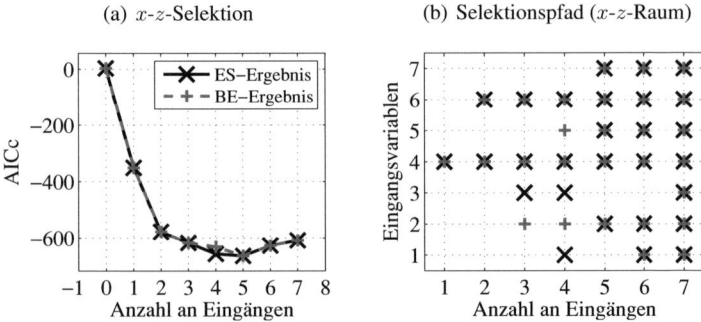

Bild 9: Ergebnis der x-z-Selektion des Auto MPG Datensatzes zusammen mit dem entsprechenden Selektionspfad (ES: Kreuz, BE: Plus).

dem AIC_c über der Anzahl an Eingängen, findet sich eine Darstellung aus der die gewählte Eingangskombination bei gegebener Anzahl an Eingängen und der Suchstrategie hervorgeht. Diese Darstellung wird im folgenden als Selektionspfad bezeichnet. Im Falle der Rückwärtseliminierung ist der Selektionspfad von rechts nach links zu lesen.

Die Ergebnisse der x-z-Selektion ähneln sich bei beiden Suchstrategien stark, sie unterscheiden sich lediglich bei drei und bei vier ausgewählten Einflussgrößen. Beide Suchstrategien führen auf ein Optimum mit den gleichen fünf Einflussgrößen. Bei vier Einflussgrößen und der vollständigen Suche liegt das erreichte Gütefunktional sehr nahe dem Wert des Optimums mit fünf Eingängen. Der MSE (*Mean Squared Error*) auf Testdaten wird für drei unterschiedliche Kombinationen von Einflussgrößen berechnet. Darunter ist die Kombination von vier Einflussgrößen (ES-Ergebnis), von fünf Einflussgrößen (ES- und BE-Ergebnis) sowie alle Einflussgrößen. Die erzielten MSE-Werte sind in Tabelle 1 dargestellt. Man erkennt, dass

	ES (4 Eingänge)	ES & BE (5 Eingänge)	Alle Eingänge
MSE	5.978	5.977	7.679

Tabelle 1: Testdatenfehler (MSE) bei verschiedenen Kombinationen von Einflussgrößen resultierend aus der x-z-Selektion.

die Kombination aus fünf Einflussgrößen den besten MSE-Wert erzielt und die gewählte Kombination bestehend aus vier Eingängen nur unwesentlich schlechter abschneidet. Der erzielte Testdatenfehler bei der Verwendung aller Eingänge ist eindeutig am schlechtesten. Die x-z-Selektion stellt somit eine Möglichkeit dar, die Modellgüte zu steigern.

Als nächstes stehen die Ergebnisse der z-Selektion im Fokus, die in Bild 10 dargestellt sind. Abermals weichen die Resultate der beiden Suchstrategien wenig voneinander ab. Beide Suchstrategien zeigen ein Optimum des Gütefunktionals beim Einbeziehen von vier Einflussgrößen, wobei diese vier Einflussgrößen nicht identisch sind, siehe Bild 10 (b).

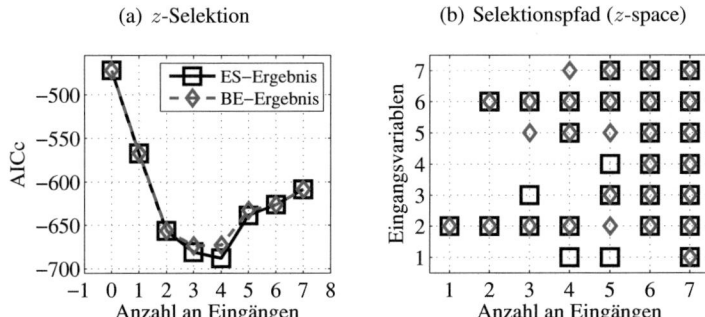

Bild 10: Ergebnis der z-Selektion des Auto MPG Datensatzes zusammen mit dem entsprechenden Selektionspfad (ES: Quadrat, BE: Raute).

Tabelle 2 zeigt die Testdatenfehler (MSE) für die beiden unterschiedlichen Eingangskombinationen mit vier Einflussgrößen und mit allen Einflussgrößen. Die Testdatenfehler, die mit vier Einflussgrößen erreicht werden, liegen dicht beieinander und sind wesentlich besser als im Falle von allen Einflussgrößen. Die sich aus den Ergebnissen der z-Selektion ergebenden Modelle, erzielen höhere Modellgüten als die entsprechenden Modelle aus der x-z-Selektion (vergleiche dazu Tabelle 1 und 2).

	BE (4 Eingänge)	ES (4 Eingänge)	Alle Eingänge
MSE	5.266	5.171	7.679

Tabelle 2: Testdatenfehler (MSE) bei verschiedenen Kombinationen von Einflussgrößen resultierend aus der z-Selektion.

Die Ergebnisse aus der x-z- und z-Selektion zusammen eröffnen erweiterte Interpretationsmöglichkeiten, was den Einfluss der einzelnen Eingänge angeht. Bei den Untersuchungen beider Eingangsräume ist so gut wie in allen Fällen das Fahrzeugbaujahr (u_6) in den Eingangskombinationen enthalten.

Es handelt sich also um einen sehr wichtigen Eingang, was aus rein logischen Überlegungen sehr sinnvoll ist. Technische Fortschritte führen mit der Zeit zu einer Effizienzsteigerung der verbauten Motoren. Neben dem Fahrzeugbaujahr lässt sich aus den Ergebnissen der z-Selektion ablesen, dass der Hubraum (u_2) eine entscheidende Rolle spielt. Dagegen kristallisiert sich aus den Ergebnissen der x-z-Selektion das Fahrzeuggewicht (u_4) als wichtiger heraus. Daraus lässt sich schließen, dass das Fahrzeuggewicht den Benzinverbrauch stark, aber annähernd linear beeinflusst. Der Einfluss des Hubraums ist geringer, beeinflusst den Fahrzeugverbrauch aber in einer nichtlinearen Weise. Diese Interpretationsmöglichkeit eröffnet sich aufgrund der unterschiedlichen Eingangsräume sowie dem gewählten Ansatz für die lokalen Modelle, wie bereits in Bild 6 für das künstliche Demonstrationsbeispiel gezeigt. Dieser Verständniszuwachs kann für künftige Aufnahmen von Messreihen oder weiteren Untersuchungen genutzt werden.

Letztlich soll die jeweilige Dauer der Berechnungen diskutiert werden, siehe dazu Tabelle 3. Die vollständige Suche benötigt erwartungsgemäß mehr

	x-z-Selektion	z-Selektion
Rückwärtselimination	24.66 s	25.73 s
Vollständige Suche	65.65 s	71.06 s

Tabelle 3: Benötigte Berechnungsdauer der Selektion von Einflussgrößen für unterschiedliche Eingangsräume und Suchverfahren in Sekunden für den Auto MPG Datensatz.

Zeit als die Rückwärtseliminierung. Für die Eingangsraumdimension des gewählten Demonstrationsbeispiels liegt die benötigte Berechnungsdauer der vollständigen Suche in einem durchaus praxistauglichen Rahmen. Es gilt jedoch zu beachten, dass die benötigte Berechnungsdauer mit steigender Eingangsraumdimension exponentiell ansteigt und somit sehr schnell nicht mehr praktisch einsetzbar ist.

5 Ausblick

Zukünftige Forschungsthemen umfassen eine weitergehende Untersuchung der sich ergebenden Möglichkeiten durch die Aufteilung des Eingangsraumes in Prämissen und Konklusionen. Bisher fand die Selektion von Einflussgrößen lediglich im z- sowie im x-z-Raum statt. Denkbar wäre eine vollständig unabhängige Suche im x- und z-Raum gleichzeitig. Insbesondere die Handhabung diskreter Eingangsgrößen, wie beispielsweise die

Anzahl der Zylinder im Auto MPG Datensatz, ist ein spannender Punkt. Des weiteren gilt es zu untersuchen, wie das Mehr an Systemverständnis sinnvoll genutzt werden kann, beispielsweise zur Versuchsplanung in Kombination mit aktiven Lernstrategien, wie dem bereits bestehendem HILOMOTDOE-Algorithmus (*HIerarchical LOcal MOdel Tree for Design of Experiments*), der in [18] näher erläutert ist.

Literatur

[1] Munson, M.; Caruana, R.: On feature selection, bias-variance, and bagging. *Machine Learning and Knowledge Discovery in Databases* (2009), S. 144–159.

[2] Liu, H.; Motoda, H.: *Computational methods of feature selection.* Chapman & Hall. 2008.

[3] Guyon, I.: *Feature extraction: foundations and applications*, Bd. 207. Springer Verlag. 2006.

[4] Nelles, O.: *Nonlinear system identification: from classical approaches to neural networks and fuzzy models.* Springer. 2000.

[5] Nelles, O.: Axes-oblique partitioning strategies for local model networks. In: *International Symposium on Intelligent Control, 2006 IEEE*, S. 2378–2383. IEEE. 2006.

[6] Gustafson, D. E.; Kessel, W. C.: Fuzzy clustering with a fuzzy covariance matrix. In: *Decision and Control including the 17th Symposium on Adaptive Processes, 1978 IEEE Conference on*, Bd. 17, S. 761–766. IEEE. 1978.

[7] Gath, I.; Geva, A. B.: Unsupervised optimal fuzzy clustering. *Pattern Analysis and Machine Intelligence, IEEE Transactions on* 11 (1989) 7, S. 773–780.

[8] Breiman, L.: Hinging hyperplanes for regression, classification, and function approximation. *Information Theory, IEEE Transactions on* 39 (1993) 3, S. 999–1013.

[9] Ernst, S.: Hinging hyperplane trees for approximation and identification. In: *Decision and Control, 1998. Proceedings of the 37th IEEE Conference on*, Bd. 2, S. 1266–1271. IEEE. 1998.

[10] Töpfer, S.: Approximation nichtlinearer Prozesse mit Hinging Hyper-plane Baummodellen (Approximation of Nonlinear Processes with Hinging Hyperplane Trees). *at-Automatisierungstechnik* 50 (2002) 4/2002, S. 147.

[11] Burnham, K.; Anderson, D.: Multimodel inference understanding AIC and BIC in model selection. *Sociological methods & research* 33 (2004) 2, S. 261–304.

[12] Burnham, K.; Anderson, D.: *Model selection and multi-model infe-rence: a practical information-theoretic approach*. Springer. 2002.

[13] Akaike, H.: Information theory and an extension of the maximum likelihood principle. In: *International Symposium on Information Theory, 2 nd, Tsahkadsor, Armenian SSR*, S. 267–281. 1973.

[14] Tan, P.; Steinbach, M.; Kumar, V.; et al.: *Introduction to data mining*. Pearson Addison Wesley Boston. 2006.

[15] Chiu, S.: Selecting input variables for fuzzy models. *Journal of Intel-ligent and Fuzzy Systems-Applications in Engineering and Technolo-gy* 4 (1996) 4, S. 243–256.

[16] Sindelar, R.; Babuska, R.: Input selection for nonlinear regression models. *Fuzzy Systems, IEEE Transactions on* 12 (2004) 5, S. 688–696.

[17] Frank, A.; Asuncion, A.: UCI Machine Learning Repository. URL `http://archive.ics.uci.edu/ml`. 2010.

[18] Hartmann, B.; Ebert, T.; Nelles, O.: Model-based design of experi-ments based on local model networks for nonlinear processes with low noise levels. In: *American Control Conference (ACC), 2011*, S. 5306–5311. IEEE. 2011.

Subsampling strategies in SVM ensembles

Patrick Koch and Wolfgang Konen

Cologne University of Applied Sciences
Institute of Computer Science
E-Mail: {patrick.koch, wolfgang.konen}@fh-koeln.de

Abstract

Support Vector Machines (SVMs) have shown to be strong methods for classification problems. Especially for difficult tasks the performance of SVMs is often superior to other learning algorithms. A main issue arising with this kernel-based learning is the high computation time and also the large memory demand required for training with large data. As a solution to this, ensemble-based SVM approaches have recently been proposed. Meyer et al. [1] investigated SVM ensembles based on bagging [2] and Cascade SVMs [3]. Stork et al. [4, 5] proposed ensembles based on boosting [6] and bagging with subsampling of the training data. In their experimental study they observed that subsampling is a necessary ingredient to impede over-fitting. Unfortunately no rule-of-thumb could be given for the sample size parameter. The goal of this study is to get a deeper understanding which elements in a fruitful combination of individuals in SVM ensembles lead to considerable time savings while maintaining a good classification accuracy. First, we expect to obtain an asymptotic behaviour when we increase the ensemble size for a fixed training set size setting. Secondly, we want to measure the influence of the training set size on the classification accuracy. With these findings we try to give recommendations for sample size and ensemble size in order to balance computation time and accuracy. As a nice side effect, the observations made in this study can be used to create ensembles of other learning algorithms as well.

1 Introduction

Support Vector Machines (SVMs) [7, 8, 9] are state-of-the-art learning algorithms for supervised machine learning. SVMs often have shown superior performances both in classification and regression. A drawback of the method is that it badly scales with increasing dataset sizes. This can be a problem today, as dataset sizes are more and more increasing.

Recently, alternatives based on ensemble learning have been proposed to circumvent this issue. E.g., Meyer et al. [1] investigated SVM ensembles based on bagging [2] and Cascade SVMs [3]. Stork et al. [4, 5] proposed ensembles based on boosting [6] and bagging with subsampling of the training data.

In this study we analyze the influence of the ensemble size (number of iterations in boosting) related to the sample size inside the boosted learners. By doing this we expect to find an asymptotic behaviour of the ensemble learner, e.g., the classification performance should increase with larger ensemble sizes, but finally should converge when no further improvements are possible.

The paper is structured as follows: we give a brief overview about Support Vector Machines in Sec. 2.1 and the boosting algorithm (AdaBoost) in Sec. 2.2. In Sec. 3 we perform an experimental analysis on datasets from the public UCI repository [10]. The results are discussed in Sec. 4 and we summarize with a conclusion and outlook on future research in Sec. 5.

2 Methods

2.1 Support Vector Machines

Support Vector Machines (SVMs) [7, 8, 9] are state-of-the-art learning algorithms for classification and regression. In classification, data can be written as a number of n observations

$$(\vec{x}_1, y_1), (\vec{x}_2, y_2), ..., (\vec{x}_n, y_n) \in \mathcal{X} \times \mathcal{Y} \tag{1}$$

where $x_i \in \mathcal{X}$ are the input patterns and $y_i \in \mathcal{Y}$ the corresponding class labels for pattern x_i. In the simplest form, the output set $\mathcal{Y}$ only contains two elements, leading to binary classification, where the classes are often denoted by $\mathcal{Y} = \{-1, 1\}$

For linearly separable data, SVM fit a linear classifier, maximizing the margin between the classes in order to give the best generalization performance. But as data is often not linearly separable, it is the core of machine learning that two observations "being near in input space" should have a similar output value. Therefore, SVM incorporate kernel functions

$$k : \mathcal{X} \times \mathcal{X} \to \mathbb{R} \tag{2}$$

denoting the similarity of two observations. The kernel function k needs to suffice several condtitions, e.g., symmetry, and positive semi-definiteness. The function itself can be interpreted as a dot product in a high-dimensional space [11]. It enhances the SVM learning algorithm by an implicit mapping of the input data into a higher-dimensional feature space, where a linear classifier is applicable. In this paper, without loss of generality we use only one single kernel function, that is the radial basis kernel

$$k(\vec{x}, \vec{z}) = \exp(\gamma \cdot ||\vec{x} - \vec{z}||^2) \tag{3}$$

with hyperparameter $\gamma \in \mathbb{R}^+$. For a comparison with other kernels on the same task see [4, 5].

An optimal prediction model can now be determined by introducing the associated reproducing kernel Hilbert space H for the kernel function k and solving the optimization problem:

$$\hat{f} = \arg \inf_{f \in H, b \in \mathbb{R}} ||f||_H^2 + C \sum_{i=1}^{n} L(y_i, f(\vec{x}_i) + b) . \tag{4}$$

The first summand $||f||_H^2$ defines a penalty and in case of the 2-norm penalizes non-smooth functions. Because the function f maps into $\mathbb{R}$, the sign is calculated in the case of binary classification. Finally the second term measures the closeness of the predictions to the true outputs. The closeness is defined by a loss function, that is usually the Hinge loss $L(y, t) = L_h(y, t) = \max(0, 1 - yt)$ in case of classification. The Hinge loss is a convex, upper surrogate loss for the 0/1-loss (which is a desired loss function, but algorithmically intractable). A hyperparameter C controls the balance between the smoothness and the loss function.

SVM are ideally suited for binary classification tasks, but can also handle more classes. Approaches for multi-class problems have been proposed by Weston and Watkins [12], and Crammer and Singer [13] gave an alternative formulation.

2.2 AdaBoost

AdaBoost, as a shorthand for Adaptive Boosting, was proposed in 1995 by Freund and Schapire [6]. The basic AdaBoost algorithm is shown in Algorithm 1. It works by repeatedly building and evaluating weak classifiers on the training set where each time a different sample from the training set distribution is drawn. Misclassified records in previous iterations get higher weights, leading to a stronger emphasis on those records by the forthcoming classifiers. For each classifier h_t its quality $\alpha_t \in [0, \infty]$ on the original training set is evaluated. The final ensemble output is that class with the largest sum of α_t, where the sum is calculated for all classifiers voting for that class.

Algorithm 1 Multi-class SVM AdaBoost algorithm

1: Input: a training set $\Gamma = \{(\vec{x}_1, y_1), \ldots, (\vec{x}_N, y_N)\}$ with class labels y_i having K levels.

2: Initialize: the weights $w_i^1 = 1/N$ for $i = 1, \ldots, N$.

3: Define $\Theta(P) = 1$ if P is true, 0 else.

4: **for** $(t = 1, \ldots, T)$ **do**

5:     Draw a w_i^t-weighted training sample set S of size $s = bN$ with replacement from Γ, where $b \leq 1$ denotes a fraction of the training set.

6:     Train a weak learner h_t on S. Here h_t is a SVM.

7:     Calculate training error $\epsilon_t = \sum_{i=1}^{N} w_i \, \Theta(h_t(\vec{x}_i) \neq y_i)$ on set Γ.

8:     Set $\alpha_t = \frac{1}{2} \left(ln \left(\frac{1-\epsilon_t}{\epsilon_t} \right) + ln(K-1) \right)$ (quality of weak learner h_t).

9:     Update weights: $w_i^{t+1} = w_i^t exp(\alpha_t \Theta(h_t(\vec{x}_i) \neq y_i))/Z$, where Z is a normalization constant such that $\sum_{i=1}^{N} w_i^{t+1} = 1$.

10: **end for**

11: Output: $f(\vec{x}) = arg \, \underset{c}{max} \left(\sum_{t=1}^{T} \alpha_t \Theta(h_t(\vec{x}) = c) \right)$.

Compared to the original AdaBoost algorithm, our SVM AdaBoost with SVMs as the base classifiers has three modifications:

1. As Wickramaratna et al. [14] pointed out, it is essential for the classifiers to be *weak* in order to make AdaBoost productive. Since SVMs tend to be strong classifiers, it is necessary to weaken them. We sample in S for each classifier only a small fraction b of the set Γ in Algorithm 1, Step 5, e.g. $b = 0.1$ or $b = 0.01$. Note that the evaluation in Step 7 and weight update in Step 9 is done on the whole set Γ: This gives a precise figure of merit for each classifier and keeps the weights in sync. Training on the set S with only $s = bN$ records has the nice side effect that we can tackle large datasets with SVM, without being blocked by runtimes increasing approximately cubically with the number of training records.

2. As a measure to increase the diversity of the ensemble, we choose for the radial SVMs the width γ randomly and uniformly from the 0.1 to 0.9 quantile range of $|\vec{x} - \vec{x}'|^2$, as suggested in [15], where x, x' are distinct data points. We found that this gives a better ensemble performance than using a tuned but fixed γ.

3. Initially we use the full training set of size N_{full} (see Tab. 1) for the set Γ. Later in Sec. 3.3 we experiment with subsamples Γ of size $N < N_{full}$, which are smaller than the full training set.

3 Experimental analysis

Earlier experiments [4, 5] showed that for arbitrary kernel types better results could be obtained with SVM AdaBoost, when the sample size $s = bN$ during training is fixed at a small level. In cases where the sample size was too large, the algorithm showed a remarkable overfitting on several benchmarks [4, 5]. This situation is shown exemplarily for dataset Adult from the UCI repository in Fig. 1. Here the performance of small and large sample sizes together with different kernel types is compared and it can be seen that small sample sizes ($b \in [0.05, 0.12]$) are better for all kernels.

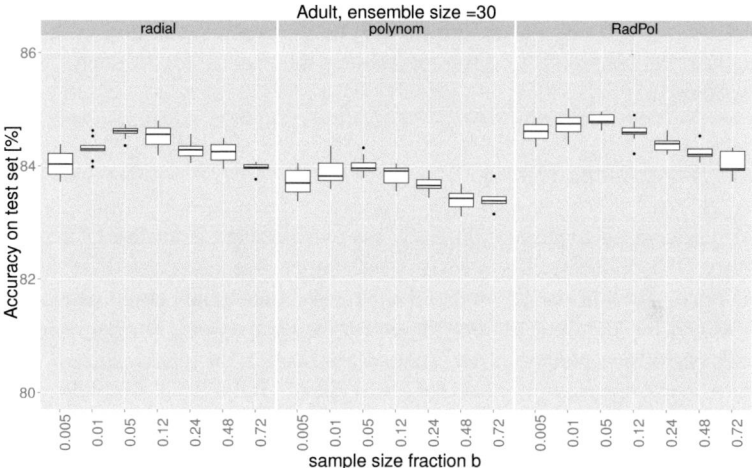

Figure 1: Test set accuracy on task Adult with SVM AdaBoost. In case of training with larger sample size fractions than $b = 0.12$, the ensemble suffers from considerable overfitting. The optimal fraction is in this case in the range $b \in [0.05, 0.12]$. Mixed ensembles like "RadPol" =(radial + polynomial kernels) are better than a pure "radial" ensemble.

We observed also in some earlier experiments [4, 5] a steady increase with increasing ensemble size, but only ensembles up to $T = 50$ were investigated at that time. Therefore it seems natural to ask whether a further increase in ensemble size can boost the performance even more or whether a converging behaviour is observed. We perform the relevant experiment in Sec. 3.2.

Besides the better performance, it is notable that large speed-ups are possible when training with small sample sizes inside the ensemble. For this reason we have set the sample size fraction to very low values, e.g. $b = 0.5\%$

Table 1: Datasets used in experiments: Number of records, training records (N_{full}), number of features and number of classes. The test set is the set of all non-training records. The dataset Acoustic$_2$ is a binarized version (class 3 vs. rest") of the Acoustic$_2$ dataset in the UCI repository [10], which is originally a three-class problem.

Name	Records	Train	Features	Classes
Adult	45222	30162	14	2
Acoustic$_2$	98528	78823	50	2

(cf. Sec. 3.2). However, for each SVM in the ensemble, a *different* sample is drawn from the training set. It is matter of future research which sample size is suited best for a new task. Up to now this parameter was always chosen manually by the experimenters. In the experiments in Sec. 3.3 we analyze the behaviour of different training set sizes N for two benchmark datasets.

3.1 Experimental Setup

We perform an experimental study on two datasets from the UCI repository [10]. Intentionally, we select two larger-sized datasets from the repository, since in earlier studies [4, 5] SVM ensembles could especially diminish the required training times for larger datasets. Furthermore we only perform experiments on binary classification problems, since SVMs have been originally proposed for such type of problems. Nevertheless, the SVM AdaBoost algorithm can be applied to multi-class problems as well. This is true if the underlying SVM does support multiple classes, e.g., by using strategies as proposed in [12, 13].

Our experimental setup runs the SVM AdaBoost algorithm ten times with different random seeds and varying ensemble sizes (Sec. 3.2) or training set sizes (Sec. 3.3).

3.2 Results Ensemble Size

In this experiment we vary the number of iterations (ensemble size) used in AdaBoost, while keeping the sample size on a very low level (subsamples of 0.5% of the total number of training patterns). We use ensemble size settings of {10,20,30,40,50,100,200,300,400,500,600,700,800,900,1000}. Although 1000 is a very large ensemble size for SVM AdaBoost, we expect that due to the subsampling, the time spent in this experiment should still be feasible with small sample size settings in AdaBoost.

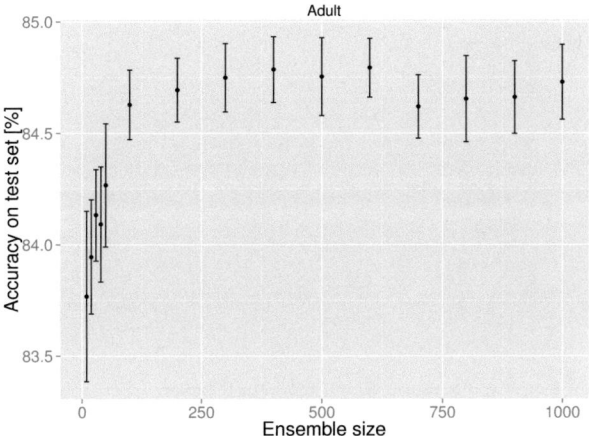

Figure 2: Mean accuracy and standard deviation of ten runs on independent test data for the "Adult" dataset. The ensemble size is varied between 10 and 1000 iterations, while keeping the sample size fixed at 0.5% at the same time.

The results illustrate the mean classification accuracy plus standard deviation on independent test data for each ensemble size setting. In Fig. 2 we show the results for the Adult dataset, while in Fig. 3 we show the results for the Acoustic$_2$ dataset.

A mainly converging behaviour is seen for the Adult dataset. Here, the performance increases remarkably for the first 200 iterations of the algorithm, then fluctuates for some time at a level of 84.75%, but finally decreases slightly for ≥ 700 iterations. After the decrease the results seem to fluctuate slightly around the new level.

A similar behaviour can be observed for the Acoustic$_2$ dataset. When the ensemble size tends to be very small (only 10 or 20 iterations), we obtain a significantly inferior result compared to more iterations. This result can be reasoned due to the small sample size of only 0.5% together with only a few iterations of AdaBoost. However, when the ensemble size is set to a sufficient level (≥ 200 iterations as in the case of "Adult"), we can expect a better performance of the algorithm. For larger ensemble sizes the improvement effect is lost and similar to the results of the Adult experiment we can observe a fluctuating performance.

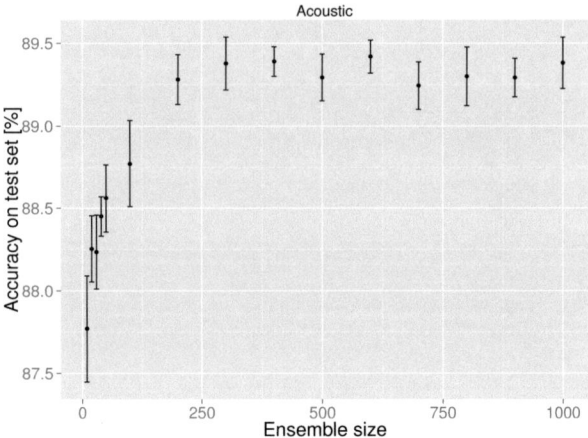

Figure 3: Mean accuracy and standard deviation of ten runs on independent test data for the "Acoustic$_2$" dataset. The ensemble size is varied between 10 and 1000 iterations, while keeping the sample size fixed at 0.5% at the same time.

3.3 Results Training Set Size

We noticed when training AdaBoost on larger datasets, that the majority (90%) of the time was *not* spent in the training of the individual SVMs h_t (Algorithm 1, Step 5) but instead it was spent in predicting $h_t(\vec{x}_i)$ for all training set records (Step 7). This is understandable since the original training set size ($N_{full} = 30162$ or 78823, see Tab. 1) is much larger than the sample size $s = 300$ used for each individual SVM.

Is it possible to reduce the total computation time by decreasing the training set size N in Algorithm 1 without loss in accuracy? We investigated this question with the following experiment: Instead of the full training set N_{full} we draw a sample of size $N = \{10\%, 25\%, 50\%, 100\%\} \times N_{full}$ and perform Algorithm 1 on that N. The sample size s was kept constant.[1]

Each experiment was repeated 10 times with different samples of size N being drawn. Fig. 4 shows the resulting accuracies on the test set. We observe that for $N = 50\% N_{full}$ there is virtually no degredation in accuracy. The smaller training set sizes $N = 25\% N_{full}$ or $N = 10\% N_{full}$ show some degradation in accuracy for Adult and nearly none for Acoustic$_2$. At the same time Tab. 2 shows, that the total computation time is diminished

---

[1]More precisely: $s = 1\% N_{full} = 302$ for dataset Adult and $s = 0.6\% N_{full} = 473$ for Acoustic$_2$.

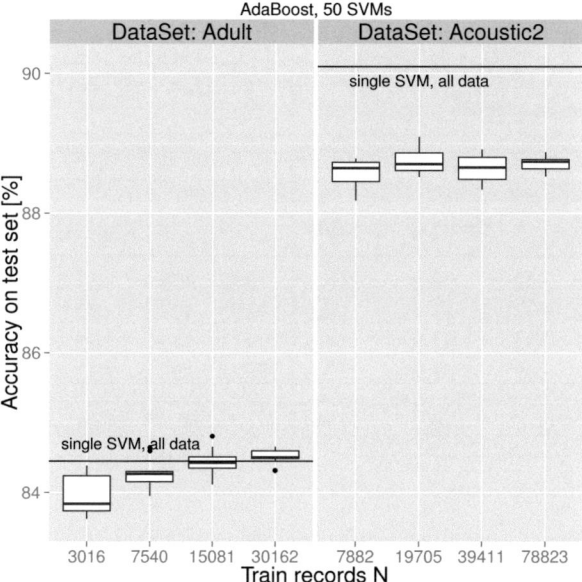

Figure 4: Boxplots: classification accuracies for our modified AdaBoost algorithm as a function of the training set size N. Horizontal lines: for comparison the accuracy of a single SVM trained on all data. We observe only a slight degradation with decreasing N. At the same time, the computation time decreases largely, see Tab. 2.

by a factor of approximately 2, 4 or 8 for $N = (50\%, 25\%, 10\%) \times N_{full}$, resp., as compared to $N = N_{full}$.

4 Discussion

4.1 Stopping Rule Ensemble Size

The converging behaviour of the accuracy with increasing ensemble sizes can be used to define a stopping criterion. A possible measure is

$$\frac{\Delta A/A}{\Delta T} < \theta \tag{5}$$

where $\Delta A/A$ is the relative change in accuracy on the test set, ΔT denotes the change in ensemble size when moving from one point to the next in

Table 2: Computation times in seconds for the AdaBoost algorithm on larger datasets. The training set size N varies, while the sample set size s is kept constant for each dataset. The ensemble size is 50. Column 'speedup' shows the speedup factor as compared to a single SVM trained on all data (last line). Especially for the bigger dataset Acoustic$_2$, impressive speedups can be achieved.

Adult				Acoustic$_2$			
N	s	time [s]	speedup	N	s	time [s]	speedup
3016	302	8.8	16.6	7882	473	35.2	109.7
7540	302	17.1	8.6	19705	473	80.9	47.7
15081	302	31.8	4.6	39411	473	160.8	24.0
30162	302	61.8	2.3	78823	473	322.8	11.9
1-SVM		148.2	1.0	1-SVM		3866.0	1.0

Fig. 2 or Fig. 3, and θ is a suitable threshold. ΔT should be at least 20 or higher to accumulate enough statistical evidence.

If we set $\theta = 10^{-6}$ in our experiments, then the stopping point would be $T = 200$ for dataset Adult and $T = 400$ for Acoustic$_2$. If we set $\theta = 0$, thus detecting the first turning point, then the stopping point prior to the sign change of the measure would be $T = 400$ for both datasets Adult and Acoustic$_2$. Both results reflect quite well the convergence to a plateau in Figs. 2 and 3.

A similar stopping rule can be set up for the sample size s. Further work is needed to set up and test such a rule on a variety of benchmarks.

4.2 Related Work

Meyer et al. [1] analyzed an approach named *Cascade SVM*, that is likewise a sequential ensemble method. Cascade SVM aims at reducing the training time by splitting the training data into k disjoint subsets. For each of these subsets a single SVM is trained. The support vectors of the single SVMs then constitute the training set in the subsequent steps. By doing this, the training size is kept low, but the subsequent SVMs still receive the support vectors of the precedent classifiers. Meyer et al. [1] observed that the Cascade SVM performs almost equal to a single SVM on a variety of datasets, but the method is much slower in computation than an approach based on Bagging, that is also analyzed by Stork *et al.* [4, 5].

The AdaBoost approach described in this paper is considerably different from the Cascade SVM investigated by Meyer *et al.* [1]. AdaBoost is also sequential, but introduces weights for the training patterns. It is not the case that patterns are 'thrown away' as a consequence of earlier steps. For this reason it is not necessary to perform multiple runs of the algorithm to reach a reasonable and non-overfitting classifier. Instead it could be shown in this article that SVM AdaBoost tends to show an asymptotic and robust behaviour, even when only small training set sizes are encountered.

5   Conclusions and Outlook

We performed experiments using AdaBoost as an ensemble strategy build upon SVMs where each individual learner in the ensemple needs only a small sample of the full training set. With a very small sample size (only 0.5% of the total data available for training) and only a few iterations of the algorithm we obtain classification results slightly inferior to a single SVM trained on all data and we see a high variance of these results. But with more iterations of the algorithm (larger ensemble sizes) the variance in the results decreases and the classification accuracy comes close to the single-SVM-all-data accuracy or even surpasses it. The accuracy converges in a plateau when the number of iterations is further increased.

For our medium-sized datasets SVM AdaBoost is faster than a single SVM trained on all data. Thus, the SVM AdaBoost algorithm constitutes a viable alternative for applying SVM to even larger datasets where a single SVM cannot handle all data in reasonable time.

In another experiment we varied the training set size N, while keeping the ensemble size and the sample size s fixed at the same time. Surprisingly, the ensemble method did not perform worse with about 50% of the total training data for the Adult dataset, and for the Acoustic$_2$ dataset even smaller sample sizes of only 25% were found to be sufficient. In both cases the classification accuracy with the subsampled training data was only slightly worse compared to the full training data. At the same time we observe large speed-ups in the total training time of the SVM AdaBoost algorithm.

We proposed with Eq. (5) a stopping rule to find the right ensemble size in SVM AdaBoost for a given dataset. In future work we want to apply this stopping rule to further datasets to test its general validity and to formulate and test a similar stopping rule for finding semi-automatically the right sample size as well.

Literatur

[1] Meyer, O.; Bischl, B.; Weihs, C.: Support Vector Machines on Large Data Sets: Simple Parallel Approaches. In: *Data Analysis, Machine Learning and Knowledge Discovery* (Spiliopoulou, M.; et al., Hg.). Springer. 2013.

[2] Breiman, L.: Bagging predictors. *Machine Learning* 24 (1996) 2, S. 123–140.

[3] Graf, H.; Cosatto, E.; Bottou, L.; Dourdanovic, I.; Vapnik, V.: Parallel Support Vector Machines: The Cascade SVM. *Advances in Neural Information Processing Systems* 17 (2004), S. 521–528.

[4] Stork, J.; Ramos, R.: Case Study Report: Building and analyzing SVM ensembles with Bagging and AdaBoost on big data sets. CIOP Technical Report 04/2013, Cologne University of Applied Sciences. URL http://gociop.de/ciop-reports. 2013.

[5] Stork, J.; Ramos, R.; Koch, P.; Konen, W.: SVM ensembles are better when different kernel types are combined. *Studies in Classification, Data Analysis, and Knowledge Organization* (2014), S. 1–10. In preparation.

[6] Freund, Y.; Schapire, R.: A decision-theoretic generalization of on-line learning and an application to boosting. In: *Proceedings of the Second European Conference on Computational Learning Theory*, EuroCOLT '95, S. 23–37. London, UK. ISBN 3-540-59119-2. 1995.

[7] Cortes, C.; Vapnik, V.: Support Vector Machine. *Machine Learning* 20 (1995) 3, S. 273–297.

[8] Schölkopf, B.; Smola, A.: *Learning with kernels: Support Vector Machines, regularization, optimization and beyond.* MIT Press. 2002.

[9] Cristianini, N.; Shawe-Taylor, J.: Support Vector Machines. 2000.

[10] Bache, K.; Lichman, M.: UCI Machine Learning Repository. URL http://archive.ics.uci.edu/ml. 2013.

[11] Mercer, J.: Functions of positive and negative type, and their connection with the theory of integral equations. *Philosophical Transactions of the Royal Society, London* 209 (1909), S. 415–446.

[12] Weston, J.; Watkins, C.: Support Vector Machines for multi-class pattern recognition. In: *Proceedings of the 7th European Symposium on Artificial Neural Networks (ESANN)*, Bd. 99, S. 61–72. 1999.

[13] Crammer, K.; Singer, Y.: On the algorithmic implementation of multiclass kernel-based vector machines. *The Journal of Machine Learning Research* 2 (2002), S. 265–292.

[14] Wickramaratna, J.; Holden, S. B.; Buxton, B.: Performance Degradation in Boosting. In: *Proceedings of the 2nd International Workshop on Multiple Classifier Systems* (Kittler, J.; Roli, F., Hg.), Nr. 2096 in LNCS, S. 11–21. Cambridge, UK. 2001.

[15] Caputo, B.; Sim, K.; Furesjo, F.; Smola, A.: Appearance-based Object Recognition using SVMs: Which Kernel Should I Use? *Proceedings of NIPS Workshop on Statistical Methods for Computational Experiments in Visual Processing and Computer Vision* (2002).

Analyse des Potentials von Soft Computing-Methoden für die Klassifikation von signifikanten Kernzerstörungszuständen während schwerer Störfälle in Druckwasserreaktoren

Sebastian Schmidt, Daniel Fiß, Alexander Kratzsch

Hochschule Zittau/Görlitz
Institut für Prozeßtechnik, Prozeßautomatisierung und Meßtechnik (IPM)
D-02763 Zittau, Theodor-Körner-Allee 16
Tel. (+49 3583) 612227
Fax (+49 3583) 611288
E-Mail: {s.schmidt, d.fiss, a.kratzsch}@hszg.de

1 Einleitung

Störfälle mit Mehrfachversagen von Sicherheitssystemen können zu einem signifikanten Füllstandsabfall des Kühlmittelinventars im Reaktordruckbehälter (RDB) eines Druckwasserreaktors (DWR) und letztendlich zu einer Kernaufheizung und -schmelze führen [1]. Für die Anwendung von Notfallmaßnahmen zur Beherrschung solcher schweren Störfälle, oder auch Kernschmelzunfall (KSU) genannt, ist eine möglichst vollständige Kenntnis über signifikante Füllstandsänderungen des Kühlmittelinventars und den Beginn sowie den Verlauf der Kernzerstörung notwendig.

Eine Lösung zum Erkennen von Füllstandsänderungen und Kernzerstörungen liegt in der Entwicklung eines nichtinvasiven Messverfahrens zur Kernzustandsdiagnose. Die Entwicklung eines solchen Messverfahrens ist Gegenstand des vom Bundesministerium für Bildung und Forschung geförderten Verbundvorhabens[1] „Nichtinvasive Zustandsüberwachung von Kernreaktoren zur Detektion von Füllstandsänderungen und der Deformation des Kerns (NIZUK)"[2] [2].

Die prinzipielle Funktionsweise des Verfahrens basiert auf der Messung von Gammastrahlungsverteilungen an der RDB-Außenseite und ist in der Abbildung 1 dargestellt. Es ist eine Messlanze mit Gammastrahlungssensoren außerhalb des RDB und über die Höhe des Kerns und der Bodenkalotte angeordnet. Durch geeignete Methoden erfolgt die echtzeitfähige Auswertung gemessener Gammastrahlungssignale bzw. eine echtzeitfähige Klassi-

---

[1] Verbundpartner: Hochschule Zittau/Görlitz, Institut für Prozeßtechnik, Prozeßautomatisierung und Meßtechnik (IPM); Technische Universität Dresden, AREVA Stiftungsprofessur für Bildgebende Messverfahren für die Energie- und Verfahrenstechnik
[2] Fördernummer HS Zittau/Görlitz, IPM: 02NUK018A; Fördernummer TU Dresden: 02NUK018B

fizierung reproduzierter Gammastrahlungsverteilungen[3]. Mit Hilfe der klassifizierten Gammastrahlungsverteilungen kann nachfolgend auf signifikante Kernzerstörungszustände des RDB-Inventars während eines Kernschmelzunfalls geschlossen werden.

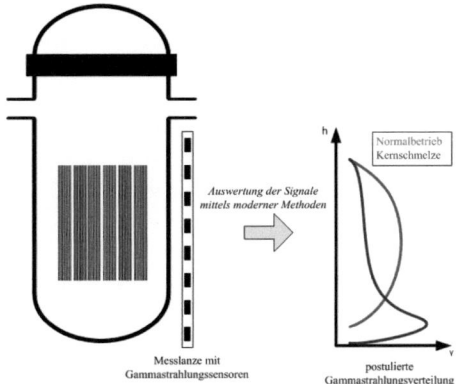

Abbildung 1: Prinzipdarstellung der Messanordnung zur Detektion der Gammastrahlungsverteilung im Zuge eines Kernschmelzunfalls in DWR [2]

Im vorliegenden Beitrag werden Multilayer Perzeptrons und Fuzzy-Modelle nach Takagi, Sugeno, Kang mit dem Clusteralgorithmus nach Wong und Chen [3] auf deren Eignung zur Klassifikation von Gammastrahlungsverteilungen anhand eines idealisierten Kernschmelzunfalls im RDB (sog. „In-Vessel-Phase") eines DWR analysiert und deren Modellgüte bewertet.

2 Beschreibung eines idealisierten Kernschmelzunfalls

Die Vorbedingungen für Kernschmelzunfälle in DWR sind stets ein Kühlmittelverlust aus dem RDB (z.B. durch ein Leck am Primärkühlkreislauf) mit gleichzeitigem Ausfall der mehrfach redundant und diversitär ausgeführten Kühl- und Sicherheitssysteme sowie die dadurch bedingte unzureichende Wärmeabfuhr aus dem Reaktorkern.

Ist der Kühlmittelverlust soweit fortgeschritten, dass der Füllstand des Kühlmittelinventars die Obergrenze der aktiven Kernzone erreicht hat, beginnt der eigentliche KSU. Für diesen lässt sich die „In-Vessel-Phase"[4] in neun signifikante Kernzerstörungszustände (s. Abbildung 2) unterteilen.

---

[3] Änderungen der Gammastrahlungsverteilungen werden vorrangig bedingt durch Füllstandsänderungen des Kühlmittelinventars sowie die Verlagerung von zerstörten Kernmaterialien. Dadurch kommt es über einen großen Zeitraum des Kernschmelzunfalls zu einer sich ständig ändernden Gammastrahlungsverteilung an der RDB-Außenseite.
[4] Ein KSU unterteilt sich in „In-Vessel-" und „Ex-Vessel-Phase". In diesem Beitrag bzw. bei der Entwicklung des Messsystems zur Kernzustandsdiagnose wird einzig die „In-Vessel-Phase" betrachtet.

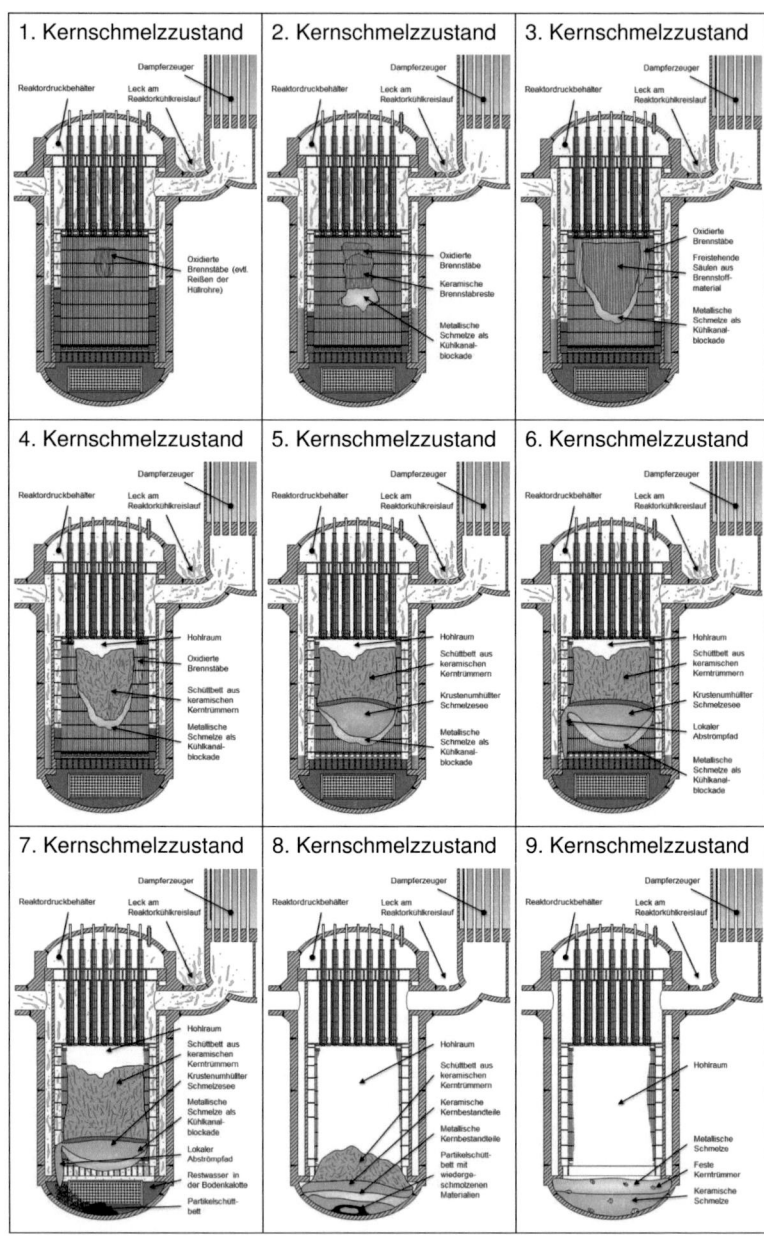

Abbildung 2: Schematische Darstellung signifikanter Kernschmelzzustände

Der Abbildung 2 ist zu entnehmen, dass im 1. Kernschmelzzustand (KSZ) der Kühlmittelfüllstand soweit abgesunken ist, dass der Kern zu ca. 30 % freigelegt ist. Durch die unzureichende Wärmeabfuhr heizen sich die Materialien der oberen Kernregion soweit auf, dass erstmals kritische Kernzerstörungstemperaturen (ca. 900 °C) erreicht werden. Im weiteren Verlauf schmelzen metallische Kernbestandteile ab und verlagern sich in tiefere Kernbereiche, wo es aufgrund des dort vorhandenen Kühlmittelinventars zu einem Wiedererstarren dieser flüssigen Materialien und zur Bildung von Kühlkanalblockaden kommt (2. KSZ). Der 3. KSZ ist durch die Entstehung von freistehenden Brennstoffsäulen (keramisches Material) charakterisiert.

Zwischen den ersten drei KSZ ergeben sich bei den Gammastrahlungsverteilungen an der RDB-Außenseite nur Unterschiede durch den abfallenden Kühlmittelfüllstand. Aufgrund der abschirmenden Wirkung der äußeren noch intakten Kernbereiche hat die durch die freigelegten keramischen Kernbestandteile sich ändernde Gammastrahlungsverteilung im Inneren des Kerns keinen Einfluss auf die Änderung der Gammastrahlungsverteilung an der RDB-Außenseite.

Mit Beginn des 4. KSZ bilden sich aufgrund der vorab abgeschmolzenen stützenden metallischen Kernmaterialien ein Schüttbett aus keramischen Kernbestandteilen und ein Hohlraum im oberen Kernbereich aus. Innerhalb des Schüttbettes entsteht nachfolgend ein krustenumhüllter Schmelzesee, der sich axial und radial ausbreitet (5.KSZ). Konvektive Vorgänge im Inneren des Schmelzesees führen im weiteren Verlauf zum Bruch der Kruste und geschmolzenes Material verlagert sich über lokale Abströmpfade an den Kerngrenzen in das untere Plenum des RDB (6. KSZ). Bei Kontakt der Schmelzeströme mit dem Kühlmittel fragmentieren diese und die dabei entstehenden Partikel bilden in der Bodenkalotte des RDB ein sog. Partikelschüttbett (7. KSZ). Aufgrund der im Kernbereich verbliebenen Materialien wird im weiteren Unfallablauf die Kerntrageplatte durchschmolzen und die restlichen Kernmaterialien stürzen in die RDB-Bodenkalotte (8.KSZ). Hält die Bodenkalotte den auftretenden thermischen, mechanischen und chemischen Belastungen stand, bildet sich in der Bodenkalotte ein Schmelzesee aus, der sich aufgrund von Dichteunterschieden in eine metallische und keramische Phase trennt (9. KSZ).

Ab dem Einsetzen des 4. KSZ ist die Kernzerstörung soweit fortgeschritten, dass der Kern in großen Bereichen teilweise bzw. komplett seine Selbstabschirmung verliert. Die Gammastrahlungsverteilung an der RDB-Außenseite wird ab diesem Zeitpunkt unmittelbar durch die Verlagerung von Kernmaterialien beeinflusst. In Kernschmelzzuständen, in denen es zur Verlagerung von geschmolzenen Kernmaterialien über lokale Abströmpfade kommt (7. und 8. KSZ), wird eine lokale Änderung der Gammastrahlungsverteilung an der Außenseite des RDB einsetzen.

Für alle signifikanten Kernschmelzzustände der Abbildung 2 lassen sich durch die Kenntnis der oben genannten Vorgänge im RDB Gammastrahlungsverteilungen an der RDB-Außenseite postulieren. Diese postulierten Gammastrahlungsverteilungen sind in der Abbildung 3 schematisch illustriert.

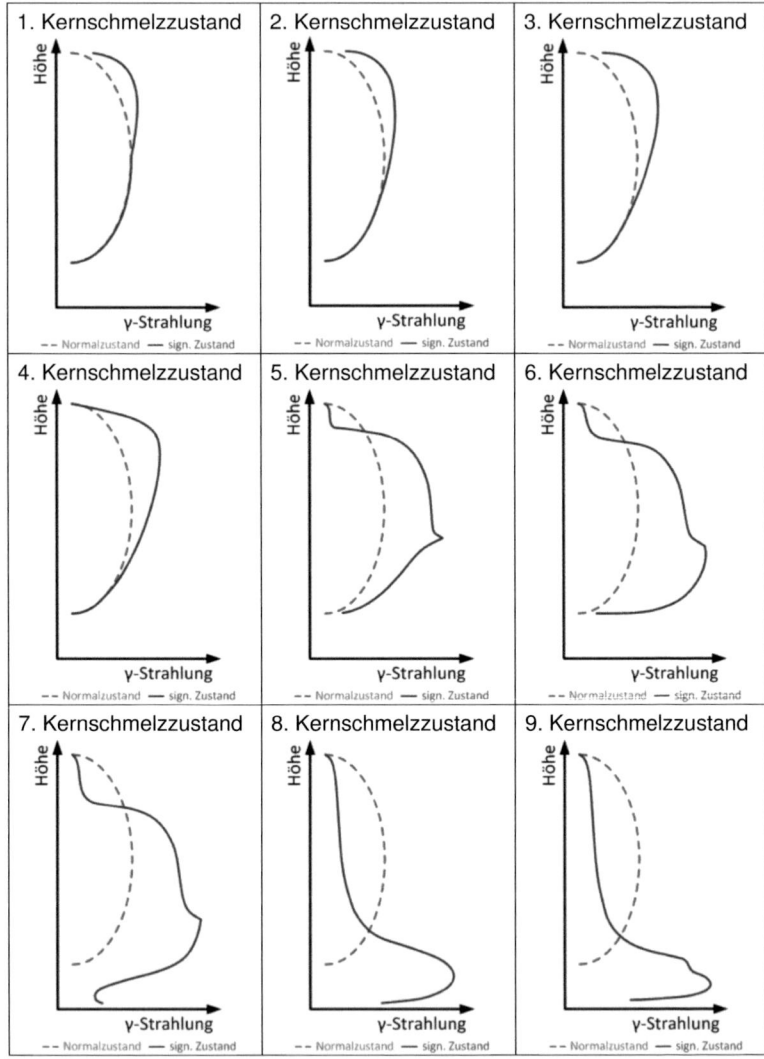

Abbildung 3: schematische Darstellung von postulierten Gammastrahlungsverteilungen der signifikanten Kernzerstörungszustände aus Abbildung 2

3 Erstellung der Modelle zur Klassifikation von Gammastrahlungsverteilungen

3.1 Beschreibung der Datenbasis

Die in diesem Beitrag zur Klassifikation von Gammastrahlungsverteilungen verwendeten Multilayer Perzeptron (MLP)-Modelle und Fuzzy-Modelle nach Takagi, Sugeno, Kang mit dem Clusteralgorithmus nach Wong und Chen (TSK) gliedern sich in den Bereich der lernenden Algorithmen ein. Zur Erstellung solcher Modelle sind Trainings- und Testdatensätze notwendig, die sich üblicherweise aus Mustern realer Messdaten zusammensetzen. Da vom Standpunkt der Sicherheit aus keine Nachbildung einer Kernschmelze in einem RDB durchführbar ist und auch keine Messdaten aus stattgefundenen Kernschmelzunfällen (TMI-2, Fukushima) vorliegen, müssen die benötigten Datensätze auf der Basis von theoretischem Wissen künstlich erzeugt werden.

Daher bilden vorläufig[5] für diesen Beitrag die postulierten Gammastrahlungsverteilungen der signifikanten Kernzerstörungszustände eines Kernschmelzunfalls (vgl. Abbildung 3) die Grundlage für die Erstellung der Datenbasis zur Entwicklung der MLP- und TSK-Modelle. Mit Hilfe dieser und der postulierten Gammastrahlungsverteilung für den Normalzustand eines DWR (vollständig mit Kühlmittel benetzter Kern) werden zunächst zehn Trainingsdatenmuster gebildet. Nachfolgend werden sieben Testdatenmuster erstellt, die Zustandsänderungen zwischen den neun signifikanten Kernzerstörungszuständen sowie zwischen Normalzustand und dem ersten KSZ entsprechen[6]. Dadurch stehen insgesamt 17 Trainings- und Testdatenmuster zur Erstellung der MLP- und TSK-Modelle (s. Abbildung 4) zur Verfügung. Folgende Annahmen wurden zur Erstellung der Trainings- und Testdaten getroffen:

- Gesamthöhe der Messlanze (Bereich von Oberkante des Reaktorkerns bis zur unteren Zone der RDB-Bodenkalotte) beträgt 7,0 m
- 15 Gammastrahlungssensoren mit jeweils einem gleichverteilten Abstand von 0,5 m sind in der Messlanze installiert
- max. zu messende Aktivität beträgt 10.000,0 Impulse/s

Damit ergeben sich für die zu erstellenden MLP- und TSK-Modelle 15 Eingangsgrößen (gemessene Aktivität der 15 Gammastrahlungssensoren mit max. Wertebereichen: 0,0 – 10.000,0 Impulse/s) und eine Ausgangsgröße (Zustand des RDB-Inventars mit dem Wertebereich: 0 - 16).

---

[5] Im weiteren Projektverlauf, in den sich dieser Beitrag eingliedert, sind Trainings- und Testdatensätze aus den Ergebnissen von Monte-Carlo-Simulationen zum Strahlungstransport während eines Kernschmelzunfalls zu bilden.
[6] Bsp. für die Bildung der Testdatenmuster: Zwischen Normalzustand und 1. KSZ wird eine Gammastrahlungsverteilung erstellt, die einem nur 15 % freigelegten Kern entspricht.

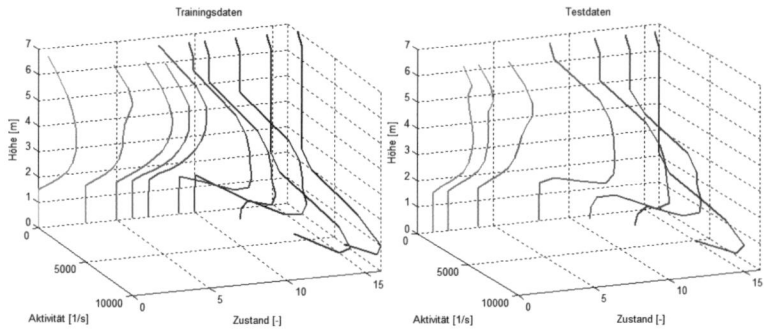

Abbildung 4: Trainings- (links) und Testdatenmuster (rechts) zur Erstellung der MLP-
und TSK-Modelle; Hinweis: zur besseren Darstellung wurde zwischen
den Datenpunkten der einzelnen Datenmuster linear interpoliert

3.2 Methoden zur Bewertung der Güte von MLP- und TSK-Modellen

Aufgrund eines vergleichbaren Aufbaus (Eingabe-, Zwischen- und Ausga-
beschichten; trainierbare Verbindungen zwischen den Schichten) von
MLP- und TSK-Modellen, können analoge Methoden zur Bewertung der
Güte beider Modellarten herangezogen werden [4]. Folgende Bewertungs-
methoden dienen der Erstellung und Auswahl geeigneter MLP- und TSK-
Modelle für die Klassifikation von Gammastrahlungsverteilungen:

- Analyse der Modellgüte anhand von Fehlerkenngrößen
- Analyse der Modellgüte anhand interner Kenngrößen

Bei der Analyse der Modelgüte anhand von **Fehlerkenngrößen** werden die
maximalen quadratischen und mittleren quadratischen Trainings- und Test-
fehler berechnet. Die maximalen quadratischen Fehler dienen zur Ermittlung der Abweichung zwischen Soll- und Istwerten. Da es sich im vorliegenden Beitrag um postulierte Gammastrahlungsverteilungen für die Trai-
nings- und Testdatenmuster handelt, wird eine grobe Fehlergrenze von „±1
Zustand" festgelegt. D.h., berechnete Zustände der MLP- und TSK-
Modelle, die vom erwarteten Zustand über bzw. unter den Bereich von -1
bis +1 abweichen, werden als ungenügend bewertet.

Bei der Analyse der Modellgüte anhand **interner Kenngrößen** kommen
folgende zwei Methoden zur Anwendung:

1. Statische Angaben (Maximum, Minimum, Spannweite, Mittelwert)
   der Gewichte (MLP) und Koeffizienten (TSK)
2. Vergleich von Korrelationskoeffizienten r_{XY} (Trainingsdaten) mit
   Gewichtskorrelationen Ψ_{XY} (MLP) bzw. TSK-Korrelationen K_{XY}
   (TSK)

Statische Angaben werden zur Bewertung der Modellgüte herangezogen, um sehr große bzw. sehr kleine Werte der MLP-Gewichte[7] und TSK-Koeffizienten[8] zu erkennen. Grund hierfür ist, dass durch stark positive bzw. stark negative Werte die Modellgüte wesentlich eingeschränkt wird. D.h., beim Auftreten großer Beträge kann es insbesondere in den Einsatzphasen (Phasen, in denen den MLP- und TSK-Modellen nur noch Eingangsdaten präsentiert werden, die nicht den Trainings- oder Testphasen zugrunde lagen) zur Berechnung physikalisch unsinniger Werte in lokalen Bereichen kommen [4]. Einschränkend sei gesagt, dass dieser Sachverhalt aufgrund der oftmals bei Multilayer Perzeptrons angewendeten Methode des Weight-Decay weniger für MLP- als vielmehr für TSK-Modelle gilt, da eine entsprechende Methode für TSK-Modelle nach aktuellem Wissensstand nicht existiert. Um jedoch eine vergleichende Bewertung beider Modellarten zu ermöglichen, wird die Auswertung der statischen Angaben in diesem Beitrag herangezogen.

Die vergleichende Analyse zwischen den Korrelationskoeffizienten r_{XY} der Trainingsdatenmuster mit den Gewichtskorrelationen Ψ_{XY} bzw. TSK-Korrelationen K_{XY} soll zeigen, ob die MLP- und TSK-Modelle die linearen Zusammenhänge zwischen den Eingangsgrößen und der Ausgangsgröße der Trainingsdaten in geeigneter Weise reproduzieren können.[9] Dabei wird die Übereinstimmung der Beträge (Intensität der linearen Zusammenhänge) sowie der Vorzeichen (Monotonie der linearen Zusammenhänge) miteinander verglichen. Ist dies nicht der Fall, kann es bei beiden Modellarten insbesondere in der Einsatzphase zur Berechnung von Ausgangswerten mit hohen Fehlerbeträgen kommen.

3.3 Erstellung und Analyse von MLP-Modellen zur Klassifikation von Gammastrahlungsverteilungen

Es wurde eine Vielzahl an MLP-Modellen zur Klassifikation von Gammastrahlungsverteilungen erstellt, die sich im Wesentlichen durch die verwendeten Transferfunktionen, die Anzahl der Zwischenschichten und die Anzahl der Neuronen unterscheiden. In der Tabelle 1 sind die MLP-Modelle dargestellt, die nach den jeweiligen Trainings- und Testphasen die niedrigsten Fehlerwerte aufwiesen. Es ist zu erkennen, dass alle MLP-Varianten die gestellte Fehlergrenze von „±1 Zustand" nach der Trainingsphase nicht überschreiten. Die Reproduktion der Zustände des Testdatensatzes kann allerdings nicht von allen MLP-Modellen richtig im Rahmen der Fehlergrenze von „±1 Zustand" berechnet werden. In Summe aller absoluten Fehler zeigt die Variante 5 die besten Ergebnisse der MLP-Modelle.

---

[7] Werte der gewichteten Verbindungen zwischen den Eingabe-, Zwischen- und Ausgabeschichten
[8] Werte der Verbindungen zwischen Eingabe- und Zwischen (Cluster)-Schicht
[9] r_{XY}, Ψ_{XY}, K_{XY} sind normierte Maße und variieren im Bereich [-1,1]; Nähere Informationen zur Berechnung sind der Literatur [5] und [6] zu entnehmen.

Var.	Tr.-Fkt.	N. 1. HL	N. 2. HL	Verb.	quadr. Trainingsfehler		quadr. Testfehler	
					maximaler	mittlerer	maximaler	mittlerer
1	lin-lin	10	-	160	0,004	0,001	0,981	0,433
2	par-lin	12	-	192	0,002	0,000	1,350	0,592
3	sigm-lin	10	-	160	0,023	0,005	0,985	0,441
4	tan-lin	12	-	192	0,002	0,000	0,995	0,493
5	lin-lin-lin	12	12	336	0,001	0,000	0,951	0,411
6	par-par-par	12	11	323	0,009	0,006	1,322	0,518
7	sigm-sigm-lin	7	7	161	0,002	0,001	1,028	0,484
8	tan-lin	12	12	336	0,000	0,000	0,947	0,500
9	tan-tan-par	12	11	323	0,016	0,010	1,258	0,453

Tabelle 1: Aufbau und Fehlerkenngrößen ausgewählter MLP-Varianten; Abkürzungen: Var. – Variante, Tr.-Fkt. – Transferfunktionen, N. 1.HL – Anzahl der Neuronen 1. Hiddenlayer, N. 2.HL – Anzahl Neuronen 2. Hiddenlayer, Verb. – Anzahl der Verbindungen, lin. – linear, par. – parabolic, sigm. – sigmoid, tan. – tangens hyperpolicus

Die statischen Angaben für die gewählten MLP-Modelle sind in der Tabelle 2 dargestellt. Es ist zu erkennen, dass alle hier dargestellten MLP-Varianten die gestellte Forderung von niedrigen Beträgen für die MLP-Gewichte erfüllen. Es ist also zu erwarten, dass alle MLP-Modelle in der Einsatzphase physikalisch plausible Werte für alle Ausgangswerte berechnen.

Var.	Minimum	Maximum	Spannweite	Mittelwert
1	-0,624	0,496	1,120	-0,025
2	-0,592	0,366	0,959	-0,028
3	-0,897	0,800	1,897	0,002
4	-0,405	0,511	0,916	0,050
5	-0,782	0,533	1,315	-0,006
6	-0,795	1,003	1,798	-0,019
7	-1,484	1,282	2,766	0,006
8	-0,303	0,562	0,865	0,040
9	-0,847	0,946	1,793	-0,005

Tabelle 2: Statische Angaben zu den Gewichten der ausgewählten MLP-Varianten

Die Tabelle 3 zeigt den Vergleich zwischen den Gewichtskorrelationen Ψ_{XY} der MLP-Modelle mit den Korrelationskoeffizienten r_{XY} der Trainingsdaten. Dieser ist zu entnehmen, dass die Beträge zwischen den Gewichtskorrelationen und Korrelationskoeffizienten gut übereinstimmen. Eine vollständige Übereinstimmung der Vorzeichen zwischen den MLP-Varianten und den Trainingsdaten ist nicht gegeben. Inwieweit die MLP-Varianten in der Lage sind Ausgangsgrößen mit niedrigen Fehlerwerten zu berechnen, müssen weiterführende Untersuchungen in der Einsatzphase zeigen. Da für alle MLP-Varianten vergleichbare Ergebnisse für die Gewichtskorrelationen berechnet werden können, lässt diese Bewertungsmethode keine Auswahl einer geeigneten Variante zur Klassifikation von Gammastrahlungsverteilungen zu.

Sensor	Gewichtskorrelationen für Modellvarianten									r_{XY}
	1	2	3	4	5	6	7	8	9	
1	-0,063	-0,056	-0,066	-0,131	-0,063	-0,009	-0,106	-0,075	-0,053	-0,471
2	0,547	0,616	0,578	0,557	0,533	0,694	0,525	0,638	0,610	-0,561
3	-0,022	-0,141	-0,056	-0,079	-0,008	0,017	-0,165	-0,146	0,020	-0,622
4	0,035	0,107	0,075	0,113	0,042	0,201	0,129	0,120	0,157	-0,608
5	0,419	0,430	0,417	0,458	0,391	0,314	0,420	0,272	0,374	-0,479
6	0,122	0,088	0,108	0,082	0,124	-0,010	0,078	0,116	0,218	-0,234
7	0,117	0,119	0,173	0,111	0,184	0,045	0,126	0,075	0,054	-0,125
8	0,405	0,268	0,335	0,292	0,277	0,120	0,231	0,184	0,167	-0,024
9	0,481	0,411	0,439	0,365	0,553	0,252	0,440	0,384	0,293	0,098
10	0,279	0,335	0,354	0,426	0,308	0,410	0,395	0,423	0,407	0,241
11	-0,136	0,164	0,087	0,157	-0,173	0,362	0,259	0,313	0,360	0,525
12	0,321	0,266	0,253	0,310	0,308	-0,109	0,206	0,199	-0,054	0,812
13	0,734	0,668	0,690	0,672	0,715	0,485	0,624	0,560	0,426	0,778
14	0,730	0,666	0,799	0,689	0,773	0,619	0,748	0,788	0,646	0,770
15	0,628	0,789	0,910	0,797	0,609	0,913	0,913	0,958	0,922	0,790

Tabelle 3: Gewichtskorrelationen der ausgewählten MLP-Varianten

Im Abschluss der Untersuchungen zu MLP-Modellen für deren Eignung zur Klassifikation von Gammastrahlungsverteilungen wird eine Validierung mit Zufallszahlen durchgeführt. Diese Methode entspricht einer qualitativen Bewertung der erstellten Modelle und kann als sog. Einsatzphase betrachtet werden. D.h., den MLP-Modellen werden nur noch Eingangsdaten präsentiert, die nicht in den Trainings- oder Testphasen vorlagen.

Der Datensatz mit Zufallszahlen wurde unter Verwendung der Trainings- und Testdatenmuster erstellt. Die Zufallszahlenerstellung basiert auf der Überlegung, dass jeder signifikante Kernzerstörungszustand eine eindeutig zuordbare und charakteristische Gammastrahlungsverteilung aufweist. Die postulierten Gammastrahlungsverteilungen in Kapitel 2 sind jedoch als stark idealisiert zu betrachten. Für einen realen Gammastrahlungsverlauf ist ein „verrauschter" Verlauf zu erwarten, der allerdings in seiner Charakteristik (Monotonie und Intensität des linearen Zusammenhangs) mit dem idealisierten Gammastrahlungsverlauf vergleichbar ist.

Für die Werte eines jeden Sensors und jeder Gammastrahlungsverteilung wurden 30 Zufallszahlen im Bereich [-500, 500] Impulse/s generiert. Nach Abschluss der Generierung stand ein Zufallsdatensatz mit 510 Datenmustern (ein Datenmuster enthält jeweils einen Wert für die 15 Sensoren) zur Validierung der MLP-Modelle zur Verfügung. Dabei kann jedes Datenmuster eindeutig einem erwarteten mittleren Zustand zugeordnet werden.

Eine Validierung mit Zufallszahlen wurde für alle hier dargestellten MLP-Modelle durchgeführt. Wie auch schon bei der Analyse der Modellgüte anhand von Fehlerkenngrößen werden durch die Variante 5 Ergebnisse mit den niedrigsten Fehlerwerten berechnet (s. Abbildung 5 und Abbildung 6). Alle anderen MLP-Modellvarianten berechnen insbesondere für Gammastrahlungsverteilungen, dessen Zustandswerte im Bereich von 13 – 16 liegen müssten, vielfach Zustände in dem Wertebereich von 6 – 9.

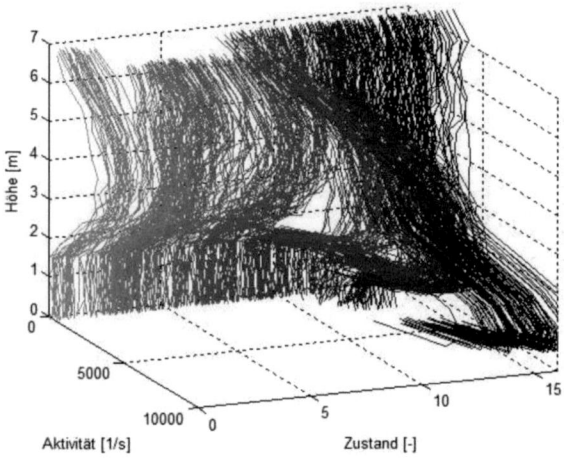

Abbildung 5: 3-D-Plot des Ergebnisses der Validierung mit Zufallszahlen der MLP-Variante 5

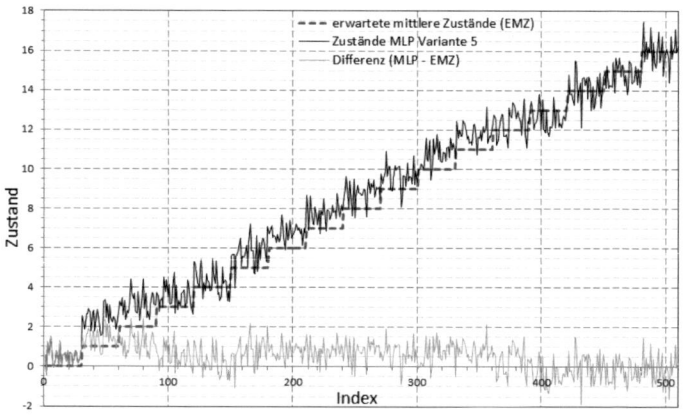

Abbildung 6: Berechnete Zustände der MLP-Variante 5 und deren Differenz zu den erwarteten mittleren Zuständen für die Validierung mit Zufallszahlen

Die Abbildung 6 zeigt die Differenz (helle Linie) zwischen den berechneten und erwarteten mittleren Zuständen der MLP-Variante 5. Es ist deutlich zu erkennen, dass die erzielten Ergebnisse der Trainings- und Testphase mit den Ergebnissen der Einsatzphase nicht bestätigt werden können. Es werden vielfach von dieser MLP-Variante Zustände berechnet, die die erwarteten mittleren Zustände deutlich übersteigen.

3.4 Erstellung und Analyse von TSK-Modellen zur Klassifikation von Gammastrahlungsverteilungen

Die Erstellung verschiedener TSK-Modelle resultiert einzig auf der Variation der TSK-Größe σ. Die Größe σ beeinflusst im Wesentlichen die Cluster-Anzahl der TSK-Modelle. Nach Abschluss der Erstellung von TSK-Modellen konnten neun Varianten mit unterschiedlicher Clusteranzahl gefunden werden (s. Tabelle 4). Größere Clusteranzahlen sind aufgrund der Anzahl der Trainingsdatenmuster für TSK-Modelle nicht möglich. Der Tabelle 4 ist zu entnehmen, dass alle TSK-Varianten nach der Trainingsphase verschwindend geringe bzw. keine Fehlerwerte besitzen und in der Lage sind, die Zustände der Trainingsdaten exakt zu reproduzieren. Die gestellte Fehlergrenze von „± 1 Zustand" wird allerdings nach der Testphase von allen Varianten deutlich überschritten. In Summe aller absoluten Fehler zeigt die Variante 8 die besten Ergebnisse der TSK-Modelle.

Var.	Sigma	Cluster	quadr. Trainingsfehler		quadr. Testfehler	
			maximaler	mittlerer	maximaler	mittlerer
1	0,01	10	0,000	0,000	1,558	0,582
2	0,10	9	0,000	0,000	1,558	0,616
3	0,15	8	0,000	0,000	3,809	1,099
4	0,20	7	0,000	0,000	3,880	1,030
5	0,25	6	0,000	0,000	2,876	1,069
6	0,30	5	0,000	0,000	3,272	1,709
7	0,35	4	0,000	0,000	3,231	0,894
8	0,40	3	0,000	0,000	1,562	0,387
9	0,53	2	0,000	0,000	3,089	1,119

Tabelle 4: Aufbau und Fehlerkenngrößen der TSK-Varianten; Abkürzung: Var. - Variante

Die statischen Angaben für die erstellten TSK-Modelle zeigt die Tabelle 5. Dieser ist zu entnehmen, dass wie auch die in diesem Beitrag dargestellten MLP-Varianten alle TSK-Varianten die gestellte Forderung von niedrigen Beträgen für die TSK-Koeffizienten erfüllen. Auch hier ist also zu erwarten, dass alle TSK-Modelle in der Einsatzphase physikalisch plausible Werte für alle Ausgangswerte berechnen.

Var.	Minimum	Maximum	Spannweite	Mittelwert
1	-0,194	0,428	0,622	0,051
2	-0,155	0,423	0,577	0,046
3	-0,124	0,461	0,585	0,044
4	-0,132	0,460	0,592	0,054
5	-0,150	0,445	0,595	0,055
6	-0,119	0,375	0,494	0,053
7	-0,094	0,434	0,528	0,088
8	-0,058	0,378	0,436	0,068
9	-0,045	0,340	0,386	0,113

Tabelle 5: Statische Angaben zu den Koeffizienten der TSK-Varianten

Die Tabelle 6 zeigt den Vergleich zwischen den TSK-Korrelationen K_{XY} der TSK-Modelle mit den Korrelationskoeffizienten r_{XY} der Trainingsdaten. Es ist zu erkennen, dass bei gut der Hälfte der Sensoren die Monotonie (Vorzeichen) der linearen Zusammenhänge der Trainingsdaten richtig wiedergeben werden. Für die Sensoren 2 – 8 findet keine Übereinstimmung der Vorzeichen statt. Diese Nichtübereinstimmungen müssen daher bei der Berechnung der Ausgangsgrößen durch höhere Beträge der normierten Zugehörigkeitsgrade g_{cm} (Werte für die Verbindungen zwischen Zwischen- und Ausgabeschicht) ausgeglichen werden. Die Beträge der TSK-Korrelationen aller Modelle weisen generell akzeptable Werte auf. Da für alle Varianten vergleichbare Ergebnisse für die TSK-Korrelationen berechnet werden können, lässt diese Bewertungsmethode keine Auswahl einer geeigneten Variante zur Klassifikation von Gammastrahlungsverteilungen zu.

Sensor	TSK-Korrelationen für Modellvarianten									r_{XY}
	1	2	3	4	5	6	7	8	9	
1	-0,215	-0,680	-0,106	-0,138	-0,207	-0,013	-0,040	-0,020	-0,010	-0,471
2	0,339	0,228	0,117	0,082	0,189	0,222	0,368	0,344	0,312	-0,561
3	0,182	0,145	0,051	0,072	0,201	0,220	0,236	0,342	0,130	-0,622
4	0,160	0,153	0,088	0,111	0,104	0,091	0,180	0,102	0,163	-0,608
5	0,034	0,065	0,121	0,182	0,176	0,308	0,241	0,140	0,037	-0,479
6	0,173	0,202	0,120	0,181	0,187	0,283	0,229	0,288	0,177	-0,234
7	0,196	0,202	0,105	0,143	0,135	0,173	0,183	0,248	0,203	-0,125
8	0,232	0,205	0,101	0,115	0,082	0,095	0,167	0,214	0,261	-0,024
9	0,237	0,198	0,108	0,110	0,069	0,100	0,177	0,195	0,274	0,098
10	0,207	0,195	0,123	0,119	0,090	0,105	0,166	0,147	0,210	0,241
11	0,339	0,228	0,117	0,082	0,189	0,222	0,368	0,344	0,312	0,525
12	0,263	0,287	0,170	0,173	0,144	0,179	0,180	0,190	0,298	0,812
13	0,289	0,342	0,384	0,376	0,334	0,350	0,294	0,241	0,330	0,778
14	0,303	0,365	0,443	0,431	0,394	0,385	0,315	0,268	0,333	0,770
15	0,445	0,556	0,708	0,683	0,666	0,554	0,436	0,447	0,438	0,790

Tabelle 6: TSK-Korrelationen der TSK-Varianten

Für alle TSK-Modelle wurde ebenfalls eine Validierung mit Zufallszahlen durchgeführt. Dafür wurde derselbe Zufalsdatensatz wie bei den MLP-Modellen verwendet. Wie auch schon bei der Analyse der Modellgüte anhand von Fehlerkenngrößen werden durch die TSK-Modellvariante 8 Ergebnisse mit den niedrigsten Fehlerwerten berechnet. Die Ergebnisse sind in Abbildung 7 und Abbildung 8 dargestellt. Insbesondere der Abbildung 8 ist bei Außerachtlassen des Zustandes 13 zu entnehmen, dass die berechneten Zustände im Vergleich zur MLP-Variante 5 die erwarteten mittleren Zustände weit weniger unter- bzw. überschreiten. Die gestellte Fehlergrenze von „±1 Zustand" wird durch diese TSK-Variante bei der Berechnung der Zustände eingehalten. Für den Zustand 13 wird durchgängig ein Zustand von ca. 11,5 berechnet. Dieser Sachverhalt lässt sich mit vergleichbaren Gammastrahlungsverteilungen für die Zustände 12 und 13 begründen. Für diese Zustände wurden Gammastrahlungsverläufe postuliert, die für eine große Anzahl von Sensoren gleiche Werte für die Aktivität besitzen. Bei der Gammastrahlungsverteilung für den Zustand 12 handelt es sich um ein Trainingsdatenmuster und bei der Gammastrahlungsverteilung für den Zustand 13 um ein Testdatenmuster. Aufgrund der trainierten Verbindungen berechnet die TSK-Variante 8 damit einzig Zustände, die um den Wert 12 liegen.

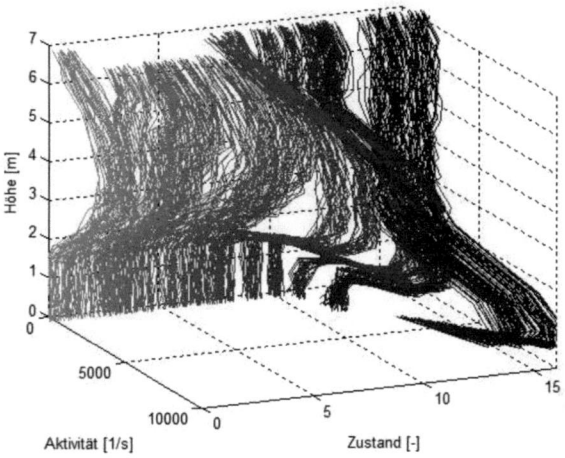

Abbildung 7: 3-D-Plot des Ergebnisses der Validierung mit Zufallszahlen der TSK-Variante 8

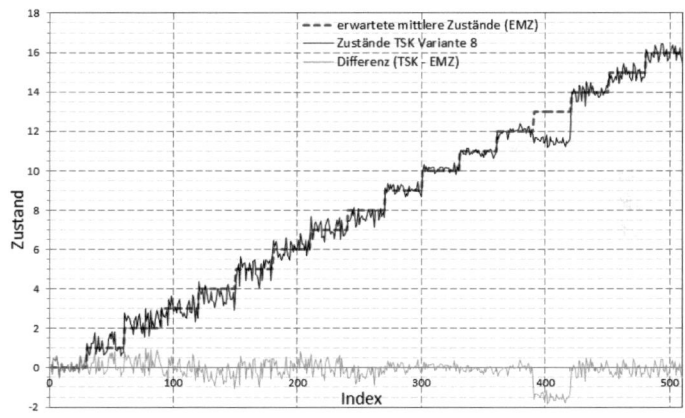

Abbildung 8: Berechnete Zustände der TSK-Variante 8 und deren Differenz zu den erwarteten mittleren Zuständen für die Validierung mit Zufallszahlen

4   Zusammenfassung

Unter Verwendung verschiedener Bewertungsmethoden zeigte die Analyse von Multilayer Perzeptrons und Fuzzy-Modellen nach Takagi, Sugeno, Kang mit dem Clusteralgorithmus nach Wong und Chen, dass beide Soft Computing-Methoden prinzipiell zur Klassifikation von Gammastrahlungsverteilungen eingesetzt werden können. Zwar wurde die gestellte Fehlergrenze von den mit der besten Modellgüte bewerteten MLP- und TSK-Modellen insbesondere in den Test- und Einsatzphasen vielfach mit Werten von bis zu „±2 Zustand" überschritten, allerdings bewegen sich diese Ergebnisse für erste Machbarkeitsanalysen in einem akzeptablen Rahmen. Die Aufgabe detaillierter Analysen muss es daher sein, MLP- und TSK-Modelle zur Berechnung geeigneter Ausgangswerte mit niedrigen Fehlerwerten zu erstellen. Bspw. könnte ein vorgeschalteter Entscheidungsalgorithmus zwischen einem frühen und späten Kernschmelzunfall im RDB unterscheiden. Dadurch würden weitaus homogenere Datenbases zur Erstellung von MLP- und TSK-Modellen zur Verfügung stehen.

5   Danksagung

Das Forschungsvorhaben wird mit Mitteln des Bundesministeriums für Bildung und Forschung im Rahmen des Programmes „Grundlagenforschung Energie 2020+" gefördert.

GEFÖRDERT VOM

Bundesministerium
für Bildung
und Forschung

6   Literatur

[1]   Gesellschaft für Reaktorsicherheit mbH (GRS): *Deutsche Risikostudie Kernkraftwerke Phase B.* Hrsg.: Der Bundesminister für Forschung und Technologie (BMFT), Verlag TÜV Rheinland GmbH, Köln, 1987

[2]   Kratzsch, A.; Hampel, U.: *Nichtinvasive Zustandsüberwachung von Kernreaktoren zur Detektion von Füllstandsänderungen und der Deformation des Kerns.* Vorhabensbeschreibung, Zittau/Dresden, 2011

[3]   Wong, C.-C.; Chen, C.-C.: *A Clustering-Based Method for Fuzzy Modeling.* IEICE Trans. Inf. & Syst., Vol. E82-D, No. 6, 1999

[4]   Kästner, W.; Förster, T.; Lintow, C.; Hampel, R.: *Evaluation Characteristics for Multilayer Perceptron and Takagi-Sugeno Models.* 12th Zittau East West Fuzzy Colloquium, Zittau, 2005

[5]   Kästner, W.; Förster, T.; Hampel, R.: *Analysis of Weight Characteristics in a Multilayer Perceptron.* 6th International FLINS Conference on Applied Computational Intelligence, Blankenberghe (Belgien), 2004

[6]   Hampel, R.; Kästner, W.; Kratzsch, A.; Förster, T.; Alt, S.; Seeliger, A.: *Entwicklung und Anwendung von TSK-Modellen.* BMWi-Projekt: 1501307, Rossendorf, 2009

Strategische Produktionstechnologieplanung mit transitionsadaptiver, rekurrenter Fuzzy Logik

Benjamin Stahl, Klaus J. Diepold

Lehrstuhl für Regelungstechnik (Prof. B. Lohmann), TU München
Boltzmannstraße 15 85748 Garching bei München
Telefon: +49 (0) 89 28915677
Telefax: +49 (0) 89 28915653
E-Mail: benjamin.stahl@mytum.de

1 Einleitung

Die strategische Technologieplanung stellt die Weichen für die langfristig erfolgreiche Produktion eines Unternehmens. Um Technologien effektiv und effizient im Unternehmen einsetzen [1] und die richtigen Entscheidungen für oder gegen eine Technologie ableiten zu können, müssen sowohl die zeitliche Entwicklung des Absatzes aktueller und künftiger Produkte als auch der Reife einer Technologie beobachtet und analysiert werden. Besonders Faktoren, deren Änderung zyklisch auftritt, z. B. Produkt-Lebenszyklen oder die Entwicklung der Reife von Fertigungstechnologien, haben erheblichen Einfluss auf die Eignung einer Technologie [2]. Ihre Antizipation ermöglicht signifikante Verbesserungen in der Produktion und Produktionsplanung [3].

Für Unternehmen ist es dabei entscheidend, festzustellen, ob die im eingesetzten Technologien noch geeignet sind, oder, ob andere existieren, die die Anforderungen und Aufgaben im Rahmen der Leistungserstellung besser bewerkstelligen. In diesem Kontext müssen Unternehmen entscheiden, wann sie in welche neue Technologien investieren und diese einsetzen möchten [4]. Insbesondere im strategischen Umfeld darf Wissen über relevante Einflussgrößen, das nur in qualitativer Form vorliegt, bei der Modellbildung der Dynamik der Zyklen nicht unberücksichtigt bleiben [5]. Als qualitatives Wissen wird dabei verstanden, was zumindest auf eine schwache Art quantifiziert werden kann. Beispielsweise ist eine Kategorisierung in klein, mittel und groß eine solche schwache Quantifizierung.

Die in [6] vorgestellte Fuzzy Logik ermöglicht die Modellierung schwach quantifizierbarer Einflussgrößen und ihrer linguistischen Zusammenhänge und findet vielfache Anwendung im Produktionsmanagement [7]. Die meisten Anwendungen betrachten dabei jedoch nur statische Fuzzy Systeme, die die dynamische Änderung der Einflussgrößen [8] nicht abbilden können. Im vorliegenden Beitrag wird der dynamischen Natur der Wirkzusammenhänge mittels einer Rekurrenz der verwendeten Fuzzy Systeme Rechnung getragen. Zusätzliche Regelgewichte ermöglichen die transparente Anpassung der Dynamik sowie der Einflussstärke einzelner Zusammenhänge. Die erstellten dynamischen Modelle können Unternehmen bei der strategischen Technologieplanung unterstützen, beispielsweise können sie als Grundlage für die Formulierung von Optimierungsproblemen verwendet werden.

2 Transitionsadaptive rekurrente Fuzzy Systeme

In diesem Abschnitt wird die Theorie zeitdiskreter, rekurrenter Fuzzy Systeme (RFS) und ihre Erweiterung um eine Adaption der Transitionsgewichte kurz vorgestellt. Für eine detailliertere Beschreibung sei auf [9, 10, 11]) verwiesen.

Ein RFS ist ein dynamisches Fuzzy System, dessen Regelbasis kompakt in folgender linguistischer Differentialgleichung gegeben ist:

$$\text{Wenn } \mathbf{x}(k) \ \mathbf{L_j^x} \text{ist und } \mathbf{u}(k) \ \mathbf{L_q^u} \text{ ist, dann ist } \mathbf{x}(k+1) \mathbf{L_{w(j,q)}^x}. \qquad (1)$$

Die Vektoren $\mathbf{L_j^x} = \left[L_j^{x_1}, \dots, L_j^{x_n} \right]^T$ und $\mathbf{L_q^u} = \left[L_q^{u_1}, \dots, L_q^{u_m} \right]^T$ charakterisieren den Zustandsvektor $\mathbf{x} \in \mathcal{X} \subset \mathbb{R}^d$ und Eingangsvektor $\mathbf{u} \in \mathcal{U} \subset \mathbb{R}^e$ durch linguistische Ausprägungen. Die Indexvektoren $\mathbf{j}, \mathbf{q}$ fassen die Ausprägungen $L_j^{x_i}$ und $L_q^{u_p}$ ($j \wedge q \in \{1, 2, \dots\}$) der einzelnen Zustands- und Eingangsgrößen x_i und u_p zusammen, die eine Regelprämisse ergeben. Die Ausprägungen der zugehörigen Schlussfolgerung sind in $\mathbf{L_{w(j,q)}^x}$ zusammengefasst. Der Indexvektor w enthält dabei die Zuordnung $(\mathbf{j}, \mathbf{q}) \to \mathbf{w}(\mathbf{j}, \mathbf{q})$, die jeder Regelprämisse eine Schlussfolgerung zuweist.

Die Regelbasis (1) kann auch als deterministischer Automat interpretiert werden. Dabei können die Fuzzysets der Zustandsgrößen als Zustände des Automaten und die Fuzzysets der Eingangsgrößen als Ereignisse für eine Zustandsänderung interpretiert werden. In Bild 1(a) ist ein solcher Automat mit drei linguistischen Ausprägungen L_j^x, $j \in \{1, 2, 3\}$ und einer Eingangsgröße mit zwei linguistischen Ausprägungen L_q^u, $q \in \{1, 2\}$ dargestellt. Die Regel

$$\text{Wenn } x(k) = L_1^x \text{und } u(k) = L_2^u, \text{dann ist } x(k+1) = L_3^x \qquad (2)$$

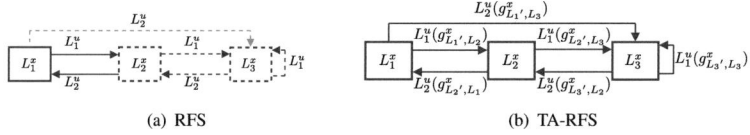

(a) RFS   (b) TA-RFS

Bild 1: Automatendarstellung rekurrenter Fuzzy Systeme

ist dabei durch die gestrichelte Linie dargestellt. Als weitere Darstellungsform für die RFS ist die Übertragungsfunktion eines nichtlinearen zeitdis-
kreten dynamischen Systems

$$\mathbf{x}(k+1) = \mathbf{f}(\mathbf{x}(k), \mathbf{u}(k)), \tag{3}$$

zu nennen. Jede der Darstellungsformen (linguistische und nichtlineare
zeitdiskrete Differenzialgleichung sowie Automatendarstellung) ermöglicht
verschiedene Design-, Analyse- und Optimierungsmöglichkeiten.

Ein transitionsadaptives rekurrentes Fuzzy System (TA-RFS) ist eine Erweiterung der graphenbasierten Darstellungsform eines RFS (Fig. 1(b)).
Dabei wird jeder Transition des Automaten (Regel der linguistischen Differentialgleichung) ein Gewichtungsfaktor $g^{x_i}_{L_j', L_j}$ zugewiesen, was zu einer
Änderung der Übertragungsfunktion und damit der Dynamik des Fuzzysy-
stems führt. Summe-Produkt Inferenz und Schwerpunktsdefuzzifizierung
mit Singletons $\mathbf{s}^{\mathbf{x}}_{\mathbf{L}_{\mathbf{w}(\mathbf{j},\mathbf{q})}}$ ergibt:

$$\begin{aligned}
\mathbf{x}(k+1) &= \mathbf{f}(\mathbf{x}(k), \mathbf{u}(k)) \\
&= \frac{\sum_{\mathbf{j},\mathbf{q}} \mathbf{s}^{\mathbf{x}}_{\mathbf{L}_{\mathbf{w}(\mathbf{j},\mathbf{q})}} \mathbf{g}^{\mathbf{x}}_{\mathbf{L}_{\mathbf{w}(\mathbf{j},\mathbf{q})}} \prod_i \mu^{x_i}_{L_j}(x_i) \prod_p \mu^{u_p}_{L_q}(u_p)}{\sum_{\mathbf{j},\mathbf{q}} \mathbf{g}^{\mathbf{x}}_{\mathbf{L}_{\mathbf{w}(\mathbf{j},\mathbf{q})}} \prod_i \mu^{x_i}_{L_j}(x_i) \prod_p \mu^{u_p}_{L_q}(u_p)}.
\end{aligned} \tag{4}$$

Dabei sind $\mu^{x_i}_{L_j}$ und $\mu^{u_p}_{L_q}$ die Zugehörigkeitsfunktionen der Eingangsvariablen $\mathbf{u}$ und Zustandsvariablen $\mathbf{x}$.

Mit Hilfe der Gewichtungsfaktoren $\mathbf{g}^{\mathbf{x}}_{\mathbf{L}_j', \mathbf{L}_j}$ kann eine transparente Adaption
der Modelldynamik an die gewünschte Systemdynamik durchgeführt und
die Einflüsse entsprechend ihrer Wichtigkeit berücksichtigt werden. Die
linguistische Interpretierbarkeit des Modelles bleibt dabei erhalten.

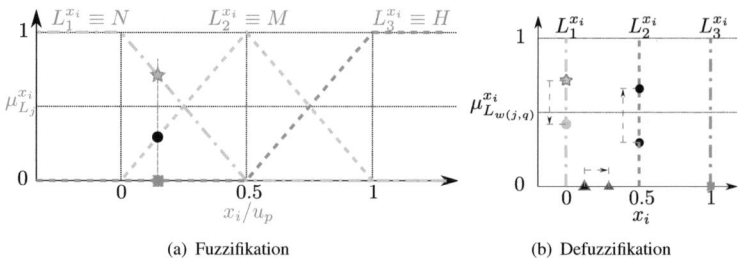

(a) Fuzzifikation   (b) Defuzzifikation

Bild 2: Zugehörigkeitsfunktionen für Eingangs- und Zustandsgrößen

3 Modellierung eines Technologielebenszyklus mittels TA-RFS

Für die beispielhafte Modellierung eines Technologielebenszyklus (TLZ) mittels TA-RFS wird das in [11] vorgestellte Modellierungsframework für zyklische Wechselwirkungen im Produktionsumfeld adaptiert. Zunächst werden die relevanten Eingangs- und Zustandsgrößen des TLZ identifiziert. Nach [8] spielt bei der Technologieplanung unter anderem die Eignung und die Wirtschaftlichkeit der Technologie eine entscheidende Rolle, welche durch das erstellte Modell qualitativ bewertet werden sollen. Diese Einflussgrößen sollen nun mit Hilfe des TA-RFS Modells prädiziert werden. Eignung und Wirtschaftlichkeit werden maßgeblich durch die Reife der Technologie, der zu produzierenden Stückzahl sowie den Entwicklungskosten beeinflusst. Es ergibt sich:

$$\mathbf{x} = \begin{pmatrix} x_1 \\ x_2 \end{pmatrix} = \begin{pmatrix} \text{Eignung} \\ \text{Wirtschaftlichkeit} \end{pmatrix} \tag{5}$$

$$\mathbf{u} = \begin{pmatrix} u_1 \\ u_2 \\ u_3 \end{pmatrix} = \begin{pmatrix} \text{Reife} \\ \text{Entwicklungskosten} \\ \text{Stückzahl} \end{pmatrix} \tag{6}$$

Die Eingangs- und Zustandsgrößen werden anschließend mit linguistischen Ausprägungen *niedrig*, *mittel* und *hoch* (*N*, *M* und *H*) quantifiziert. Sie werden dafür mit Dreiecksfunktionen fuzzifiziert. Die Quantifizierung der Ausgänge erfolgt mit Singletons (vlg. Bild 2).

Im Folgenden werden die Wirkzusammenhänge zwischen den Eingangs- und Zustandsvariablen abgeleitet. Zum Erhalt der hohen sprachlichen Interpretierbarkeit der Modelle werden die Regeln dabei wie in [11] auf die

Technologie 1

		Eignung			Wirtschaftlichkeit		
		N	M	H	N	M	H
Eignung (x(k))	H						
	M						
	N						
Wirtschaftlichkeit	H	H	H	H			
	M	M	M	M			
	N	N	N	M			
Reife (u(k))	H	M	H	H	M	H	H
	M	N	M	H	N	M	H
	N	N	N	M	N	N	M
Stückzahl	H				N	N	N
	M	M			M	H	H
	N				M	H	H
Entwicklungs-kosten	H				N	N	N
	N				N	M	H

Technologie 2

		Eignung			Wirtschaftlichkeit		
		N	M	H	N	M	H
Eignung (x(k))	H						
	M						
	N						
Wirtschaftlichkeit	H	H	H	H			
	M	M	M	M			
	N	N	N	M			
Reife (u(k))	H	M	H	H	M	H	H
	M	N	M	H	N	M	H
	N	N	N	M	N	N	M
Stückzahl	H				M	H	H
	M				M	M	M
	N				N	N	N
Entwicklungs-kosten	H				N	N	N
	N				N	M	H

Bild 3: Wirkzusammenhänge der Einflussgrößen von zwei ausgewählten Technologien

Form

$$\text{Wenn } \left\langle x_i(k)=L_j^{x_i}\right\rangle \text{ und } \left\langle u_p(k)=L_q^{u_p}\right\rangle, \text{ dann } \left\langle x_i(k+1)=L_w^{x_i}\right\rangle, \quad (7)$$

bzw.

$$\text{Wenn } \left\langle x_i(k)=L_j^{x_i}\right\rangle \text{ und } \left\langle x_l(k)=L_j^{x_l}\right\rangle, \text{ dann } \left\langle x_i(k+1)=L_w^{x_i}\right\rangle \quad (8)$$

reduziert, wobei der zukünftige Wert einer Zustandsvariablen $x_i(k+1)$ nur von seinem Zustand $x_i(k)$ und dem Zustand einer weiteren Zustands- oder Eingangsvariablen $x_l(k)$ oder $u_p(k)$ abhängt. Diese Form der Regeln kann zum einen gut von Experten erstellt werden, zum anderen erlaubt sie eine übersichtliche Matrixdarstellung der gesamten Regelbasis wie in Bild 3 dargestellt. Die dick umrandete Regel kann hierbei wie folgt gelesen werden:

$$\text{Wenn } \langle\text{Wirtschaftlichkeit } x_2(k)=M\rangle \text{ und } \langle\text{Stückzahl } u_2(k)=N\rangle,$$
$$\text{dann } \langle\text{Wirtschaftlichkeit } x_2(k+1)=H\rangle. \quad (9)$$

Zu bemerken ist, dass der hellgrau hinterlegte Teil der Regelbasis in erster Linie technologieabhängig ist, wohingegen die anderen Wirkzusammenhänge eher unternehmensspezifisch sind. Technologie 1 ist dabei weitestgehend ausgereift und hat eine hohe Wirtschaftlichkeit bei niedrigen und mittleren Stückzahlen. Technologie 2 ist eine innovative Technologie, die anfangs noch eine geringe Reife hat und für hohe Stückzahlen sehr wirtschaftlich ist.

Die Technologiereife folgt nach [12] einem Diffusionsmodell. Dieses kann mathematisch als logistische Funktion mit der Differentialgleichung

$$\dot{R}(t) = \eta \cdot R(t) \cdot (R_\infty - R(t)) \tag{10}$$

modelliert werden. $R(t)$ beschreibt dabei die aktuelle Reife, R_∞ die maximale Reife der Technologie und η eine Wachstumsrate. Für die Simulation wird angenommen, dass die Wachstumsrate η dabei verschiedene Werte annimmt, je nachdem ob gerade an der Technologie entwickelt wird oder nicht:

$$\eta = \begin{cases} \eta_E, & \text{falls ein Entwicklungsprojekt läuft} \\ \eta_0, & \text{sonst.} \end{cases} \tag{11}$$

Die sich ergebene Reife wird auf $R_\infty = 1$ normiert, anschließend zeitlich diskretisiert und als Eingang $u_1(k)$ für das rekurrente Fuzzy System verwendet.

Die Entwicklungskosten $u_2(k)$ ergeben aus dem Verlauf von η. Ein Entwicklungsprojekt, das den Wert von η erhöht, verursacht dabei hohe Entwicklungskosten u_2:

$$u_2(k) = \begin{cases} 1, & \text{falls ein Entwicklungsprojekt läuft} \\ 0, & \text{sonst.} \end{cases} \tag{12}$$

Für den Verlauf der produzierten Stückzahl $u_3(k)$ wird ein Produktlebenszyklus simuliert, wobei die Stückzahl in der Einführungs- und Wachstumsphase zunächst langsam, dann stärker ansteigt bevor der Markt gesättigt ist und die Stückzahl in der Degenerationsphase wieder sinkt.

Mittels der Transitionsgewichte des TA-RFS wird der Einfluss der Reife auf die Eignung und der Einfluss der Entwicklungskosten für den Fall das kein Entwicklungsprojekt läuft reduziert. Alle Regeln, deren Prämisse die Reife u_1 enthält und deren Schlussfolgerung auf die Eignung x_1 wirkt erhalten das Gewicht $g_{u_1 \to x_1} = 0.5$. Alle Regeln die von niedrigen Entwicklungskosten $u_2 = \text{L}$ auf die Wirtschaftlichkeit x_2 wirken werden mit $g_{u_2 \to x_2} = 0$ quasi unwirksam gemacht.

Bild 4 zeigt den Verlauf der Einflussgrößen über einen Produktlebenszyklus. Technologie 1 hat dabei aufgrund der niedrigen Stückzahl am Anfang des Produktlebenszyklus von Beginn an eine hohe Eignung und Wirtschaftlichkeit. Diese brechen mit steigender Stückzahl ab Zeitschritt $k = 30$ ein. Ab Zeitschritt $k = 50$ ist die Wirtschaftlichkeit der innovativen Technologie 2 dann höher als die von Technologie 1. Dies wirkt sich durch die geringe Reife von Technologie 2 nicht in gleichem Maße auf die Eignung aus.

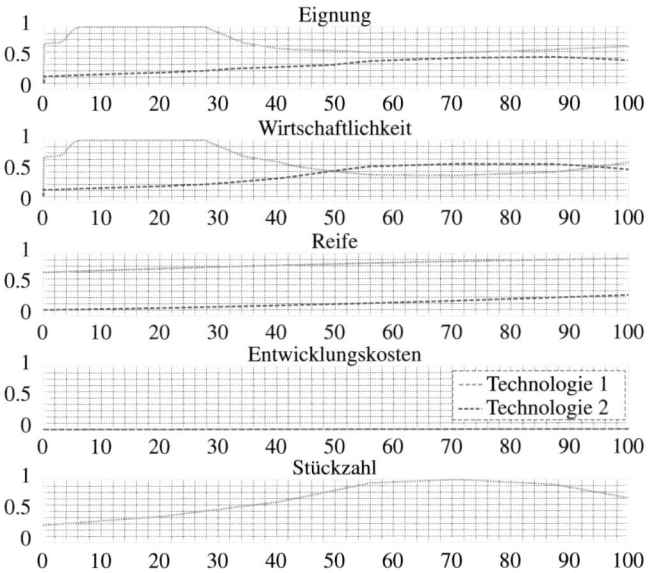

Bild 4: Verlauf der Einflussgrößen in einem Produktlebenszyklus

4 Bestimmung des optimalen Timing eines Entwicklungsprojektes

Mithilfe des erstellten TA-RFS Modells des Technologielebenszyklus soll nun der optimale Zeitpunkt k_0 und Dauer Δk für ein Entwicklungsprojekt gefunden werden. Die Dauer des Entwicklungsprojektes ist gekennzeichnet durch hohe Entwicklungskosten u_2, die einen negativen Einfluss auf die Wirtschaftlichkeit x_2 haben sowie durch einen gesteigerten Wert $\eta = \eta_E$ (11) durch den die Reife u_1 (10) schneller steigt.

Zur Optimierung wird ein genetischer Algorithmus verwendet. In der Fitnessfunktion $J(k_0, \Delta k)$ werden dabei der Verlauf der beiden Zustände $x_{1/2}$ sowie die Entwicklungskosten u_2 (12) betrachtet die sich aus Simulation von k_E Zeitschritten ergeben. Die Entwicklungskosten werden dabei mit Hilfe der Kapitalwertmethode [13] auf den Zeitpunkt $k = 0$ bezogen. Es ergibt sich

$$J(k_0, \Delta k) = \sum_{k=0}^{k_E} x_1(k) + x_2(k) + \frac{u_2(k)}{(1+p)^k}. \tag{13}$$

Der resultierende Verlauf der Einflussgrößen nach der Optimierung ist in

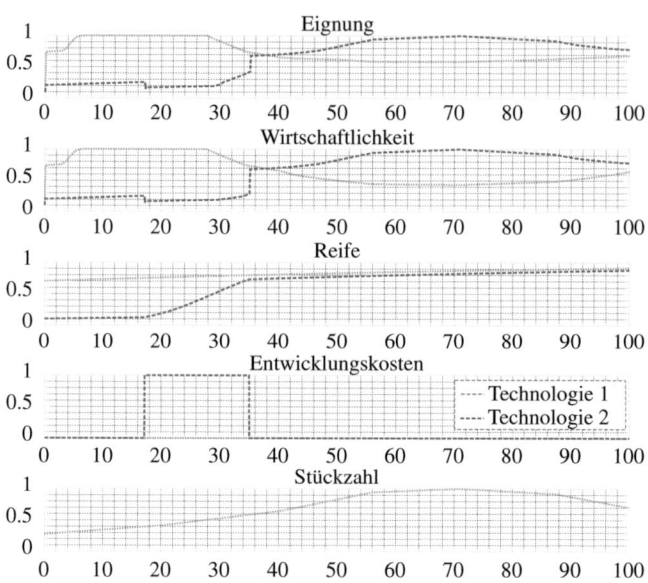

Bild 5: Verlauf der Einflussgrößen mit optimierter Lage eines Entwicklungsprojektes

Bild 5 dargestellt. Durch das Entwicklungsprojekt bei Technologie 2, das bei $k_0 = 17$ startet und über den Zeitraum $\Delta k = 19$ durchgeführt wird, steigt die Reife u_1 auf einen Wert knapp unterhalb von Technologie 1. Infolge dessen übersteigt die Wirtschaftlichkeit x_2 und Reife x_1 schon zum Zeitpunkt $k = 38$ die Werte von Technologie 1. Dies könnte ein Indikator für einen sinnvollen Technologiewechsel sein.

5 Zusammenfassung und Ausblick

Um produzierende Unternehmen bei der Auswahl der für Sie geeignetsten Technologie fortlaufend zu unterstützen, wurde in diesem Beitrag der Technologielebenszyklus mit Hilfe eines transistionsadaptiven Fuzzy Systems modelliert. Dabei wird der zeitliche Verlauf der Einflussgrößen über den gesamten Planungshorizont simuliert und kann beispielsweise in die Entscheidung über Technologiewechsel einbezogen werden. Eine beispielhafte Anwendung des Modells zur optimalen Platzierung eines Entwicklungsprojektes gab einen Ausblick auf den Mehrwert, den ein dynamisches Modell eines Technologielebenszyklus gegenüber Prognosen zu bestimmten Zeitpunkten hat.

In zukünftigen Arbeiten muss nun der Vorgang des Technologiewechsels in die Modellierung aufgenommen werden. In diesem Schritt müssen auch geeignete Technologiewechselkriterien bestimmt werden. Da bei der Produktion selten nur eine Technologie eingesetzt wird, ist eine Erweiterung der Modellierung auf Technologieketten durchzuführen.

Danksagung

Diese Arbeit wurde von der Deutschen Forschungsgemeinschaft DFG im Rahmen des Sonderforschungsbereichs 'Zyklenmanagement von Innovationsprozessen - verzahnte Entwicklung von Leistungsbündeln auf Basis technischer Produkte' (SFB 768) finanziert und entstand in einer Kooperation der Teilprojekte A3, A7 und B3.

Literatur

[1] Tolio, T.; Ceglarek, D.; ElMaraghy, H.; Fischer, A.; Hu, S.; Laperrière, L.; Newman, S.; Váncza, J.: SPECIES - Co-evolution of products, processes and production systems. *Annals of the CIRP* 59 (2010) 2, S. 672–693.

[2] Zäh, M.; Reinhart, G.; Pohl, J.; Schindler, S.; Karl, F.; Rimpau, C.: Anticipating and Managing Cyclic Behaviour in Industry. In: *Proceedings of the 3rd International Conference on Changeable, Agile, Reconfigurable and Virtual Production (CARV)*, S. 16–43. München. 2009.

[3] Zäh, M.; Reinhart, G.; Karl, F.; Schindler, S.; Pohl, J.; Rimpau, C.: Cyclic influences within the production resource planning process. *Production Engineering 4* 58 (2010), S. 309–317.

[4] Eversheim, W.; Schuh, G.: *Betriebshütte - Produktion und Management*. Springer. 1996.

[5] Reinhart, G.; Krebs, P.; Zäh, M. F.: Fuzzy logic-based integration of qualitative uncertainties into monetary factory evaluations. In: *IEEE International Conference on Control Automation (ICCA)*, S. 85–391. Christchurch. 2009.

[6] Zadeh, L.: Fuzzy Sets. *Information and Control* 8 (1965) 3, S. 338–353.

[7] Wong, B. K.; Lai, V. S.: A survey of the application of fuzzy set theory in production and operations management:1998–2009. *Int. J. Production Economics* 129 (2011), S. 157–168.

[8] Reinhart, G.; Schindler, S.: Strategic Evaluation of Manufacturing Technologies. In: *18th CIRP International Conference on Life Cycle Engineering (LCE)*, S. 179–184. Braunschweig. 2011.

[9] Gorrini, V.; Bersini, H.: Recurrent fuzzy systems. In: *Proc. IEEE International Conference on Fuzzy Systems*, S. 193–198. Orlando, USA. 1994.

[10] Diepold, K. J.; Lohmann, B.: Transient Probabilistic Recurrent Fuzzy Systems. In: *Proc. IEEE International Conference on Systems, Man, and Cybernetics*, S. 3529–3536. Istanbul, Türkei. 2010.

[11] Stahl, B.; Diepold, K.; Pohl, J.; Greitemann, J.; Plehn, C.; Koch, J.; Lohmann, B.; Reinhart, G.; Zäh, M.: Modeling Cyclic Interactions within a Production Environment using Transition Adaptive Recurrent Fuzzy Systems. In: *Proc. IFAC Conference on Manufacturing Modelling, Manangement and Control*, S. 3529–3536. St. Petersburg, Russland. 2013.

[12] Foster, R.: *Innovation: The Attacker's Advantage*. Summit Books. 1986.

[13] Kruschwitz, L.; Husmann, S.: *Finanzierung und Investition*. Oldenbourg Wissenschaftsverlag. 2012.

Ein musterbasiertes und adaptives Verfahren zur Vorhersage und Modellierung von Zeitreihen in der Abwasserreinigung

Tarek Aissa[1], Christian Arnold[2] und Steven Lambeck[1]

Hochschule Fulda, Fachbereich Elektrotechnik und Informationstechnik
Marquardtstr. 35, 36039 Fulda
Tel. (0661) 9640-5752 und -570
Fax (0661) 9640-559
E-Mail: {tarek.aissa; steven.lambeck}@et.hs-fulda.de[1]
barni.arnold@gmail.com[2]

Kurzfassung

Kommunale Abwasserreinigungsanlagen sind elektrische Großverbraucher die ein erhebliches Optimierungspotential aufweisen [1]. Einen möglichen Ansatz dieses zu nutzen, bieten prädiktive Konzepte, für die der Verlauf bestimmter Zeitreihen - insbesondere des Zuflusses - in der Abwasserreinigung vorhergesagt werden muss, um zukünftige Lasten in Entscheidungen bezüglich der Betriebsweise einbeziehen zu können. Im folgenden Beitrag wird hierfür ein musterbasiertes adaptives Verfahren zur Vorhersage solcher Zeitreihen vorgestellt. Exemplarisch wird das Verfahren am Verlauf der hydraulischen Zulaufmenge einer Kläranlage vorgestellt. Die Ergebnisse des vorgestellten Verfahrens werden anhand von standardmäßigen Prognosegütemaßen mit anderen Vorhersageverfahren verglichen und bewertet.

1 Einleitung

Laut statistischem Bundesamt bilden etwa 10.000 Kläranlagen das Abwassersystem in Deutschland, wobei der Großteil kommunal betriebene Anlagen sind. Neben der mechanischen Beseitigung großformatigen Schmutzes ist die wichtigste Aufgabe der Anlagen die biologische Klärung des Abwassers, die sogenannte Belebung, bei der die Schadstoffe im Abwasser von Mikroorganismen verarbeitet werden. Der Prozess der biologischen Abwasserreinigung lässt sich grob in zwei Phasen unterteilen: die Nitrifikation und die Denitrifikation. Es soll in diesem Beitrag nicht näher auf die biologischen Vorgänge eingegangen werden (hierzu sei auf [2] verwiesen), es ist jedoch entscheidend, dass die Nitrifikation in einem sauerstoffreichen Umfeld und die Denitrifikation unter Sauerstoffabschluss stattfindet. Abhängig vom Zustand des Abwassers ist es also eine zentrale Aufgabe der Prozessführung ein geeignetes Umfeld für die Mikroorganismen herzustellen. Die Gestaltung des Umfelds erfolgt dabei in Form von Sauerstoffzugabe mittels Drehkolbengebläsen, wobei deren Betrieb mit über 60% der

Gesamtbetriebskosten der Anlage ein entscheidender Faktor für die Wirtschaftlichkeit solcher Anlagen ist. Um eine optimale Betriebsweise der Anlagen zu gewährleisten, sollte der Durchfluss durch die Anlage möglichst konstant gehalten werden, sodass sich das Umfeld der Mikroorganismen nur geringfügig (bestenfalls gar nicht) ändert. Auf diese Weise kann der Sauerstoffeintrag minimiert und Betriebskosten können gespart werden. Das ankommende, zu bearbeitende Abwasser unterliegt allerdings teilweise deutlichen Schwankungen. Aktuelle Lösungsansätze um die Schwankungen abzufangen finden sich in teilweise überdimensionierten Pufferkapazitäten wieder, die vor den Anlagen aufgebaut werden. Die Folge sind hohe Kapital- und zusätzliche Betriebskosten. Studien zeigen, dass zum Beispiel die heutzutage hoch vernetzten Kanalnetze genutzt werden könnten, um solche Schwankungen abzufangen oder zumindest zu dämpfen [1]. Das Abwasser könnte hierbei einfach unter mehreren Anlagen aufgeteilt werden, sodass die Belastungen einzelner Anlagen sinken und die Notwendigkeit der Pufferkapazitäten entfällt. Grundlage hierfür ist allerdings, dass bereits Wissen darüber vorliegt, welche Zuflüsse in Zukunft zu erwarten sind. Nur so lassen sich diese verteilen. Sind die zu erwartenden Zuflüsse oder Zuflussänderungen bekannt, lassen sich zudem die Prozesse auf Kläranlagen langsam auf neue Zustände anpassen, sodass der Durchfluss zwar nicht konstant bleibt, sich aber nur sehr langsam ändert. Es handelt sich hierbei also um prädiktive Konzepte.

In [1] ist der Stand der Technik der Abwasserreinigung analysiert worden und es zeigt sich, dass gerade im Bereich der Betriebsführung enormes Optimierungspotenzial vorhanden ist. Viele Anlagen werden reaktiv betrieben, was bedeutet das lediglich bereits eingetretene Störungen des Prozesses in die Prozessführung einbezogen werden können. Als Störung des Prozesses wird dabei der Zufluss zu den Anlagen bezeichnet, da dieser neue Schmutzfrachten in den Prozess einbringt. Die zuvor erwähnten prädiktiven Konzepte finden somit keine Anwendung. Ein Grund hierfür ist die mangelnde Akzeptanz des Betriebspersonals für neue Verfahren. Zudem mangelt es gerade in der Abwasserreinigung an Vorhersagestrategien mit hoher und zuverlässiger Prognosegüte. In diesem Beitrag wird ein Verfahren vorgestellt, mit dem sich Zuflussmengen vorhersagen lassen und somit die Entwicklung moderner Prozessführungsstrategien möglich wird. Es wird außerdem ein Vergleich der Ergebnisse dieses Verfahrens mit weiteren Verfahren anhand eines breiten Spektrums von Prognosegütemaßen vorgestellt, die im Folgenden als theoretische Grundlage präsentiert werden sollen.

2 Prognosegütemaße

Um die Tauglichkeit neuer Verfahren analysieren zu können, müssen wissenschaftliche Vergleiche mit Standardverfahren oder Verfahren die für solch eine Aufgabe bereits eingesetzt wurden durchgeführt werden. Nur so kann die Innovation neuer Entwicklungen gezeigt werden. Für Vorhersagen kann solch ein Vergleich anhand von Ex-post-Betrachtungen stattfinden, was bedeutet, dass vorhergesagte Werte $\hat{x}(k)$ mit den tatsächlichen Realisierungen des Prozesses $x(k)$ verglichen und ausgewertet werden. Dabei steht k als diskreter Wert für den Zeitpunkt der Realisierung. Einen Überblick über solche Ex-post-Betrachtungen liefert [3]. In diesem Abschnitt werden die wichtigsten Gütemaße für derartige Vergleiche vorgestellt und hinsichtlich des Vergleichs des vorgestellten Vorhersageverfahrens mit weiteren Verfahren in Abschnitt 5 angewendet.

2.1 Absolute Gütemaße

Die Klasse der absoluten Prognosefehler stellt die einfachste Sammlung von Gütemaßen dar, eignet sich aber zum Vergleich von Prognosemethoden nicht, da die erzielten Ergebnisse sehr problemspezifisch sind. Betrachtet man allerdings nur die eine einzelne Vorhersage, können diese Fehlermaße Aufschluss darüber geben, ob die Vorhersageaufgabe zufriedenstellend gelöst wurde. Der größte Prognosefehler kann beispielsweise betrachtet werden, wenn es toleriert werden kann, dass die Vorhersage $\hat{x}(k)$ in einem Band um die realen Werte $x(k)$ liegt, höhere Genauigkeit allerdings nicht erforderlich ist. Er ist definiert als:

$$\eta_{GP} = \max_{k}[\hat{x}(k) - x(k)] \tag{1}$$

Gerade bei betriebswirtschaftlichen Prognoseaufgaben ist der mittlere Prognosefehler interessant, da hier die einzelnen Beobachtungen weniger von Interesse sind als die Gesamttendenz. Ist der mittlere Prognosefehler gering, wird die Tendenz der Zeitreihe gut erfasst, allerdings können sich Abweichungen gegenseitig aufheben, was dazu führt, dass große Abweichungen zu einem ähnlichen Ergebnis führen wie kleine Abweichungen. Dieses Maß eignet sich also, um die globale Genauigkeit zu beurteilen. Der mittlere Prognosefehler wird wie folgt ermittelt :

$$\eta_{MP} = \frac{1}{N} \sum_{k=1}^{N} [\hat{x}(k) - x(k)] \tag{2}$$

Bei manchen Anwendungen sind Über- und Unterschätzungen von unterschiedlicher Bedeutung. Im vorliegenden Fall der Vorhersage von Zulaufdaten ist eine Unterschätzung schlechter als eine Überschätzung. Um dies zu bewerten, kann der mittlere negative Prognosefehler eingesetzt werden:

$$\eta_{MNP} = \left\langle \frac{1}{N} \sum_{k=1}^{N} [\hat{x}(k) - x(k)] \,\middle|\, [\hat{x}(k) - x(k)] < 0 \right\rangle \tag{3}$$

Ein absolutes Gütemaß, das sich zum Vergleich verschiedener Methoden eignet, ist der mittlere absolute Prognosefehler. Da hier keine Kompensation von Über- und Unterschätzungen vorliegt, kann die lokale Genauigkeit bewertet werden.

$$\eta_{MAP} = \frac{1}{N} \sum_{k=1}^{N} |\hat{x}(k) - x(k)| \tag{4}$$

Ein Gütemaß, das in der Literatur häufig verwendet wird [3], ist der Mean-Square-Error (MSE), also der mittlere quadratische Fehler. Hierbei wird noch mehr Wert auf lokale Genauigkeit der Vorhersage gelegt, da große Fehler durch die Quadrierung großes Gewicht erhalten. Der MSE ist definiert als:

$$\eta_{MSE} = \frac{1}{N} \sum_{k=1}^{N} [\hat{x}(k) - x(k)]^2 \tag{5}$$

Eine ebenfalls häufig verwendete Abwandlung des MSE ist der Root-Mean-Square-Error (RMSE). Hierbei wird lediglich die Quadratwurzel aus dem MSE gebildet, so dass die Aussage des Gütemaßes dieselbe bleibt und lediglich die Art der Darstellung variiert wird. Die bisher vorgestellten Gütemaße lassen sich anstelle von gemittelten Fehlern auch kumulativ angeben, was allerdings zu Ergebnissen mit gleichem Informationsgehalt führt, weshalb diese hier nicht weiter behandelt werden.

2.2 Relative Gütemaße

Zum Vergleich verschiedener Vorhersagemethoden, unabhängig vom gestellten Vorhersageproblem, eignen sich relative Gütemaße weitaus besser, da hier eine Normierung der Größenordnung vorgenommen wird. Das einfachste relative Fehlermaß ist der mittlere relative Prognosefehler:

$$\eta_{MRP} = \frac{1}{N} \sum_{k=1}^{N} \frac{[\hat{x}(k) - x(k)]}{x(k)} \tag{6}$$

Wie bereits erwähnt, ist der große Vorteil der relativen Gütemaße, dass auch Vorhersagen unterschiedlicher Variablen miteinander verglichen werden können und somit auch unterschiedliche Verfahren in unterschiedlichen Anwendungen vergleichbar gemacht werden. Zu Beginn dieses Abschnitts wurde bereits der mittlere absolute Prognosefehler beschrieben. Das relative Äquivalent, der mittlere relative absolute Prognosefehler, gibt einen prozentualen Aufschluss über die durchschnittliche Entfernung der Vorhersage von den realen Beobachtungen.

$$\eta_{MRAP} = \frac{1}{N} \sum_{k=1}^{N} \left| \frac{[\hat{x}(k) - x(k)]}{x(k)} \right| \tag{7}$$

Ein wichtiger Vergleich von neu entwickelten Verfahren, ist der Vergleich mit der naiven Prognose. Die naive Prognose ist die einfachste Form der Vorhersage. Es wird angenommen, dass der zukünftige Verlauf der Zeitreihe identisch mit der aktuellen Beobachtung ist. Bei einem Vergleich eines neu entwickelten Verfahrens mit der naiven Prognose kann daher abgeschätzt werden, ob sich der Aufwand der Vorhersage lohnt oder ob die naive Prognose ausreicht. Hierzu kann beispielsweise der mittlere relative absolute Prognosefehler bezogen auf die naive Prognose angewandt werden:

$$\eta_{MRAPnP} = \frac{\sum_{k=1}^{N} |\hat{x}(k) - x(k)|}{\sum_{k=1}^{N} |x(k-h) - x(k)|} \tag{8}$$

Hierbei ist h der Prognosehorizont der Vorhersage. Ist der $\eta_{MRAPnP} < 1$ schneidet das Verfahren besser ab als die naive Prognose. Bei einem Wert von $\eta_{MRAPnP} = 0$ liegt eine optimale Prognose vor. Werte für $\eta_{MRAPnP} \geq 1$ zeigen, dass die naive Prognose bessere Ergebnisse erzielt, als das angewandte Verfahren und der Aufwand somit nicht gerechtfertigt ist. Aufgrund der einfachen Interpretierbarkeit des η_{MRAPnP} zählt er zu den interessantesten Gütemaßen. Es bleibt jedoch zu erwähnen, dass bei den bezogenen Gütemaßen, die Information über die Qualität der naiven Prognose verloren geht. Zwar kann eine Aussage getroffen werden, ob ein Verfahren besser oder schlechter ist als die naive Prognose. Wie gut die naive Prognose allerdings war, wird nicht betrachtet.

2.3 Theilsche Gütemaße

Neben den absoluten und relativen Gütemaßen lassen sich auch qualitative Kontrollen der Vorhersage durchführen. Hierzu wurde beispielsweise von Theil das Prognose-Realisations-Diagramm entwickelt [3]. Dabei werden die relativen vorhergesagten Änderungen der Zeitreihe

$$P(k) = \frac{\hat{x}(k) - x(k-h)}{x(k-h)} \tag{9}$$

gegen die relativen realen Änderungen der Zeitreihe

$$A(k) = \frac{x(k) - x(k-h)}{x(k-h)} \tag{10}$$

aufgetragen. Die perfekte Vorhersage ist daher leicht ersichtlich die Winkelhalbierende von Ordinate und Abszisse. Im Prognose-Realisations-

Diagramm lassen sich somit unterschiedliche Fehlerarten lokalisieren, wie Abbildung 1 zeigt.

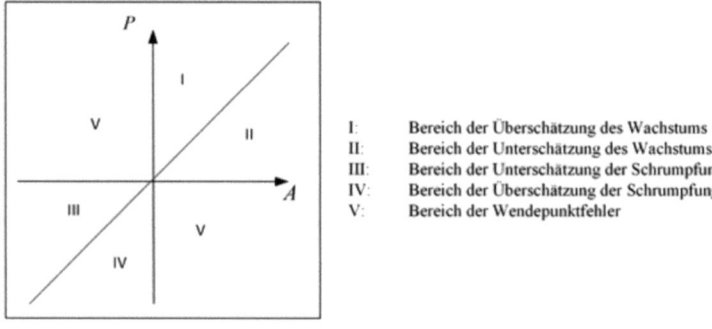

I: Bereich der Überschätzung des Wachstums
II: Bereich der Unterschätzung des Wachstums
III: Bereich der Unterschätzung der Schrumpfung
IV: Bereich der Überschätzung der Schrumpfung
V: Bereich der Wendepunktfehler

Abbildung 1: Prognose-Realisations-Diagramm in Anlehnung an [8]

Bei den Fehlerarten I-IV ist die Tendenz der Zeitreihe korrekt vorhergesagt worden. Die Wendepunktfehler V bezeichnen Fehler, bei denen die Entwicklungsrichtung der Zeitreihe falsch vorhergesagt wurde. Im Allgemeinen kann durch die Punktwolke im Prognose-Realisationsdiagramm eine Abschätzung über die Qualität getroffen werden. Je näher die Punktwolke an der optimalen Prognose (rote Linie) liegt, desto leistungsfähiger ist das Verfahren.

Als letztes Gütemaß wird nun noch ein Theilsches Fehlermaß beschrieben. Die bisher betrachteten Fehlermaße lassen für sich alleine genommen häufig nicht erkennen, ob eine Prognose gut oder schlecht ist. Hierzu wird häufig auf einen zusätzlichen Vergleich mit anderen Vorhersagen zurückgegriffen, wie beispielsweise der naiven Prognose. Bereits der von Theil vorgeschlagene η_{MRAPnP} ist ein erster Versuch ein objektives Fehlermaß einzuführen. Theil hat im Laufe seiner Untersuchungen die Gütemaße stets weiterentwickelt, was zu guter Letzt im Theilschen Ungleichheitskoeffizienten neuer Art einen Abschluss fand:

$$U_2 = \frac{\sqrt{\frac{1}{N-h}\sum_{k=h+1}^{N}[P(k) - A(k)]^2}}{\sqrt{\frac{1}{N-h}\sum_{k=h+1}^{N}[A(k)]^2}} \tag{11}$$

Der Theilsche Ungleichheitskoeffizient nimmt für die optimale Vorhersage den Wert null an und ist nach oben nicht begrenzt. Für den Wert Eins ist die Qualität der Vorhersage mit der naiven Prognose gleichzusetzen. Werte über Eins beschreiben eine schlechtere Vorhersage als die naive Prognose und zeigen somit ungeeignete Verfahren auf. Der Theilsche Ungleichheitskoeffizient hat sich aufgrund mehrerer Eigenschaften als Gütemaß für Vorhersagen durchgesetzt [3]:

- impliziter Vergleich mit naiver Prognose

- positive und negative Abweichungen heben sich nicht auf

- große Fehler werden stärker gewichtet

- Normierung macht Ergebnisse unterschiedlicher Prognosen vergleichbar

2.4 Periodogrammtest

Ein weiteres verbreitetes Kriterium, um Vorhersagen zu vergleichen, ist der sogenannte Periodogrammtest, der in [4] umfassend beschrieben ist. Der Periodogrammtest ist ein statistisches Testverfahren, das die Hypothese des Vorhandenseins eines weißen Rauschens testet. Sind die Residuen (Vorhersagefehler) als weißes Rauschen zu bezeichnen, ist die Vorhersage optimal, da sich weißes Rauschen nicht weiter vorhersagen lässt.

Ein Periodogramm stellt eine Funktion der Frequenz $I(\lambda)$ dar und gibt als Wert die Stärke an, mit der harmonische Schwingungen dieser Frequenz λ im Signal vorhanden sind:

$$
I(\lambda) = N \left[\frac{1}{N} \sum_{k=1}^{N} (x(k) - \bar{x}) \cos 2\pi\lambda k \right]^2
$$
$$
+ N \left[\frac{1}{N} \sum_{k=1}^{N} (x(k) - \bar{x}) \sin 2\pi\lambda k \right]^2 \tag{12}
$$

Die Herleitung obiger Formel ist in [4] detailliert beschrieben und soll hier nicht weiter thematisiert werden. Um die Hypothese des weißen Rauschens zu überprüfen, wird als Teststatistik das sogenannte kumulierte Periodogramm S_r eingeführt. Das kumulierte Periodogramm S_r einer Reihe der Länge N ist definiert als:

$$
S_r = \frac{\sum_{k=1}^{r} I(\lambda_k)}{\sum_{k=1}^{M} I(\lambda_k)} \tag{13}
$$

wobei $M = N/2$ und $r = 1,2, \dots, M$. Für einen White-Noise-Prozess folgt ein konstantes Spektrum, sodass das kumulierte Periodogramm eine Gerade darstellt. Das kumulierte Periodogramm wird gegen $x = r/M$ aufgetragen, sodass die Gerade die Winkelhalbierende darstellt. Ein realer White-Noise-Prozess wird also um diese Winkelhalbierende schwanken. Die Hypothese wird demnach abgelehnt, wenn die Schwankung C um die Winkelhalbierende

$$C = max \left| S_r - \frac{r}{M} \right| \tag{14}$$

zu groß wird. Hierzu werden beispielsweise in [4] die Grenzen für C durch folgendes $(1 - \alpha)$-Quantil beschrieben (empirisch ermittelt):

$$c_{max} = \frac{\sqrt{-\frac{1}{2} \cdot ln\frac{\alpha}{2}}}{\sqrt{M-1} + 0,2 + \frac{0,68}{\sqrt{M-1}}} - \frac{0,4}{M-1} \tag{15}$$

Mit der maximalen Abweichung c_{max} kann eine Einhüllende um die Winkelhalbierende gelegt werden, sodass die Hypothese akzeptiert wird, falls das kumulierte Periodogramm stets innerhalb von $s = x \pm c_{max}$ liegt. Abbildung 2 zeigt den kumulierten Periodogrammtest am Beispiel eines weißen Rauschens.

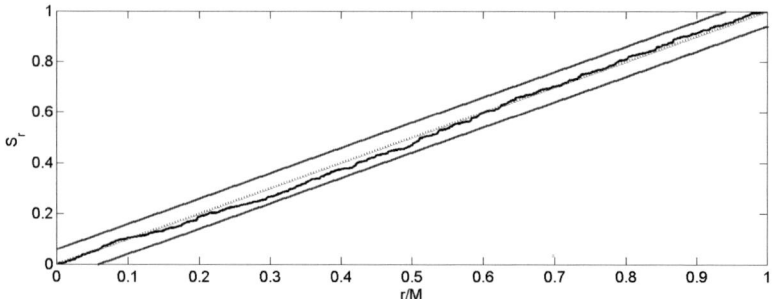

Abbildung 2: kumulierter Periodogrammtest für die Realisierung eines weißen Rauschens

Ziel dieser Arbeit ist es, eine gute Vorhersage für die musterbasierten Zeitreihen auf Kläranlagen zu entwickeln. Mit Hilfe der in diesem Abschnitt vorgestellten Gütemaße wird in Abschnitt 5 die Leistungsfähigkeit eines neuen musterbasierten Verfahrens aufgezeigt und mit Standardverfahren verglichen um zu zeigen, dass das neue Verfahren leistungsfähiger ist.

3 Musterbasierte Vorhersage

Für die Abwasserreinigung müssen neu entwickelte Verfahren transparent und leicht verständlich sein, um die Akzeptanz beim Betriebspersonal zu erhalten. Aus diesem Grund wird der Ansatz einer musterbasierten Vorhersage aufgegriffen, wie sie beispielsweise in [5] für Energielastprognosen eingesetzt wurde, um ein transparentes Verfahren mit hoher Prognosegüte zu entwickeln. Die Idee einer musterbasierten Vorhersage ist es, typische wiederkehrende Signalverläufe zu identifizieren und später zur Vorhersage einzusetzen. Die

Grundlage für solch eine Vorhersagestrategie ist, dass die Zeitreihen sich aus typischen Mustern zusammensetzen. In der Abwasserreinigung wird die Form der Zuflusszeitreihen an Trockenwettertagen vom Verhalten der Bevölkerung und der ansässigen Industrie beeinflusst, sodass diese deutlich ausgeprägte Tagesrhythmen aufweisen und sich somit eine musterbasierte Vorhersage anbietet. Für Regenwettertage muss eine andere Vorhersagestrategie entwickelt werden, da sich die musterbasierte Vorhersage hier nicht eignet. Dies soll in diesem Beitrag allerdings nicht näher betrachtet werden. Im Rahmen einer primären Datenanalyse lässt sich die Existenz solcher Muster nachweisen. Zu Beginn der Datenanalyse steht die graphische Sichtung des Datenmaterials.

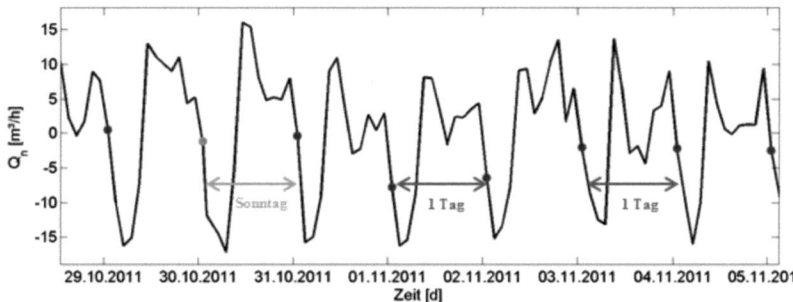

Abbildung 3: Beispielhafte Darstellung einer Woche der Zeitreihe

Abbildung 3 zeigt die deutlich ausgeprägten Muster am Beispiel einer Woche der Zeitreihe. Dabei ist der Wochenanfang grün markiert und die Tagesanfänge jeweils rot. Eine deutlichere Auskunft über die wiederkehrenden Muster erhält man bei der Betrachtung des Leistungsdichtespektrums, welches in Abbildung 4 dargestellt ist.

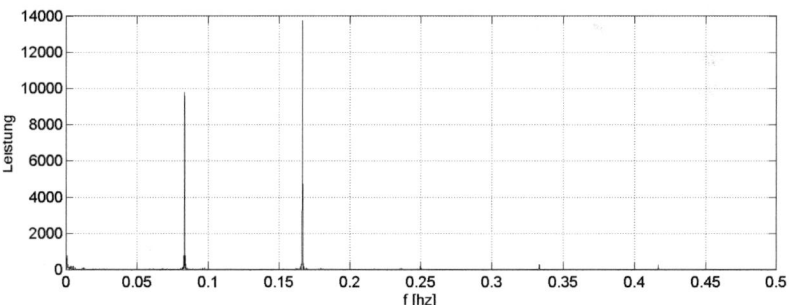

Abbildung 4: Leistungsdichtespektrum der Zeitreihe

Die beiden deutlichen Spitzen sprechen für einen Halb- bzw. Ganztages Rhythmus. Bei der Betrachtung des Leistungsdichtespektrums mag der Gedanke nahe liegen, dass sich die Zeitreihe einfach durch ein periodisches Modell $\hat{x}_p(k)$ mit der Abtastzeit ΔT, den Frequenzen ω_i und dem Abtastindex k wie folgt modellieren lässt:

$$\hat{x}_p(k) = a_0 + \sum_{i=1}^{m} \left(a_i \cdot \sin \omega_i \left(k\Delta T\right) + b_i \cdot \cos \omega_i \left(k\Delta T\right)\right) \tag{16}$$

Aber bereits bei der Betrachtung des Verlaufs aus Abbildung 3 fällt auf, dass mehrere Tagesklassen existieren. Das bedeutet, der Verlauf bestimmter Tage (beispielsweise Wochenenden) weicht vom Verlauf der anderen Klassen ab, sodass ein rein periodisches Modell hier keine sinnvolle Lösung darstellt. Im Rahmen der musterbasierten Vorhersage müssen also Referenzmuster gebildet werden, die den existierenden Klassen zugeordnet werden. Zur Bestimmung der Klassen und der Referenzmuster wurde in [6] ein Fuzzy-Klassifikationsalgorithmus vorgestellt. Durch diesen Algorithmus wird die Anzahl der Klassen ermittelt und für jede Klasse ein Referenzmuster identifiziert, dass im Anschluss für die Vorhersage genutzt werden kann. Für die betrachteten Zuflusszeitreihen der Abwasserreinigung lassen sich drei Klassen ermitteln, deren Referenzmuster in Abbildung 5 dargestellt sind. Die Klassen können im Rahmen des Fuzzy-Klassifikationsalgorithmus den Eigenschaften Wochentag, Wochenende und Feiertag zugeordnet werden. Mit Hilfe dieser Referenzmuster und der Zuordnung zu Klasseneigenschaften lässt sich bereits eine erste Vorhersage vornehmen, indem das korrekte Referenzmuster verwendet wird, das für den nächsten Prädiktionsschritt zur eintretenden Klasseneigenschaft gehört. In Abbildung 5 ist zudem die Verteilung der Messwerte der Zeitreihe in Form von Boxplots dargestellt. Auch hier wurde die Zeitreihe in die drei Klassen Wochentag (oben), Wochenende (mitte) und Feiertag (unten) unterteilt. Es zeigt sich, dass die gebildeten Referenzmuster eine hohe Anpassungsgüte an die tatsächlichen Verläufe der Zeitreihe haben.

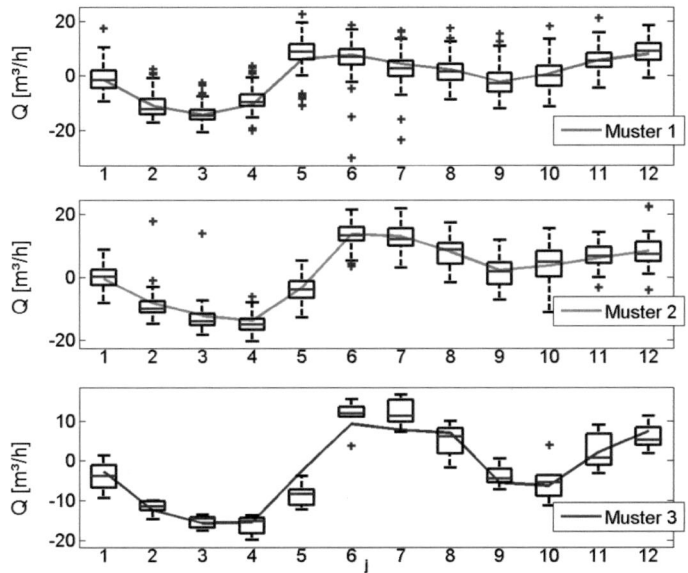

Abbildung 5: Referenzmuster gebildet durch einen Fuzzy Klassifikations Algorithmus

Wird eine Vorhersage mit den klassifizierten Referenzmustern durchgeführt, kann diese für zeitinvariante Muster bereits gute Ergebnisse erzielen. Der Begriff zeitinvariante Muster steht dafür, dass sich die Muster im Laufe des Betriebs nicht ändern. Für die Zeitreihen in der Abwasserreinigung ist allerdings die reine Verwendung der klassifizierten Muster nicht sinnvoll, da die Muster für diesen Prozess zeitvariant sind und von exogenen Faktoren abhängen. Denkbare Einflüsse sind hierbei jahreszeitliche Schwankungen, die sowohl das Niveau des Durchflusses (durchschnittliche Abwassermenge) als auch die Form der Muster beeinflussen. Wintertage beispielsweise sind kürzer als Sommertage, was sich in etwas gestauchten Mustern widerspiegelt. Auch Änderungen im Einzugsgebiet können eine Rolle spielen, beispielsweise die Errichtung von Neubaugebieten oder Zusammenlegung mehrerer Anlagen. Um auf solche Änderungen reagieren zu können und weiterhin eine hohe Prognosegüte zu erhalten, wird im Folgenden ein adaptives Filter vorgestellt.

4 Adaptives Filter für zeitvariante Muster

Um die exogenen Änderungen im Umfeld der Kläranlage in die Prognose einbeziehen zu können, müssen die Referenzmuster während des Onlinebetriebs stetig aktualisiert werden. Die Referenzmuster $\underline{M}_k$ sind dabei definiert als:

$$\underline{M}_k = [m_{k,1} \; m_{k,2} \; ... \; m_{k,l-1} \; m_{k,l}] \tag{17}$$

Dabei ist k ein Index, der die jeweilige Klassenzugehörigkeit bestimmt (in diesem Fall $k=1...3$ für Wochentag $(k=1)$, Wochenende $(k=2)$ und Feiertag $(k=3)$). Der Index l gibt die Anzahl der Messwerte pro Muster an. Wird in diesem Zusammenhang von zeitvarianten Mustern gesprochen, so bedeutet dies, dass sich entweder die Form der Muster ändern kann (stauchen, strecken, usw.), oder aber das Niveau (mittlerer Durchfluss eines Tages). Diese Unterscheidung ist wichtig, da sich die Form und das Niveau auf unterschiedliche Weise ändern können. Dabei ist die Änderung der Form klassenabhängig, das heißt die Referenzmuster der einzelnen Klassen ändern sich unabhängig voneinander. Leicht ersichtlich ändern sich die Referenzmuster auch nur dann, wenn die zugeordnete Klasseneigenschaft gerade aktuell ist. Anders hingegen beim Niveau, also dem mittleren Durchfluss. Dieser ändert sich unabhängig von der jeweiligen Klasseneigenschaft stetig und muss somit auch stetig angepasst werden. Es liegt also nahe, die Muster $\underline{M}_k$ in eine Formkomponente $\underline{\theta}_k$:

$$\underline{\theta}_k = \begin{bmatrix} \theta_{k,1} \\ \theta_{k,2} \\ \vdots \\ \theta_{k,l-1} \\ \theta_{k,l} \end{bmatrix}' = \underline{M}_k - \overline{\underline{M}}_k = \underline{M}_k - \left[\begin{bmatrix} 1 \\ 1 \\ \vdots \\ 1 \end{bmatrix}^{(l \times 1)} \cdot \frac{1}{l} \sum_{u=1}^{l} \underline{M}_k(u) \right]' \tag{18}$$

und eine Niveaukomponente

$$\vartheta = x(k_E) \tag{19}$$

zu unterteilen, wobei k_E den Zeitindex der letzten vorliegenden Realisierung der Zeitreihe darstellt. Im vorliegenden Fall erhält man dadurch drei Formkomponenten $\underline{\theta}_1$, $\underline{\theta}_2$ und $\underline{\theta}_3$ und eine Niveaukomponente ϑ. Für beide wird eine getrennte Art der Adaption vorgeschlagen. Das adaptive Filter für die Formkomponenten $\underline{\theta}_k$ ist definiert durch:

$$\underline{\theta}_k(\tau+1) = \underline{\theta}_k(\tau) \cdot \omega + (1-\omega) \cdot \underline{x}(\tau) \tag{20}$$

Der Parameter τ steht dabei für einen bestimmten Tag, sodass die Vektoren mit Index τ alle Werte des jeweiligen Tages beinhalten. Der Lernparameter ω bestimmt die Adaptionsgeschwindigkeit des Filters. Die Adaption erfolgt somit über eine gewichtete Addition des Musters für den aktuellen Tag $\underline{\theta}_k(\tau)$ und den Messwerten des aktuellen Tages $\underline{x}(\tau)$. Für das Niveau ϑ wird der gleitende Mittelwert mit der Filtertiefe p zur Adaption verwendet:

$$\vartheta(\tau+1) = \vartheta(\tau) \cdot \omega + \left\{ \frac{1}{p} \sum_{u=1}^{p} \underline{x}(n-u) \right\} \cdot (1-\omega) \tag{21}$$

Leicht ersichtlich erhält man somit für das Vorhersagegesetz am aktuellen Tag τ für den vorherzusagenden Tag $\tau+1$ die Addition von Form- und Niveaukomponente:

$$\underline{\hat{x}}(\tau+1) = \begin{bmatrix} 1 \\ 1 \\ \vdots \\ 1 \end{bmatrix}^{(l\times1)} \cdot \vartheta(\tau+1) + \underline{\theta}_k(\tau+1) \tag{22}$$

Wie bereits erwähnt wurde ist der Lernparameter ω entscheidend für die Adaptionsgeschwindigkeit, aber auch die Robustheit der Prognose. Es stellt sich also die Frage, wie dieser Parameter zu wählen ist. Hierzu wird der Einfluss des Lernparameters ω während einer Vorhersage untersucht. Dafür ist zunächst das Ziel des adaptiven Filters zu benennen. Vom adaptiven Filter sollen langfristige Änderungen aufgrund saisonaler Gegebenheiten oder Änderungen im Einzugsgebiet angenommen werden, kurzfristige Störungen, beispielsweise aufgrund von Unwettern sollen nicht beachtet werden. Gegenstand der Untersuchung sind daher zum Einen die kumulativen Prädiktionsfehler eines Tages $\Delta P(\tau)$:

$$\Delta P(\tau) = \sum_{j=1}^{l} \left[\underline{x}(\tau,j) - \underline{\hat{x}}(\tau,j) \right] \tag{23}$$

und zum anderen die kumulativen Änderungen der Formkomponente pro Tag $\Delta M(\tau)$:

$$\Delta M(\tau) = \sum_{j=1}^{l} \left[\underline{\theta}_k(\tau,j) - \underline{\theta}_k(\tau-1,j) \right] \tag{24}$$

Aufgrund der Zielsetzungen für das adaptive Filter, sollte der kumulative Prädiktionsfehler $\Delta P(\tau)$ möglichst schnell klein werden, und die kumulativen Änderungen der Formkomponenten $\Delta M(\tau)$ als Maß für die Robustheit ebenfalls möglichst klein bleiben (da nur langfristige Änderungen adaptiert werden sollen). Eine Auswertung der beiden Kriterien für unterschiedliche Lernparameter ω zeigt Abbildung 6.

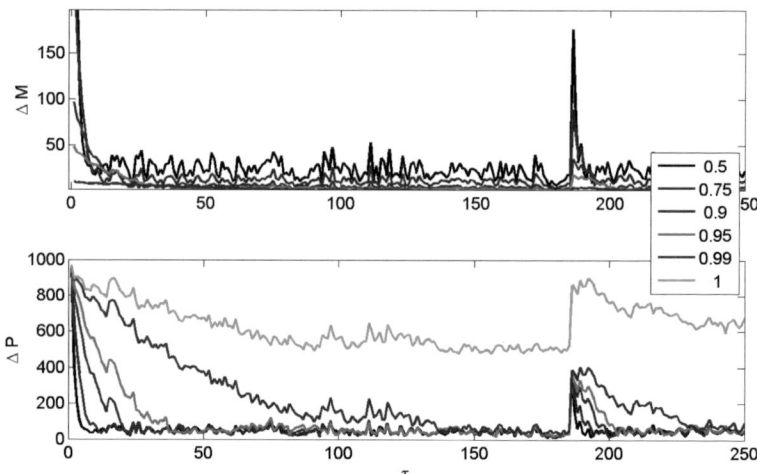

Abbildung 6: Vorhersage mit unterschiedlichen Lernparametern ω ausgewertet nach dem Grad der Musteradaption pro Tag ΔM(τ) und dem kumulativen Prädiktionsfehler pro Tag ΔP(τ)

Es zeigt sich, dass bezüglich des Prädiktionsfehlers $\Delta P(\tau)$ ein möglichst niedrigerer Lernparameter ω zielführend erscheint, wohingegen für die Robustheit (langsames lernen) gemessen am Grad der Adaption $\Delta M(\tau)$ ein möglichst hoher Lernparameter ω zu wählen ist. Es handelt sich hierbei also um ein Optimierungsproblem aus Einschwingverhalten und Robustheit der Vorhersage. Für die Lösung von Optimierungsproblemen müssen Zielfunktionen definiert werden. Für Vorhersagen wird dabei das klassische Gütemaß des *Root-Mean-Square-Error (RMSE)* verwendet, welches bereits in Abschnitt 2 beschrieben wurde. Als optimale Vorhersage wird in diesem Beitrag daher die Vorhersage mit dem minimalen RMSE definiert. Dieser lässt sich ebenfalls anhand von Vorhersagen mit unterschiedlichen Lernparametern ω auswerten. Das Ergebnis ist in Abbildung 7 dargestellt.

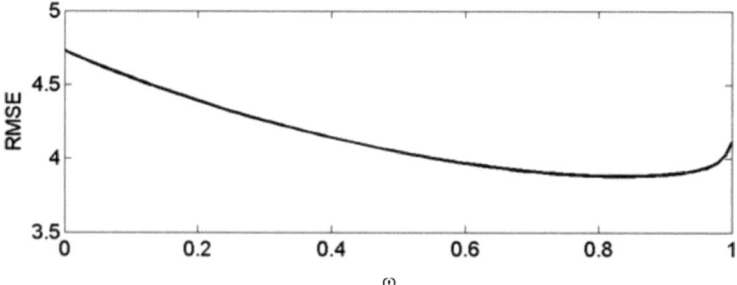

Abbildung 7: Auswertung der Vorhersage für verschiedene Lernparameter ω anhand des RMSE

Der RMSE nimmt für eine Vorhersage mit dem Lernparameter $\omega = 0,82$ den minimalen Wert an, sodass dieser als optimaler Lernparameter angesehen wird. Der vorgestellte Ansatz wird im Folgenden mit weiteren Verfahren der Vorhersage anhand der in Abschnitt 2 vorgestellten Prognosegütemaße verglichen.

5 Methodenvergleich

Für das vorgestellte Verfahren der musterbasierten Vorhersage mit adaptivem Filter (MVa) muss die technische Innovation anhand eines Methodenvergleichs aufgezeigt werden. Hierzu werden zunächst einige weitere Prognoseverfahren vorgestellt.

5.1 Case-Based Reasoning

In [7] wurde das Verfahren des Cased-Based Reasoning (CBR) bereits auf Zuflussdaten von Kläranlagen angewendet, weshalb die Ergebnisse mit den Ergebnissen dieses Beitrags verglichen werden sollen. Beim CBR werden Vergangenheitsdaten in einer Datenbank zusammengefasst. Tritt nun ein Problem auf (beispielsweise die Vorhersage eines Tagesverlaufs anhand von a priori Daten), dass in der Vergangenheit schon einmal vorgekommen ist, kann die Lösung des Problems aus der Datenbank entnommen werden. Dabei wird die Datenbank im Online-Betrieb stetig durch neue Fälle ergänzt und das Verfahren somit im Laufe der Zeit leistungsfähiger. Der CBR-Zyklus unterteilt sich in vier Phasen [7]. In der Retrieve-Phase werden aus der Datenbank die ähnlichsten Fälle für ein vorliegendes Problem herausgesucht. Dabei werden unterschiedliche problemspezifische Indikatoren definiert um die Ähnlichkeit der Fälle zu ermitteln. Im Anschluss folgt die Reuse-Phase in der die ähnlichen Fälle zur Lösung des neuen Problems zusammengefasst werden, was der Vorhersage entspricht. In der Revise-Phase wird die Lösung des Problems nochmals überprüft. Hierbei handelt es sich um eine ex-post Beurteilung, die die Grundlage für den Lernvorgang des CBR-Zyklus ist, denn in der Retain-Phase wird die eventuell zuvor korrigierte Lösung in die Falldatenbank aufgenommen. Für weitere Informationen wird auf [7] und [8] verwiesen.

5.2 Naive Prognose

Die naive Prognose (NP) stellt die einfachste Vorhersagestrategie dar. Es wird angenommen, dass sich der Prozesszustand für den Prognosehorizont nicht vom Zustand der Betrachtung unterscheidet. Das Vorhersagegesetz lautet somit:

$$\hat{\underline{x}}(\tau + h) = \underline{x}(\tau) \tag{25}$$

wobei h den Prognosehorizont in Tagen darstellt. Es existieren vergleichende Gütemaße, wie der bereits vorgestellte η_{MRAPnP}, die bereits Bezug auf diese einfachste Art der Vorhersage nehmen. Es bleibt festzuhalten, dass ein neu entwickeltes Vorhersageverfahren in jedem Fall besser als die naive Prognose sein muss, da sich nur so der Aufwand der Vorhersage rechtfertigen lässt.

5.3 Reine musterbasierte Vorhersage

Der bevorzugte Ansatz in diesem Beitrag ist die musterbasierte Vorhersage mit adaptivem Filter, um die Zeitvarianz der Muster berücksichtigen zu können. Es wurde allerdings bereits in Abschnitt 3 erwähnt, dass in bestimmten Fällen auch auf das adaptive Filter verzichtet werden kann. Aus diesem Grund wird ebenfalls die musterbasierte Vorhersage ohne adaptives Filter (MV) verglichen.

5.4 Vergleich der Ergebnisse

Die beschriebenen Vorhersagestrategien werden nun mit dem entwickelten musterbasierten Vorhersageansatz mit adaptivem Filter für zeitvariante Muster (MVa) verglichen. Hierzu werden die Gütemaße aus Abschnitt 2 auf die Ergebnisse der einzelnen Verfahren angewandt. Die Resultate sind in Tabelle 1 aufgelistet und werden im Folgenden interpretiert.

	Absolute Gütemaße				Relative Gütemaße				
	η_{GP}	η_{MP}	η_{MNP}	η_{MAP}	η_{RMSE}	η_{MRP}	η_{MRAP}	η_{MRAPnP}	η_{U2}
MV	12,0	0,013	-1,65	3,28	4,13	0,008	0,056	0,79	0,75
MVa	10,7	0,015	-1,51	3,03	3,88	0,004	0,048	0,72	0,69
NP	26,8	-0,11	-2,2	4,32	6,39	0,013	0,073	1	1
CBR	23,1	-1,02	-2,67	4,30	5,81	-0,011	0,070	0,96	0,79

Tabelle 1: Übersicht über die Qualität der Vorhersagen anhand unterschiedlicher Gütemaße und jeweiliges bestes Ergebnis (grün) und schlechtestes Ergebnis (rot) (GP: größter Prognosefehler, MP: Mittlerer Prognosefehler, MNP: mittlerer negativer Prognosefehler, MAP: mittlerer absoluter Prognosefehler, RMSE: Root Mean Square Error, MRP: mittlerer relativer Prognosefehler, MRAP: mittlerer relativer absoluter Prognosefehler, MRAPnP: mittlerer relativer absoluter Prognosefehler bezogen auf die naive Prognose, U2: Theilsche Ungleichheitskoeffizient)

Die Ergebnisse zeigen, dass die naive Prognose meist die schlechtesten Werte liefert, und das vorgestellte Verfahren MVa fast immer am besten abschneidet. Lediglich bei den absoluten Gütemaßen finden sich andere Ergebnisse wieder. Wie aber bereits in Abschnitt 2 beschrieben wurde, eignen sich die absoluten Gütemaße für einen Vergleich von Vorhersagen meist nicht. Bei dem mittleren Prognosefehler η_{MP} und dem mittleren negativen Prognosefehler η_{MNP} findet keine Betrachtung von Absolutwerten statt, sodass sich Über- und Unterschätzung gegenseitig zu kleinen Gütemaßen aufheben können, ohne das eine Aussage über die Qualität der Vorhersage getroffen werden kann. Eine weitere Interpretation der absoluten Fehlermaße ist daher nicht nötig. Bei den übrigen Gütemaßen zeigt sich, dass alle untersuchten Verfahren besser abschneiden als die naive Prognose, was zu erwarten war. Zudem liefert das vorgestellte Verfahren der musterbasierten Vorhersage mit adaptivem Filter die besten Ergebnisse in allen Gütemaßen. Der Theilsche Ungleichheitskoeffizient η_{U2}, der viele Eigenschaften der zuvor betrachteten Gütemaße vereint, bescheinigt ebenfalls eine hohe Leistungsfähigkeit des vorgestellten Verfahrens. Eine graphische Auswertung der Vorhersage lässt sich durch das in Abschnitt 2 vorgestellte Prognose-Realisations-Diagramm nach Theil durchführen und ist in Abbildung 8 dargestellt. Dabei wurde lediglich das vorgestellte Verfahren der musterbasierten Vorhersage mit adaptivem Filter mit dem Verfahren Case-Based Reasoning verglichen. Es zeigt sich, dass die Streuung der Werte für die musterbasierte Vorhersage deutlich kleiner ist, als dies bei CBR der Fall ist. Beide Verfahren weisen aber auch hier gute Ergebnisse auf, da die Punktewolke grob um die Mittelachse verteilt liegt (Mittelachse entspricht perfekter Prognose).

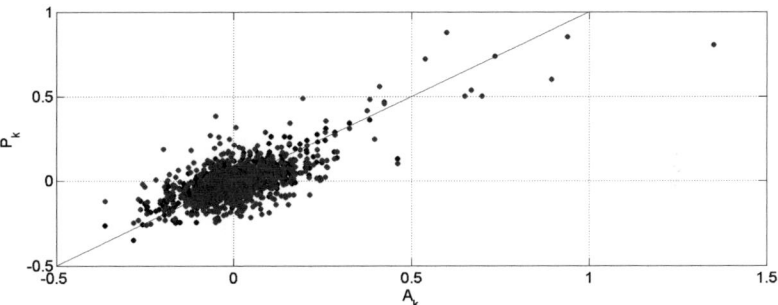

Abbildung 8: Prognose-Realisations-Diagramm für CBR (rot) und MVa (blau)

Zu guter Letzt wurde der Periodogrammtest mit den vorgestellten Verfahren durchgeführt. Die Ergebnisse zeigt Abbildung 9.

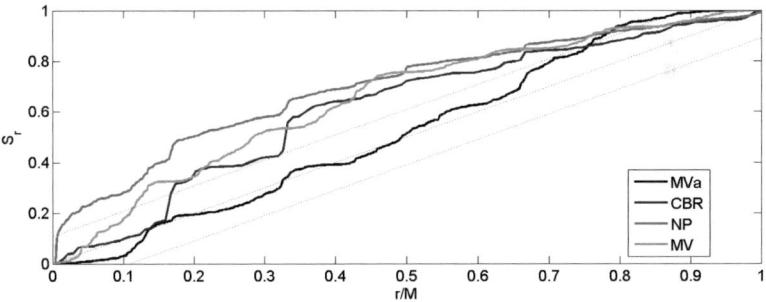

Abbildung 9: Periodogrammtest der vorgestellten Verfahren

Auch hier lässt sich eine Ordnung nach der Qualität der Vorhersage erkennen. Lediglich das vorgestellte Verfahren MVa bewegt sich innerhalb des ermittelten Intervalls. Die größte Abweichung weist erwartungsgemäß die naive Prognose auf.

6   Zusammenfassung und Ausblick

Auf kommunalen Kläranlagen ist großes Optimierungspotential bezüglich der Prozessführung und Prozessautomatisierung vorhanden. Ein möglicher und durchführbarer Ansatz zur Innovation der Prozesse sind prädiktive Konzepte, für die Vorhersagen über zukünftige Prozesszustände notwendig sind. In der vorliegenden Arbeit wurde daher ein Ansatz zur Vorhersage von Zeitreihen in der Abwasserreinigung vorgestellt. Bei der Betrachtung von Abwasserdaten, im speziellen des Volumenzuflusses, fallen deutliche Tages- und Wochenrhythmen auf. Um diese Zeitreihen vorherzusagen, wurde ein musterbasierter Ansatz entwickelt. Der vorgeschlagene Ansatz gliedert sich dabei in zwei Phasen: In einer a-priori Phase werden Referenzmuster über einen Fuzzy-Klassifikations-algorithmus gebildet und im Anschluss mit definierten Klassen verglichen. Für die eigentliche Vorhersage wurde zudem ein adaptives Filter vorgeschlagen, dass die Referenzmuster bei Zeitvarianz aktualisiert. Die Ergebnisse des vorgestellten Ansatzes konnten anhand eines breiten Spektrums von Gütemaßen mit anderen Verfahren verglichen werden und lassen sich als gut bezeichnen.

Um das Verfahren unter realen Bedingungen einsetzen zu können und den theoretischen und praktischen Nutzen zu erörtern, müssen simulative Untersuchungen angestellt werden, die sowohl die korrekte Funktion des Vorhersagealgorithmus absichern als auch aufzeigen, wofür die Ergebnisse genutzt werden können. Hierzu müssen sicherlich zunächst prädiktive Regelungskonzepte erarbeitet werden, um diese dann in Verbindung mit den Vorhersagen simulativ anzuwenden. Es sollte also in weiteren Arbeiten analysiert werden, welchen Vorteil der Einsatz des vorgestellten Verfahrens für Kläranlagenbetreiber bringt. Des Weiteren muss das Verfahren hinsichtlich der Vorhersage weiter optimiert werden, insbesondere was die Vorhersage von Regenwettertagen betrifft. Hierzu muss der exogene Einfluss des Wetters auf den Zufluss genauer untersucht werden, um eventuelle Abhängigkeiten zu identifizieren und zu modellieren. Es ist außerdem denkbar, dass vorgestellte Verfahren an weiteren technischen Prozessen mit musterbasierten Signalen zu testen, um die Robustheit und die Vergleichbarkeit mit anderen Verfahren sicherzustellen.

7   Literatur

[1]   Olson, G. et al.: *Instrumentation, Control and Automation in Wasterwater Systems*. IWA-Publishing, London, UK; 2005

[2]   Jeppson, U: *A General Description of the IAWQ Activated Sludge Model No. 1*. Lund, Sweden; 2012

[3]   Andres, P.; Spiwoks, M.: *Prognosegütemaße – State of the Art der statistischen Ex-post-Beurteilung*. Darmstadt; 2000

[4]   Schlittgen, R.; Streitberg, B.: *Zeitreihenanalyse*. Oldenbourg-Verlag, München; 2001

[5]   Bretschneider, P.: *Ein Beitrag zur Vorhersage musterbasierter nichtlinearer stochastischer Signale*. Dissertation, Ilmenau; 2002

[6]   Aissa, T.: *Entwurf eines musterbasierten adaptiven Verfahrens zur Vorhersage und Modellierung von Zeitreihen in der Abwasserreinigung*. Masterthesis, Hochschule Fulda, Fulda; 2013

[7]   Wiese, J.; Stahl, A.; Hansen, J.: *Applying and Optimizing Case-Based Reasoning for Wasterwater Treatment Systems*. AI Communications; 2005

[8]   Althoff, K.: *Fallbasiertes Schließen*. Universität Hildesheim, Hildesheim; 2007

[9]   Rauschenbach, T.: *Modellierung und Vorhersage nichtlinearer Zeitreihen*. Habilitationsschrift, TU Ilmenau, Ilmenau; 2005

[10]   Wiese, J.: *Entwicklung von Strategien für einen integrierten Betrieb von SBR-Kläranlagen und Mischkanalisation*. Dissertation, TU Kaiserslautern; 2004

[11]   Bretschneider, P. ; Rauschenbach, T.: *Vorhersage musterbasierter stochastischer Signale unter Verwendung von Fuzzy-Technologien*. 11. Workshop Fuzzy Control des GMA-FA 5.22, Dortmund; 2001

[12] Kruse, R. et. al.: *Computational Intelligence.* Vieweg + Teubner-Verlag, Wiesbaden; 2011

[13] Neusser, K.: *Zeitreihenanalyse in den Wirtschaftswissenschaften.* Springer-Verlag, Berlin; 2011

[14] Pruscha, P.: *Statistisches Methodenbuch.* Springer-Verlag, Berlin; 2006

[15] Stahel, W.: *Statistische Datenanalyse.* Vieweg + Teubner-Verlag, Wiesbaden; 2002

[16] Schmitz, U.; Husman, M.; Orth, H.: *MSR-Konzepte zur Verbesserung der Stickstoffelimination in Belebungsanlagen.* Wasser Abwasser Ausgabe 141; 2000

[17] Kriger, C.: *Prediction of the influent wasterwater variables using neural network theory.* Bellville, South Africa; 2007

[18] Kreis, J.; Neuhaus, G.: *Einführung in die Zeitreihenanalyse.* Hamburg; 2006

[19] Jami, M; Husain, N.; Kabashi, N.; Abdullah, N.: *Multiple Inputs Artificial Neural Network Model for the Prediction of Wasterwater Treatment Plant Performance.* Australian Journal of Basic and Applied Science; 2012

[20] Hansen, L.; Borup, M.; Möller, A.; Mikkelsen, P.: *Flow Forecasting in Urban Drainage Systems using Deterministic Updating of Water levels in Distributed Hydraulic Models.* Brazil 12th International Conference on Urban Drainage, Porto Alegre, Brazil; 2011

Automated Fusion Attribute Generation for Condition Monitoring

Uwe Mönks[1], Steffen Priesterjahn[2], and Volker Lohweg[1]

[1]init – Institute Industrial IT
Ostwestfalen-Lippe University of Applied Sciences
Liebigstraße 87, 32657 Lemgo, Germany
Tel.: +49 (0)5261 702-5993
Fax: +49 (0)5261 702-312
E-Mail: {uwe.moenks, volker.lohweg}@hs-owl.de
[2]Wincor Nixdorf International GmbH, DE R&D ACT 53
Heinz-Nixdorf-Ring 1, 33106 Paderborn, Germany
Tel.: +49 (0)5251 693-4952
Fax: +49 (0)5251 693-6309
E-Mail: steffen.priesterjahn@wincor-nixdorf.com

1 Introduction

Cyber-physical Systems (CPS) [1] are a growing research topic in the context of industrial production systems as well as in daily life applications.
These embedded, resource-limited mechatronic systems incorporate inherent intelligence as well as sensory units and are connected via a private
network or the Internet. They determine and communicate their own states
mutually, enabling a cooperative partial autonomous behaviour to guar-
antee robust and fault-free operation. CPS play a major role also in the
financial sector in form of automated teller machines (ATM). Banks oper-
ate groups of tens to thousands of ATMs, where for each the availability
is a crucial factor being guaranteed by condition monitoring applications
run on each ATM system. This can only be achieved by resource-efficient,
execution-time optimal, and adaptive signal processing and fusion algorithms.

Due to the modular character of ATMs enabling customer-specific configurations, they appear in huge varieties in terms of built-in devices, even for
ATMs from the same manufacturer. For device and system supervision,
this puts high demands on the condition monitoring unit's flexibility and
adaptability: Roughly speaking, each ATM is individual and such must be
its condition monitoring unit, carried out as an information fusion system
combining a number of signals coming from heterogeneous signal sources.

Additionally, later ATM up- or downgrades must be reflected in the condition monitoring unit, also. Information fusion systems are nowadays designed manually at high engineering costs. Additionally, each and every change of the system must also be implemented manually. As of today, no methodology, framework or tool-chain for designing and re-structuring information processing and fusion systems are available neither open nor free, although conceptual techniques are published [2].

The main focus of this contribution will be on an automated fusion attribute generation and update methodology. Attributes are used in the applied fusion approach for semantic grouping of evaluated signals. It is defined how attributes are found based on relationships between the signal sources and its physical meanings.

Although the work is still in an early stage, it is shown that the comparison between our adaptive fusion approach (incorporating automated attribute generation and update) and a static fusion system reveals that the former is able to determine the actual system state more accurate than the latter. Adding up the mentioned aspects, the presented approach will provide a huge benefit in handling and will enable the robust operation of adaptive and versatile systems, not limited to ATMs.

This contribution is structured as follows. The next subsection introduces the application of condition monitoring in the context of automated teller machines. Afterwards, the concrete information fusion model and fusion attribute generation and update methodology applied for condition monitoring in this contribution are described in Sect. 2. The described procedure will be applied and evaluated in the context of an offline ATM monitoring application in Sect. 3. With Sect. 4 the paper concludes and provides an outlook on further work.

1.1 Monitoring Automated Teller Machines

When considering the definition of cyber-physical systems, it is clear that automated teller machines (a typical Wincor Nixdorf ATM is shown in Fig. 1) very much correspond to it. ATMs consist of mechatronic systems, e. g. for money and card transport. Every mechatronic system is equipped with multi-sensory concepts acquiring hybrid data for deriving current states, describing normal behaviour, and realizing self-expression capabilities in process real-time [3]. ATMs also contain an industrial PC for information processing and component management. Most components in the ATM work autonomously due to real-time requirements, e. g.

in the money dispenser, as well as security reasons, e. g. the encrypted PIN pad or the card reader unit. All components communicate with each other via USB connections, usually using encrypted protocols.

Figure 1: A Wincor Nixdorf CINEO C2550 ATM

The ATM itself also communicates via the network with several hosts and clients, for example to approve payments, to provide monitoring data or to stream video data from the internal cameras. For large financial institutions, this results in networks of several thousands or even tens of thousands of ATMs that have to be managed.

The most important requirements for such an ATM network are availability and security. An ATM has to be able to dispense or recycle cash twenty-four hours per day and seven days per week. Cash replenishment has to be performed before the ATM is empty, and possible defects and wear should be identified before the machine goes out of service. To reduce the cash-handling costs, service calls and replenishments have to be optimized. These requirements to availability lead to several measures. First, an ATM has to be able to work autonomously, sometimes even without a constant network connection. Second, the ATM software and hardware are designed in such a way that certain self-healing operations can be performed if certain problems arise, e. g. jams in the money transfer, component malfunctions or software faults. Finally, all larger financial institution use some kind of central monitoring to detect problems in their ATM network and to optimize cash logistics and the work flow of the service staff.

Concerning security, ATMs are subject to various attacks due to the amount of cash inside the ATM[1] safe or due to the customer data that also gives

---

[1] up to 500.000 EUR in a high volume ATM

access to cash. Therefore, an ATM has to be secure both in a physical sense as well as from an information technology point of view. However, this has to be achieved without sacrificing availability. A modern ATM therefore contains several devices that either act as autonomous high security modules, e.g. the encrypted PIN pad (EPP), or which are protected by encryption and the surrounding safe. In addition, modern ATMs contain several additional security sensors ranging from shake sensors over gas sensors to metal detectors and cameras. Like the health state of an ATM, the security state of the ATM is usually also monitored centrally to identify attacks and to react accordingly.

To enable this monitoring, all sensor information that are collected inside an ATM are usually aggregated and integrated by a piece of software in the ATM PC. This collected information is then transported to a monitoring host. In case of an availability or security alert, a monitoring employee is then informed via a monitoring console.

Figure 2 shows the architecture of the ATM software for a typical Wincor Nixdorf ATM. This architecture is very similar for most ATM vendors due to the CEN/XFS standard [4] that describes the common programming interface for ATM applications.

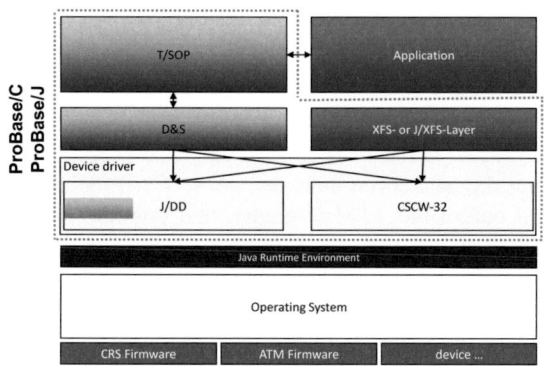

Figure 2: Wincor Nixdorf ATM Software Architecture

The monitoring relevant data is provided by the Diagnosis and Serviceability (D&S) module which uses the platform software's device handlers (partly implemented in C/C++ or in Java) to access the current status of the connected devices. The most common devices are cash dispensing or cash recycling unit, card reader unit, encrypted PIN pad, journal printer, receipt printer, operator panel, special electronics, anti skimming unit, demolition sensors, soft keys or touch screen, and cameras.

All these devices produce periodic and event-triggered messages transferred from the devices' firmwares via their device drivers to the D&S module, amongst others. Here, the messages are stored in a log file from which applications can obtain the communication for either online processing during operation or offline processing, e. g. on another machine as is the case for the experiments carried out in Sect. 3. The log file comprehensively describes the ATM's real-time behaviour in all monitored operation scenarios. All messages have the following structure:

```
<time stamp> <message ID> <payload>
```

The time stamp represents the moment when the D&S module received the message with a resolution of 10^{-4} s. The sending device as well as the reason why the message was sent is bijectively identified by the message ID. Additionally, the sent payload is also stored in the log file, being the data base on which the condition monitoring application described in the following section has been developed.

2 Condition Monitoring

Current research projects (e. g. in context of the Leading-Edge Cluster it´s OWL [5]) investigate the usage of internal signals (like the state messages acquired by the D&S module) in condition monitoring systems for determination of the current system state. As mentioned before, messages occur both periodically and event-triggered. Having in mind that the ATM's timing behaviour is monitored and message payload is not processed, the periodic messages (appearing nearly equidistantly) contain no valuable information, whereas the event-driven messages can be used to represent even internal physical processes like issuing the debit card back to the bank customer, or customer-specific operation like entering the PIN. When considering each event-triggered message as one state in a finite state machine, then a typical cash debit transaction can be represented by the state chart depicted in Fig. 3.

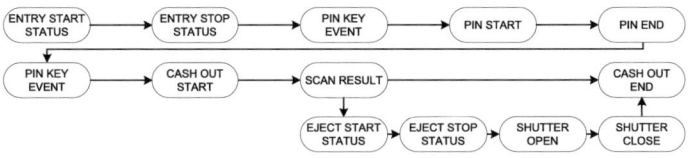

Figure 3: State Chart of Cash Debit Transactions [6]

A state transition only occurs after the ATM moves to the following state, i. e. the following message is received due to some event e_i is triggered. One state transition example is from state `PIN START` to `PIN END`. Between the two states, the customer is entering the individual PIN and the state transition is taken only in case the PIN has been entered completely and correctly, indicated by the `PIN END` message. All state transitions will take some limited time $\Delta t_i = t_{i+1} - t_i$ until the transition is finished, i. e. the two events describing the states occur and the corresponding messages are sent. Here, t_i represents the time stamp the message corresponding to the current state is received and t_{i+1} that of the following message. As well, Δt_i changes from transaction to transaction as e. g. different customers behave differently and enter their PIN at different speeds. A certain typical time can be determined, though. It was shown that also transitions between states depending only on ATM-specific behaviour are affected by timing changes [6]. Altogether, by monitoring all Δt_i during a transaction, behavioural changes of the mechatronic parts (due to faults or wear effects) can be detected as well as anomalous customer behaviour (e. g. during a system attack).

This approach is followed in the *itsowl-InverSa* research project [7], in which this work is located. The ATM states identified and visualized in Fig. 3 are associated to messages originating from the encrypted PIN pad as well as the cash dispensing and the card reader unit. We use the time Δt_i needed for changing from one state to another as the monitored features and model them by *fuzzy sets* [8] as also proposed by Dubois and Prade [9], and applied by Herbst and Bocklisch [10]. By the use of this theoretical concept, we are able to express and handle the uncertainty in time connected with each transition. A unimodal potential function—already widely used in many industrial monitoring applications—is used as the prototype fuzzy membership function [11]:

$$\mu\left(x, \mathbf{p}\right) = \begin{cases} 2^{-\left(\frac{|x-S|}{C_{\mathrm{l}}}\right)^{D_{\mathrm{l}}}}, & x \leq S \\ 2^{-\left(\frac{|x-S|}{C_{\mathrm{r}}}\right)^{D_{\mathrm{r}}}}, & x > S \end{cases}, \tag{1}$$

The function's shape parameters are trained semi-automatically based on actual data acquired from the monitored ATM. Width parameters $C_{\mathrm{l/r}}$ are trained as described in [11]. The function's center of gravity S is Δt_i's median to make this parameter more robust against outliers compared to its original definition. Parameters $D_{\mathrm{l/r}}$ controlling the function's edge steepness is set user-defined to 2.

Each feature Δt_i is modelled by one membership function. Thirteen fuzzy sets are available as information sources for the subsequent fusion process.

The fusion model used in this work is presented in the following section.

2.1 Multi-layer Information Fusion

The current system state must be determined reliably which is a crucial demand in terms of ATM availability as false positive alarms make the ATM go out of service. Consequently, the trust in the monitoring system decreases due to false alarms. Here, we propose an information fusion approach for condition monitoring following evidence theoretical approaches [12] incorporating conflict resolution methods [13, 14]. Conflict occurs whenever information does not bear evidence for only one opinion/proposition, but also for another. By the involved conflict resolution methods, defective signal sources can be identified on the attribute layer on the one hand. On the other hand they have no or only little contribution to system state determination on system layer.

The previously mentioned properties originate from *evidence theory* [12]. As the information to be fused are of fuzzy set nature, additional work needs to be done to fit everything in one single theoretical framework. In previous work, value-equivalence of evidence theory and fuzzy set theory measures under certain conditions has been proven [14]. These conditions hold also in this monitoring application, thus the direct transfer from fuzzy memberships to evidential basic beliefs is possible, so the fusion is carried out solely in the framework of fuzzy set theory using evidence-theoretical concepts.

As another benefit, the monitoring system's multi-layer structure permits modelling the supervised ATM in its actual physical/logical structure. Referring to the cash debit transaction (cf. Sect. 2), the fusion system incorporates the device-related attributes `card reader`, `encrypted PIN pad`, `cash handler` as well as a `device-spanning` attribute and attributes covering `customer-dependent` and `ATM-dependent` messages. All fusion results are then subsequently aggregated to the entire ATM's system state. The described information fusion system's structure is sketched in Fig. 4.

In applications as we deal with here, it is often sufficient to monitor the *attribute health*, i. e. to which degree ${}^N m(A_k) = {}^N \mu(A_k)$ the attribute A_k is in normal condition ${}^N C$. The necessary counter-proposition "abnormal condition" ${}^A C$ is modelled by the dual measure ${}^A m(A_k) = {}^A \mu(A_k) = 1 - {}^N \mu(A_k)$ and can thus be substituted by ${}^N m(A_k)$ in the further elaborations.

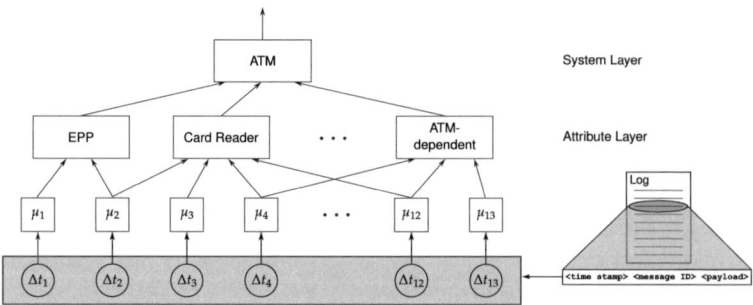

Figure 4: Multi-layer fusion system. The features Δt_i are determined based on the messages acquired in the system log file. Subsequently, the respective memberships μ_i are determined which are fused on the attribute layer before determining the ATM's health by fusion on system layer.

Information of n sources are fused by μBalTLCS [13] on the *attribute layer*. It is a fusion approach that combines every two signal sources' data so that a conflict is considered and solved between two sources. The conflict is further resolved at a so called local group level by additive combination of non-conflicting $({}^N m_{\mathrm{nc}}(A_k))$ and conflicting parts $({}^N m_{\mathrm{c}}(A_k))$: ${}^N m(A_k) = {}^N m_{\mathrm{nc}}(A_k) + {}^N m_{\mathrm{c}}(A_k)$, where the non-conflicting mass is:

$$
{}^N m_{\mathrm{nc}}(A_k) = \frac{2}{n \cdot (n-1)} \cdot \sum_{i=1}^{n-1} \sum_{j=i+1}^{n} {}^N m_i \cdot {}^N m_j, \tag{2}
$$

and the conflicting mass is:

$$
{}^N m_{\mathrm{c}}(A_k) = k'_{\mathrm{cm}}(A_k) \cdot \frac{1}{n} \sum_{i=1}^{n} {}^N m_i, \quad k'_{\mathrm{cm}}(A_k) = \frac{2}{n} \sum_{i=1}^{n} {}^N m_i - 2 \cdot {}^N m_{\mathrm{nc}}(A_k). \tag{3}
$$

The conflicting coefficient $k'_{\mathrm{cm}}(A_k) \in [0, 1]$ represents the amount of conflict inside an attribute between the associated information sources. It regulates an attribute's importance $I_{\mathrm{m}}(A_k) = 1 - k'_{\mathrm{cm}}(A_k)$: The higher the conflict inside an attribute, the smaller its importance.

Importance of an attribute plays a major role in the fusion on *system layer*. Here, we use the *Implicative Importance Weighted Ordered Weighted Averaging* (IIWOWA) class of operators, a class of fuzzy averaging operators, as defined in [15] to obtain the overall result in the fusion process, the *system health* ${}^N m$. Each attribute health is at this step weighted with its corresponding importance so that attributes bearing high conflict have only small influence on the system health. For further details on the fusion model, the interested reader is referred to [14].

2.2 Attribute Generation and Update

As mentioned in the section before, the determined membership functions form attributes on attribute layer. All attributes are device-dependent and defined by the monitoring system designer. In the static monitoring case, attributes (or supervised signal sources/features, respectively) are defined during the design phase and remain untouched when signal sources are added to or removed from a system during operation.

Here, we present an automatic attribute generation approach to handle the high variability of ATMs in the field, as is already described in Sect. 1. Our approach is able to generate attributes automatically based on information about the devices operated in the ATM and about the meaning of the messages triggered by the devices. Additional flexibility in terms of adaptivity regarding system changes is also introduced by the dynamic approach. The meaning of an attribute could be the condition of one of the system's hardware modules; it could also aggregate all information regarding user-influenced signals (the bank customer's behaviour is reflected). Thus, one membership function can be assigned to a number of attributes.

First, the information are used to distribute the features connected to the state transitions over the attributes. All transitions with only one ATM component involved are assigned to an attribute monitoring the health of that specific component (e. g. PIN START to PIN END are assigned to EPP). The remaining transitions affect more than one component and are therefore assigned to the device-spanning attribute. Additionally, some of the transitions can be identified to be only depending on ATM behaviour and others solely on customer behaviour. These are assigned to the ATM-dependent and customer-dependent attribute, respectively. Second, in case a transition between states from a component yet not monitored appears, a new attribute representing this novel component is generated. This could be the case when a financial institution decides to equip an ATM with a receipt printer after some operation time. Third, some component may be removed from the ATM by its operator. In these cases, the attribute representing that component is destroyed completely and no more included in the determination of the system health status. All other attributes must also be updated by removing the features connected to the absent component.

Hereby the attribute generation and update method described is able to cover all possible use cases and monitoring systems which adapt themselves autonomously to different operation scenarios.

Already mentioned above, besides messages appearing triggered by events, also periodic messages are communicated by each device. During operation, these are used as heartbeat messages, i. e. they are used for checking if a device is still available or if it has been (intentionally) removed from the ATM. The heartbeat messages enable the detection and identification of devices operated in the ATM as well as detecting devices being removed from the ATM. In case a heartbeat message does not appear within a certain time frame, the associated device is assumed to be removed from the ATM and the corresponding attribute is destroyed. Also, all features containing information about the removed device are not evaluated anymore. Additionally, a plausibility check is carried out in cases where heartbeat messages are still detected, but other messages, which must occur during the operation of the specific device, do not appear. In those cases, a component's defect, e. g. a sensor fault, is detected.

To show the benefits of the adaptive attribute generation and update concept, ATM monitoring experiments using the multi-layer fusion model described in Sect. 2.1 are conducted and described in the following.

3 Experiments and Results

For evaluation of the previously described concepts, we conducted an experiment based on real ATM data. The data consist of features extracted from 1703 ATM transactions which have been logged over 17 days. All transactions took place at the same ATM, a Wincor Nixdorf ProCash 4000, available to the public. As of today, financial institutions offer customers to carry out a variety of transactions like mobile phone credit booking or PIN changes of the debit card at their ATMs. Here, we concentrate only on cash debit transactions.

In the experiment presented in the following, we consider the following case: After 851 transactions, the financial institution operating the monitored ATM decided to use it solely for cash debit transactions which have been approved by bank employees in advance. The desired amount of cash is cleared by the employee for one certain cash debit card and one certain ATM. Afterwards, the bank customer only provides the debit card to the ATM, and without entering the PIN the cash is dispensed automatically. Thus, the EPP is not necessary for the new operation mode and removed from the ATM before the 852nd transaction. For the experiment, we removed all data acquired from the EPP after transaction 851 to simulate the device's removal.

The first 573 transactions were used to train the fuzzy membership functions as well as for monitoring. Afterwards, no additional learning was triggered. In Fig. 5, a state of the art static monitoring system's behaviour is shown. As no signal/attribute update mechanism is incorporated in this monitoring approach, all memberships of features connected to the EPP become 0 instantly after the EPP's removal since messages from the EPP are still assumed to appear during a cash debit transaction, but do not show up. In the end, the system health is devalued, although the ATM is working fault-free in the new operation mode.

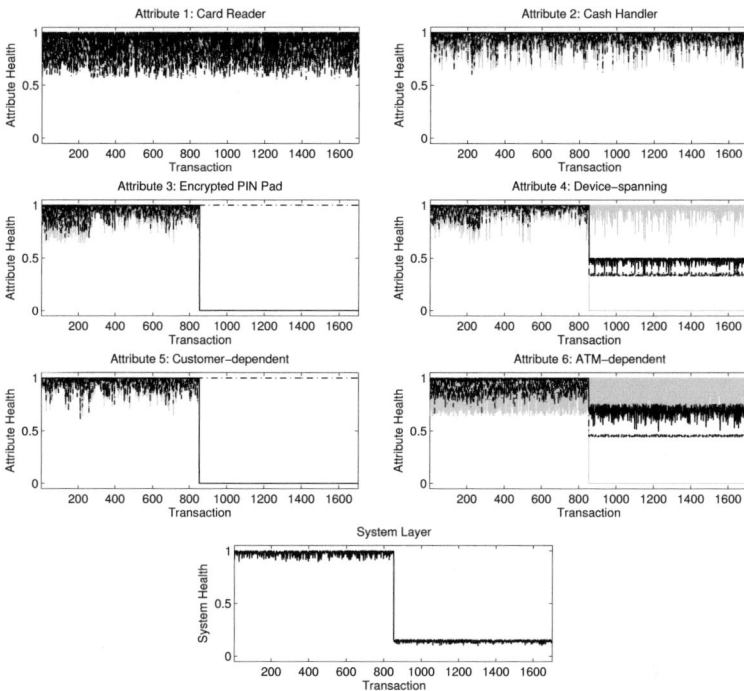

Figure 5: Attribute and system health (solid black lines) along with feature memberships (solid gray lines) and attribute importance (dash-dotted black lines) using a static fusion approach.

Our novel adaptive attribute generation and update approach takes the system changes into account and updates the incorporated attributes such that features connected to the missing device are removed from the respective attributes. As well, in case attributes consist only of EPP-related features (cf. attributes 3 and 5 in Fig. 6), these attributes are destroyed and not used for system health determination. The attribute destruction is visible from the respective attribute health and importance curves which end after 851 transactions. Also the feature membership curves (solid gray lines) end in the other affected attribute plots, although not visible in the plots since they are hidden by other lines. The benefit of this approach compared to the static one is seen most obviously in the system health plot: The fusion system considers the ATM being in a comparably healthy state over the whole monitored period. This completely corresponds to the ground truth.

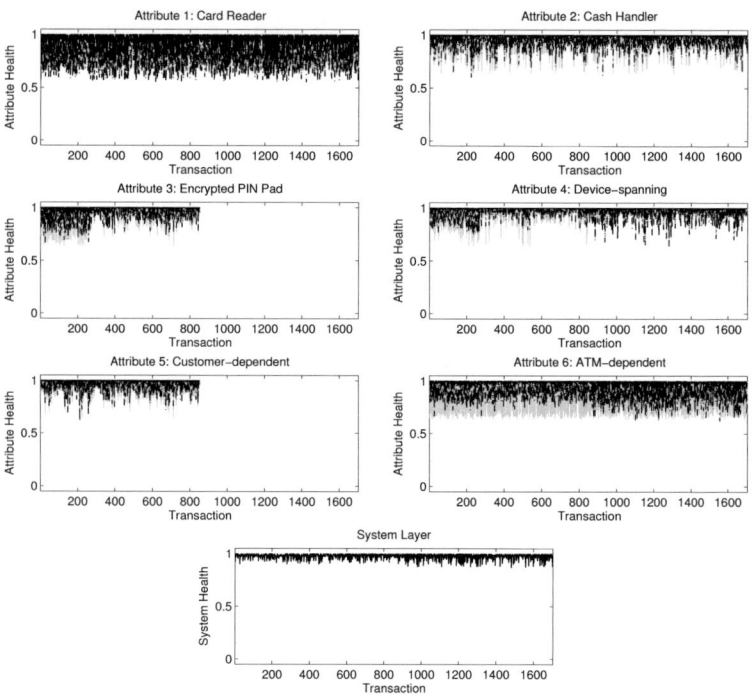

Figure 6: Attribute and system health (solid black lines) along with feature memberships (solid gray lines) and attribute importance (dash-dotted black lines) using the adaptive attribute generation and update approach.

4 Conclusion and Outlook

In this contribution we presented an adaptive attribute generation and update model and applied it in a multi-layer fusion model. The experiments presented in Sect. 3 showed that the multi-layer fusion model is able to react on system changes and intercept wrong conclusions regarding attribute and system health, whereas the same fusion model lacking the update mechanism failed detecting the actual system state. All concepts described in this work can be applied to allow plug-and-play condition monitoring without any additional effort during commissioning of the system. Regardless of which devices are built into an ATM, the monitoring system is able to create and initialize its necessary components itself. Usage of the adaptive attribute generation and update concept is not limited to the presented multi-layer fusion. It can be easily transferred to other fusion models and used there to enable or disable certain input signals depending on their availability, for example. Although, we suggest to apply the presented multi-layer fusion concept to have a close to reality representation of the monitored system or application. Of course, the attributes' semantics will be different in other applications: one could think of a production process for which each production step is modelled by one attribute. Hence, all presented concepts are not limited to ATM condition monitoring.

Our contribution presents initial work in the field of adaptive condition monitoring frameworks. In the future, our approach will be applied to a different type of ATM to increase the data base and confirm the methodology. As a first step, data acquisition is currently carried out on an additional physical machine which is of a different type compared to that evaluated in this work. Until now the messages' payload has been ignored in the monitoring process. It will be included in addition to the already incorporated timing information to gain more information, stabilize fusion results, and improve the confidence in them. Finally, this will lead to additional features used in the monitoring process. Yet, the acquired data has been filtered for cash debit transactions. As already mentioned, ATMs also offer a number of additional transaction scenarios nowadays. These are hard to identify manually in the acquired data stream, especially since the same scenario may vary from one financial institution to another. Thus, in the itsowl-InverSa project [7] it is planned to carry out research on the automatic determination of a comprehensive model describing the normal behaviour of an ATM under supervision. It is intended to use the information generated in that branch of the project to adaptively generate and update the evaluated features, too. This will lead to a complete and highly flexible condition monitoring model applicable with as little manual intervention as possible, able to adapt to different operation scenarios which may have even been unknown at the design time of the monitoring system. In parallel, the current results will be integrated in a generic information fusion framework for usage of the presented work in additional applications from different fields such as condition monitoring for production processes.

Acknowledgement We kindly thank the financial institution Vereinigte Volksbank eG for the permission to acquire anonymized transaction data on their ATM. This work was partly funded by the German Federal Ministry of Education and Research (BMBF) within the Leading-Edge Cluster "Intelligent Technical Systems OstWestfalenLippe" (it´s OWL).

References

[1] Geisberger, E.; Broy, M. (eds.): *agendaCPS: Integrierte Forschungsagenda Cyber-Physical Systems* (Integrated Research Agenda Cyber-Physical Systems), *acatech STUDIE*, vol. 1. Berlin, Heidelberg: Springer. 2012.

[2] Iswandy, K.; König, A.: Methodology, Algorithms, and Emerging Tool for Automated Design of Intelligent Integrated Multi-Sensor Systems. *Algorithms* 2 (2009) 4, pp. 1368–1409.

[3] Verein Deutscher Ingenieure e.V. VDI/VDE-Gesellschaft Mess- und Automatisierungstechnik (GMA) (ed.): *Fertigungsmesstechnik 2020: Technologie-Roadmap für die Messtechnik in der industriellen Produktion* (Production Measurement Technology 2020: Technology Roadmap for Measurement Technology in the Industrial Production). Düsseldorf: VDI/VDE. 2011.

[4] CEN Workshop on 'eXtensions for Financial Services' (WS/XFS) - Published CWAs. `http://www.cen.eu/cen/Sectors/ Sectors/ISSS/Activity/Pages/xfs_cwas.aspx`. [Online; accessed 04 October, 2013]. 2012.

[5] it´s OWL: Intelligent Technical Systems OstWestfalenLippe, Germany: Leading-Edge Cluster of the Federal Ministry of Education and Research. `http://www.itsowl.de/`. [Online; accessed 04 October, 2013].

[6] Mönks, U.; Lohweg, V.: Vernetztes Intelligentes Sicherheitmonitoring und -management (Networked Intelligent Security Monitoring

and Management): (BMBF IngenieurNachwuchs 2008, VernISiM); Final Report. 2012.

[7] itsowl-InverSa: Intelligente vernetzte Systeme für automatisierte Geldkreisläufe (Intelligent Networked Systems for Automated Cash Cycles): Research Project sponsored by the Federal Ministry of Education and Research, Grant Number: 02PQ2061. http://www.its-owl.de/technologiecluster/projekte/IP_InverSa.php. [Online; accessed 04 October, 2013].

[8] Zadeh, L. A.: Fuzzy sets. *Information and Control* 8 (1965) 3, pp. 338–353.

[9] Dubois, D.; Prade, H.: Processing fuzzy temporal knowledge. *IEEE Transactions on Systems, Man and Cybernetics* 19 (1989) 4, pp. 729–744.

[10] Herbst, G.; Bocklisch, S. F.: Classification of keystroke dynamics - a case study of fuzzified discrete event handling. In: *9th International Workshop on Discrete Event Systems (WODES 2008)*, pp. 394–399. 2008.

[11] Lohweg, V.; Diederichs, C.; Müller, D.: Algorithms for Hardware-Based Pattern Recognition. *EURASIP Journal on Applied Signal Processing* 2004 (2004) 12, pp. 1912–1920.

[12] Shafer, G.: *A Mathematical Theory of Evidence*. Princeton, London: Princeton University Press. 1976.

[13] Mönks, U.; Voth, K.; Lohweg, V.: An Extended Perspective on Evidential Aggregation Rules in Machine Condition Monitoring. In: *3rd International Workshop on Cognitive Information Processing (CIP 2012)*. IEEE. 2012.

[14] Mönks, U.; Lohweg, V.: Machine Conditioning by Importance Controlled Information Fusion. In: *18th IEEE International Conference on Emerging Technologies and Factory Automation (ETFA2013)*. IEEE. 2013.

[15] Larsen, H. L.: Efficient importance weighted aggregation between min and max. In: *9th International Conference on Information Processing and Management of Uncertainty in Knowledge-Based Systems (IPMU 2002)*. 2002.

Uoslib – A Library for Analysis of Online-Learning Algorithms

Andreas Buschermöhle, Jens Hülsmann, Werner Brockmann

Universität Osnabrück
Albrechtstraße 28, 49069 Osnabrück
Tel. (0541) 969 2439
Fax (0541) 969 2480
E-Mail: Andreas.Buschermoehle@Uni-Osnabrueck.de,
Jens.Huelsmann@Uni- Osnabrueck.de,
Werner.Brockmann@Uni-Osnabrueck.de

1 Introduction

In many fields of application, the need for online-learning as an efficient and scalable machine learning technique increases. Either the amount of data is too big or continuously growing as in the emerging field of big data and data stream processing, or the application is time variant and thus requires a continuous adaptation to changing conditions. In all scenarios, the two most important learning tasks are *regression* and *classification*. Most algorithms for online-learning in these tasks are quite similar and can be readily used for both. A common algorithmic basis for both is often an approximation structure that is linear in the parameters (LIP) for which a set of basis functions is fixed and only the parameter vector is adapted by learning. This has the advantage of fixed memory and computational effort which is of great importance either because of timeliness of the results, e.g. in embedded systems or streaming applications, or because of the huge amount of data to be processed otherwise. Different approximation structures, like fuzzy systems or polynomials belong to this category of LIP approximation structures.

To facilitate the development of new algorithms in this area and to systematically evaluate these methods, a suitable common framework is necessary. Such a framework must contain state of the art learning algorithms for comparison and be easily extensible with new ones. Furthermore it should be applicable to both tasks of regression and classification and should allow an easy setup of investigations with different properties of a learning scenario, e.g. degree of data noisiness, data linearity, or independence of consecutive data. Just as well, the approximation structure must also be exchangeable to compare its impact on the resulting performance. This way, a systematic investigation of learning algorithms within the application is possible.

2 Online-Learning Libraries

Different libraries for the application of online-learning or learning of LIP approximations have been developed in recent years. One of the most widespread is MOA (Massive Online Analysis) [1] as a library for data stream mining. It is focused on stream classification, stream clustering and outlier detection, providing a variety of algorithms for each task. Yet, regression is not present in this library. Another big library for online-learning is Jubatus [2] which provides algorithms for fast online-learning with a focus on distributed systems. The library contains algorithms for the tasks of classification, regression, recommendation, graph mining, and anomaly detection, but only one learning algorithm for regression is present. Furthermore, Jubatus was mainly developed for distribution of learning tasks to several machines as to cope with high data rates and not to investigate an online-learning algorithm itself in a systematic way.

A library with tighter focus on the investigation of online-learning algorithms is OLL (Online-Learning Library) [3]. But with a focus on natural language processing this library likewise does not include the task of regression. Additionally, it contains only some basic algorithms and is not up to date. More learning algorithms but also with a focus on linear classification are available in LIBLINEAR [4]. But here the linear classification is not embedded into the setup of online learning, and again regression is not included. Similarly the most up-to-date library LIBOL (Library for Online Learning Algorithms) [5] includes many state of the art algorithms but again only for binary and here as well multi-class classification.

In conclusion, no library exists that connects online-learning for both tasks of regression and classification and combines it with tools for a systematic investigation. Especially the task of regression is severely underrepresented in available libraries. Furthermore, all libraries dealing with LIP approximations only use the simple linear model $y = \omega^T \cdot x$ where the output is just a linear combination of the input values. Thus no more elaborate approximation structure is used and the learning algorithms cannot be easily investigated in their interplay with the structure.

3 Scope of UOSLib

In this paper we hence present the *UOSLib* (Unified Online-learning Systems Library) as an extensible open source library of online-learning algorithms for Matlab. The online-learning task is characterized by learning on a sequence of data which can be described in *steps* (see Alg. 1) both for classification and regression. In step t the learning algorithm is presented an *instance* $x_t \in \mathbb{R}^d$ which is transferred from input space to parameter space by a fixed LIP approximation structure through a vector of *basis functions* $\phi(x_t) \in \mathbb{R}^n$, i.e. to allow more expressiveness than a simple linear approximation. This input is then used to predict its *label* $\hat{y}_t$ through a *model* $\hat{y}_t = f(\phi(x_t), \omega_t)$ with the *parameter vector* ω_t, which is the hypothesis maintained by the learning algorithm. Afterwards, the correct label y_t is given and the learning algorithm suffers an *instantaneous loss* $l(\hat{y}_t, y_t) \geq 0$ reflecting how wrong the prediction was. With the new pair of an instance and its corresponding label, henceforth called an *example* (x_t, y_t), the learning algorithm updates its hypothesis to ω_{t+1}.

Alg. 1: Stepwise Online-Learning

initialize parameter vector $\omega_1 \in \mathbb{R}^n$
initialize additional information Σ_1 //second order
for $t = 1, 2, \ldots, N_D$ **do**
    receive $x_t \in \mathbb{R}^d$
    predict its label $\hat{y}_t = f(\phi(x_t), \omega_t)$
    reveal true label y_t
    suffer loss $l(\hat{y}_t, y_t)$
    update parameter $\omega_{t+1} = \omega_t + \Delta_\omega(\omega_t, (x_t, y_t), \Sigma_t)$
    update information $\Sigma_{t+1} = \Sigma_t + \Delta_\Sigma(\omega_t, (x_t, y_t), \Sigma_t)$ //second order
end

Two classes of learning algorithms can be distinguished. On the one hand, *first order algorithms* update the parameter vector only based on the current parameter vector ω_t and the example (x_t, y_t). Thus they are memoryless and deal with every example the same way throughout the whole learning process. On the other hand, *second order algorithms* use additional fixed size information Σ_t to update the way of incorporating a new example as well (shown grayed in Alg. 1). For example, the recursive least squares method [6] incrementally tracks an estimate of the covariance matrix and uses it to further adjust the parameter update.

Depending on the learning task the evaluation of the output and the loss function differ. For regression the evaluation is given by $\hat{y}_t = f(\phi(x), \omega_t) =$

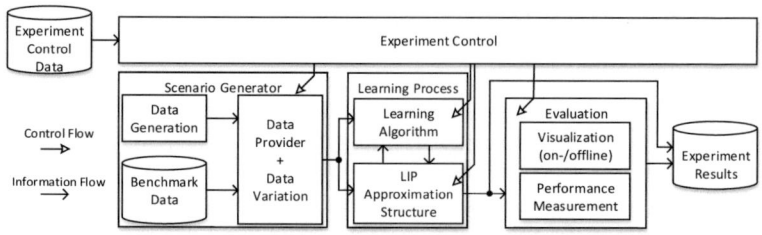

Fig. 1: Block diagram of the *UOSLib*-modules.

$\omega_t^T \cdot \phi(x)$ with $\hat{y}_t \in \mathbb{R}$. A commonly used loss function is the *squared loss*

$$l_r(\hat{y}_t, y_t) = (\hat{y}_t - y_t)^2 \ . \tag{1}$$

For classification the evaluation is typically given by $\hat{y}_t = f(\phi(x), \omega_t) = \mathrm{sgn}(\omega_t^T \cdot \phi(x))$ with $\hat{y}_t \in \{-1, +1\}$. Here a commonly used loss function is the *hinge loss*

$$l_c = \begin{cases} 0 & \text{if } \hat{y}_t \cdot y_t \geq 1 \\ 1 - \hat{y}_t \cdot y_t & \text{otherwise} \ . \end{cases} \tag{2}$$

Within this learning scheme *UOSLib* provides a basis to compare a variety of approximation structures $\phi(x)$ and learning algorithms $\omega_t \to \omega_{t+1}$ together with a collection of different learning scenarios for both tasks.

4 Concept

To support the development of new learning algorithms with *UOSLib*, Matlab was chosen as a widespread basis on the one hand to allow for rapid prototyping and easy analysis with onboard tools and on the other hand because it is optimized for linear algebra operations which is the core of LIP approximations.

The concept of *UOSLib* is based on three aspects as shown in Fig. 1. First, a *scenario generator* can be set up to generate synthetic data sets in a reproducible way to test the algorithms in different situations based on the exactly same data. The scenario generator hence allows to adjust specific properties of the learning scenario like noise level on the target labels, data density, independence of the input data, etc. This way the influence of these properties on the different learning algorithms can be evaluated systematically. Through a fixed random seed, the complete setup is reproducible and can be applied to different combinations of learning algorithm and approximation structure. Additionally, an interface to load (benchmark) datasets from a file is provided for an easy junction to external data sources. For external data some properties can be adjusted systematically as well, like added noise and order of presentation. All generated learning scenarios are easily mapped either to a regression task or to a binary classification task by taking the sign of the output. Most importantly, a setup can be uniquely specified by a footprint consisting of one tuple specifying the scenario and one the approximation structure, as shown in the following chapters, thus making it reproducible (by other researchers).

Second, for the learning process common interfaces to different approximation structures as well as learning algorithms are provided to easily exchange the structure or algorithm in use for comparison. This allows to test different combinations of

- learning task: regression or classification

- learning scenario: different properties of the data

- approximation structure: mapping input to parameter space $\mathbb{R}^d \rightarrow \mathbb{R}^n$

- learning algorithm: update of the parameter vector

by exchanging or systematically varying one of the four parts.

Third, the learning process is evaluated with different measures that are tracked over time. As online-learning is a continuous process, a cumulative performance measurement in a single number cannot present all relevant information. Rather, the progress of different measures over time is important to analyze the behavior. Therefor, *UOSLib* incorporates three measures that are updated after every learning step t. The cumulative loss l_c in Eq. (3) corresponds to the online performance, i.e. how well the predictive quality is at the respective step. In contrast to that, the mean data loss l_d in Eq. (4) corresponds to the quality on all examples seen up to the respective step, i.e. how well the general relationship of the examples was learned. Furthermore, for synthetic data it is possible to estimate the mean ground-truth loss l_g in Eq. (5), i.e. how well the learned approximation suits undisturbed and regularly sampled examples, thus covering the ability to generalize and cancel noise. To determine this, additional test examples $(\widetilde{x}_i, \widetilde{y}_i)$ are directly drawn on a fine-grained regular grid covering the complete input space regardless of the density of training data and without any disturbance.

$$l_c(t) = \sum_{\tau=0}^{t} l(f(\phi(x_\tau), \omega_\tau), y_\tau) \tag{3}$$

$$l_d(t) = \frac{1}{t} \sum_{\tau=0}^{t} l(f(\phi(x_\tau), \omega_t), y_\tau) \tag{4}$$

$$l_g(t) = \frac{1}{N_g} \sum_{i=0}^{N_g} l(f(\phi(\widetilde{x_i}), \omega_t), \widetilde{y_i}) \tag{5}$$

5   Main UOSLib Modules

To ease the use of the *UOSLib* functionality, a survey of its main functional units is given in the following with the relevant *UOSLib* function headers.

5.1   Scenario Generator

The scenario generator provides a set of examples which is used for training in a sequential order. All scenarios are scaled to enforce that the input values lie in the interval $[-10, +10]$ and the output is restricted to the interval $[-1, +1]$. By fixing the seed rSeed of the random number generator, the examples are fully reproducible. The generator is called through the function icl_loadDS which has the following interface:

```
[data groundTruth dim] =
    icl_loadDS(mode, func, ND, NG, noise, minPath)
```

The setup specifies the learning task with the parameter mode which is either *regression* or *classification*. The underlying function used to generate the examples is given by the string func that selects one of several predefined test functions (see Tab. 1) that differ in their amount of nonlinearity and changes of the monotonicity. If this string starts with dataset, it is interpreted as a path to a file from which the examples are loaded. Parameter ND specifies the number of examples to generate for learning and parameter NG the number of regularly sampled ground truth data per dimension for evaluation. The parameter noise sets the standard deviation of normally distributed noise on the training labels. Lastly, parameter minPath selects whether the examples are ordered randomly or in a sequential way, resembling a continuous movement of the samples taken within input space.

If parameter minPath is true, the randomly generated examples are ordered in such a way that, starting at the lowest value in each dimension, i.e. -10, the next value in the sequence is chosen from the remaining set of randomly drawn examples to have a minimal distance to the current value (see Fig. 2 for an example).

func	Description	Dim.
linear	straight line	1
nonlin	exponential function	1
sine	sine function	1
linear2	linear plane	2
twocircles	minimum distance to two corners	2
crossedridge	crossed ridge function	2
spiral	spiral loop (typical classification task)	2
highdimlin	linear hyperplane	20
highdimnonlin	squareroot hyperplane	20
relearn	3d-order-polynomial changing coefficients after half of training data	1
dataset...	If the string starts with dataset, the string will be interpreted as a relative path to a file. The file should contain arbitrary many columns of inputs and one last column of the target output with space-separation.	

Tab. 1: Different possible functions to draw data from.

The scenario generator function returns the examples in data as a two dimensional matrix with one example in each row and the ground-truth data for comparison in groundTruth. Depending on the function selected for generation, the dimensionality of the scenario differs which is returned in dim. All in all, the learning scenario hence can be uniquely identified by the following tuple:

$$(\text{mode}, \text{func}, \text{ND}, \text{NG}, \text{noise}, \text{minPath}, \text{rSeed})$$

5.2 Approximation Structures

The approximation structure is determined by the vector of basis functions $\phi : \mathbb{R}^d \to \mathbb{R}^n$. Currently three different approximation structures are

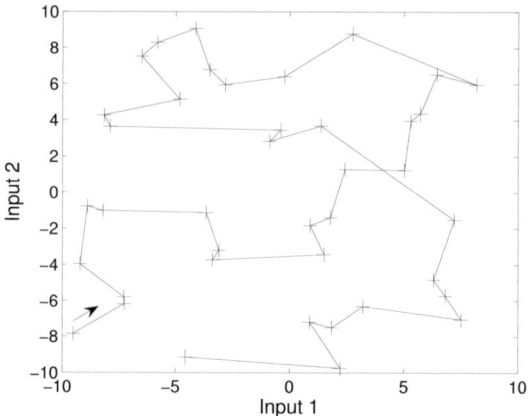

Fig. 2: Example of a randomly generated set of 40 examples with its according minimal path shown by the connections reflecting the order of presentation.

implemented. First, an additive polynomial of the form

$$f(x, \omega) = \omega_0 + \sum_{n=1}^{d} \sum_{m=1}^{N_o} \omega_{(n,m)} \cdot (x_n)^m \qquad (6)$$

is given as an example for approximation structures with *globally* effective parameters by the function `icl_genPoly`. It produces an additive combination of polynomials of order N_o in every component x_n of the input vector. This approximation structure has the advantage of increasing only linearly in complexity with the scenario dimensionality at the cost of highly interacting parameters. The according function has the interface

```
ILS = icl_genPoly(order, dim)
```

receiving the polynomial order and the dimensionality. It returns a structure, containing the vectors of basis functions $\phi_{n,m}(x)$ and ω.

In contrast to that, two variants of a *local* approximation structure are implemented as grid-based lookup tables (GLT), one with an equally spaced grid (Fig. 3 left) and one with a spacing which can be set arbitrarily (Fig. 3 right). On such a grid in input space, the output is defined by the hight

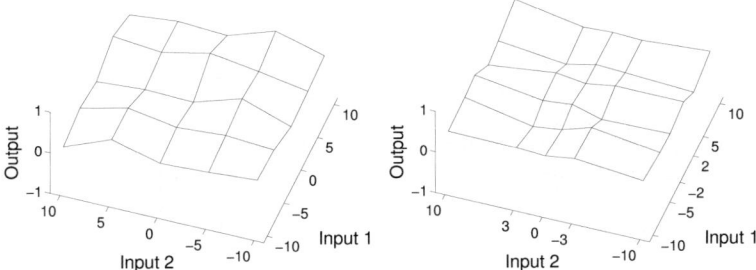

Fig. 3: Example of a grid-based lookup table with linear interpolati-on for two dimensions. The grid-points are either equally spaced, here with five points per dimension (left), or specified dimension-wise here at $\{-10, -5, -2, 0, 2, 5, 10\}$ for the first dimension and $\{-10, -3, 0, 3, 10\}$ for the second (right).

of the approximation at the grid-points and either a linear or a Gaussian interpolation in-between. Linear interpolation ensures total locality of the parameter influence, whereas Gaussian interpolation results in a smoother surface. The parameters of a GLT thus only have local influence on the out-put and hence do not interact as much. This causes a completely different learning behavior than global parameters. But with such a local structure, the curse of dimensionality leads to an exponentially increasing number of parameters with increasing dimensionality. For implementing this structure either icl_genGLT can be used with the interface

```
ILS = icl_genGLT(num, dim, base)
```

to get a regularly spaced grid in input space with the parameters num for the number of grid positions in each of the dim dimensions and base to choose between linear and Gaussian.

Alternatively, a more complex setup of a GLT structure is possible with the function icl_genGLTarb by defining an arbitrary grid structure through

```
ILS = icl_genGLTarb(loc, dim, base)
```

where an array of locations loc is specified containing a location array for each input dimension. For the example of Fig. 3 this array has the form $\{[-10, -5, -2, 0, 2, 5, 10], [-10, -3, 0, 3, 10]\}$.

The used approximation structure is uniquely identified as well by:

(Poly, `order`) or (GLT, `num`, `base`) or (GLT, `loc`, `base`)

These approximation structures hence allow for an easy comparison of learning algorithms with globally or locally effective parameters. This distinction is especially significant for online-learning as a single example only presents local information for the parameter update.

5.3 Learning Algorithms

The main goal of *UOSLib* is to implement and to compare a variety of new and existing state of the art learning algorithms as well for regression as classification easily. On the one hand, they can be divided into the groups of *first* and *second order* learning algorithms. On the other hand, they are distinguished regarding their applicability to regression and/or classification. Currently the list of implemented learning algorithms contains the following.

First order algorithms are:

- Perceptron: Classical online-learning algorithm [7]
- PA: Passive-Aggressive algorithm in the three variants [8]:
  - PA: Parameter update fully aggressive
  - PA-I: Limited aggressiveness (linear slack variable)
  - PA-II: Limited aggressiveness (quadratic slack variable)
- IRMA: Incremental Risk Minimization Algorithm [9]

Second order algorithms are:

- CW: Confidence Weighted learning [10]
- AROW: Adaptive Regularization Of Weight vectors [11]
- GH: Gaussian Herding [12]
- RLS: Recursive Least Squares [6]

Except for IRMA, which is only applicable for regression tasks, and CW, which is only applicable for classification tasks, every algorithm can be used for both tasks.

To add a new learning algorithm, it must implement two interface functions. The first should provide algorithm specific initializations, e.g. the covariance matrix of RLS. it therefor receives the structure ILS as it is generated by the approximation structure setup and the input dimensionality. Any information to be saved is changed within the returned ILS structure.

```
ILS = icl_initILS(ILS, dim)
```

The second function is used to update the ILS structure, i.e. its parameter vector and possible further information, with one single example incrementally. It receives again the ILS structure, as well as the example (x, y), the label yp predicted beforehand, and the mode reflecting whether the task is regression or classification.

```
ILS = icl_learn(ILS, x, y, yp, mode)
```

5.4 Evaluation

For evaluation of a learning run, the three measures of Eq. 3-5 are plotted over time to show their progress during learning. In Fig. 4 an example plot of such an evaluation is given for the comparison of PA and RLS on a simple scenario (mode = REG, func = sine, ND = 300, NG = 100, noise = 0.2, minPath = false, rSeed = 12345) with (GLT, num = 15, base = gauss) as the approximation structure. For one- and two-dimensional scenarios a visualization of the resulting approximation and the examples is supplied as well (see Fig. 5). This visualization can also be done live to follow the learning process with every example.

These evaluations help to reveal and compare the characteristic properties of the learning algorithms. In the example of Fig. 4 on a long run, RLS outperforms the predictive performance of PA with a slightly lower ground truth loss. But for low data densities, as in the beginning RLS tends to overfitting as the ground truth loss is high even though the data loss is low. Thus it is temporarily slightly outperformed by PA in the cumulative loss.

Similarly, classification tasks can be evaluated and visualized. In Fig. 6 the results of PA and AROW are compared for the learning scenario (mode = CLA, func = crossedridge, ND = 500, NG = 20, noise = 0.05, minPath = true, rSeed = 12345) with the approximation structure (GLT, num = 15, base = lin). The plot shows the given examples of the two classes with dots and crosses and additionally in white and gray the respective regions the learned approximation assigns to them. Apparently, both classifiers represent the basic structure of the data but they differ in some regions due to noise.

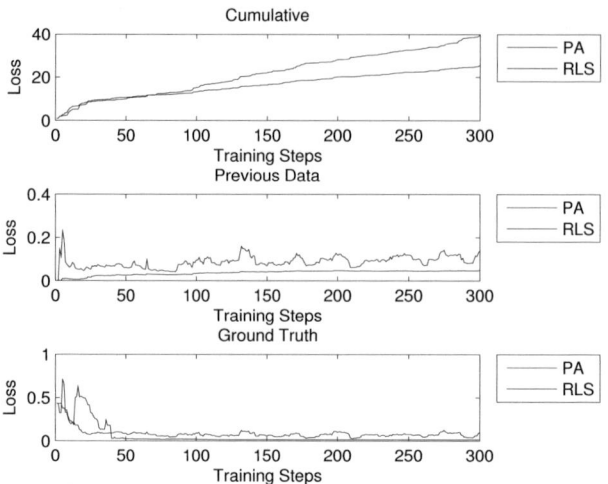

Fig. 4: Example plot of learning performance measures for a comparison of PA (solid line) and RLS (dashed line) on a simple regression task with a given GLT approximation structure.

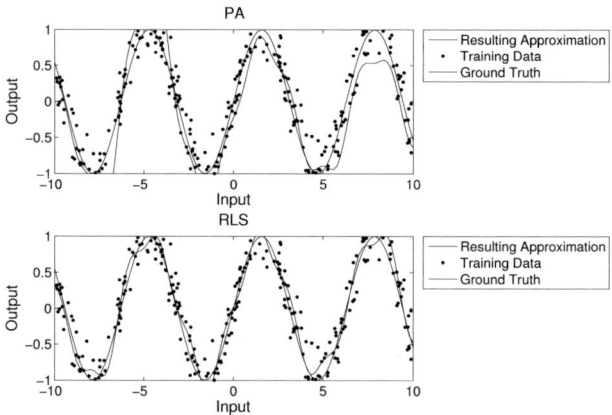

Fig. 5: Example plot of a resulting approximation for a comparison of PA (top) and RLS (bottom) on a simple one-dimensional regression task with a given GLT approximation structure.

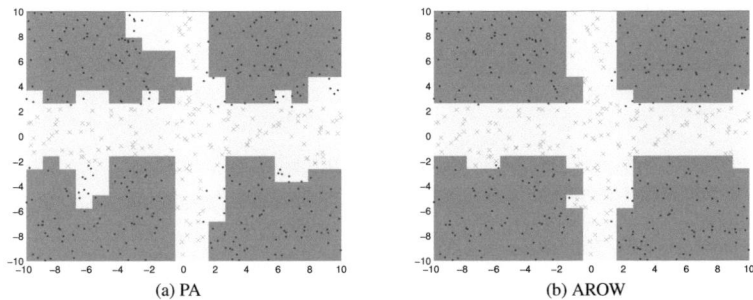

(a) PA   (b) AROW

Fig. 6: Resulting approximation for a comparison of PA (left) and AROW (right) on a simple binary classification task with a given GLT approximation structure. The examples for the classes are shown by dots and crosses and the resulting class regions in gray and white.

6 Conclusion

UOSLib is an open source library for systematic analysis of online-learning algorithms and online-learning tasks in general. It is easy to use and easy to extend. Based on Matlab, it consists of the four basic building blocks of scenario generator, approximation structure, learning algorithm, and evaluation. Each is easily extended with further algorithms and allows a systematic investigation of combinations of different instances for these building blocks.

The setup of an investigation is easily described through unique identifiers and thus very easy to reproduce, also by other researchers. *UOSLib* is thus well-suited for reference investigations in scientific publishing and may hence enhance on research standards.

Future work on the *UOSLib* covers three issues. First, a wider base of approximation structures and learning algorithms needs to be implemented, in order to include all state of the art approaches. Second, the scenario generator is a central feature. Its capability to set up different properties of a learning scenario allows solid research. Hence, further key features of generally relevant scenarios need to be identified and included in the generator. For easy use, they should be summarized into a scenario footprint which can be easily referenced. And third, for ease of use a more versatile graphical user interface would support wider accessibility of the library.

Literature

[1] Bifet, A.; Holmes, G.; Kirkby, R.; Pfahringer, B.: MOA: Massive Online Analysis. *Journal of Machine Learning Research* 99 (2010), S. 1601–1604.
URL http://moa.cms.waikato.ac.nz.

[2] Hido, S.: Jubatus: Real-Time and Highly-Scalable Machine Learning Platform. In: *Hadoop Summit*.
URL http://jubat.us. 2013.

[3] Okanohara, D.; Ohta, K.: Online Learning Library.
URL http://code.google.com/p/oll/. 2011.

[4] Fan, R.-E.; Chang, K.-W.; Hsieh, C.-J.; Wang, X.-R.; Lin, C.-J.: LIB-LINEAR: A library for large linear classification. *Journal of Machine Learning Research* 9 (2008), S. 1871–1874.
URL http://www.csie.ntu.edu.tw/~cjlin/liblinear/.

[5] Hoi, S. C.; Wang, J.; Zhao, P.: *LIBOL: A Library for Online Learning Algorithms*. Nanyang Technological University.
URL http://LIBOL.stevenhoi.org. 2012.

[6] Blum, M.: Fixed Memory Least Squares Filters Using Recursion Methods. *IRE Trans. on Information Theory* 3 (1957) 3, S. 178–182.

[7] Rosenblatt, F.: The Perceptron: A Probabilistic Model for Information Storage and Organization in the Brain. *Psychological Review* 65 (1958) 6, S. 386–408.

[8] Crammer, K.; Dekel, O.; Keshet, J.; Shalev-Shwartz, S.; Singer, Y.: Online Passive-Aggressive Algorithms. *Journal of Machine Learning Research* 7 (2006), S. 551–585.

[9] Buschermoehle, A.; Schoenke, J.; Rosemann, N.; Brockmann, W.: The Incremental Risk Functional: Basics of a Novel Incremental Learning Approach. In: *Proc. of IEEE Int. Conf. on Systems Man and Cybernetics (SMC)*. IEEE Press. Accepted for publication. 2013.

[10] Dredze, M.; Crammer, K.; Pereira, F.: Confidence-Weighted Linear Classification. In: *Proc. of the 25th Int. Conf. on Machine Learning*, S. 264–271. ACM. 2008.

[11] Crammer, K.; Kulesza, A.; Dredze, M.; et al.: Adaptive Regularization of Weight Vectors. *Advances in Neural Information Processing Systems* 22 (2009), S. 414–422.

[12] Crammer, K.; Lee, D. D.: Learning via Gaussian Herding. *Advances in Neural Information Processing Systems* 23 (2010), S. 451–459.

Abschätzung des Einzugsbereiches für T-S Systeme: Beachtung des Gültigkeitssektors

Klaus J. Diepold, Sebastian J. Pieczona

Lehrstuhl f. Regelungstechnik (Prof. Dr.-Ing. B. Lohmann), TU München
Boltzmannstr. 15, 85748 Garching
Tel.: (089) 289-15664
Fax: (089) 289-15653
E-Mail: kj.diepold@mytum.de, sebastian.pieczona@mytum.de

1 Einleitung

Der Entwurf nichtlinearer Regler und Beobachter stellt stets eine Herausforderung dar. Oftmals wird daher versucht, soweit möglich, auf die lineare Regelungstheorie zurückzugreifen. Hierfür kann das Modell linearisiert werden, wodurch allerdings eine direkte Übertragbarkeit der Entwurfsergebnisse (z.b. Performance und Stabilität) auf das nichtlineare Originalsystem nur in einer zumeist unbekannten kleinen Umgebung um den Linearisierungspunkt erlaubt ist. Dieser Nachteil führt bei der Abschätzung eines stabilitätssichernden Einzugsbereiches zu einem zusätzlich hohen numerischen Aufwand.

Im Gegensatz zur Modelllinearisierung resultiert die Formulierung eines nichtlinearen dynamischen Systems in Takagi-Sugeno (T-S) Struktur in einer exakten Darstellung der Systemdynamik auf Basis einer endlichen Anzahl an linearen Subsystemen [1]. Somit wird das Systemverhalten nicht approximiert, wodurch eine direkte Übertragbarkeit von Entwurfsergebnissen prinzipiell möglich ist. Allerdings ist dies im Allgemeinen nicht global erlaubt, da das T-S System die nichtlineare Systemdynamik nur in einem festzulegenden Bereich (lokaler Gültigkeitssektor) wiedergibt. In der Literatur wird dieser Sachverhalt jedoch häufig vernachlässigt. Besonders bei der Abschätzung eines Einzugsbereiches ist die Berücksichtigung des Gültigkeitssektors wichtig, da so globale in lokal gültige Stabilitätsaussagen übergehen [2, 3]. Im Allgemeinen basiert der Stabilitätsnachweis von T-S Systemen auf quadratischen Lyapunov-Funktionen, die der Lösung einer konvexen Optimierung in Form von linearen Matrixungleichungen (LMIs) entsprechen [4, 5]. Lokale Stabilitätsuntersuchungen werden dabei zwar bei der Berücksichtigung von Stellgrößenschranken [1, 6, 7, 8], selten allerdings bedingt durch den Gültigkeitssektor des T-S Modelles [2, 3], durchgeführt.

In diesem Beitrag wird der Gültigkeitssektor eines T-S Systems anhand von Beschränkungen der Prämissenvariablen beschrieben und in LMIs formuliert. Durch die Berücksichtigung dieser LMIs in einem konvexen Optimierungsproblem wird letztlich ein möglichst großer Einzugsbereich abgeschätzt, der zugleich auch für das nichtlineare Originalsystem gültig ist.

In Kapitel 2 werden die Grundlagen der LMI-basierten Stabilitätsuntersuchung von T-S Systemen zusammengefasst. Die Formulierung des T-S Gültigkeitssektors als LMIs sowie deren Integration in verschiedenen Arten der konvexen Optimierung eines Einzugsbereiches ist in Kapitel 3 erläutert. Kapitel 4 zeigt vergleichende Simulationsergebnisse.

2 LMI-basierte Stabilitätsanalyse von T-S Systemen

Ausgangspunkt sei die kontinuierliche T-S Formulierung

$$\dot{\mathbf{x}} = \sum_{i=1}^{r} h_i(\mathbf{z}) \left(\mathbf{A}_i \mathbf{x} + \mathbf{B}_i \mathbf{u} \right), \tag{1}$$

eines nichtlinearen Systems

$$\dot{\mathbf{x}} = \mathbf{f}(\mathbf{x}, \mathbf{u}), \tag{2}$$

mit dem Zustandsvektor $\mathbf{x} \in \mathbb{R}^n$, den linearen Subsystemen $\mathbf{A}_i \in \mathbb{R}^{n \times n}$, $\mathbf{B}_i \in \mathbb{R}^{n \times m}$ und dem Eingangsvektor $\mathbf{u} \in \mathbb{R}^m$. Die skalarwertigen nichtlinearen Funktionen $h_i(\mathbf{z})$ gewichten die linearen Teilsysteme zueinander, wobei der Prämissenvektor $\mathbf{z} \in \mathbb{R}^s$ im Allgemeinen aus Systemzuständen, Systemeingängen sowie externen Größen bestehen kann. In der Regel sind es allerdings immer die Variablen, die nichtlinear in das mathematische Modell (2) eingehen (*sector nonlinearity approach*) [1]. Das dynamische Verhalten der Systeme (1) und (2) ist identisch, solange gilt

$$\sum_{i=1}^{r} h_i(\mathbf{z}) = 1, \quad h_i(\mathbf{z}) \geq 0 \ \forall \ h_i. \tag{3}$$

Ein zugehöriger Gültigkeitsbereich (Gültigkeitssektor) aller Prämissenvariablen z_l kann hierfür zu

$$\mathcal{Z} = \left\{ z_l : z_{l,min} \leq z_l \leq z_{l,max}, l \in \mathbb{N}_{1:s} \right\} \tag{4}$$

definiert werden. Die oberen und unteren Schranken $z_{l,max}$, $z_{l,min}$ gilt es festzulegen [1]. Durch eine physikalische Modellbildung von System (2) können die Schranken zumeist realitätsgetreu gewählt werden (z.B. zulässige Positionen und Geschwindigkeiten des Systems).

Die linearen Submodelle $(\mathbf{A}_i, \mathbf{B}_i)$ in (1) werden für gewöhnlich mit einem sogenannten PDC (parallel distributed compensation)

$$\mathbf{u} = \sum_{i=1}^{r} h_i(\mathbf{z}) \, (\mathbf{K}_i \mathbf{x}), \qquad (5)$$

geregelt [1], wodurch der geschlossene Regelkreis

$$\dot{\mathbf{x}} = \sum_{i=1}^{r} \sum_{j=1}^{r} h_i(\mathbf{z}) h_j(\mathbf{z}) \, (\mathbf{A}_i + \mathbf{B}_i \mathbf{K}_j) \, \mathbf{x} \qquad (6)$$

lautet. Die globale asymptotische Stabilitätsuntersuchung des geregelten T-S Systems (6) erfolgt häufig auf Basis einer quadratischen Lyapunov-Funktion

$$V = \mathbf{x}^T \mathbf{P} \mathbf{x}, \quad \mathbf{P} > 0. \qquad (7)$$

Theorem 1 [1]: Das T-S System (1) wird durch den PDC-Regler (5) im Ursprung $\mathbf{x} = 0$ asymptotisch stabilisiert, falls eine positiv definite Matrix $\mathbf{P}$ existiert, sodass

$$\left(\mathbf{A}_i + \mathbf{B}_i \mathbf{K}_j\right)^T \mathbf{P} + \mathbf{P} \left(\mathbf{A}_i + \mathbf{B}_i \mathbf{K}_j\right) < 0, \; \forall \, i, j \in \mathbb{N}_{1:r} \qquad (8)$$

gilt.

Beweis: Die zeitliche Ableitung von (7) ist gegeben durch

$$\dot{V} = \dot{\mathbf{x}}^T \mathbf{P} \mathbf{x} + \mathbf{x}^T \mathbf{P} \dot{\mathbf{x}}, \qquad (9)$$

$$\dot{V} = \mathbf{x}^T \left[\sum_{i=1}^{r} \sum_{j=1}^{r} h_i(\mathbf{z}) h_j(\mathbf{z}) \left((\mathbf{A}_i + \mathbf{B}_i \mathbf{K}_j)^T \mathbf{P} + \mathbf{P} \left(\mathbf{A}_i + \mathbf{B}_i \mathbf{K}_j\right) \right) \right] \mathbf{x}.$$

Bedingt durch (3) ist $\dot{V} < 0$ sicher erfüllt, solange jeder Summand in (9) negativ ist, was durch (8) sichergestellt ist. ∎

Anmerkung 1: Weiterführende Ansätze ersetzten (7) durch eine konvexe Kombination von quadratischen Lyapunov-Funktionen [3], wodurch zumeist ein paar Annahmen getroffen werden müssen und die Anzahl der LMIs zunimmt. Die Lösungsfindung wird jedoch prinzipiell vereinfacht.

Streng genommen kann allerdings mit **Theorem 1** sowie mit den meisten der angesprochenen weiterführenden Ansätzen (**Anmerkung 1**) nur lokale

Stabilität des T-S Modells nachgewiesen werden, da (3) nicht global erfüllt ist. Ein zugehöriger Einzugsbereich (Ellipsoid) auf Basis von (7) ist daher definiert durch

$$\mathcal{E}(\mathbf{P}, \eta) = \left\{ \mathbf{x} \in \mathbb{R}^n : \mathbf{x}^T \mathbf{P} \mathbf{x} \leq \eta \right\}, \quad \mathbf{P} > 0, \qquad (10)$$

wobei η dem Wert der begrenzenden Höhenlinie $\partial\mathcal{E}(\mathbf{P}, \eta)$ entspricht. Häufig wird allerdings von globaler Gültigkeit des T-S Modells ausgegangen und der Gültigkeitsbereich (4) beziehungsweise die Einhaltung von (3) vernachlässigt [2, 3].

3 Einzugsbereich auf Basis des T-S Gültigkeitssektors

Generell können Stellgrößenbeschränkungen bei der Abschätzung des Einzugsbereiches für ein T-S System berücksichtigt werden [6, 7, 8], sodass auf selbe Weise auch die Einhaltung der Stellamplituden, die Teil des Prämissenvektors sind, möglich ist. Im Folgenden wird daher der Fokus darauf gelegt, den Gültigkeitsbereich (4) bedingt durch alle Zustandsvariablen

$$\bar{x}_l = \left\{ x_l : x_l \in \mathbf{z}, l \in \mathbb{N}_{1:n} \right\}, \quad \bar{x}_{l,min} \leq \bar{x}_l \leq \bar{x}_{l,max}, \qquad (11)$$

die Teil des Prämissenvektors sind und durch $\bar{x}_{l,min}, \bar{x}_{l,max}$ beschränkt werden, bei der Abschätzung eines Einzugsbereiches zu berücksichtigen. Als Ergebnis liegt eine LMI vor, deren Übertragbarkeit auf Stellgrößen im Prämissenvektor im Anschluss kurz aufgezeigt wird. Die Einbettung der LMI in diverse konvexe Optimierungsprobleme zur Auffindung eines möglichst großen Einzugsbereiches ist am Ende dieses Kapitels erläutert.

3.1 Zustandsgrößen als Prämissenvariablen

Um die Systemzustände (11) bei der Abschätzung des Einzugsbereiches zu Berücksichtigen wird eine LMI formiert, die alle zugehörigen Schranken als Zustandsbeschränkungen wiedergibt:

Theorem 2: Das geregelte T-S System (6) stabilisiert den Ursprung $\mathbf{x} = 0$ asymptotisch für alle Anfangswerte $\mathbf{x}_0 \in \mathcal{E}(\mathbf{P}, \eta)$, wenn neben (8)

$$\mathbf{g}_l^T \left(\frac{\mathbf{P}}{\eta} \right)^{-1} \mathbf{g}_l \leq \hat{x}_l^2, \quad \forall \, \bar{x}_l \qquad (12)$$

für alle Zustandsgrößen (11) erfüllt ist. Die Größe

$$\hat{x}_l = \min \left\{ |\bar{x}_{l,min}|, |\bar{x}_{l,max}| \right\} \qquad (13)$$

entspricht dem betragsmäßig kleineren Grenzwert für $\bar{x}_l$. Das l−te Element des Vektors $\mathbf{g}_l \in \mathbb{R}^n$ ist eins, alle anderen Elemente haben den Wert Null:

$$\mathbf{g}_l = [0,\ 0,\ \ldots,\ \underbrace{1}_{l-\text{te Element}},\ 0,\ \ldots,\ 0]^T. \tag{14}$$

Beweis: Die Einzugsbereiche $\mathcal{E}_l(\mathbf{P}, \eta_l)$, die jeweils die Restriktion $\bar{x}_{l,min} \leq \bar{x}_l \leq \bar{x}_{l,max}$ sicher erfüllen, werden durch die Höhenlinien $\partial \mathcal{E}_l(\mathbf{P}, \eta_l)$ mit den Werten η_l beschränkt. Diese Höhenlinien sind durch die Lösungen von

$$\eta_l = \min_{\mathbf{x}} \left(\mathbf{x}^T \mathbf{P} \mathbf{x} \right), \quad \text{sodass } \mathbf{g}_l^T \mathbf{x} = \pm\ \hat{x}_l \tag{15}$$

definiert. Bedingt durch die Punktsymmetrie der entstehenden Ellipsoiden reicht es aus, den betragsmäßig kleineren Grenzwert $\hat{x}_l$, gemäß (13), der Zustandsschranken zu berücksichtigen. Aus der Extremwertberechnung der zugehörigen Lagrangefunktionen

$$L(\mathbf{x}, \mu) = \mathbf{x}^T \mathbf{P} \mathbf{x} + \mu \cdot (\pm\ \hat{x}_l - \mathbf{g}_l^T \mathbf{x}), \tag{16}$$

folgt

$$\mathbf{x} = \pm \frac{\hat{x}_l}{\mathbf{g}_l^T \mathbf{P}^{-1} \mathbf{g}_l} \mathbf{P}^{-1} \mathbf{g}_l, \quad \eta_l = \frac{\hat{x}_l^2}{\mathbf{g}_l^T \mathbf{P}^{-1} \mathbf{g}_l}. \tag{17}$$

Für den kleinsten Höhenlinienwert $\eta = \min_l (\eta_l)$ ist sichergestellt, dass $\mathbf{g}_l^T \mathbf{x} \leq \pm\ \hat{x}_l$ für alle $\bar{x}_l$ gilt. Somit beschränkt die Höhenlinie $\partial \mathcal{E}(\mathbf{P}, \eta)$ ein sicheres Einzugsgebiet mit

$$\eta \leq \frac{\hat{x}_l^2}{\mathbf{g}_l^T \mathbf{P}^{-1} \mathbf{g}_l}, \quad \forall\ \bar{x}_l, \tag{18}$$

woraus (12) folgt. ∎

3.2 Stellgrößen als Prämissenvariablen

Der Vollständigkeit halber sei noch kurz die Analogie für eine Berücksichtigung von Eingangssignalen

$$\bar{u}_l = \{ u_l : u_l \in \mathbf{z}, l \in \mathbb{N}_{1:m} \}, \quad \bar{u}_{l,min} \leq \bar{u}_l \leq \bar{u}_{l,max} \tag{19}$$

angesprochen. Der Beweis erfolgt gemäß **Theorem 2**:

Proposition 1: Das geregelte T-S System (6) stabilisiert den Ursprung $\mathbf{x} = \mathbf{0}$ asymptotisch für alle Anfangswerte $\mathbf{x}_0 \in \mathcal{E}(\mathbf{P}, \eta)$, wenn neben (8)

$$\mathbf{k}_{l,i}^T \left(\frac{\mathbf{P}}{\eta} \right)^{-1} \mathbf{k}_{l,i} \leq \hat{u}_l^2, \quad \forall\ i \in \mathbb{N}_{1:r}, \ \forall\ \bar{u}_l \tag{20}$$

für alle Eingangssignale (19) erfüllt ist. Die Größe

$$\hat{u}_l = \min\left\{|\bar{u}_{l,min}|, |\bar{u}_{l,max}|\right\} \tag{21}$$

entspricht dem betragsmäßig kleineren Grenzwert für $\bar{u}_l$. Der Vektor $\mathbf{k}_{l,i}^T$ ist der $l-$te Zeilenvektor des $i-$ten Reglers (5).

3.3 Optimierte Abschätzung des Einzugsbereiches

Entscheidend für das Ergebnis einer LMI-basierten Abschätzung eines Einzugsbereiches (10) ist die Art der Formulierung des konvexen Optimierungsproblems. Im Folgenden werden drei derartige Optimierungsprobleme, die für T-S Systeme bislang noch verhältnismäßig wenig Verwendung finden, zusammengefasst. Im Gegensatz zu den häufig anzutreffenden Formulierungen [1, 6] besitzen die Folgenden die Vorteile, dass keine normbeschränkende oder direkte Abhängigkeit vom Anfangswert $\mathbf{x}_0$ vorkommt und ein möglichst großer Ellipsoid (10) gesucht wird. Ursprünglich wurden die Ansätze zur Berücksichtigung von Stellschranken entwickelt. Diese Restriktion wird im Nachfolgenden der Einfachheit halber durch die in **Theorem 2** beschriebene Einhaltung des Gültigkeitssektors ersetzt. Allerdings können bei Bedarf Stellgrößenbeschränkungen sowie die LMI (20) hinzugenommen werden (siehe **Anmerkung 2** am Ende des Kapitels).

Optimierung 1 (Volumen): Für gewöhnlich wird die Größe eines Ellipsoiden an dessen Volumen gemessen. Die Volumenoptimierung kann durch ein sogenanntes MAXDET-Problem (*determinant maximization problem*) in konvexer Form formuliert werden. Hier gilt es log det $\left(\frac{\mathbf{P}}{\eta}\right)^{-1}$ zu maximieren [9]. Letztlich ergibt sich das konvexe Optimierungsproblem

$$\max_{\mathbf{Q}>0} \quad \log \det\left(\mathbf{Q}\right), \tag{22}$$

$$\text{sodass } (a) \ \mathbf{Q}\left(\mathbf{A}_i + \mathbf{B}_i\mathbf{K}_j\right)^T + \left(\mathbf{A}_i + \mathbf{B}_i\mathbf{K}_j\right)\mathbf{Q} < 0, \ \forall \, i,j \in \mathbb{N}_{1:r},$$

$$(b) \ \mathbf{g}_l^T\mathbf{Q}\mathbf{g}_l \leq \hat{x}_l^2, \quad \forall \, \bar{x}_l,$$

mit $\mathbf{Q} = \left(\frac{\mathbf{P}}{\eta}\right)^{-1}$. Die LMI-Nebenbedingung (22) (a) ist gleichbedeutend mit (8) und sichert somit die Stabilität. Bedingung (22) (b) entspricht (12) und gewährleistet die Einhaltung des T-S Gültigkeitssektors. MAXDET-Probleme sind modifizierte semidefinite Programme (SDP) und können beispielsweise mit der Toolbox YALMIP für MATLAB [10] gelöst werden. Diese Toolbox findet auch bei den späteren Simulationen im Kapitel 4 Verwendung.

Optimierung 2 (Referenzvolumen): Anstatt das Volumen direkt zu maximieren, wird in [11] vorgeschlagen die Form des Ellipsoiden mitzuberücksichtigen. Ausgangspunkt ist ein zu definierender Referenzellipsoid

$$\mathcal{E}(\mathbf{R}, 1) = \left\{ \mathbf{x} \in \mathbb{R}^n : \mathbf{x}^T \mathbf{R} \mathbf{x} \leq 1 \right\}, \quad \mathbf{R} > 0. \quad (23)$$

Das Optimierungsziel ist es nun, den Ellipsoiden (10) sowie den dazugehörigen Einzugsbereich zu finden, der den maximierten Referenzellipsoiden $\kappa \cdot \mathcal{E}(\mathbf{R}, 1)$ vollständig umschließt. Die Variable $\kappa > 0$ dient zur Optimierung der Kontur von (23). Das zugehörige konvexe Optimierungsproblem lautet:

$$\min_{\mathbf{Q} > 0} \quad \gamma, \quad (24)$$

$$\text{sodass } (a) \ (22) \ (a),$$
$$(b) \ (22) \ (b),$$
$$(c) \ \begin{bmatrix} \gamma \mathbf{R} & \mathbf{I} \\ \mathbf{I} & \mathbf{Q} \end{bmatrix} \geq 0.$$

Anschaulich wird durch die Minimierung von $\gamma = \frac{1}{\kappa^2}$ die Kontur von (23) maximiert. Der Zusammenhang zwischen γ und $\mathcal{E}(\mathbf{R}, 1)$ spiegelt sich auch in der, im Vergleich zu (22) hinzugekommenen, Nebenbedingung (24) (c) wider. Zusätzlich garantiert diese, dass $\kappa \cdot \mathcal{E}(\mathbf{R}, 1) \subset \mathcal{E}(\mathbf{P}, \eta)$. Auf diese Weise wird also versucht, ein definiertes Verhältnis der einzelnen Zustandsraumrichtungen zu maximieren.

Optimierung 3 (Reglerparametrierung): Die Optimierungen (22) und (24) maximieren den Einzugsbereich bei vorgegebenem PDC (5). Werden die Zustandsrückführungen $\mathbf{K}_i$ ebenfalls als Optimierungsparameter freigegeben, entsteht die Möglichkeit den insgesamt größtmöglichen Ellipsoiden zu finden [1, 11]. Allerdings ist dann (22) (a) keine LMI mehr. Dem kann jedoch durch die Substitution $\mathbf{F}_j = \mathbf{K}_j \mathbf{Q}$ entgegengewirkt werden, wodurch (22) (a) in

$$\mathbf{A}_i^T \mathbf{Q} + \mathbf{Q} \mathbf{A}_i + \mathbf{F}_j^T \mathbf{B}_i^T + \mathbf{B}_i \mathbf{F}_j < 0, \ \forall \ i, j \in \mathbb{N}_{1:r}, \quad (25)$$

übergeht [4]. So können die Optimierungsprobleme (22) und (24) zu

$$\max_{\mathbf{Q} > 0, \mathbf{F}_j} \quad \log \det (\mathbf{Q}), \quad (26)$$
$$\text{sodass } (a) \ (25),$$
$$(b) \ (22) \ (b),$$

$$\min_{\mathbf{Q} > 0, \mathbf{F}_j} \quad \gamma, \quad (27)$$
$$\text{sodass } (a) \ (25),$$
$$(b) \ (22) \ (b),$$
$$(c) \ (24) \ (c),$$

umformuliert werden.

Anmerkung 2: Zusätzliche LMIs können in allen Optimierungen als weitere Nebenbedingungen berücksichtigt werden (z.B. Stellgrößenschranken, LMI (20) oder eine Abklingrate der Lyapunov-Funktion) [1, 3, 7].

4 Simulationsergebnisse

Im Folgenden werden die erzielbaren Ergebnisse der einzelnen Optimierungsmöglichkeiten aus Kapitel (3) anhand zweier numerischer Beispielsysteme gezeigt. Die Optimierungen (24) und (27) werden mit den Referenzellipsoiden

$$\mathbf{R} = \begin{bmatrix} 1 & 0 \\ 0 & 1 \end{bmatrix}, \quad (28) \qquad \mathbf{R} = \begin{bmatrix} 1 & 0 \\ 0 & \frac{1}{100} \end{bmatrix}, \quad (29)$$

durchgeführt. Zudem wird für jegliche Optimierung die den Einzugsbereich begrenzende Höhenlinie auf den Wert $\eta = 1$ festgelegt, wodurch die zugehörigen Ellipsoiden (10) durch

$$\mathcal{E}(\mathbf{P}, 1) = \left\{ \mathbf{x} \in \mathbb{R}^n : \mathbf{x}^T \mathbf{P} \mathbf{x} \leq 1 \right\}, \quad \mathbf{P} > 0, \quad (30)$$

definiert sind. Es werden jeweils die Grundeinstellungen der einzelnen Solver beibehalten.

4.1 Stabiles System

Betrachtet wird das stabile numerische Beispielsystem

$$\dot{\mathbf{x}} = \begin{bmatrix} -1 & 1 \\ 0 & f_1 \end{bmatrix} \mathbf{x} + \begin{bmatrix} 0 \\ 1 \end{bmatrix} u, \quad (31)$$

mit der polynomialen Nichtlinearität $f_1 = -(x_1^2 + 1)$. Gemäß des *sector nonlinearity* Ansatzes [1] ergibt sich die skalare Prämissenvariable $z = x_1$. Mit den gewählten Grenzen

$$z_{min} = x_{1,min} = -2.0, \quad z_{max} = x_{1,max} = 2.0, \quad (32)$$

des Gültigkeitssektors (4) beziehungsweise (11), ergeben sich die linearen Subsysteme des zugehörigen T-S Modells (1) zu

$$\mathbf{A}_1 = \begin{bmatrix} -1 & 1 \\ 0 & -1 \end{bmatrix}, \quad \mathbf{A}_2 = \begin{bmatrix} -1 & 1 \\ 0 & -5 \end{bmatrix}, \quad \mathbf{b}_1 = \mathbf{b}_2 = \mathbf{b} = \begin{bmatrix} 0 \\ 1 \end{bmatrix}. \quad (33)$$

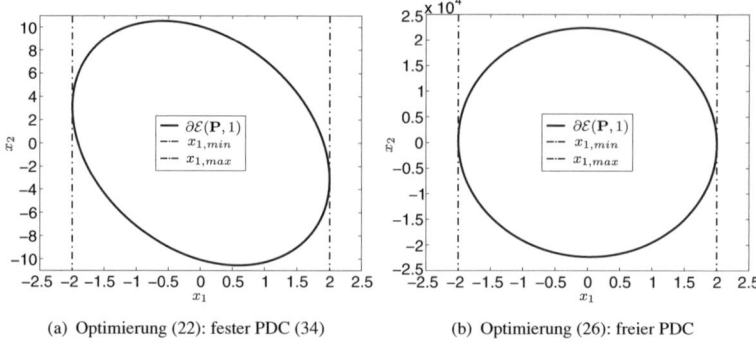

(a) Optimierung (22): fester PDC (34)

(b) Optimierung (26): freier PDC

Bild 1: Stabiles Beispielsystem: Volumenoptimierung $\mathcal{E}(\mathbf{P}, 1)$

Für die **Optimierungen 1** und **2** wird ein PDC (5) mit den Rückführvektoren

$$\mathbf{k}_1^T = [-2.25, \ -3], \quad \mathbf{k}_2^T = [-2.25, \ 1], \tag{34}$$

herangezogen, der die Eigenwerte auf $\lambda_{1,2}(\mathbf{A}_i + \mathbf{bk}_i^T) = -2.5$, $i \in \mathbb{N}_{1:2}$, platziert.

Bild 1 zeigt die abgeschätzten Einzugsbereiche (30) für die Volumenoptimierung gemäß (22) sowie (26). Zu erkennen ist, dass beide Einzugsbereiche geschlossen innerhalb des Gültigkeitssektors liegen und dessen Grenzen (32) tangieren. Beide Ellipsoiden sind in die nicht beschränkte Zustandsrichtung x_2 stärker ausgedehnt als in x_1-Richtung. Somit ist die Zielsetzung eines möglichst großen Volumens bei gleichzeitiger Einhaltung des Gültigkeitssektors erreicht. Das Volumen des mittels (26) abgeschätzten Einzugsbereiches in Bild 1(b) ist dabei im Vergleich zu Bild 1(a) durch die zusätzliche Optimierung des PDC um ein Vielfaches größer (in x_2-Richtung knapp $2.25 \cdot 10^4$ ausgedehnt). Im Gegenzug ergibt sich ein stabilisierender PDC-Regler, der die Eigenwerte

$$\lambda_{1,2}(\mathbf{A}_1 + \mathbf{bk}_1^T) = -66.65 \pm (1.12 \cdot 10^4)i, \tag{35}$$

$$\lambda_{1,2}(\mathbf{A}_2 + \mathbf{bk}_2^T) = -68.64 \pm (1.12 \cdot 10^4)i, \tag{36}$$

stark in den konjugiert komplexen Bereich legt.

Die abgeschätzten Einzugsbereiche (30) der Volumenoptimierung bezüglich eines Referenzellipsoiden (24) sowie (27) sind in Bild 2 zu sehen. Auch hier liegen bedingt durch die eingeführte LMI-Nebenbedingung (12) die Einzugsgebiete geschlossen innerhalb der Grenzen des Gültigkeitssektors. Bild 2(a) zeigt die Einzugsbereiche für (24) mit dem bereits genannten PDC (34). Deutlich zu erkennen ist, dass der Referenzellipsoid (29)

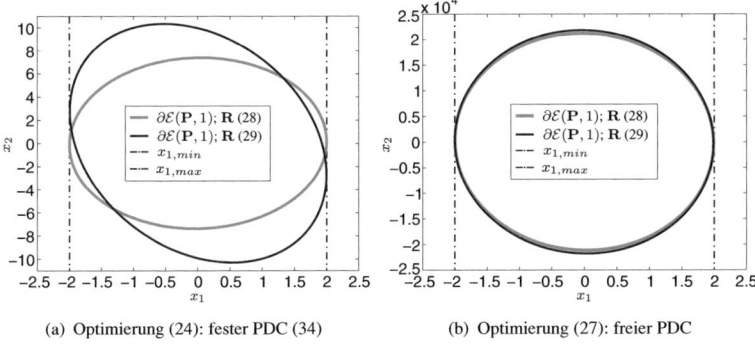

(a) Optimierung (24): fester PDC (34)   (b) Optimierung (27): freier PDC

Bild 2: $\mathcal{E}(\mathbf{P}, 1)$ stabiles Beispielsystem: Optimierung des Referenzvolumens $\kappa \cdot \mathcal{E}(\mathbf{R}, 1)$

zu einem größeren Einzugsbereich führt, der auch fast die Größe des volumenoptimierten Ellipsoiden aus Bild 1(a) erreicht. Dies ist plausibel, da dieser Referenzellipsoid stärker in x_2-Richtung gestreckt ist als der gemäß (28). Folglich ist auch das Optimierungsergebnis $\mathcal{E}(\mathbf{P}, 1)$, für das gilt $\kappa \cdot \mathcal{E}(\mathbf{R}, 1) \subset \mathcal{E}(\mathbf{P}, 1)$, in x_2-Richtung ausgedehnter. Somit ist ersichtlich, dass durch die Wahl des Referenzellipsoiden $\mathcal{E}(\mathbf{R}, 1)$ die Gestalt und das Volumen von $\mathcal{E}(\mathbf{P}, 1)$ beeinflusst werden können, was der Zielsetzung der Optimierungsmethode (24) entspricht. Die Möglichkeit ein definiertes Verhältnis der einzelnen Zustandsraumrichtungen zu maximieren kann allerdings das erreichbare Volumen mindern. Durch die zusätzliche Optimierung der Zustandsrückführungen erzielt (27) gemäß Bild 2(b) im Vergleich zu Bild 2(a) ein deutlich größeres Volumen. Der zugehörige Ellipsoid ist analog zu Bild 1(b) in x_2-Richtung knapp $2.25 \cdot 10^4$ ausgedehnt. Der Unterschied des Referenzellipsoiden fällt hier nicht mehr so stark ins Gewicht. Die sich letztlich ergebenden PDCs legen die Eigenwerte mit

$$\lambda_{1,2}(\mathbf{A}_1 + \mathbf{b}\mathbf{k}_1^T) = -160.55 \pm (1.06 \cdot 10^4)i, \tag{37}$$

$$\lambda_{1,2}(\mathbf{A}_2 + \mathbf{b}\mathbf{k}_2^T) = -162.36 \pm (1.06 \cdot 10^4)i \tag{38}$$

für $\mathbf{R}$ gemäß (28) sowie

$$\lambda_{1,2}(\mathbf{A}_1 + \mathbf{b}\mathbf{k}_1^T) = -162.29 \pm (1.08 \cdot 10^4)i, \tag{39}$$

$$\lambda_{1,2}(\mathbf{A}_2 + \mathbf{b}\mathbf{k}_2^T) = -164.11 \pm (1.08 \cdot 10^4)i \tag{40}$$

für $\mathbf{R}$ gemäß (29) insgesamt eher extremen. Die Zielsetzung eines möglichst großen Volumens unter Vorgabe eines Referenzellipsoiden bei gleichzeitiger Einhaltung des Gültigkeitssektors wurde allerdings durch Anpassung des PDC erreicht.

4.2 Instabiles System

Betrachtet wird das numerische nichtlineare Beispielsystem

$$\dot{\mathbf{x}} = \begin{bmatrix} 0 & 1 \\ 0 & f_1 \end{bmatrix} \mathbf{x} + \begin{bmatrix} 0 \\ 1 \end{bmatrix} u, \tag{41}$$

mit der polynomialen Nichtlinearität $f_1 = x_1^2 + x_2^2 + 1$. Im Gegensatz zu System (31) ist es zum einen instabil und zum anderen hängt der Prämissenvektor $\mathbf{z} = [x_1, x_2]^T$ von beiden Systemzuständen ab. Die zugehörigen Sektorgrenzen werden zu

$$\begin{aligned} z_{1,min} &= x_{1,min} = -1.0, & z_{2,min} &= x_{2,min} = -3.0, \\ z_{1,max} &= x_{1,max} = 1.0, & z_{2,max} &= x_{2,max} = 3.0, \end{aligned} \tag{42}$$

gewählt, wodurch die linearen Subsysteme des zugehörigen T-S Modells (1)

$$\mathbf{A}_1 = \begin{bmatrix} 0 & 1 \\ 0 & 1 \end{bmatrix}, \quad \mathbf{A}_2 = \begin{bmatrix} 0 & 1 \\ 0 & 11 \end{bmatrix}, \quad \mathbf{b}_1 = \mathbf{b}_2 = \mathbf{b} = \begin{bmatrix} 0 \\ 1 \end{bmatrix} \tag{43}$$

lauten. Für die **Optimierungen 1** und **2** wird der PDC (5) mit

$$\mathbf{k}_1^T = [-4, \ -5], \quad \mathbf{k}_2^T = [-4, \ -15], \tag{44}$$

der die Eigenwerte der linearen Subsysteme auf $\lambda_{1,2}(\mathbf{A}_i + \mathbf{b}\mathbf{k}_i^T) = -2.0$, $i \in \mathbb{N}_{1:2}$, legt, verwendet. Die erzielten Ergebnisse für die Volumenoptimierung gemäß (22) und (26) sind in Bild 3 dargestellt. Der optimierte Einzugsbereich $\mathcal{E}(\mathbf{P}, 1)$ mit freiem PDC in Bild 3(b) ist dabei größer als der erreichte Ellipsoid bei festem Regler in Bild 3(a). Dieses plus an Volumen

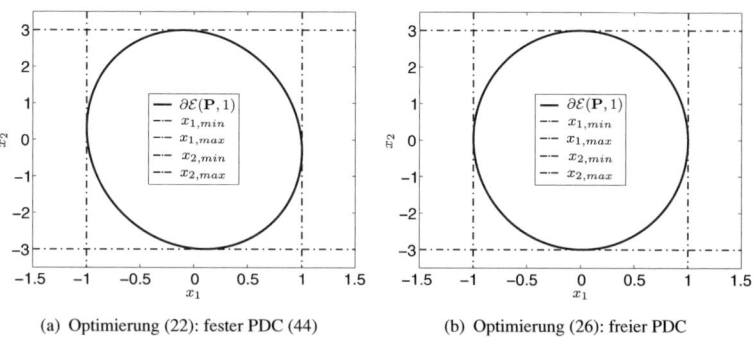

(a) Optimierung (22): fester PDC (44)   (b) Optimierung (26): freier PDC

Bild 3: Instabiles Beispielsystem: Volumenoptimierung $\mathcal{E}(\mathbf{P}, 1)$

führt in der Optimierung zu einem Regelgesetz (5), das weit auseinander liegende Eigenwerte

$$\lambda_1(\mathbf{A}_i + \mathbf{b}\mathbf{k}_i^T) = -0.03, \quad \lambda_2(\mathbf{A}_i + \mathbf{b}\mathbf{k}_i^T) = -5.44 \cdot 10^7, \quad i \in \mathbb{N}_{1:2} \quad (45)$$

ergibt. Alle Einzugsbereiche liegen geschlossen innerhalb des Gültigkeitssektors und tangieren dessen Grenzen (42), wodurch insgesamt die einzelnen Optimierungsziele erreicht wurden.

Bild 4 zeigt die erhaltenen Einzugsbereiche $\mathcal{E}(\mathbf{P}, 1)$ für die Volumenoptimierungen (24), (27) bezüglich eines Referenzellipsoiden. Auch hier liegen sämtliche Lösungen innerhalb der definierten Grenzen (42) des Gültigkeitssektors des T-S Modelles (43), wodurch die abgeschätzten Einzugsbereiche unmittelbar für das nichtlineare Originalsystem (41) gültig sind. Analog zu den Ergebnissen hinsichtlich des stabilen Beispielsystems gemäß Bild (2) ist zu erkennen, dass die Wahl des Referenzellipsoiden $\mathcal{E}(\mathbf{R}, 1)$ die Gestalt und das Volumen von $\mathcal{E}(\mathbf{P}, 1)$ beeinflusst. Durch die zusätzliche Berücksichtigung der Zustandsrückführungen (5) als Optimierungsvariable, kann durch (27) für das aktuell betrachtete System nur eine Vergrößerung des abgeschätzten Einzugsbereiches für $\mathbf{R}$ gemäß (28) erzielt werden (Vergleich Bild 4(a) mit Bild 4(b)). Für die PDC Optimierung (27) (Einzugsbereiche Bild 4(b)) ergeben sich Zustandsregler, die die Eigenwerte der linearen T-S Subsysteme mit

$$\lambda_1(\mathbf{A}_i + \mathbf{b}\mathbf{k}_i^T) = -0.08, \quad \lambda_2(\mathbf{A}_i + \mathbf{b}\mathbf{k}_i^T) = -3.76 \cdot 10^4, \quad i \in \mathbb{N}_{1:2}, \quad (46)$$

für $\mathbf{R}$ gemäß (28) und

$$\lambda_1(\mathbf{A}_i + \mathbf{b}\mathbf{k}_i^T) = -0.10, \quad \lambda_2(\mathbf{A}_i + \mathbf{b}\mathbf{k}_i^T) = -8.57 \cdot 10^4, \quad i \in \mathbb{N}_{1:2}, \quad (47)$$

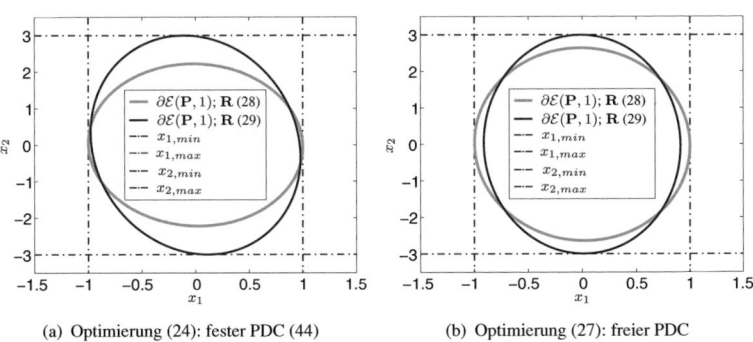

(a) Optimierung (24): fester PDC (44)　　　　(b) Optimierung (27): freier PDC

Bild 4: $\mathcal{E}(\mathbf{P}, 1)$ instabiles Beispielsystem: Optimierung des Referenzvolumens $\kappa \cdot \mathcal{E}(\mathbf{R}, 1)$

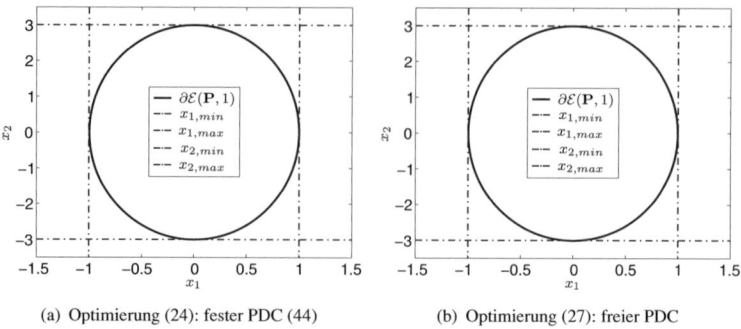

(a) Optimierung (24): fester PDC (44)   (b) Optimierung (27): freier PDC

Bild 5: $\mathcal{E}(\mathbf{P}, 1)$ instabiles Beispielsystem: Optimierung des Referenzvolumens $\kappa \cdot \mathcal{E}(\mathbf{R}, 1)$; $\mathbf{R}$ gemäß (48)

für $\mathbf{R}$ gemäß (29) analog zu (45) weit auseinander platzieren. Zusammenfassend können somit auch hier die Optimierungsziele als erreicht angesehen werden.

Anmerkung 3: Alle Sektorgrenzen (42) werden tangiert, wenn

$$\mathbf{R} = \begin{bmatrix} 1 & 0 \\ 0 & \frac{1}{9} \end{bmatrix}, \tag{48}$$

gewählt wird, wie Bild 5 zeigt.

5 Zusammenfassung und Ausblick

Es wurden lineare Matrixungleichungen (LMIs) vorgestellt, die es ermöglichen den Gültigkeitsbereich (Gültigkeitssektor) der Prämissenvariablen eines T-S Systems bei der Abschätzung eines stabilitätssichernden Einzugsbereiches zu berücksichtigen. Dadurch ergibt sich der Vorteil, dass numerisch bestimmte Einzugsbereiche direkt auf das nichtlineare Originalsystem übertragen werden können. Durch das Einbinden der LMIs als Nebenbedingungen in einem konvexen Optimierungsproblem kann ein möglichst großer Einzugsbereich abgeschätzt werden. Drei mögliche Formulierungen einer zugehörigen Optimierung wurden erläutert und die erzielbaren Ergebnisse anhand eines stabilen und eines instabilen nichtlinearen Systems visualisiert. Alle berechneten Einzugsbereiche lagen vollständig innerhalb des Gültigkeitssektors und tangierten dessen Grenze. Somit bestätigten die Ergebnisse die Zielsetzung.

Zur Zeit werden die Ergebnisse experimentell verifiziert. Zudem gilt es weitere LMIs in der Optimierung zu berücksichtigen, um so die Performance einer Regelung beziehungsweise die Eigenschaften des abgeschätzten Einzugsbereiches weiter gezielt beeinflussen zu können.

Danksagung

Wir danken der Deutschen Forschungsgemeinschaft (DFG) für die Förderung dieser Forschung im Rahmen des Sonderforschungsbereichs 768 („Zyklenmanagement von Innovationsprozessen – verzahnte Entwicklung von Leistungsbündeln auf Basis technischer Produkte").

Literatur

[1] Tanaka, K.; Wang, H. O.: *Fuzzy Control Systems Design and Analysis: A Linear Matrix Inequality Approach.* John Wiley & Sons. 2001.

[2] Pitarch, J.; Ariño, C.; Bedate, F.; Sala, A.: Local Fuzzy Modeling: Maximising the Basin of Attraction. In: *Proc. IEEE Conf. on Fuzzy Systems*, S. 2195–2201. 2010.

[3] Lee, D.; Park, J.; Joo, Y.: A Fuzzy Lyapunov Function Approach to Estimating the Domain of Attraction for Continuous-Time Takagi-Sugeno Fuzzy Systems. *Information Sciences* 185 (2012), S. 230–248.

[4] Boyd, S.; Ghaouli, L. E.; Feron, E.; Balakrishnan, V.: *Linear Matrix Inequalities in System and Control Theory.* SIAM. 1994.

[5] Lee, D.: Domain of Attraction Analysis for Continious-Time Takagi-Sugeno Fuzzy Systems: An LMI Approach. In: *Proc. IEEE Conf. on Decision and Control*, S. 6187 – 6192. 2012.

[6] Du, H.; Zhang, N.; Ji, J.; Gao, W.: Robust Fuzzy Control of an Active Magnetic Bearing Subject to Voltage Saturation. *IEEE Trans. Contr. Syst. Technol.* 18 (2010) 1, S. 164–169.

[7] Cao, Y.-Y.; Lin, Z.: Robust Stability Analysis and Fuzzy-Scheduling Control for Nonlinear Systems Subject to Actuator Saturation. *IEEE Trans. Fuzzy. Syst.* 11 (2003) 1, S. 57–67.

[8] Han, H.; Morioka, Y.: Fuzzy Control Design in Consideration of Input Constraint and Reducing LMIs Convervatism. In: *Proc. IEEE Conf. on Fuzzy Systems*, S. 2053–2058. 2007.

[9] Vandenberghe, L.; Boyd, S.; Wu, S.-P.: Determinant maximization with linear matrix inequality constraints. *SIAM Journal on Matrix Analysis and Application* 19 (1998) 2, S. 499 – 533.

[10] Löfberg, J.: YALMIP: A Toolbox for Modeling and Optimization in MATLAB. In: *Proc. IEEE Symp. on Computer Aided Control Systems Design*, S. 284 – 289. URL http://users.isy.liu.se/johanl/yalmip. 2004.

[11] Hu, T.; Lin, Z.; Chen, B.: An analysis and design method for linear systems subject to actuator saturation and disturbance. *Automatica* 38 (2002), S. 351 – 359.

Trajektorienplanung mit Timed-Elastic-Bands für die proxemische Interaktion zwischen Menschen und mobilen Robotern

Malte Oeljeklaus, Christoph Rösmann, Frank Hoffmann, Torsten Bertram

Lehrstuhl für Regelungssystemtechnik, Technische Universität Dortmund
Otto-Hahn-Str. 4, 44221 Dortmund
Tel.: (0231) 755-3010
Fax: (0231) 755-2752
E-Mail: malte.oeljeklaus@tu-dortmund.de

1 Einleitung

Roboterassistenten in sozialen Umgebungen sollten ein soziales Verhalten beherrschen, welches von Menschen als natürlich wahrgenommen wird. Zusätzlich zu der grundlegenden Voraussetzung, in unstrukturierten Umgebungen autonom navigieren zu können, müssen sozial befähigte mobile Roboter interpretierbare soziale Interaktionen, die menschlichen Gewohnheiten entsprechen, ausführen können. Sozial befähigte mobile Roboter sind sich nicht nur der Gegenwart von Menschen bewusst, sondern müssen darüber hinaus die Absichten anwesender Menschen verstehen, um Interaktionen und Verhaltensweisen umzusetzen, die unter Menschen gebräuchlich sind. Ein zentraler Aspekt menschlicher nonverbaler Kommunikation ist die Proxemik. Sie bezeichnet die Mechanismen, nach denen die Interaktionspartner übereinkommend ihren räumlichen Abstand und ihre Haltung einnehmen. Ein mobiler Roboter sollte sich daher nicht nur sicher und kollisionsfrei bewegen, sondern eine für den Menschen erkennbar gewohnte und zum Kontext der Interaktion passende Trajektorie wählen. Daher spielt ein angemessenes proxemisches Verhalten eine Schlüsselrolle für die Interaktion zwischen Menschen und Robotern.

Diese Arbeit untersucht die proxemischen Aspekte in der räumlichen Interaktion zwischen Menschen und mobilen Robotern. Proxemik umfasst insbesondere das Einnehmen und Aufrechterhalten bestimmter Distanzen. Eine unangemessene Distanz kann eine Interaktion negativ beeinflussen, indem sie beispielsweise als zu aufdringlich oder zu zurückhaltend empfunden wird. Die Proxemik ist in der Psychologie und Anthropologie ein gut erforschtes Gebiet. Aus diesen Disziplinen sind die grundlegenden Regeln nach denen menschliches proxemisches Verhalten entsteht bekannt. Ziel dieser Arbeit ist es, diese Regeln in einem Algorithmus zur Trajektorienplanung für mobile Roboter einzubeziehen.

Üblicherweise konzentrieren sich Betrachtungen zur Navigation mobiler Roboter auf zwei Aspekte, nämlich

(i) einen sicheren Pfad frei von Kollisionen zu bestimmen, welcher weder den Roboter noch den Menschen in Gefahr bringt und
(ii) zuverlässige sowie robuste Bewegungsabläufe zu erzeugen, mit welchen der Roboter auf sein Ziel hinzu navigieren kann.

Im Kontext der sozialen Mensch-Roboter Interaktion werden diese Zielvorgaben um zusätzliche proxemische Aspekte erweitert, wie beispielsweise das Aufrechterhalten sozial angemessener Entfernungen und das Signalisieren der Intention des Roboters zu dem Menschen. Proxemische Interaktionen mit mobilen Robotern werden hauptsächlich durch eine Trajektorienplanung bestimmt. Der Ansatz basiert auf der Übertragung von Erkenntnissen der menschlichen Proxemik auf die Interaktion zwischen Menschen und Robotern. Die zugrundeliegende Annahme lautet, dass Roboter sich grundsätzlich entsprechend der menschlichen Proxemik Verhalten sollten, obwohl Erscheinungsbild und Beweglichkeit von Robotern die akzeptablen Distanzen ebenfalls beeinflussen können.

Ziel ist das Einbeziehen proxemischer Aspekte in die Pfadplanung des mobilen Roboters unter Verwendung des Timed-Elastic-Band (TEB) Algorithmus [1]. TEB formuliert die Trajektorienplanung als Optimierungsproblem mit einer gewichteten Summe konkurrierender Verlustfunktionen. Die Konzeption und Implementierung von proxemischen Verhalten für mobile Roboter besteht aus den folgenden Schritten

(i) Aufzeichnung menschlicher proxemischer Begegnungen mit einem kamerabasierten Tracker
(ii) Online Trajektorienplanung für den Roboter mit Timed Elastic Bands (TEB)
(iii) Einbindung von proxemischen Zielvorgaben in die TEB-Verlustfunktion
(iv) invers optimale Regelung (IOC) zur Parametrisierung der Verlustfunktion mit aufgezeichneten menschlichen Begegnungen
(v) Prädiktion der Trajektorie der Interaktionspartner mit dem Social Forces Modell [4].

Der Ansatz ist universell auf eine große Anzahl von Szenarien anwendbar, wie beispielsweise passierende und kreuzende Begegnungen in geschlossenen Räumen. Kürzlich wurde der Ansatz auf kreuzende Begegnungen zwischen Gruppen erweitert, was diskrete Entscheidungen darüber erfordert, ob die Interaktionspartner auf der linken oder rechten Seite beziehungsweise auf der Vorder- oder auf der Rückseite passiert werden. Das TEB Modell wird auf zwei Arten eingesetzt, einerseits zum Planen der

Trajektorie des Roboters und andererseits zur Vorhersage der zukünftigen Trajektorie der Interaktionspartner. Die Prädiktion der Trajektorien der Interaktionspartner kann das sogenannte freezing Robot Problem lösen, weil es eine gegenseitige Übereinkunft zur Lösung räumlicher Konflikte ohne ausdrückliche Kommunikation ermöglicht. Die Kooperation wird dabei durch nicht offensichtliche Signale, wie eine subtile Abweichung von der originalen Trajektorie oder einer Verlangsamung vor dem Passieren, erreicht. Untersucht wird die Interaktion zwischen einem mobilen Roboter und einem einzelnen Menschen für drei unterschiedliche Begegnungsszenarios in einem Korridor, wie in Bild 1 gezeigt. In diesen Szenarios findet

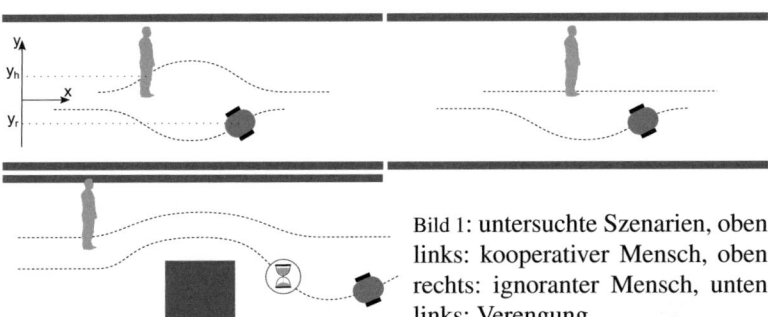

Bild 1: untersuchte Szenarien, oben-links: kooperativer Mensch, oben-rechts: ignoranter Mensch, unten-links: Verengung

keine ausdrückliche Kommunikation zwischen dem Mensch und dem Roboter statt, sondern die Interaktionspartner signalisieren und erkennen ihre gemeinsame Intention darüber wie die Begegnung aufzulösen ist lediglich über ihre Bewegung. Es ist wahrscheinlich, dass komplexere proxemische Interaktionen, wie das Etablieren einer gemeinsamen Pose mit dem Zweck eines verbalen Dialoges, zusätzliche Signale wie Kopfhaltung und Blickrichtung erfordert. Für die untersuchten Szenarien wird angenommen und erfolgreich demonstriert, dass Position und Geschwindigkeit ausreichende Signale für den Roboter liefern, um implizit Ausweichbewegungen mit dem Interaktionspartner auszuhandeln. Die Arbeit enthält ebenfalls erste Ergebnisse über Szenarios, in welchen der Roboter einer Gruppe von Menschen begegnet und mehrere mögliche Trajektorien mit unterschiedlichen Homotopien berücksichtigen muss. Abschließend werden die resultierenden Verhalten des Roboters in einer Benutzerstudie mit fünfzehn Versuchspersonen in den beschriebenen Szenarios evaluiert. Die Versuchspersonen bewerten dabei die Begegnung mit dem Roboter hinsichtlich der Deutlichkeit mit welcher der Roboter seine Intention signalisiert hat, sowie des allgemeinen Komforts während der Begegnung. Die Experimente werden in einem Blindtest für den selben TEB Planer mit und ohne proxemische Kriterien dupliziert.

2 Verwandte Arbeiten

[2] betrachtet das gemeinsame laterale Passieren einer Person und eines mobilen Roboters in einem Korridor wobei der Pfad des Roboters durch Interpolation von drei Stützpunkten mittels kubischer Splines erzeugt wird. Die Stützpunkte liegen bei der Position der ersten Abweichung von dem originalen Pfad, der Position an welcher die beiden Akteure einander passieren und schließlich an der Zielposition des Roboters. Die Regelstrategie wird geometrisch und bezüglich der Geschwindigkeit des Roboters parametrisiert. Das resultierende Verhalten des Roboters wurde in einer Benutzerstudie für zwei Parametersätze evaluiert. Um den Zeitpunkt, an welchem der Mensch passiert wird, abzuschätzen, erfordert das Verfahren eine Erfassung der Geschwindigkeit des Menschen. [3] präsentiert ein System zur Pfadplanung für mobile Roboter auf Grundlage der Berechnung optimaler Trajektorien mittels des A*-Algorithmus. Passende Verlustfunktionen bilden dabei die proxemischen Aspekte der optimalen Trajektorien ab. Die Verlustfunktionen berücksichtigen einen Abstand vom Menschen, der als sicher und komfortabel wahrgenommen wird, sowie Hindernisse, welche das Sichtfeld des Menschen einschränken. Das Verfahren wird für verschiedene Szenarien, darunter das Szenario des lateralen Passierens in einem Korridor, in einer Simulationsumgebung untersucht und zusätzlich für ein spezielles Szenario praktisch erprobt. Die Wahrnehmung des Menschen erfolgt durch die Erkennung von Beinen mittels eines Laserscanners sowie für kurze Distanzen durch die Kamera basierte Erkennung von Gesichtern. Es wird ausschließlich die Interaktion mit statischen Menschen praktisch erprobt. Eine Erfassung der Bewegung des Menschen ist nicht vorgesehen, für einen sich bewegenden Menschen wird die fortwährende Anpassung einer geplanten Trajektorie vorgeschlagen. [4] beschreibt ein Verfahren zur Vorhersage der Bewegungen von Menschen in großen Gruppen. Nach dem vorgeschlagenen Social Forces Modell ergibt sich die Trajektorie eines Menschen unter Einwirkung eines Kraftfeldes. Das Kraftfeld ergibt sich dabei durch Superposition mehrerer Komponenten, welche für verschiedene Umgebungseinflüsse modelliert werden.

3 Systemarchitektur

Bild 2 zeigt einen Überblick über die Systemarchitektur mit dem online Trajektorienplaner basierend auf TEB [1] und dem offline Framework zum Lernen durch Demonstration, welches die Gewichtungsfaktoren der Verlustfunktion durch invers optimale Regelung bestimmt. TEB repräsentiert die Trajektorie $B = \bigcup_{i=1}^{n} \{x_i, y_i, \theta_i, \Delta\tau_i\}$ als geordnete Sequenz von Wegpunkten mit zugeordneten Zeitstempeln, wobei x, y und θ die Position

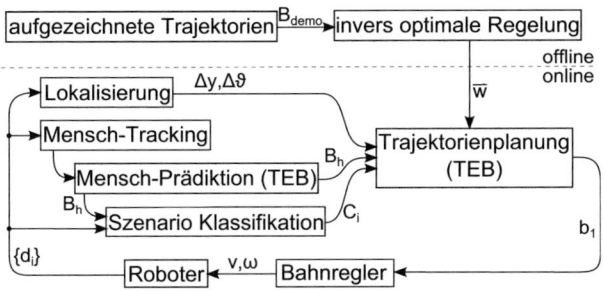

Bild 2: Systemarchitektur

und die Orientierung des Roboters repräsentieren und $\Delta\tau$ das notwendige Zeitintervall für die Bewegung zwischen zwei Wegpunkten repräsentiert. Die Trajektorie wird von einem globalen Planer als kollisionsfreier Pfad diskreter Wegpunkte, welche durch gerade Linien verbunden sind, initialisiert. Dabei werden deutlich mehr Wegpunkte als in dem originalen Pfad erzeugt. Die initialen Wegpunkte werden gleichförmig über den originalen Pfad verteilt und die Zeitintervalle $\Delta\tau$ werden entsprechend der Distanz zwischen den Wegpunkten und der maximalen Geschwindigkeit des Roboters initialisiert. Ausgehend von dieser Initialisierung wird das TEB in jedem Regelzyklus verfeinert und die ersten Wegpunkte des TEB bilden die Referenzposen für einen unterlagerten Bahnregler. TEB formuliert das Problem der Pfadplanung als Optimierungsproblem wobei der Lösungsvektor aus den Zuständen (Wegpunkten) einer diskret repräsentierten Trajektorie besteht. Um eine minimale Auflösung der Trajektorie zu garantieren werden Wegpunkte mit $\Delta\tau > \Delta\tau_{max}$ mittels Interpolation in zwei neue Wegpunkte aufgeteilt. Desweiteren ist TEB für eine online Trajektorienplanung geeignet, da es die Methode der Graph Optimierung [6] verwendet, welche auch für Trajektorien mit hunderten von Wegpunkten Lösungen mit einer Zykluszeit von wenigen Millisekunden ermöglicht. Wenn B^* eine optimale Trajektorie bezeichnet, und $F(B)$ die Verlustfunktion von TEB bezeichnet, dann ist die optimale Trajektorie gegeben durch:

$$B^* = \underset{B}{\arg\min} \, \mathrm{F}(B) \qquad (1)$$

Naturgemäß erfordert das Berechnen einer optimalen Trajektorie das Berücksichtigen mehrerer, oft gegensätzlicher Zielsetzungen, wie beispielsweise das schnellstmögliche Erreichen eines Ziels unter Einhaltung einer maximalen Geschwindigkeit. TEB formuliert ein skalares Optimierungsproblem ohne Nebenbedingungen. Deshalb werden Nebenbedingungen wie das Einhalten einer maximalen Geschwindigkeit durch einseitige

Verlustfunktionen in der Form von Gleichung 2 berücksichtigt.

$$e_\Gamma(x, x_r, \epsilon, s) = \begin{cases} \left(\dfrac{x - (x_r + \epsilon)}{s}\right)^2 & fr \ x < x_r + \epsilon \\ 0 & sonst \end{cases} \tag{2}$$

Dabei bezeichnet x_r die obere Grenze von x, ϵ definiert ein Toleranzband und s eine Skalierung der quadratischen Verlustfunktion. Die Gesamtkosten ergeben sich aus der gewichteten Summe der Verlustfunktionen zur Berücksichtigung von Nebenbedingungen und anderen Optimierungszielen. Die Gewichte wägen dabei zwischen gegensätzlichen Optimierungszielen und Nebenbedingungen ab.

Wenn $\vec{f}(B)$ den Vektor der Verlustfunktionen bezeichnet, welche die verschiedenen Optimierungsziele abbilden, und $\vec{w}$ der Vektor der zugehörigen Gewichtungsfaktoren ist, dann gilt $F(B) = \vec{w} \cdot \vec{f}(B)$ und Gleichung 1 kann umformuliert werden zu:

$$B^* = \underset{B}{\mathrm{argmin}} \left(\vec{w} \cdot \vec{f}(B)\right) \tag{3}$$

Der Satz an Optimierungszielen für die Trajektorienplanung, welche in [1] beschrieben ist, beinhaltet kinematische und dynamische Nebenbedingungen, Zeitoptimalität und einen Abstand von Hindernissen.

Die originale Verlustfunktion wird um proxemische Optimierungsziele erweitert, welche das Verletzten des proxemischen Bereiches des Menschen bestrafen. Der Planer erfordert Kenntnis über die Position der Menschen und des Roboters in einem globalen Korridorkoordinatensystem. Zu diesem Zweck wird die Position des Menschen nach dem Ansatz aus [9] bestimmt, indem Beine in den Daten des 2D Laserscanners detektiert werden. Die Trajektorie des Roboters wird auf Grundlage einer Schätzung der zukünftigen Trajektorie des Menschen nach dem Social Forces Modell [4] geplant. Die zukünftigen Posen des Roboters in dem TEB werden zeitlich den prädizierten Posen des Menschen zugeordnet. Der Punkt an welchem der Mensch und der Roboter einander passieren ist von besonderer Relevanz und dient als Referenz für die proxemischen Verlustfunktionen. Die proxemischen Verlustfunktionen bilden die gemeinsame räumliche Beziehung zwischen dem Interaktionspartner, dem Roboter und der Umgebung ab. Die Transformation aus dem robozentrischen Koordinatensystem in das globale Koordinatensystem ergibt sich aus der Lokalisierung des Roboters. Die Wände des Korridors werden aus dem aus den Daten des Laserscanners basierend auf der Implementierung des RANSAC Algorithmus aus [8] extrahiert und zur Rauschunterdrückung durch ein gleitendes Mittelwertfilter geglättet. Aus der Lage der Wände lässt sich die Orietierung und die laterale Position des Roboters bezogen auf den Korridor rekonstruieren.

Die drei in Bild 1 dargestellten Begegnungen des Roboters mit einem einzelnen Menschen in entgegengesetzter Richtung werden untersucht.

- ein kooperativer Interaktionspartner der ausweicht
- ein ignoranter Interaktionspartner der in der Mitte des Korridors bleibt
- eine verengte Stelle, welche der Roboter nach dem Menschen durchfährt

Die drei Szenarien werden auf Grundlage der beobachteten Bewegung des Menschen und der prädizierten Position der Begegnung durch Einsatz eines Entscheidungsbaumes mit zwei Regeln klassifiziert:

1. ignorantes Szenario: Wenn der Mensch sich weniger als die halbe Breite des Roboters von der Korridormitte entfernt
2. Verengung: Wenn die prädizierte Position der Begegnung sich innerhalb der Verengung befindet
3. kooperatives Szenario: sonst

4   Proxemische Verlustfunktionen

Im Gegensatz zur üblichen Trajektorienplanung werden Menschen nicht nur als dynamische Hindernisse sondern als Interaktionspartner berücksichtigt. Im untersuchten Fall findet keine ausdrückliche, verbale Interaktion statt, stattdessen drücken die Interaktionspartner ihre Intentionen allein durch ihre Bewegungen aus. Ein Schlüsselkonzept dieses Interaktionstyps ist das Spiegeln, also das Imitieren des menschlichen Verhaltens mit dem Ziel den räumlichen Konflikt aufzulösen. Anders als das regeln eines festen Abstandes ist das Spiegeln unabhängig von kulturellen oder persönlichen Variationen der komfortablen proxemischen Bereiche des Gegenübers. Dieser Abschnitt beschreibt die Verlustfunktionen, welche die proxemischen Zielsetzungen für eine Begegnung in einem Korridor modellieren. Im Folgenden bezeichnen x und y den longitudinalen und lateralen Abstand der zeitlich zugeordneten Zustände in dem TEB der prädizierten menschlichen Posen und dem TEB der geplanten Robotertrajektorie. Wie in Bild 1 gezeigt, sind die Abstände x und y am Korridor-Koordinatensystem ausgerichtet, so dass die Korridormitte durch $y = 0$ gegeben ist.

Zunächst wird angenommen, dass der Interaktionspartner sich kooperativ verhält. Das Spiegeln der menschlichen Trajektorie trägt dann dazu bei, das Verhalten des Roboters interpretierbar zu gestalten, indem die Ausweichbewegung zur selben Zeit und mit dem selben Abstand von der Korridormitte vollzogen wird. Die Bewegungsgeschwindigkeit von Menschen weicht üblicherweise von der eines mobilen Roboters ab, weshalb eine exakte Spiegelung nicht möglich ist. Stattdessen kann der zeitabhängige Verlauf der lateralen Abweichung von der Korridormitte gespiegelt werden. Da die zeitlichen nächsten Nachbarn der Trajektorien betrachtet werden, beschreibt die folgende Formulierung ebendiese gewünschte Spiegelung der lateralen Position. Sei $\Delta \tilde{y}$ die Differenz zwischen dem menschlichen lateralen Offset von der Korridormitte y_h und demjenigen des Roboters y_r. Eine geeignete Verlustfunktion für das kooperative Szenario ist dann durch die einseitige Verlustfunktion nach Gleichung 4 gegeben.

$$f_{mirror}(\Delta \tilde{y}) = e_\Gamma(\Delta \tilde{y}, 0, \epsilon, s) \qquad (4)$$

Hierdurch ist ein Verlust dann gegeben, wenn der Roboter der Korridormitte näher kommt als der Mensch.

Das Spiegeln der Bewegung des Menschen ist nur dann eine effektive Strategie, wenn der Mensch eine ausreichende Ausweichbewegung vornimmt, d.h. sich nicht ignorant verhält. Andernfalls wird der Mensch als dynamisches Hindernis mit einem festen, nicht zu verletzendem proxemischen Bereich berücksichtigt. Die Arbeit in [2] legt nahe, die proxemischen Bereiche durch Ellipsen zu modellieren, bei welchen die Orientierung des Menschen mit der Hauptachse zusammenfällt. Das Modellieren eines elliptischen Bereiches als Verlustfunktion führt auf elliptische Paraboloiden wie in Gleichung 5a. Nach [4] kann ein Anisotropie-Faktor wie in Gleichung 5b verwendet werden, um das eingeschränkte Sichtfeld des Menschen zu berücksichtigen, mit anderen Worten der proxemische Bereich erstreckt sich vor dem Menschen weiter als hinter dem Menschen. Dabei wird durch κ das Ausmaß der Anisotropie bestimmt, φ bezeichnet den Winkel zwischen der Bewegungsrichtung des Menschen und der Verbindungslinie zwischen Mensch und Roboter. Es resultiert die Verlustfunktion nach Gleichung 5c.

$$\tilde{f}_{ell}(x, y, SD_1, LD_1) = \sqrt{\left(\frac{x}{SD_1}\right)^2 + \left(\frac{y}{LD_1}\right)^2} \qquad (5a)$$

$$f_{ani}(\varphi, \kappa) = \kappa + (1 - \kappa \frac{1 + cos(\varphi)}{2}) \qquad (5b)$$

$$f_{ignorant}(x, y) = e_\Gamma(\tilde{f}_{ell}(x, y) \cdot f_{ani}(\varphi, \kappa), 1, \epsilon, s) \qquad (5c)$$

Die Parameter LD_1 und SD_1 können entsprechend der Ergebnisse aus [2] und durch Auswerten der aufgezeichneten Demonstrationen bestimmt werden, [4] empfiehlt die Wahl von $\kappa = 0.5$.

Der Roboter kann das Szenario der Verengung auflösen, indem er langsamer wird und dem Menschen den Vortritt lässt. Im initialen Pfad des globalen Planers liegt der Punkt der Begegnung jedoch innerhalb der Verengung. Diese Konfiguration bildet ein lokales Optimum der Verlustfunktion, während die global optimale Trajektorie dem Menschen den Vortritt lässt. Die lokale Optimierung des TEB Algorithmus behält daher die suboptimale Lösung bei. Dies wird verhindert, indem eine zusätzliche Verlustfunktion eingeführt wird, welche die Zeitintervalle $\Delta\tau$ derjenigen Wegpunkte erhöht, welche innerhalb der Verengung liegen und den proxemischen Bereich des Menschen verletzten. Hierdurch bleibt der Pfad des Roboters geometrisch erhalten, der Roboter wird jedoch langsamer bis der Begegnungspunkt vor der Einfahrt in die Verengung liegt. Ein alternativer Ansatz erzeugt mehrere Trajektorien mit gleicher Geometrie aber unterschiedlicher zeitlicher Initialisierung. Der initiale Begegnungspunkt eine Trajektorie mit geringer Geschwindigkeit liegt dann bereits vor der Verengung.

5 Lernen durch Demonstration

Der Kompromiss zwischen einem angemessenen proxemischen Abstand und einer kürzesten oder schnellsten Trajektorie lässt sich von Hand nur schwer in den Gwichtungsfaktoren $\vec{w}$ ausdrücken. Der vorgeschlagene Ansatz sieht vor, diese Gewichtsfaktoren aus aufgezeichneten Trajektorien von natürlichen Begegnungen zwischen Menschen zu lernen. Jedes Szenario wird zwölf mal von einer omnidirektionalen Kamera aus der Vogelperspektive aufgezeichnet. Die menschliche Bewegung wird durch einen bildbasierten Tracker erfasst, welcher auf dem Histogram-Backprojection Verfahren beruht. Die Kamerakalibrierung wird nach dem Verfahren aus [7] vorgenommen, um die gelaufenen Trajektorien in der 2D Bewegungsebene zu bestimmen. Die Rohdaten werden zur Rauschunterdrückung durch Anwendung der B-Spline Technik über der Zeit interpoliert und anschließend an einer globalen Karte ausgerichtet, welche die Wände und Hindernisse des Korridors enthält. Da die menschliche Gehgeschwindigkeit die maximale Geschwindigkeit des Roboters überschreitet, werden die aufgezeichneten Demonstrationen vor dem eigentlichen Lernverfahren skaliert. Die longitudinale Komponente x wird um den Begegnungspunkt herum mit dem Verhältnis der Geschwindigkeit von Roboter und Mensch skaliert. Die laterale Komponente y bleibt unverändert, so dass die laterale Abweichung von der Korridormitte über der Zeit erhalten bleibt. Die Beobachtung, dass der Zeitpunkt an welchem Interaktionspartner eine Ausweichbewegung vornehmen stets identisch ist, motiviert diese Art der Skalierung. Die TEB Verlustfunktion soll das menschliche proxemische Verhalten abbilden. In dem Ansatz zum Lernen durch Demonstratoin werden die Gewichtungsfaktoren $\vec{w}$ so identifiziert, dass die geplanten Trajektorien den aufgezeichneten, demonstrierten Trajektorien angenähert werden. Dieses Problem ist auch unter dem Begriff invers optimale Regelung bekannt. Trajektorienplanung mit der identifizierten Verlustfunktion erzeugt ein Verhalten des Roboters, welches nicht nur die demonstrierten Trajektorien reproduziert sondern auch über die Demonstrationen hinaus generalisiert. [5] regt die Methode der Subgradienten Optimierung für das Identifizieren der Parameter der Verlustfunktion auf Grundlage bekannter optimaler Lösungen an. Der Gewichtsvektor $\vec{w}$ wird so berechnet, dass die Differenz zwischen demonstrierten und geplanten Trajektorien minimal wird. Die Subgradienten Methode lässt sich leicht auf den TEB Algorithmus anwenden, mit dem signifikanten Unterschied dass TEB im Gegensatz zu [5] eine lediglich lokal optimale Lösung bestimmt und ein deterministisches Bewegungsmodell verwendet. Das Lernschema ist in Bild 3 dargestellt. Unter der Annahme, dass die durch TEB optimierte Trajektorie mit

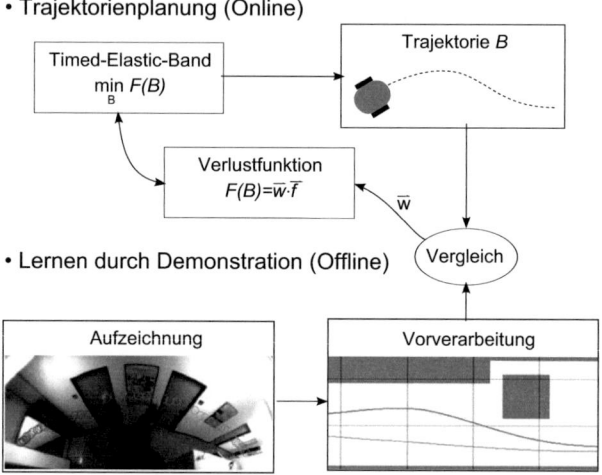

Bild 3: Schema des Ansatzes zum Lernen durch Demonstration

dem globalen Optimum der Verlustfunktion übereinstimmt und $B_{demo,k}$ die $k = 1...m$ demonstrierten Trajektorien bezeichnet, lässt sich das Lernproblem als zusätzliches Optimierungsproblem formulieren:

$$C(w) = \sum_{k=1}^{m} \vec{w}^T \cdot \vec{f}(B_{demo,k}) - \min_{B} \vec{w}^T \cdot \vec{f}(B) \qquad (6a)$$

$$\vec{w}^* = \underset{\vec{w}}{\operatorname{argmin}} \, C(w) \qquad (6b)$$

Der rechte Ausdruck aus Gleichung 6a entspricht dem optimalen Verlust der geplanten Trajektorie B^* entsprechend Gleichung 3. Das formulierte Problem ist jedoch mehrdeutig in der Skalierung von $\vec{w}$ bis hin zum trivialen Fall. Dieses Hindernis kann überwunden werden, indem eine Regularisierung durch Addieren einer Verlustfunktion $(|\vec{w}| - w_{set})^2$ eingeführt wird, um einen festen Betrag von $\vec{w}$ vorzugeben. Um ein robustes lokales Minimum der Verlustfunktion für die demonstrierten Trajektorien zu erzeugen, wird nach [5] außerdem eine zusätzliche Verlustfunktion eingesetzt, um das vorgeschlagene Maximum-Margin Prinzip umzusetzen. Dabei wird während der Trainingsphase der Verlust für Trajektorien nahe der gewünschten, demonstrierten Trajektorie erhöht. Anschaulich ergibt sich, dass wenn eine demonstrierte Trajektorie mit der zusätzlichen Verlustfunktion angenähert werden kann, diese nach Wegfall der zusätzlichen Verlustfunktion noch besser angeglichen wird. Gleichung 6b definiert ein Optimierungsproblem ohne Nebenbedingungen, wegen des nicht differenzierbaren min-Operators sind Standard Verfahren wie der Gradientenabstieg oder quasi-Newton Methoden nicht anwendbar. Stattdessen legt [5] die Verwendung von Methoden der konvexen Optimierung zur Lösung von Gleichung 6b nahe. Genauer verwendet [5] die sogenannte Subgradienten-Methode. Der Subgradient von C an einem differenzierbaren Punkt $\vec{w}_0$ ist durch die folgende Ungleichung definiert:

$$\mathbf{C}(\mathbf{w}) - \mathbf{C}(\mathbf{w}_0) \geq \partial_w \mathbf{C}(\mathbf{w}_0) \cdot (\mathbf{w}_0 - \mathbf{w}) \qquad \forall \, \mathbf{w} \in \mathbb{R}^{\dim(z)} \qquad (7)$$

In [10] wird gezeigt, dass die Subgradienten Methode für konvexe Optimierungsprobleme geeignet ist. Daher erzeugt das Verfolgen des Subgradienten ähnlich dem gewöhnlichen Gradientenabstieg eine Folge von $\vec{w}$ welche gegen $\vec{w}^*$ konvergiert, wenn die Methode auf Gleichung 6b angewendet wird. Der Subgradient von $C(w)$ ist gegeben durch:

$$\partial_w C(w) = \sum_{k=1}^{m} \vec{f}(B_{demo,k}) - \vec{f}(B^*) \qquad (8)$$

und Gleichung 6b wird nach der folgenden Aktualisierungsregel der Subgradienten Methode optimiert:

$$\vec{w}_{j+1} = \vec{w}_j - \alpha_j \cdot \partial_w \mathbf{C}(\vec{w}_j) \qquad (9)$$

wobei α_j die konstante Schrittweite bezeichnet.

6 Experimentelle Ergebnisse

Der Datensatz aus 36 demonstrierten Trajektorien wird in 50% Trainingsdaten, 25% Testdaten und 25% Validierungsdaten unterteilt. Der initiale Gewichtsvektor wird experimentell so gewählt, dass der auf ein plausibles Verhalten des Roboters führt, wobei sich gezeigt hat, dass der resultierende Lösungsvektor weitestgehend robust gegenüber der verwendeten Initialisierung ist. Bild 4 zeigt den Bahnfehler $\bar{a}_i$, für Trainings-, Test und Validierungsdaten, aufgetragen über der Anzahl der Iterationen der Subgradienten-Methode. Hiermit wird der mittlere Abstand zwischen den demonstrierten und den gelernten Trajektorien bezeichnet. Die gering-

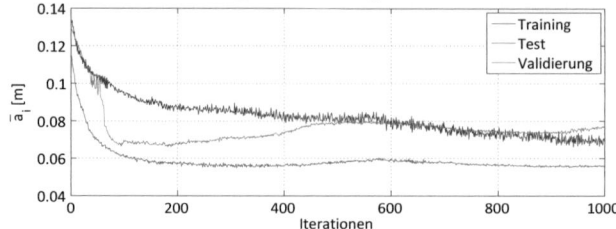

Bild 4: Bahnfehler $\bar{a}_i$ während der Subgradienten Optimierung

ste Abweichung für die Trainingsdaten wird in der Iteration 941 erreicht. Nach 1000 Iterationen ist der Trainingsfehler noch nicht konvergiert, Test- und Validierungsfehler stagnieren oder steigen sogar nach einigen hundert Iterationen, so dass der finale Gewichtsvektor nach 300 Iterationen beibehalten wird, um eine Überanpassung zu vermeiden. Bild 5 zeigt gelernte Trajektorien für jedes der untersuchten Szenarien aus dem Validierungsdatensatz.

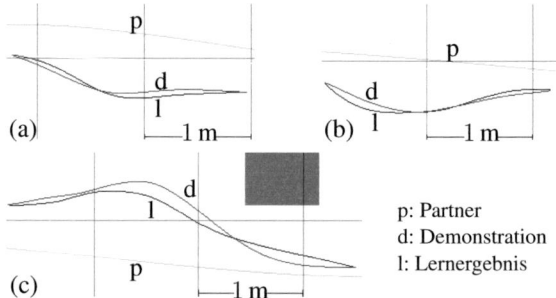

Bild 5: Gelernte Trajektorien aus dem Validierungsdatensatz, (a) kooperativ, (b) ignorant, (c) Verengung

Der Bahnfehler $\bar{a}_i$ misst den räumlichen Abstand zweier Pfade unabhängig von der Zeit und erfasst nicht, ob die gelernten und die demonstrierten Trajektorien bezüglich ihres zeitlichen Ablaufs übereinstimmen. Deshalb wird zusätzlich der Trajektorienfehler $\bar{a}_i^\tau$ betrachtet, welcher hier den mittleren Abstand der zeitlichen nächsten Nachbarn der gelernten und der demonstrierten Trajektorie beschreibt. Da die Dauer der demonstrierten Trajektorien je nach Szenario variiert, wird $\bar{a}_i^\tau$ auf die mittlere Dauer der Demonstrationen des kürzesten Szenarios normiert. Es ist zu erwarten, dass die zeitliche und räumliche Variation zwischen den aufgezeichneten Trajektorien sich je nach Szenario unterscheidet. Deshalb sind in Tabelle 1 die mittleren und maximalen Bahn- und Trajektorienfehler jeweils der jeweils zwölf Demonstrationen nach den Szenarien aufgeschlüsselt. Die niedrigen Werte zeigen, dass die Demonstrationen grundsätzlich reproduziert werden können. Es fällt auf, dass im Szenario der Verengung ein größerer Trajektorienfehler als für die anderen Szenarien resultiert. Dies wird dadurch begründet, dass in den anderen Szenarien der Roboter sich mit nahezu konstanter Geschwindigkeit bewegt, während der Roboter vor der Verengung abwartet und dadurch größere zeitliche Variationen verursacht werden.

Tabelle 1: Bahn- und Trajektorienfehler für die untersuchten Szenarien

	kooperativ	ignorant	Verengung
Bahnfehler $\bar{a}_i$	0.06 m	0.07 m	0.10 m
$max_i a_i$	(0.11 m)	(0.11 m)	(0.17 m)
Trajektorienfehler $\bar{a}_i^\tau$	0.19 m	0.15 m	0.26 m
$max_i a_i^\tau$	(0.34 m)	(0.31 m)	(0.66 m)

7 Benutzerstudie

Eine Gruppe von 15 Probanden aus Studenten und Mitarbeitern des Lehrstuhls vollzieht Begegnungen mit dem Roboter in den beschriebenen Szenarien. In einem Blindversuch werden die Experimente jeweils zweimal durchgeführt, einmal wird das proxemische Verhalten des Roboters evaluiert, im anderen Fall wird das Experiment für einen Planer mit einfacher Hindernisvermeidung durchgeführt. Im letzten Fall wird der Mensch dabei als dynamisches Hindernis berücksichtigt. Die Entscheidung darüber, ob ein kooperatives oder ein ignorantes Verhalten zu wählen ist, wird dabei den Probanden überlassen. Aus diesem Grund werden lediglich zwei Versuchsaufbauten (d.h. mit und ohne Verengung) untersucht. Den Probanden werden keine weiteren Instruktionen vorgegeben. Nach jedem Experiment werden die Probanden darüber befragt, wie das Verhalten des Roboters subjektiv wahrgenommen wurde. Hierzu füllen die Probanden jeweils einen Fragebogen aus, auf welchem sie ihre Zustimmung zu den beiden folgenden, gegensätzlich formulierten Aussagen ausdrücken:

- A. It was clear to me what the robot intended.

- B. The robot made me feel uncomfortable.

Die Zustimmung der Probanden wird dabei auf einer Skala von 1 bis 5 erfasst, wobei eine 1 die niedrigste und eine 5 die höchste Zustimmung abbildet. Die Umfrageergebnisse zu den Experimenten ohne Anwendung der proxemischen Verlustfunktionen sind in Bild 6 links dargestellt. Die Ergeb-

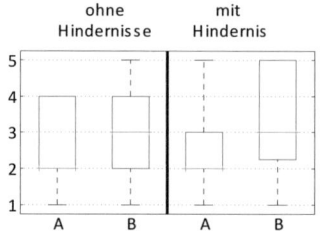 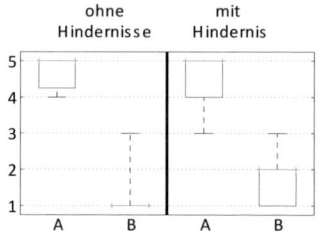

Bild 6: Umfrageergebnisse, rechts: einfache Hindernisvermeidung, links: proxemisches Verhalten

nisse sind hier über die gesamte angebotene Skala gestreut. Eine Präferenz oder Ablehnung des Verhaltens des Roboters ist somit nicht zu erkennen. Im Gegensatz dazu haben die Probanden für die Experimente mit Anwendung der proxemischen Verlustfunktionen, wie in Bild 6 rechts dargestellt, jeweils nur die Hälfte oder weniger der angebotenen Skala verwendet. Der Trend, Aussage A mit einer hohen und Aussage B mit einer geringen Zustimmung zu Bewerten ist deutlich beobachtbar. Dies deutet auf eine klare Präferenz des präsentierten Verhaltens des Roboters gegenüber dem Verhalten ohne Anwendung der proxemischen Verlustfunktionen hin.

Die Repräsentativität der Benutzerstudie ist eingeschränkt insofern, als dass sämtliche Probanden in Verbindung mit dem Lehrstuhl stehen. Es ist zu erwarten, dass aufgrund dieser Zusammensetzung der Probanden das Roboterverhalten grundsätzlich positiver bewertet wurde. Weiterhin liegt der Altersdurchschnitt der Versuchsgruppe relativ niedrig bei 27.5 Jahren, dieser Umstand lässt ebenfalls eine positive Beeinflussung der Ergebnisse erwarten. Trotzdem ist die Tatsache, dass die Probanden zwischen den präsentierten Roboterverhalten unterscheiden können, ein klarer Hinweis darauf, dass proxemische Aspekte bei der Navigation und Pfadplanung von mobilen Robotern berücksichtigt werden sollten.

8 zukünftige Arbeiten und Schlussfolgerung

Der vorgeschlagene Ansatz zur Pfadplanung für mobile Roboter mit TEB unter Berücksichtigung proxemischer Aspekte ist nicht auf Begegnungen

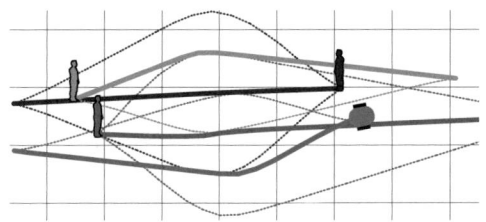

Bild 7: Pfadplanung mit mehreren Agenten, durchgezogen: ausgewählte TEB, gestrichelt: parallele Prädiktionen in anderen Homotopieklassen

zwischen einem Roboter und einem einzelnen Menschen beschränkt, sondern kann auch auf Kreuzungsszenarien mit Menschengruppen erweitert werden. Es könnte sogar ein geeignetes Modell für die Beschreibung und Planung von Bewegungen in dichten Menschenmengen sein. In Begegnungen mit mehreren Agenten verhandelt jedes Paar von Agenten ob es sein Gegenüber links oder rechts beziehungsweise auf der Vorder- oder auf der Rückseite passiert. Wegen der lokalen Optimierung in TEB hängt der geplante Pfad von dem initialen Pfad des globalen Planers ab. TEB die Seite auf welcher der gegenüberliegende Agent passiert wird nicht wechseln, auch wenn der gegenüberliegende Agent dies vorzieht und durch seine Bewegung signalisiert. Der Ansatz kann auf Szenarien mit mehreren Agenten erweitert werden, indem mehrere TEB mit alternativen Topologien parallel geplant werden. Der Satz an alternativen Pfaden wird durch Analyse der Homotopieklassen [11] bestimmt. Aus diesen konkurrierenden TEB wird dasjenige mit den geringsten Gesamtkosten von der Regelung des Roboters ausgesucht. In einer frühen Begegnungsphase mit einem großen Abstand zwischen den Agenten haben die verschiedenen Lösungen ähnliche Verluste. Wenn die Begegnung näher rückt, favorisieren die Agenten eine Passage auf der linken oder rechten Seite und der Verlust des korrespondierenden TEB sinkt signifikant niedriger als diejenigen der Alternativen. Dieser Mechanismus ist zumindest eine partielle Lösung des sogenannten freezing robot Problems insofern, als dass es die Entscheidung verzögert. Bild 7 zeigt die Simulation einer Begegnung mit einer Gruppe von Menschen und einer Gruppe von Menschen mit einem Roboter. Jeder Agent berücksichtigt Trajektorien welche zu verschiedenen Homotopieklassen gehören. Die durchgezogene Linie bezeichnet die Trajektorien mit dem geringsten Verlust, die gestrichelten Linien stellen die alternativen Topologien dar, welche aufgrund des längeren Pfades suboptimal sind.

Diese Arbeit stellt die online Trajektorienplanung mit Timed-Elastic-Bands zur Auflösung proxemischer Begegnungen eines Roboters mit einem Menschen in begrenzten Räumen vor. Das proxemische Verhalten wird erreicht, indem ein Ansatz zum Lernen durch Demonstration so angewendet wird, dass der Roboter die Trajektorien reproduziert, welche in menschlichen proxemischen Begegnungen beobachtet werden können. In einer Benutzerstudie zeigten die Probanden eine deutliche Präferenz für das proxemische Verhalten im Vergleich mit einer einfachen Hindernisvermeidung.

Literatur

[1] C. Rösmann, W. Feiten, T. Wösch, F. Hoffmann and T. Bertram, Trajectory modification considering dynamic constraints of autonomous robots, Proceedings of ROBOTIK 2012; 7th German Conference on Robotics, 2012

[2] E. Pacchierotti, H.I. Christensen and P. Jensfelt, Evaluation of Passing Distance for Social Robots, The 15th IEEE International Symposium on Robot and Human Interactive Communication, 2006

[3] E.A. Sisbot, L.F. Marin-Urias, R. Alami and T. Simeon, A Human Aware Mobile Robot Motion Planner, IEEE Transactions on Robotics, 2007

[4] D. Helbing, I. Farkas, P. Molnàr and T. Vicsek, Simulation of pedestrian crowds in normal and evacuation situation, Pedestrian and Evacuation Dynamics, 2002

[5] N. Ratliff, J.A. Bagnell and M. Zinkevich: Maximum Margin Planning, Proceedings of the 23rd International Conference on Machine Learning, 2006

[6] R. Kümmerle, G. Grisetti, H. Strasdat, K. Konolige and W. Burgard, G2o: A general framework for graph optimization, IEEE International Conference on Robotics and Automation, 2011

[7] D. Scaramuzza, A. Martinelli and R. Siegwart, A Toolbox for Easy Calibrating Omnidirectional Cameras, Proceedings of IEEE International Conference on Intelligent Robots and Systems, 2006

[8] R.B. Rusu and S. Cousins: 3D is here: Point Cloud Library (PCL), IEEE International Conference on Robotics and Automation, 2011

[9] K.O. Arras, S. Grzonka, M. Luber und W. Burgard: Efficient People Tracking in Laser Range Data using a Multi-Hypothesis Leg-Tracker with Adaptive Occlusion Probabilities. In: Proceedings of IEEE International Conference on Robotics and Automation, 2008.

[10] N.Z. Shor: Minimization methods for nondifferentiable functions, Springer Verlag, 1985.

[11] S. Bhattacharya, Topological and Geometric Techniques in Graph-Search Based Robot Planning, Ph.D Thesis, University of Pennsylvania, 2012.

SOFIA: Lernen von robusten, regelbasierten Fuzzy-Klassifikatoren

Jens Hülsmann, Sven Boge,
Sebastian Pütz, Werner Brockmann
Universiät Osnabrück, AG Technische Informatik
Albrechtstraße 28, 49080 Osnabrück
E-Mail: {jehuelsm, sboge, spuetz, wbrockma}@uos.de

1 Motivation

Automatische Klassifikation ist ein großes Anwendungsgebiet für überwachte Lernalgorithmen. Sie werden auch zunehmend in Bereichen mit besonderen Sicherheitsanforderungen genutzt. Beispiele sind Sicherheitskontrollen an Flughäfen, Qualitätssicherung, Medizintechnik (hier bspw. in der Bildanalyse) und Prozessüberwachung in der Automatisierungstechnik. Für viele solche Szenarien bietet es sich an, die manuelle Auswertung oder eine höhere Systeminstanz als Fall-Back zu nutzen, wenn die automatische Auswertung zu unzuverlässig ist. Eine solche Möglichkeit, eine Klassifikation abzulehnen, wird als Reject-Option bezeichnet und liegt vielfach für die skizzierten Anwendungsfälle nahe [1].

Im Speziellen sind die Ausgaben von überwacht gelernte Klassifikatoren unsicher, wenn für den Bereich im Merkmalsraum, an dem der Klassifikator ausgewertet werden soll, zuvor beim Training keine Daten zur Verfügung standen. Normalerweise wird bei einem Klassifikationsproblem aber davon ausgegangen, dass es nicht nachteilig ist, mit dem gelernten Klassifikator jedem Punkt im Eingangsraum eine Klasse zuzuordnen. In den erwähnten sicherheitskritischen Anwendungen stellt sich dieses Verhalten jedoch schnell als Nachteil heraus: Für einen Punkt, der weit weg von allen Trainingsdaten liegt, wird die Klasse mehr oder weniger geraten, da über den gesamten Eingangsraum generalisiert wird. Die Situation der stark von den Trainingsdaten abweichenden Auswertedaten zur Laufzeit ist in einem realen Szenario jedoch durchaus üblich: Gestörte Sensoren oder fehlgeschlagene Merkmalsextraktoren verursachen solche Phänomene. Hinzu kommt, dass das System vom Anwender unter Umständen am Rande oder außerhalb der Spezifikation betrieben wird.

Das geschilderte Problem der nicht durch Trainingsdaten abgedeckten Bereiche verschärft sich zusätzlich mit wachsender Dimensionalität ("Curse of Dimensionality"), da die Größe des Eingangsraums exponentiell wächst. Bei einem hochdimensionalen Problem ist die Klassenzugehörigkeit daher oft durch die Trainingsdaten nur für einen relativ kleinen Teil des Eingangsraums gegeben. Weitere Gründe für einen Ungewissheit über das Klassifikationsergebnis sind Widersprüche in den Trainingsdaten oder durch den Klassifikator nicht abbildbare Strukturen im Merkmalsraum [2]. Diese Probleme sind zwar verwandt, hier allerdings nicht Gegenstand.

Die Fähigkeit des Klassifikators, Bereiche die nicht von Trainingsdaten abgedeckt sind, und damit die Grenzen des gelernten Wissens, zu erkennen und die Klassifikation dementsprechend abzulehnen, wird hier als "Robustheit" (gegenüber Störungen der Eingangsdaten) bezeichnet.

Um die Leistung eines Klassifikators für eine reale Anwendung zu messen, reichen die klassischen Genauigkeitsmaße (z.b. Accuracy) für Klassifikatoren in diesem Kontext oft nicht aus [3]. Es ist wichtig, dass dem Klassifikationsergebnis Informationen beiliegen, wie sicher sich der Klassifikator ist eine konkrete Klassenzuordnung zu treffen, und wie dieses Ergebnis zu Stande kam.

Um diese Informationen zu gewinnen ist es wichtig, dass der Klassifikator interpretierbar bleibt. Hierzu sind zwei Dinge nötig: Ersten muss bei einer abgelehnten Klassifikation nachvollziehbar sein, aus welchem Grund dieser abgelehnt wurde. Nur so kann das Ergebnis bei der manuellen Auswertung entsprechend betrachtet werden und letztendlich das System auf Dauer verbessert werden (z.B. durch zusätzliche Trainingsdaten in den entsprechenden Bereichen). Zweitens sollte die gelernte Struktur des Klassifikators einfach analysiert und interpretiert werden können, um sein prinzipielles Verhalten zu verstehen.

2 Stand der Technik

Je nach Klassifikationsalgorithmus wird für den zu lernenden Klassifikator eine andere Repräsentation des Eingangsraums gewählt. Oft wird eine Funktion approximiert, die die Klassen optimal voneinander trennt. Diese kann als z.B. als Trennfläche zwischen den Klassen approximiert werden. Werden solche Algorithmen genutzt, geht aber die Information darüber verloren, welche Bereiche des Eingangsraums mit Trainingsdaten abgedeckt waren, da nur die möglichste gute Trennung zwischen zwei Klassen optimiert wird. Soll nun eine Anfrage, die im Eingangsraum weit entfernt von der Klassengrenze liegt(z.B. Aufgrund der oben erläuterten Störungen), klassifiziert werden, kann nicht mehr festgestellt werden, ob Trainingsdaten die Klassifikation rechtfertigen und diese somit sicher ist.

Für viele gelernte Klassifikatoren lässt sich für eine Anfrage zusätzlich zur Klasse eine sogenannte Konfidenz über die Klassenzugehörigkeit ermitteln. Hierzu gibt es je nach Klassifikatortyp eine Vielzahl von Methoden [4, 5] und es liegt nahe, Klassifikationen mit niedriger Konfidenz abzulehnen. Allerdings können die Klassifikatoren zur Konfidenzbestimmung nur die Information nutzen, die noch in der Repräsentation des Klassifikators vorhanden ist. Beispielsweise kann ein normierter Abstand zur gelernten Trennlinie zweier Klassen als Konfidenz genutzt werden. Die Konfidenz wächst, je weiter der auszuwertenden Punkt von der Trennebene entfernt ist, da, so die Annahme, solche Klassifikationen besonders sicher sind. Dieses Verhalten ist jedoch genau das Gegenteil von dem, was sich der Anwender für schlecht abgedeckte Bereiche wünscht.

Bei Nächste-Nachbarn-Verfahren bleiben im Prinzip alle Information aus den Trainingsdaten erhalten, allerdings steigt die Komplexität der Auswertung schnell mit der Anzahl der Dimensionen und der Trainingsdaten. Regelbasierte Algorithmen hingegen erhalten die Repräsentation im Eingangsraum weitgehend und wachsen nicht mit der Menge der Trainingsdaten in der Komplexität. Zusätzlich sind sie gut interpretierbar und einfach zu berechnen. Ihre einzige Einschränkung ist, dass üblicherweise nur stückweise achsparallele Grenzen der Klassen möglich sind.

Die Regelkonstruktionsalgorithmen basieren auf dem *I-REP*-Verfahren zur Regelerstellung [6], welches das wichtige Konzept der Reinheit[1] einer Regel nutzt. Im Wesentlichen werden mit dem *I-REP*-Verfahren Stellen gesucht, an denen man den Eingangsraum dimensionsweise teilen kann, ohne dass zu viele Trainingsdaten auf der falschen Seite landen. Durch wiederholtes Anwenden dieser Technik entstehen so die Regeln. Für Bereiche, die nach dem Abdecken aller Trainingsdaten nicht durch eine Regel abgedeckt sind, wird oft eine Default-Regel (meistens die größte Klasse) genutzt [6].

Wichtige Weiterentwicklungen von *I-REP* sind: *RIPPER*, mit zwei wesentlichen Erweiterungen, nämlich der Itteration beim Lernen und der expliziten Mehrklassen-Klassifikation [7], *R3*, in dem die Auswertung der Regeln für die Klassen paarweise erfolgt [8], *FR3*, welches die Grenzen der Regeln fuzzifiziert [9], sowie *FURIA*, das auf der Fuzzifizierung aus *FR3* beruht, jedoch die Auswertung ähnlich wie *RIPPER* vornimmt [10]. Zusätzlich ist es mit dem *FR3*-Algorithmus möglich, zwischen Bereichen in denen

---

[1]Relativer Anteil von klassenfremden Trainingsvektoren im untersuchten Bereich

kein Wissen vorliegt (ignorance) und Bereichen mit widersprüchlichen Informationen (conflict) zu unterscheiden.

Allerdings berücksichtigen alle diese Verfahren beim Erstellen der Regeln nicht, dass es sinnvoll ist, die Teile des Eingangsbereichs ohne Trainingsdaten nicht mit Regeln abzudecken. Dies gilt auch für Algorithmen wie *C4.5* und dessen Erweiterungen, die ihre Regeln aus Entscheidungsbäumen ableiten [11].

3 SOFIA-Algorithmus

3.1 Ansatz

Mit den bisherigen Klassifikationsalgorithmen wird die gewünschte Eigenschaft, Anfragen außerhalb des durch Trainingsdaten abgedeckten Bereichs begründet abzulehnen, nicht erreicht. Unser Ansatz hierzu ist der *SOFIA*-Algorithmus (Safty Optimized Fuzzy-rule Induction Algorithm), der einen regelbasierten Fuzzy-Klassifikator in der Form aufbaut, dass er die Regeln nicht wie üblich durch Teilungen des Eingangsraums erstellt, sondern sie durch die Trainingsdaten sukzessive wachsen lässt. Um die besprochene Übergeneralisierung zu vermeiden stoppt dieses Wachstum, wenn keine zusätzlichen Trainingsdaten mehr abgedeckt werden. So wird erreicht, dass für Anfragen außerhalb des durch Trainingsdaten abgedeckten Bereichs keine Regel gilt und die Klassifikation Anfrage in einem solchen Fall abgelehnt wird.

Mit der Nutzung eines regelbasierten Fuzzy-Klassifikators wird die Struktur der Trainingsdaten im Eingangsraum gut abgebildet. Die Generalisierung durch Fuzzifizierung der Regeln erhält das Wissen über einen Bereich mit geringer Trainingsdatendichte in der Zugehörigkeit zur Regel. Dies Erlaubt eine graduelle Beurteilung der Klassenzugehörigkeit und biete so eine weitere Möglichkeit das Klassifikationsergebnis zu bewerten. Zusätzlich bleiben die Regeln so gut interpretierbar, da sie direkt mit den Trainingsdaten verknüpft sind. Nicht zuletzt wird auch für die Interpretation die Aussage "kein Wissen verfügbar" indirekt aus der Struktur der Regeln abgeleitet. Im Folgenden wird der Algorithmus im Detail vorgestellt und an einigen zweidimensionalen Beispielen erläutert.

3.2 Umsetzung

Um die Menge der Regeln R für die Klassen K zu konstruieren wird folgendes Verfahren anwendet (s. Alg. 1):
Ausgehend von einer Menge X von Trainingsdaten wird ein Trainingsvektor $x \in X, x = (m_1, m_2, ...m_D)$ mit D als Dimensionalität des Eingangsraum zufällig ausgewählt. An der Stelle x wird nun eine Regel r für die Klasse $k \in K, k = \text{class}(x)$ angelegt. Diese ist in jeder Dimension mit den Koordinaten von x begrenzt, stellt also eine Hyperbox mit dem Volumen null dar. Der Bereich um x, also die Hyperbox, wird nun gleichmäßig in alle Richtungen solange vergrößert, bis zusätzliche Trainingsdaten (einer beliebigen Klasse) erreicht werden. Dann wird die Reinheit des nun abgedeckten Bereichs bezüglich k und die Dichte der Trainingsdaten für k darin berechnet. Ist eines von beiden zu klein oder können keine weiteren Trainingsdaten gefunden werden, endet das Wachstum der Regel. Anschließend werden alle abgedeckten Trainingsvektoren der Klasse k als 'gelernt' markiert. Danach wird mit dem Verfahren aus [9] ein Auslaufbereich um die gerade erstellte Regel durch Fuzzifizierung geschaffen und ein Qualitätsmaß für die Regel erzeugt (Certainty Factor CF), der die Reinheit auf Fuzzy-Regeln verallgemeinert. Es basiert auf einem m-Schätzer ($m = 2$) für die Summe der Zugehörigkeiten aller der Klasse zugehörigen Trainingsdaten, geteilt durch die Summe der Zugehörigkeiten aller von der Regel abgedeckten Trainingsdaten, genutzt. Nun wird ein weiterer Trainingsvektor zufällig ausgewählt, der noch nicht als 'gelernt' markiert ist, und das Verfahren beginnt von vorne. Sind keine Trainingsvektoren mehr verfügbar, ist die Erstellung der Regeln abgeschlossen.

Bei der Auswertung der Regeln (s. Alg. 2) wird das Verfahren, welches auch FURIA zu Grunde liegt, angewendet:
Für einen Punkt im Eingangsraum e wird die Menge aller gültigen, also solche mit einer Zugehörigkeit $\mu_r(e) > 0$, Regeln R' aus der Menge aller Regeln R bestimmt. Dann werden die Zugehörigkeiten $\mu_r(e)$ zu den gültigen Regeln aus R je Klasse mit deren Certainty Factor $CF(r)$ zu einem Maß für die Unterstützung der Klasse durch r multipliziert. Die Klasse mit der größten Unterstützung (r_{win}) wird als zugeordnete Klasse für den Eingangsvektor ausgegeben. Gibt es keine gültigen Regeln, wird die Klassifikation abgelehnt und ausgegeben, dass keine Informationen über diesen Punkt im Eingangsraum zur Verfügung stehen. Sollten zwei Klassen eine gleich große Unterstützung erfahren, r_{win} also nicht eindeutig bestimmbar sein, wird die Klassifikation abgelehnt. Denn hier ist nicht eindeutig zu entscheiden, zu welcher Klasse der Eingabevektor gehört. Auch diese Zusatzinformation wird ggf. zusammen mit der Ablehnung ausgegeben.

Algorithmus 1 : SOFIA zur Regelerstellung

$R = \emptyset$
for all trainingsvectors $x \in X$ **do**
   mark x as 'not learned'
end for
while any $x \in X$ **not** marked as 'learned' **do**
   choose unlearned x from X randomly
   build rule r at x with class$(r) = $ class(x)
   while purity$(r) > $ minimalPurity **and** density$(r,$ class$(r))>$ minimal-Density **do**
      try to extend r until r reaches another trainingsvektor
   end while
   add fuzzy-support to r considering all trainingdata X
   add r to R
   for all Trainingsvectors x' covered by r **do**
      mark x' as 'learned'
   end for
end while
return R

Algorithmus 2 : Auswertung der Regelbasis

e shall be classified
$R' = \emptyset$
for all rules $r \in R$ **do**
   if $\mu_r(e) > 0$ **then**
      supp$(r) = \mu_r(r) \cdot CF(r)$
      add r to R'
   end if
end for
if $R' == \emptyset$ **then**
   return Reject 'no information available'
end if
$r_{win} = \text{argmax}_{\text{supp}} R'$
if r_{win} is uniqe **then**
   $k = $ class(r)
   return $k, \text{supp}(k)$
else
   return Reject 'conflicting rules'
end if

Die Parametrierung des Lern- und des Auswertealgorithmus ist sehr einfach: Lediglich die minimale Reinheit und die minimale Dichte der zu erstellenden Fuzzy-Regeln muss angegeben werden. Der erste Parameter ist unabhängig von der Dimensionalität des Problems und der Anzahl bzw. Verteilung der Trainingsdaten. Die minimale Dichte kann durch die Verwendung von normalisierten Eingangsdimensionen in Abhängigkeit von der Dimensionalität des Problems eingestellt werden.

Auch die Wirkung der Parameter ist leicht zu verstehen: Die minimale Reinheit einer Regel gibt an, wie stark bei der Überschneidung von Klassen generalisiert wird. Ist sie gering, werden mehr Vektoren anderer Klassen im Gültigkeitsbereich einer Regel zugelassen. Ist sie höher, werden zwar unter Umständen mehr, aber dafür reinere Regeln erzeugt. Ist sie zu hoch, findet eine Überanpassung an die Trainingsdaten ('overfitting') statt, die im schlimmsten Fall zu einer Regelbasis mit je einer Regel pro Trainingsdatum degeneriert. Die minimale Dichte gibt an, wie weit in den 'leeren' Bereich des Eingangsraums generalisiert wird. Ist sie zu hoch, findet auch die beschriebene Überanpassung statt. Ist zu gering, wird zu stark generalisiert, und der Klassifikator ist nicht mehr robust.

3.3 Prinzipielles Verhalten

Mit dem SOFIA-Verfahren werden die Regeln so erstellt, dass sie nur durch Daten abgesicherte abdecken, also Bereiche ohne Trainingsdaten nicht abgedeckt werden. Die prinzipiellen Regelstrukturen die so bei den Verfahren FURIA und SOFIA zustande kommen, sind in Abb. 1 gegenübergestellt. Links sind die Trainingsdaten zu sehen (in der oberen Reihe zwei Klassen, in der unteren drei). Die Mitte zeigt die Regelstruktur, wie sie durch den FURIA-Algorithmus erzeugt wird (und ähnlich auch von anderen bekannten Regelkonstruktionsalgorithmen erzeugt würde). Die rechte Spalte zeigt die Regelstruktur, die der SOFIA-Algorithmus erzeugt: Die Bereiche, für die keine Trainingsdaten vorliegen, werden hier nicht von Regeln abgedeckt (weiße Bereiche). Eine Anfrage in diesem Bereich führt zu einer Ablehnung mit der Zusatzinformation, dass für diesen Bereich keine Trainingsdaten vorlagen.

Der Vergleich verdeutlicht auch, dass durch das SOFIA-Verfahren bei sonst gleichen Parametern nicht zwangsläufig mehr Regeln erzeugt werden als beim FURIA-Verfahren. Die Regeln diese werden lediglich wie gewünscht nicht auf Bereiche erweitert, in denen es keine Trainingsdaten gibt.

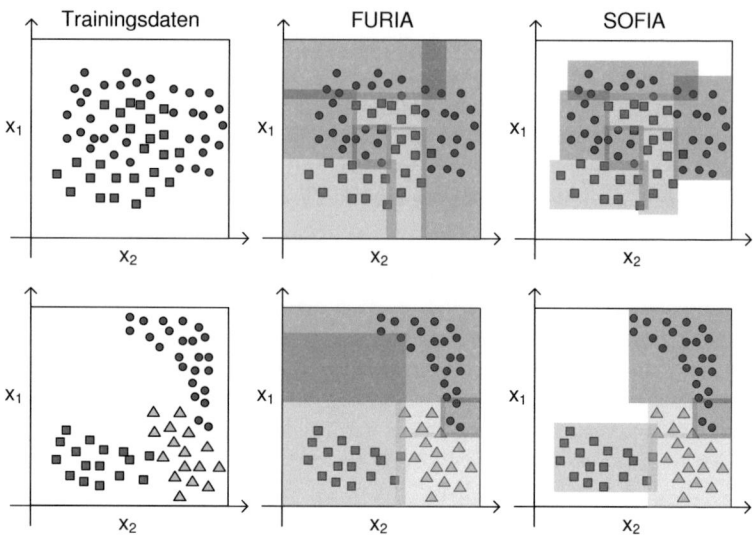

Bild 1: Mit den verschiedenen Verfahren aus den Trainingsdaten erstellte Regeln

3.4 Komplexität

Der maximal durch den SOFIA-Algorithmus benötigte Rechenaufwand entsteht beim Training in der Situation, in der für jedes Trainingsdatum eine Regel erstellt werden muss. Hier muss die Schleife über die Trainingsdaten (Alg. 1, Z. 5) so oft durchlaufen werden, wie es Trainingsdaten gibt, da keiner der Vektoren zwischendurch als 'gelernt' markiert wurde. Für die Berechnung der Reinheit müssen wiederum maximal alle anderen Trainingsdaten untersucht werden. Hierzu muss jeweils jede Dimension überprüft werden. Für eine gegebene Anzahl Trainingsdaten N und eine Dimesionalität von D beträgt der Aufwand im schlimmsten Fall also $\mathcal{O}(N^2 \cdot D)$. Durch diesen Fall ist auch der höchste Rechenbedarf für die Auswertung gegeben: Hier müssen alle vorhandenen Regeln dimensionsweise untersucht werden, also $\mathcal{O}(N \cdot D)$. Allerdings enthält in der SOFIA-Regelbasis jede Regel immer je zwei Grenzen (mit Auslaufbereichen) für jede Dimension, was die Regeln im Durchschnitt komplexer macht als bei anderen Regelkonstruktionsalgorithmen.

4 Untersuchungen

Um die grundlegenden Eigenschaften des SOFIA-Algorithmus zu zeigen, wird dieser zunächst wie ein normaler Klassifikationsalgorithmus untersucht. Um die Performance besser vergleichen zu können, wird dazu in der ersten Untersuchung ein modifizierter SOFIA-Algorithmus verwendet: Bereiche ohne Regeln werden durch Streckung der Regeln in der Umgebung wieder aufgefüllt (ähnlich dem rule-stretching aus [10]). Außerdem wird bei einem Widerspruch in der Regelbasis (zwei Kerne überschneiden sich) einfach die Klasse mit der größeren Anzahl Trainingsvektoren ausgegeben. So werden keine Instanzen mehr von SOFIA abgelehnt und die Regelgüte lässt sich anhand der Klassifikationsleistung mit FURIA vergleichen. Alle Untersuchungen wurde mit zehnfacher Kreuzvalidierung und gleichen Parametern für alle Datensätze durchgeführt. Die Tab. 1 zeigt die Ergebnisse. Die Leistung des SOFIA-Klassifikators weicht nicht wesentlich von dem des FURIA-Klassifikators[2] ab. Die Leistung des SOFIA-Algorithmus ohne die Streckung der Regeln ist in den letzten beiden Spalten zu finden. Die Accuracy bezieht sich hier auf den nicht abgelehnten Teil. Auch hier ist keine wesentliche Änderung der Klassifikationsleistung zu finden, was nicht verwundert. Die Testdaten ähneln natürlich den Trainingsdaten und fallen so in die erstellten Regeln. Die Ablehnungsraten kommen daher nur auf Grund von Widersprüchen in der Regelbasis, also sich überschneidenden Regeln, und nicht durch unabgedeckte Bereiche zu Stande. Die Klassifikation ist hier zu unsicher, da der Klassifikator anhand der statistischen Eigenschaften des Trainingsdatensatzes raten müsste, welche Klasse vorliegt.

In weiteren Untersuchungen wird nun überprüft, wie sich der SOFIA-Klassifikator bei gestörten Eingangsdaten verhält. Zunächst wird eine Störung des gesamten Eingangsvektors untersucht. Solch eine Störung tritt auf, wenn alle Merkmale im Eingangsvektor auf der selben Messgröße basieren, bspw. bei einer Frequenztransformation eines Sensorsignals, bei der das Spektrum als Eingangsvektor für den Klassifikator dient. Um ein solches Verhalten nachzustellen, werden zufällig Punkte aus dem Eingangsraum[3] gewählt (Szenario I). Ein solcher Vektor stellt den schlimmsten Fall einer Störung dar, da alle Merkmale im Eingangsvektor gestört sind. Die Ergebnisse finden sich in Tab. 2. Die hohen Ablehnungsraten für einige Datensätze spiegeln direkt deren Abdeckung des Eingangsraums wieder: Wenn nur kleine Teile abgedeckt sind, ist die Ablehnungsrate der Zufallsvektoren hoch, da die Wahrscheinlichkeit diesen Bereich zu treffen gering

---

[2]Ergebnisse für den FURIA-Klassifikator sind mit WEKA [12] erstellt bzw. in [10] aufgelistet

[3]Der Eingangsraum beschreibt hier den Raum, der durch die Wertebereiche (minimaler Wert bis maximaler Wert) der Dimension des Datensatzes aufgespannt wird.

Datensatz	FURIA	SOFIA*	SOFIA	
	Accuracy	Accuracy	Accuracy**	Reject-Rate
balance-scale	82,08%	**86,08%**	86,08%	0,00%
diabetes	**80,46%**	77,47%	77,69%	3,13%
glass	**68,22%**	62,15%	68,06%	10,75%
heart-statlog	**79,75%**	78,89%	78,46%	3,70%
ionosphere	**89,59%**	81,48%	84,24%	5,98%
iris	**96,08%**	95,33%	95,12%	4,33%
parkinsons	**88,21%**	84,10%	84,92%	8,21%
ripley	83,60%	**86,00%**	86,53%	2,00%
sonar	**77,01%**	72,12%	74,21%	23,56%
vehicle	70,10%	**72,93%**	74,09%	6,03%
wdbc	**95,68%**	93,15%	93,70%	10,72%
weighting	**92,60%**	90,20%	90,67%	1,40%
wine	93,25%	**96,63%**	96,77%	12,92%

*: Mit Streckung der Regeln
**:Accuracy berechnet auf dem Teil, der nicht abgelehnt wurde

Tabelle 1: Ergebnisse von Benchmark-Datensätzen

ist. Würde man eine Regelbasis, die nicht mit dem SOFIA-Algorithmus erstellt ist, verwenden, würde keiner der Zufallsvektoren abgelehnt. Ihnen würde eine zufällige Klasse zugeordnet, was dem gewünschten robusten Verhalten widerspricht.

Die Tab. 3 zeigt zur besseren Einordnung die Eigenschaften der Datensätze. Wie erwartet ist die Abdeckung für hochdimensionale Datensätze wie 'wdbc' und 'sonar' tendenziell klein und die Ablehnungsrate damit groß. Grund hierfür ist der mit der Dimensionaltät exponentiell wachsende Eingangsraum. Zusätzlich fällt auf, wie grundlegend unterschiedlich die Datensätze den Eingangsraum abdecken (vgl. 'weighting' und 'glass'). In der dritten Spalte von Tab. 3 ist die durchschnittliche Anzahl an Regeln angegeben, die mit dem SOFIA- bzw. dem FURIA-Algorithmus für den entsprechenden Datensatz erzeugt werden. Hier ist zu sehen, dass der SOFIA-Algorithmus für den hier gewählten Parametersatz mehr Regeln erzeugt, eine Explosion der Regelanzahl[4] auf das Niveau der Anzahl der Trainingsdaten allerdings nicht stattfindet. Die Anzahl der Erzeugten Regeln kann durch die in Kap. 3.2 beschrieben Parameter gezielt beeinflusst werden.

---

[4]Bei einer 10-fach Kreuzvalidierung ist diese Phänomen bei 90% der Anzahl der Trainingsdaten erreicht, da mit diesem Anteil trainiert wird.

Um den Fall einzelner gestörter Merkmale zu beleuchten, wird in Szenario II kein komplett zufälliger Eingabevektor gewählt, sondern jeweils nur eine Dimension eines Eingabevektors aus dem Testdatensatz durch einen zufälligen Wert aus seinem Wertebereich ersetzt. Dieses entspricht einer Störung eines einzelnen Merkmals zum Beispiel durch einen defekten Sensor. Tab. 2 zeigt auch die Ergebnisse dieser Untersuchung. An den geringeren Ablehnungsraten wird deutlich, dass sich die so gestörten Eingabevektoren erwartungsgemäß in einem durchschnittlich wesentlich besser abgedeckten Unterraum befinden. Auch in diesem Szenario würden bisherige Ansätze jedem Vektor eine Klasse zuordnen, was zu einer erhöhten Rate an Fehlklassifikationen führen würde.

Hier wird auch die Grenze dieses Untersuchungsansatzes deutlich: Wird durch eine zufällige Änderung in einer Dimension der Eingabevektor einer Klasse k zu einem validen Vektor für die Klasse k' wird dieser nicht mehr abgelehnt. Um solche Situationen mit ungewissen Eingabedaten zu bewältigen, bieten sich jedoch andere Erweiterungen für Fuzzy-Klassifikatoren an [13, 14].

Datensatz	Abl.-rate Szenario I	Abl.-rate Szenario II
balance-scale	26,31%	31,26%
diabetes	86,65%	14,88%
glass	96,03%	44,20%
heart-statlog	59,27%	3,33%
ionosphere	31,27%	3,90%
iris	78,83%	40,50%
parkinsons	96,12%	19,43%
ripley	7,27%	3,07%
sonar	97,94%	8,31%
vehicle	99,99%	32,58%
wdbc	99,99%	40,02%
weighting	0,44%	0,57%
wine	91,02%	26,44%

Tabelle 2: Ablehnungsraten für völlig zufällige Eingabevektoren (Szenario I) und Eingabevektoren aus dem Testdatensatz, bei denen eine Dimension durch einen Zufallswert ersetzt wurde (Szenario II). Je Datensatz und Szenario wurden 10000 Eingabevektoren ausgewertet.

Datenset	Datenpunkte	Dimensionen	Anzahl Regeln SOFIA	Anzahl Regeln FURIA
balance-scale	625	4	90,7	23,0
diabetes	768	8	112,8	5,0
glass	214	9	37,9	16,0
heart-statlog	270	13	38,8	7,0
ionosphere	351	34	26,5	11,0
iris	150	4	6,5	5,0
parkinsons	195	22	11,8	9,0
ripley	250	2	26,8	5,0
sonar	208	60	9,6	11,0
vehicle	846	18	128,4	26,0
wdbc	569	30	29,2	11,0
weighting	500	6	25,7	12,0
wine	178	13	5,2	7,0

Tabelle 3: Eigenschaften der untersuchten Datensätze

5 Diskussion und Ausblick

Der vorgestellte SOFIA-Algorithmus zum Erstellen der Regeln durch Wachsenlassen erzielt, trotz des geringen von Regeln abgedeckten Raumes, eine ähnliche Klassifikationsleistung wie der FURIA-Algorithmus. Für hochdimensionale Datensätze werden nur sehr kleine Bereiche des Eingangsraums einer Klasse zugeordnet und somit die Klassifikation gestörter Eingabevektoren gezielt abgelehnt. Trotzdem bleibt die Klassifikationsleistung auf dem Testdatensatz erhalten. Bei Datensätzen niedriger Dimensionalität ist die Ablehnungsrate plausibel, wie zum Beispiel eine visuelle Überprüfung anhand des IRIS-Datensatzes, aber auch die zweidimensionalen Beispieldatensätze gezeigt haben. Sie stimmt in etwa mit dem Anteil des Eingangsraumvolumens ohne Trainingsdaten überein.

Somit ist die gewünschte hohe Klassifikationsleistung bei gleichzeitiger Robustheit mit dem SOFIA-Algorithmus erreicht. Die erhöhte Anzahl an Regeln, die beim SOFIA-Algorithmus entstehen, ist plausibel: Es werden nicht nur die Grenzen zwischen den Klassen approximiert, sondern auch die Grenzen zwischen einer Klasse und nicht durch Trainingsdaten abgedeckten Bereichen im Eingangsraum. Hierzu müssen mehr Informationen in Regeln codiert werden, was ihre Anzahl erhöht.

Da explizit unterschieden wird, welche Ursache eine Ablehnung der Klassifikation hat, wird für den Anwender transparent, was im Klassifikator geschehen ist. Hieraus leitet sich unmittelbar ab, wie ein Klassifikator optimiert werden kann: Gibt es viele Ablehnungen auf Grund von mangelnder Information, sollten für diesen Teil des Eingangsraums Trainingsdaten beschafft werden. Gibt es viele Ablehnung auf Grund von Widersprüchen in den Regeln, müssen unter Umständen andere oder zusätzliche Merkmale verwendet werden. Die im Vergleich zum FURIA-Algorithmus nur leicht erhöhte Anzahl der erstellten Regeln erleichtert es, solchen Phänomenen nachzugehen.

Die Parametrierung des SOFIA-Algorithmus ist vergleichsweise einfach. Zum Erstellen der Regeln müssen lediglich zwei Parameter eingestellt werden, die eine offensichtliche Bedeutung haben. Sie sind unabhängig von der Anzahl Trainingsdaten und deren Skalierung. Die Abhängigkeit von der Anzahl der Dimensionen kann herausgerechnet werden. Durch die Verwendung von Fuzzy-Regeln und etablierten Verfahren für die Bestimmung der Fuzzy-Auslaufbereiche bleiben die Vorteile gängiger Fuzzy-regelbasierter Klassifikatoren erhalten: Die gute Interpretierbarkeit der Regeln wird durch die Begrenzung der Regeln in allen Dimensionen (bei der visuellen Interpretation) gesteigert. Bei einer Interpretation der ausformulierten Regel sinkt sie allerdings, da die Regeln immer alle und damit eine größere Anzahl Prämissen nutzen.

In der Zukunft sind auch Erweiterungen des SOFIA-Algorithmus möglich. Die Information über den Grund für eine Ablehnung kann auch bei einer erfolgreichen Klassifikation graduell reflektiert werden. Ähnliches geschieht schon im FR3-Ansatz. Der im SOFIA-Ansatz genutzte Certainty Factor aus dem FURIA-Ansatz kann um Informationen über die Dichte der Regel im Eingangsraum erweitert werden. Hierdurch kann die Einschätzung der Qualität der Regel verbessert werden.

Eine weitere Anwendung des SOFIA-Ansatzes kann das Erkennen von unerwarteten Daten während einer ständig laufenden Klassifikation sein ("Novelty Detection"). In einer sich dynamisch ändernden Umgebung kann bspw. aus der Betrachtung der Ablehnungsraten über die Zeit ermittelt werden, ob der Klassifikator noch zur Klassifikation geeignet ist oder nicht. Nicht zuletzt ist das hier vorgestellte Verfahren sehr nah an Algorithmen zum inkrementellen Lernen von Regeln aus Daten angesiedelt, so das vermutlich auch hier das Lernen robuster Klassifikatoren möglich ist.

6 Zusammenfassung

In diesem Beitrag wurde der SOFIA-Algorithmus zum Erstellen einer Regelbasis für einen Klassifikator aus Trainingsdaten vorgestellt, der die Anforderung sicherheitskritischer Anwendungen, gestörte Anfragen abzulehnen, berücksichtigt. In einer solchen Anwendung ist eine Ablehnung einer Klassifikation wesentlich besser als eine falsche Klassenzuweisung. Wie Untersuchungen an Benchmarkdatensätzen zeigen, ist die reine Klassifikationsleistung des SOFIA-Algorithmus ähnlich zu Algorithmen aus dem Stand der Technik. Es wird durch das Wachsen lassen der Regeln jedoch nur der Teil des Eingangsraums mit Regeln abgedeckt, für den auch Trainingsdaten vorhanden sind. Da in Bereichen ohne Regeln, eine Klassifikation abgelehnt wird, wird eine hohe Robustheit gegenüber Störungen in den Eingangsdaten erreicht.

Literatur

[1] Chow, C.: On optimum recognition error and reject tradeoff. *IEEE Trans. on Information Theory* 16 (1970) 1, S. 41–46.

[2] Buschermöhle, A.; Hülsmann, J.; Brockmann, W.: A structured view on sources of uncertainty in supervised learning. In: *Scalable Uncertainty Management*, S. 566–573. Springer. 2012.

[3] Grimmett, H.; Paul, R.; Triebel, R.; Posner, I.: Knowing when we don't know: introspective classification for mission-critical decision making. In: *Proc. Int. Conf. on Robotics and Automation.* 2013, to appear.

[4] Wu, T.-F.; Lin, C.-J.; Weng, R. C.: Probability estimates for multi-class classification by pairwise coupling. *The Journal of Machine Learning Research* 5 (2004), S. 975–1005.

[5] Kuncheva, L. I.: *Combining Pattern Classifiers: Methods and Algorithms*. Wiley. 2004.

[6] Fürnkranz, J.; Widmer, G.: Incremental reduced error pruning. In: *Proc. Int. Conf. on Machine Learning*, S. 70–77. 1994.

[7] Cohen, W. W.: Fast effective rule induction. In: *Proc. Int. Conf. on Machine Learning*, Bd. 95, S. 115–123. 1995.

[8] Fürnkranz, J.: Round robin classification. *The Journal of Machine Learning Research* 2 (2002), S. 721–747.

[9] Hühn, J.; Hüllermeier, E.: FR3: a fuzzy rule learner for inducing reliable classifiers. *IEEE Trans. on Fuzzy Systems* 17 (2009) 1, S. 138–149.

[10] Hühn, J.; Hüllermeier, E.: FURIA: an algorithm for unordered fuzzy rule induction. *Data Mining and Knowledge Discovery* 19 (2009) 3, S. 293–319.

[11] Quinlan, J. R.: *C4.5: programs for machine learning*, Bd. 1. Morgan Kaufmann. 1993.

[12] Hall, M.; Frank, E.; Holmes, G.; Pfahringer, B.; Reutemann, P.; Witten, I. H.: The WEKA data mining software: an update. *ACM SIGKDD Explorations Newsletter* 11 (2009) 1, S. 10–18.

[13] Hülsmann, J.; Buschermöhle, A.; Brockmann, W.: Incorporating dynamic uncertainties into a fuzzy classifier. In: *Proc. Conf. of the European Society for Fuzzy Logic and Technology*, S. 388–395. 2011.

[14] Hülsmann, J.; Brockmann, W.: Classification of uncertain data: an application in nondestructive testing. In: *Advances in Computational Intelligence*, S. 231–240. Springer. 2012.

Bereits veröffentlicht wurden in der Schriftenreihe des Instituts für Angewandte Informatik / Automatisierungstechnik bei KIT Scientific Publishing:

Nr. 1: **BECK, S.:** Ein Konzept zur automatischen Lösung von Entscheidungsproblemen bei Unsicherheit mittels der Theorie der unscharfen Mengen und der Evidenztheorie, 2005

Nr. 2: **MARTIN, J.:** Ein Beitrag zur Integration von Sensoren in eine anthropomorphe künstliche Hand mit flexiblen Fluidaktoren, 2004

Nr. 3: **TRAICHEL, A.:** Neue Verfahren zur Modellierung nichtlinearer thermodynamischer Prozesse in einem Druckbehälter mit siedendem Wasser-Dampf Gemisch bei negativen Drucktransienten, 2005

Nr. 4: **LOOSE, T.:** Konzept für eine modellgestützte Diagnostik mittels Data Mining am Beispiel der Bewegungsanalyse, 2004

Nr. 5: **MATTHES, J.:** Eine neue Methode zur Quellenlokalisierung auf der Basis räumlich verteilter, punktweiser Konzentrationsmessungen, 2004

Nr. 6: **MIKUT, R.; Reischl, M.:** Proceedings – 14. Workshop Fuzzy-Systeme und Computational Intelligence: Dortmund, 10. - 12. November 2004, 2004

Nr. 7: **ZIPSER, S.:** Beitrag zur modellbasierten Regelung von Verbrennungsprozessen, 2004

Nr. 8: **STADLER, A.:** Ein Beitrag zur Ableitung regelbasierter Modelle aus Zeitreihen, 2005

Nr. 9: **MIKUT, R.; REISCHL, M.:** Proceedings – 15. Workshop Computational Intelligence: Dortmund, 16. - 18. November 2005, 2005

Nr. 10: **BÄR, M.:** µFEMOS – Mikro-Fertigungstechniken für hybride mikrooptische Sensoren, 2005

Nr. 11: **SCHAUDEL, F.:** Entropie- und Störungssensitivität als neues Kriterium zum Vergleich verschiedener Entscheidungskalküle, 2006

Nr. 12: **SCHABLOWSKI-TRAUTMANN, M.:** Konzept zur Analyse der Lokomotion auf dem Lauf band bei inkompletter Querschnittlähmung mit Verfahren der nichtlinearen Dynamik, 2006

Nr. 13: **REISCHL, M.:** Ein Verfahren zum automatischen Entwurf von Mensch-Maschine-Schnittstellen am Beispiel myoelektrischer Handprothesen, 2006

Nr. 14: **KOKER, T.:** Konzeption und Realisierung einer neuen Prozesskette zur Integration von Kohlenstoff-Nanoröhren über Handhabung in technische Anwendungen, 2007

Nr. 15: **MIKUT, R.; REISCHL, M.:** Proceedings – 16. Workshop Computational Intelligence: Dortmund, 29. November - 1. Dezember 2006

Nr. 16: **LI, S.:** Entwicklung eines Verfahrens zur Automatisierung der CAD/CAM-Kette in der Einzelfertigung am Beispiel von Mauerwerksteinen, 2007

Nr. 17: **BERGEMANN, M.:** Neues mechatronisches System für die Wiederherstellung der Akkommodationsfähigkeit des menschlichen Auges, 2007

Nr. 18: **HEINTZ, R.:** Neues Verfahren zur invarianten Objekterkennung und -lokalisierung auf der Basis lokaler Merkmale, 2007

Nr. 19: **RUCHTER, M.:** A New Concept for Mobile Environmental Education, 2007

Nr. 20: **MIKUT, R.; Reischl, M.:** Proceedings – 17. Workshop Computational Intelligence: Dortmund, 5. - 7. Dezember 2007

Nr. 21: **LEHMANN, A.:** Neues Konzept zur Planung, Ausführung und Überwachung von Roboteraufgaben mit hierarchischen Petri-Netzen, 2008

Nr. 22: **MIKUT, R.:** Data Mining in der Medizin und Medizintechnik, 2008

Nr. 23: **KLINK, S.:** Neues System zur Erfassung des Akkommodationsbedarfs im menschlichen Auge, 2008

Nr. 24: **MIKUT, R.; REISCHL, M.**: Proceedings – 18. Workshop Computational Intelligence: Dortmund, 3. - 5. Dezember 2008

Nr. 25: **WANG, L.**: Virtual environments for grid computing, 2009

Nr. 26: **BURMEISTER, O.**: Entwicklung von Klassifikatoren zur Analyse und Interpretation zeitvarianter Signale und deren Anwendung auf Biosignale, 2009

Nr. 27: **DICKERHOF, M.**: Ein neues Konzept für das bedarfsgerechte Informations- und Wissensmanagement in Unternehmenskooperationen der Multimaterial-Mikrosystemtechnik, 2009

Nr. 28: **MACK, G.**: Eine neue Methodik zur modellbasierten Bestimmung dynamischer Betriebslasten im mechatronischen Fahrwerkentwicklungsprozess, 2009

Nr. 29: **HOFFMANN, F.; HÜLLERMEIER, E.**: Proceedings – 19. Workshop Computational Intelligence: Dortmund, 2. - 4. Dezember 2009

Nr. 30: **GRAUER, M.**: Neue Methodik zur Planung globaler Produktionsverbünde unter Berücksichtigung der Einflussgrößen Produktdesign, Prozessgestaltung und Standortentscheidung, 2009

Nr. 31: **SCHINDLER, A.**: Neue Konzeption und erstmalige Realisierung eines aktiven Fahrwerks mit Preview-Strategie, 2009

Nr. 32: **BLUME, C.; JAKOB, W.**: GLEAN. General Learning Evolutionary Algorithm and Method: Ein Evolutionärer Algorithmus und seine Anwendungen, 2009

Nr. 33: **HOFFMANN, F.; HÜLLERMEIER, E.**: Proceedings – 20. Workshop Computational Intelligence: Dortmund, 1. - 3. Dezember 2010

Nr. 34: **WERLING, M.**: Ein neues Konzept für die Trajektoriengenerierung und -stabilisierung in zeitkritischen Verkehrsszenarien, 2011

Nr. 35: **KÖVARI, L.**: Konzeption und Realisierung eines neuen Systems zur produktbegleitenden virtuellen Inbetriebnahme komplexer Förderanlagen, 2011

Nr. 36: **GSPANN, T. S.**: Ein neues Konzept für die Anwendung von einwandigen Kohlenstoffnanoröhren für die pH-Sensorik, 2011

Nr. 37: **LUTZ, R.**: Neues Konzept zur 2D- und 3D-Visualisierung kontinuierlicher, multidimensionaler, meteorologischer Satellitendaten, 2011

Nr. 38: **BOLL, M.-T.**: Ein neues Konzept zur automatisierten Bewertung von Fertigkeiten in der minimal invasiven Chirurgie für Virtual Reality Simulatoren in Grid-Umgebungen, 2011

Nr. 39: **GRUBE, M.**: Ein neues Konzept zur Diagnose elektrochemischer Sensoren am Beispiel von pH-Glaselektroden, 2011

Nr. 40: **HOFFMANN, F.; Hüllermeier, E.**: Proceedings – 21. Workshop Computational Intelligence: Dortmund, 1. - 2. Dezember 2011

Nr. 41: **KAUFMANN, M.**: Ein Beitrag zur Informationsverarbeitung in mechatronischen Systemen, 2012

Nr. 42: **NAGEL, J.**: Neues Konzept für die bedarfsgerechte Energieversorgung des Künstlichen Akkommodationssystems, 2012

Nr. 43: **RHEINSCHMITT, L.**: Erstmaliger Gesamtentwurf und Realisierung der Systemintegration für das Künstliche Akkommodationssystem, 2012

Nr. 44: **BRÜCKNER, B. W.**: Neue Methodik zur Modellierung und zum Entwurf keramischer Aktorelemente, 2012

Nr. 45: **HOFFMANN, F.; Hüllermeier, E.**: Proceedings – 22. Workshop Computational Intelligence: Dortmund, 6. - 7. Dezember 2012

Nr. 46: **HOFFMANN, F.; Hüllermeier, E.**: Proceedings – 23. Workshop Computational Intelligence: Dortmund, 5. - 6. Dezember 2013

Die Schriften sind als PDF frei verfügbar, eine Nachbestellung der Printversion ist möglich. Nähere Informationen unter www.ksp.kit.edu.